国家文化产业资金支持媒体融合重大项目

U0648737

高等职业教育教学改革特色教材·财经通识

演讲与口才教程

（第四版）

王琳 主编

Yanjiang
Yu Koucai Jiaocheng

东北财经大学出版社　　大连
Dongbei University of Finance & Economics Press

图书在版编目（CIP）数据

演讲与口才教程/王琳主编. —4版. —大连：东北财经大学出版社，
2021.11

（高等职业教育教学改革特色教材·财经通识课）

ISBN 978-7-5654-4328-2

Ⅰ．演…　Ⅱ．王…　Ⅲ．①演讲-高等职业教育-教材 ②口才学-高等
职业教育-教材　Ⅳ．H019

中国版本图书馆CIP数据核字（2021）第176816号

东北财经大学出版社出版

（大连市黑石礁尖山街217号　邮政编码　116025）

网　址：http：//www.dufep.cn

读者信箱：dufep@dufe.edu.cn

大连天骄彩色印刷有限公司印刷　东北财经大学出版社发行

幅面尺寸：185mm×260mm　　字数：415千字　　印张：18.25

2021年11月第4版　　　　　2021年11月第1次印刷

责任编辑：张晓鹏　王　斌　　责任校对：孙　平　石建华

封面设计：冀贵收　　　　　　版式设计：钟福建

定价：45.00元

教学支持　售后服务　联系电话：（0411）84710309

版权所有　侵权必究　举报电话：（0411）84710523

如有印装质量问题，请联系营销部：（0411）84710711

第四版前言

古人言："一言之辩，重于九鼎之宝；三寸之舌，强于百万之师。"当今，在西方国家，人们把舌头、金钱和电脑视为三大"战略武器"，可见演讲与口才被置于何等重要的地位！纵观古今中外，凡是想成就大事业的人，都努力锻炼自己的演讲能力与口才；凡是已经成就大事业的人，都对演讲与口才倍加推崇。新时代，随着我国各项事业的飞速发展，人们之间需要传递的信息越来越多，演讲与口才的作用更显突出。为了适应时代的需要，我们编写了《演讲与口才教程》一书。

本书自2012年出版以来受到兄弟院校的大力欢迎，此次在第一版、第二版、第三版的基础上对全书内容进行了较大调整，充实了最新内容，补充了最新案例，较前三版更加便于教学和阅读。

本书是反映高等职业教育教学改革最新理念的新型教材，是项目课程开发的一次有益尝试。它由认识演讲与口才、演讲与口才基础、命题演讲、即兴演讲、社交口才、面试口才、谈判口才、主持口才、导游口才九大任务构成，每项任务中基本知识的阐述注重生动性、新颖性、实用性和可读性，在其中增设了大量"小贴士""小案例""小故事""小训练"等栏目。此外，还设计了"学习目标""实践训练""课后练习"等栏目，便于学生"做中学，学中做，学做结合"，不断提高演讲能力和口才水平。使用本书时建议教师以班级为单位分组进行，结合演讲与口才的各项实践训练，通过听、看、做、练等亲身体验的训练环节，使学生出色地完成各项实训任务，切实实现课程目标，提高演讲能力与口才水平。在教学的全过程中，教师一定要强化课程思政，对学生进行社会主义核心价值观教育，提高学生的道德意识和职业素养，使学生塑造良好的职业形象，实现自身的全面发展。

本书既可作为高等职业院校各专业学生演讲与口才训练课程的教材，也可作为提高大学生基本素质的参考读物，同时也可作为各界人士进行演讲与口才训练的实用手册。

本书由王琳负责修订并任主编，刘嫣茹、金磊、张岩松任副主编。其具体分工如下：王琳编写任务1～任务4；刘嫣茹编写任务6和任务7；金磊编写任务8和任务9；张岩松编写任务5。全书最后由王琳统稿。

本书在编写过程中参考了大量文献和演讲稿，有些材料参考了互联网发布或转发的信息，在此向各位作者表示衷心的感谢。同时，本书的出版也得到了东北财经大学出版社的大力支持与帮助，在此一并致谢。

因受时间、条件等限制，本书不足之处在所难免，敬请读者批评指正。

编　者
2021年9月

目　录

任务 1

认识演讲与口才

口者，心之门户，智谋皆从之出。

——鬼谷子

对我们每个人而言，言谈本身是文化修养最可靠的标志。

——［古希腊］埃索克拉底

■ 课程思政要求

进行社会主义核心价值观教育；开展道德意识教育和法律意识教育；塑造良好的职业形象，不断提高职业素养；热爱祖国的语言，加强中华文化认同，增强民族自豪感；培养积极乐观的生活态度和审美情趣；促进大学生的全面发展。

■ 学习目标

提高对演讲与口才的认识；掌握演讲的含义、特征、作用和类型；掌握口才的含义、要素、标准和类型；明确口才能力构成；掌握口才的特征和作用。

1.1 认识演讲

演讲又称演说、讲演，是人类社会一项非常重要的活动。"演讲"一词源于英文oration，日本学者福泽谕吉后来把它译成"演讲"，逐渐沿用至今。在现代，随着人们交往范围的扩大、娱乐生活的丰富，人们把当众演讲视为一种扩大的交流沟通形式。本节着重探讨有关演讲的基本问题。

正确认识演讲，必须首先确立正确的演讲观，唯有持有正确的演讲观，才能透过演讲现象，认清演讲区别于其他口语形式的本质属性，才能恰当而准确地掌握其内部的规律和特点，以便驾驭它，发挥其最大的社会效益和作用。

1）演讲的含义

小训练 1-1

怎样给演讲下一个科学的定义？

演讲是人类的一种社会实践活动，具有综合性、直观性、现实性和艺术性，这是它的主要特征。作为演讲活动，它必须具备四个条件，即演讲者（主体），听众（客体），沟通主、客体的信息，以及主、客体同处一起的时境（时间环境），这四者缺一不可。也就是说，缺少任何一个条件，都不足以揭示出演讲的本质属性，因为任何一种带有艺术性的活动，都有自己独特的物质传达手段和自身特殊的规律，并揭示自身活动的本质特点。演讲活动自然也不例外，演讲者要想发表自己的意见，陈述自己的观点和主张，从而达到影响、说服、感染他人的目的，就必须运用与其内容一致的传达手段。演讲的传达手段主要有：有声语言、态势语言和主体形象。

（1）有声语言。有声语言即演讲之"讲"，是演讲活动最主要的一种表达手段，是信息传递的主要载体，由语言和声音两种要素构成。它以流动的声音运载思想情感，直接诉诸听众的听觉器官，产生效应。

我们对演讲这种有声语言的要求是：吐字清楚、准确；声音清亮、圆润、甜美；语气、语调、声音、节奏富有变化；要注意形式美和内容美。演讲的有声语言还具有时间艺术的某些特点，是听众听觉的接受对象和欣赏对象。

（2）态势语言。态势语言即演讲之"演"，就是演讲者的姿态、动作、手势、表情等体态语的表现。它是流动着的形体动作，辅助有声语言运载着思想和感情，诉诸听众的视觉器官，产生效应。由于态势语言是流动的，因此，它存在于一瞬间，转眼即逝，这就要求它准确、鲜明、自然、协调和优美，要有一定的表现力和说服力，这样才能使听众感受到"演"的形式美，从而在心里产生美感，并得到启示，产生共鸣。它具有空间艺术的某些特点，是听众理想的接受对象和欣赏对象。然而，态势语言虽然加强了有声语言的感染力和表现力，弥补了有声语言的不足，但如果离开了有声语言，也就没有了直接地、独立地表达思想情感的意义了。

这里值得注意的是，演讲的有声语言也好，态势语言也好，它们既不同于其他现实中的有声语言和态势语言，因为它们都带有一定的艺术性，也不同于舞台艺术中的有声语言和态势语言，因为它们不是纯艺术。

（3）主体形象。演讲者是以其自身出现在听众面前进行演讲的，这样他就必须以整体形象，包括体形、容貌、衣冠、发型、举止神态等直接诉诸听众的视觉器官。整个主体形象的美与丑、好与差，在一般情况下，不仅直接影响着演讲者思想感情的传达，也直接影响着听众的心理情绪和美感享受，这就要求演讲者在自然美的基础上，有一定的装饰美。而这种装饰美，是以演讲者本人为依托的现实的装饰美，它绝不同于舞台艺术的性格化和艺术化的装饰美。这就要求在符合演讲思想情感的前提下，注意装饰的朴素、自然、轻便、得体，注意举止、神态、风度的潇洒、大方、优雅，只有这样，才有利于思想感情的传达，有利于取得演讲的良好效果。

演讲就是靠着这些手段，组成了一个综合、统一而完整的传达系统，达到演讲的目的。在这综合的传达系统中，缺少任何一个因素都不能构成演讲活动。如果只有"讲"而没有"演"（包括主体形象），只作用于听众的听觉器官而不作用于听众的视觉器官，就会缺少动人的主体形象及表演活动——缺少实体感；而如果只有"演"而没有"讲"，则犹如手语一样，对大多数人而言，总是令人难以理解。所以，"讲"与"演"这两个演讲的要素是缺一不可的，只有将它们和谐地、有机地统一在一起，才能构成完整的演讲传达手段，并圆满地完成演讲的任务。

然而，"演"与"讲"在演讲实践活动中，在传递信息的时候，并不是平分秋色、各占一半。二者要和谐统一，但不是一加一等于二的统一，而是以"讲"为主，以"演"为辅，既有听觉效果，又有视觉效果。兼有时间性和空间性的艺术特点，才是演讲的本质属性，这也是演讲区别于其他现实口语表达形式和艺术口语表达形式的关键所在。

可是，在我们现实的演讲活动中，由于有人忽视了演讲的本质属性，经常出现两种错误的倾向：

一是不讲艺术倾向。长期以来，由于不注重演讲艺术的研究，见到的多是严肃的、呆板的、没有说服力的报告。一些演讲者只重视其实用性，而忽视了它的艺术性。由于缺乏艺术性，实用性效果被减弱了。

二是追求表演化的倾向。有的演讲者在讲台上往往模仿相声、评书以及朗诵等表演艺术，认识不到演讲是一种现实活动，忘记了它的实用性，没有区别演讲艺术与表演艺术的本质不同，结果破坏了演讲应有的真实效果及严肃性。

小训练 1-2

请思考：演讲与朗诵、报告、讲课、交谈等口语表达形式有何区别？

"任何一种蕴含艺术性的活动，都有其独特的物质传达手段，形成自己的特殊规律，揭示自身活动的本质特点。"（邵守义《演讲学》）那么，什么是演讲独特的手段、特殊的规律、本质的特点呢？有比较才有鉴别，我们不妨将演讲与其他口语表达形式做个比较[①]。

首先，演讲不同于朗诵。二者属于不同的范畴。朗诵属表演艺术，为演而讲，侧重于欣赏性；而演讲属实用艺术，为讲而演，侧重于宣传鼓动性。

其次，演讲不同于一般的报告。二者虽然都是面对听众发表讲话，但内容的侧重点不同。报告的内容注重政策性、权威性、指导性；而演讲的内容更注重典型性、鲜明性。

再次，演讲不同于讲课。教师讲课的口语讲究启发性、科学性，而演讲的口语更注重技巧性、生动性。另外，态势语是演讲的辅助表达形式，既可以即兴发挥，又讲究刻意设计；而讲课却没有刻意设计这样的要求。

最后，演讲不同于一般的交谈。一般交谈无主体（演讲者）、客体（听众）之分，谁都可以发表意见，在任何地点都可以进行；而演讲必须是演讲者面对听众系统地表明自己的观点，且受时空条件的限制，比一般交谈更具严肃性。

综上所述，有关演讲的定义可以做如下表述：演讲是在特定的时境中，借助有声语言（主要手段）和态势语言（辅助手段）针对社会现实和未来的某个具体问题，面对广大听众发表见解和主张，阐明事理或抒发情感，从而达到感召听众并促使其行动的一种现实信息交流活动。

小故事 1-1   **周恩来练演讲**

1913年，周恩来在天津南开中学读书，刚开始学习演讲的时候，他的苏北口音比较重，再加上缺乏实战的经验，所以第一次上台的时候非常紧张，演讲效果不好。为了提高自己的演讲水平，周恩来针对初次登台暴露的弱点，从内容、声音、仪表、姿态等各方面进行了专门的训练。从那以后，不论在多么复杂的情况下，他的演讲都是立论精辟、生动感人的，他的气质和形象都给人带来一种美的享受，这也说明其日益具备了政治家、活动家和外交家的大雅风度。

2）演讲的特征

作为应用性很强的演讲活动，它到底有哪些特征呢？这是每一位从事演讲的人都必须了解和掌握的，只有了解和掌握了演讲的特征，才能有效地提高演讲水平，达到演讲的真正目的。具体来说，演讲具有以下特征：

（1）现实性。演讲活动属于现实活动的范畴，而不属于艺术活动的范畴。它是演讲者通过对社会现实的判断和评价，直接向广大听众公开陈述自己的主张和看法的一种现实活动。

首先，从反映的对象来看。一个人当众演讲，关键就在于其内容的思想性、原则性、准确性、鲜明性，帮助听众弄清复杂的社会现象，解决某一问题，或者提出问题，分析问题，然后解决这个问题。其反映的对象，是现实的真实而不是艺术的真实；就其表现的手段来说，是通过判断、论证、推理等一些逻辑手段，而不是通过形象来表现的。

其次，从演讲者的活动来看。演讲者是现实中的自己，走到讲台仍然是他自己，面向广大听众公开发表自己的主张和观点。另外，演讲者总是一身数职，其既是演讲词的作者，又是演讲的指导者（导演），还要自己完成演讲，且演讲过程中自始至终表现出演讲者的独创精神和演讲风格。

最后，从表现形式上看。演讲是以讲为主、以演为辅的形式，演讲者直接抒发情感，公开陈述自己的主张。

（2）艺术性。演讲是现实活动，但它优于一般现实的口语表达形式，是应用性很强的现实活动。但应该指出，演讲也是一门艺术，是通过将有声语言和态势语言相结合所呈现出来的艺术，或者称之为言（有声语言）态（态势语言）表达艺术。

另外，演讲之所以优于其他一切现实口语的表达形式，并且有较大魅力，还因为它不仅是由多系统（如声音系统、表演系统、主体形象系统、时境系统等）要素构成的综合的实践活动，还在于它使这些系统的要素有机结合从而形成了自己的特点。

小贴士1-1　　　　　　　　　　　**关于无偿献血的动员演讲**

某大学书记在动员大学生无偿献血时，这样对大家演讲，他说："同学们，今天大会的中心内容就是号召大家无偿献血。在这里我不想过多讲这一活动的意义，只想先消除大家的几个疑虑。第一，在正规采血站献血不会传染疾病。不可否认，有些人的确在献血时染上了病毒，可他们去的是没有严格消毒措施的黑采血站。但我们不会，因为我们用的是国家正规采血站的采血车，有不被感染的保证。第二，有些人怕抽血后会影响身体健康。这也不用担心。一是我们抽血的量较少，二是采血前还要经过严格的健康检查。如果不信，可以问一下我们献过血的同学，也可以看看我，我献过三次血，身体依然倍儿棒。第三，有人说，献血是自愿的，血库也不缺我这点儿血。这话不对，因为我们是有觉悟的大学生。更何况现在血库告急，医院血源紧缺。在这里，我想把我昨天去胸科医院时见到的真实情况告诉大家。我们有一位患心脏病需要做搭桥手术的老师在那里住院，就是因为没有血源不能马上手术。他曾是下乡知青，没结过婚，现在只有一位80多岁的老母亲和一位患病的老姐姐，没有亲人能为他献血，医生只好推迟手术时间。医生说，如果不尽快手术，他的生命时刻都处在危险之中。同学们，我相信你们都不是自私的人，如果是你们的家人需要血，你们一定会毫不犹豫地挺身而出；如果是你们的老师需要血，你们也能伸出自己的胳膊。但这还不够啊，如果能为社会上不认识的人无偿献血，那才更能展示我们当代大学生的高尚品格啊！现在血库告急，医院告急，患者告急，我相信，大家决不会无动于衷。同学们，不要犹豫，不要观望，勇敢报名吧！我们的口号是：抽出有限的血，献出无限的爱，现在就看我们的行动了！"他的话音刚落，同学们纷纷开始报名。

资料来源　孙玉茹. 鼓动性演讲中的"煽情"艺术［J］. 领导科学，2005（10）：40-41.

首先，具有统一的整体感。在演讲中，不仅缺少任何一个系统都构不成演讲，而且任何一个系统如果脱离了演讲的整体，就失去了它作为演讲的一部分的意义和作用。在整个演讲活动中，正是由于各系统互相联系、互相配合、互相渗透，才给人一种统一的整体感。

其次，具有协调感。演讲活动各系统的每一个要素不仅为了演讲的总目标积极地发挥着自己的功能和作用，而且它们总是靠着默契配合、协调一致来完成总目标。

最后，各系统要素富于变化。演讲的各个要素总是能根据主题和情感的需要而变化，始终给听众一种新鲜感，并扣动听众的心弦，比如声音的抑扬顿挫、速度的快慢变化、态势语言的多种姿态与变化等。当然，这种变化是在一定的目的支配下，有组织、有设计的，否则就是一片混乱。

（3）鼓动性。鼓动性是演讲的又一个特征。一次成功的演讲，是离不开鼓动性的，或者说，没有鼓动性，也就不称其为演讲了。

古希腊的德摩斯梯尼是一位民主政治家和爱国主义者，当他认识到雅典公民的麻木时，发表了一连串的《斥腓力演说》。他以满腔的爱国热情和对敌人的无比愤怒，奔走呼号，唤醒同胞，抗击侵略者，拯救祖国。其不仅使所有听众惊醒、激愤，而且团结起来，投身到反侵略的斗争中，这就是他演讲的威力，是演讲的鼓动性所致。政治演讲也好，学术演讲也罢，不管什么样的演讲，都具有一定鼓动性。演讲之所以具有鼓动性，有以下几个方面的原因。

首先，一切正直的人，都有追求真、善、美的强烈愿望，都有渴求知识的愿望。而演讲的目的就是要传播真、善、美，就是要传播知识，开启人们的智慧，陶冶人们的情操。在这一点上，演讲者与听众之间很容易沟通，并能建立起共识，听众自然愿意听，并愿意为追求真理而献身。

其次，演讲在传播真、善、美和知识的时候，总是包含着炽烈的情感。"感人心者莫先乎情"，演讲者总是以自己的情感之火去点燃听众的情感之火，以自己炽烈的情感去拨动听众的心弦，从而使其动情，引起共鸣，达到影响、征服听众的目的。

再次，演讲有较强的艺术性。诸如动听的声音、语调，丰富的表情和多变的手势，都容易感染听众，增强演讲的说服力；另外，严谨的结构、严密的逻辑，也能打动听众，紧紧抓住听众的心。

最后，演讲的直观性增强了它的鼓动性。任何一次演讲都是在特定的时空下进行的，演讲者不仅能看到所有的听众，而且听众也能看到演讲者。演讲过程的自始至终，双方总在进行着直接的思想感情的交流，演讲者不仅可以随时观察听众的情绪、反应，而且也必须及时地根据听众的反应随时调节自己的演讲，使其更能说服听众，以达到演讲的理想效果。

就是基于上述四点，演讲才更具有强烈的鼓动性。德摩斯梯尼对他的朋友说过，"你所讲的，只令人说个好字，但我却能使听的人一起跳起来，异口同声地说：'让我们去抵抗腓力'"。著名的军事统帅拿破仑也是鼓动听众的能手。有一次，他在对一支需要整顿的部队演讲时说："士兵们，你们没有衣服穿，吃得也不好，我想带你们到世界最富庶的国家去。"几句话说得士兵们顿时振奋起来，战斗力大增，打了一个大胜仗。由此可见，鼓动性也是演讲取得成功的力量所在。

（4）工具性。演讲是一门科学，是一门艺术，也是一个工具。语言是人们交流思想的工具，演讲从某种意义上说是语言的艺术，自然它也是工具，是人们交流思想的工具。也可以这样说，任何思想，任何学识，任何发明和创造，都能借助演讲这个工具在各种各样的讲台上传播，才能使听众对其有所了解。因此，演讲是最普遍、最基本的传播手段和工具之一。人们知道，黑格尔的《美学讲演录》是由他为大学开课的讲稿修改而成。马克思《资本论》中的某些基本思想和观点，是他在面对工人的演讲中阐述过的。物理学家杨振宁、李政道的学术思想也经常借助演讲进行传播。总之，各行各业、各种身份的人，都可以利用演讲这个工具来进行信息的交流，而且这个工具是最经济、最实用、最方便的。正如秋瑾女士在《演说的好处》一文中所说的那样：一是"随便什么地方，都可随时演说"；二是"不要钱，听的人必多"；三是"人人都能听得懂，虽是不识字的妇女、小孩子，都可听的"；四是"只需三寸不烂的舌头，又不要兴师动众，捐什么钱"；五是"天下的事情，都可以晓得"。可见演讲的好处甚多，每一位渴望成功的人士，都应学会使用这个工具。

（5）灵活性。演讲根据现实生活需要，可以在不同场合，面对不同听众，以不同的内容按不同的程序由不同的人来进行。这就使得演讲具有了"灵活性"的特征。

演讲的灵活性，首先表现在演讲的题材广泛上，政治、军事、外交、法律、学术、道德及其他社会问题和人际交往，都可以作为演讲的题材。其次对演讲者和听众来说，也具有很大的灵活性，演讲不受性别、年龄、职务、学历等限制，谁都可以讲，谁都可以听。最后演讲的形式灵活简便，不需要过多的辅助条件和复杂的准备工作，礼堂、课堂、操场、赛场等都可以成为演讲场地。

小贴士1-2

林肯在葛底斯堡国家烈士公墓落成典礼上的演讲

3）演讲的作用

小训练1-3

请与同学讨论：演讲对演讲者、对听众、对社会各有哪些作用？

演讲之所以备受人们重视，是因为它有着强烈而广泛的社会作用，无论演讲者还是听众，在演讲活动中都能得到教益、受到启发。演讲是一门学问，更是一门艺术，一旦我们精于此道，我们的生活和事业将会翻开新的篇章。演讲的作用表现为以下几个方面：

（1）传授知识。作为一种社会活动，演讲不仅仅是一种鼓动的方式。博物学家、达尔文的合作者及其学说传播者赫胥黎，曾竭力用演讲来宣传进化学说。在皇家学会的年度宴会上，他针对一些人提出的科学和艺术是对立的观点进行了演说，告诉人们："科学这条龙有它的两面性"，但"它的硬头和利腭不会伤害艺术，而且它学会了尊敬艺术"。他幽默的演讲仿若拨开了听众心中的云雾，赢得了听众的一片欢呼声。

随着现代社会科学技术的迅猛发展，国内外学术交流活动日益增多，学术演讲自然非常活跃，演讲传播科学文化的作用也就更加突出。

（2）思想教育。20世纪80年代，蔡朝东的演讲教育了无数群众，"理解万岁"成了时代强音；20世纪90年代，孔繁森事迹演讲团的演讲使人们眼里闪出了光亮，掀起了向党的好干部孔繁森学习的热潮；为了帮助下岗职工走出困境，成功的创业者用自己的亲身经历作为事例进行演讲，告诉人们：从头再来，努力就会有机会……

总之，演讲从古至今都是宣传鼓动唤起群众觉悟的重要工具。

（3）改善经营。无论是领导者还是被领导者，用热情的演讲组织工作，可以激发员工的干劲；通过精彩的就职演讲可赢得听者的支持和信赖；有说服力的述职演说则能得到人们的认可和理解；而当经营者遇到事业危机时，演讲同样能起到巨大的作用。例如：

某拥有1 000多工人的地毯厂，因多种原因导致工厂的经济效益下滑，工人因不能及时领取到薪金而罢工。面对这种局面，年轻的厂长向全体工人进行演讲：他首先承认自身所应承担的责任，接着又向工人交底，告诉大家外面有几百万元的欠款，现在已组成了要账小组，计划用三个月时间完成任务。最后他充满信心地说："面包会有的，工资会有的，奖金会有的！如果不能兑现，我就是拍卖我家的房子也要给大家发工资！你们都是我的姐妹兄弟，相信我，有我的饭吃，就有大伙的饭吃！人心齐，泰山移。请相信，我们一定会走出低谷！"他的演讲稳定了工人的情绪，并激励大家坚持生产，最终使工厂摆脱了困境，重现生机。

（4）人际沟通。现代社会中封闭的社会空间和生活方式已被打破，人际的横向联系大大加强了演讲这种交流思想、传播沟通信息的语言艺术，使之成为社会交际中一种不可缺少的技能。

演讲在社会交际中的应用范围很广，大到国家间的礼仪祝词，小到新婚贺喜、生日祝福，以至于开业典礼、迎送致辞、节日庆祝等都需要进行演讲。人们常说"良好的人际关系，可带来良好的经济效益"，而社交中的演讲，不仅使人在社会生活中可以更好地传达思想、交换意见、联络感情，而且还是增进友谊，密切与他人（或他国）关系的"磁石"。

（5）树立形象。著名演讲家卡耐基曾这样说："一个人的成功，15%取决于他的专业知识，85%取决于他的口才和交往能力。"实践证明，这话并不过分。演讲者在演讲实践活动中既可以锻炼自己的口才，同时也可以树立自身形象。

小贴士1-3　　　　　　　　　　**乔布斯演讲的魔力——三个故事　激励人心**

在当代的商业领袖中，史蒂夫·乔布斯可能是最伟大的一个演讲者，说他是演讲大师也不为过。让我们来看一看乔布斯2005年在斯坦福大学的精彩演讲："我今天很荣幸能和你们一起参加毕业典礼，斯坦福大学是世界上最好的大学之一。我从来没有从大学中毕业。说实话，今天也许是在我的生命中离大学毕业最近的一天了。今天我想向你们讲述我生活中的三个故事。不是什么大不了的事情，只是三个故事而已。"

乔布斯的开头，开门见山，简短意赅，没讲什么大道理，"我想向你们讲述我生活中的三个故事"，是那么的真实、自然，一下子就能抓住人们的好奇心。

第一个故事是如何把生命中的点点滴滴串连起来。在这个故事中，他回忆了自己的身世、生活以及所思所想：大学没读完就辍学的他，一开始也犹豫过、担心过，但是，我们不应该为过去的事情而后悔，我们应该勇敢地往前走，坚信自己的信念和追求。

第二个故事讲的是爱和失去。因为内部纷争，自己被迫离开一手创办的公司，这个打击几乎是毁灭性的。但是一个人可以被毁灭，不可以被打败。乔布斯向我们阐述了一个道理：我们一定要热爱自己的工作，不要丧失信心，"你要去发现你所热爱的"，"一直去寻找直到你找到为止，不要将就"。

第三个故事是关于死亡。经历了与病魔的抗争之后，乔布斯变得豁达而安详，也更加积极进取，他告诫自己要把每一天都当成生命的最后一天，要好好地珍惜生命、珍惜生活。

最后，乔布斯以一段总结性的句子结束演讲："你们的时间很有限，所以不要将它们浪费在重复其他人的生活上。不要被教条束缚……不要被其他人喧嚣的观点掩盖你真正的内心的声音。还有最重要的是，你要有勇气去听从你直觉和心灵的指示。"没有华丽的语言，没有煽情的语调，唯有发自肺腑的感情和真心实意的感慨，乔布斯用自己的三个故事来诉说他对工作的热爱、对生命的感悟，这样的演讲朴实无华又激励人心。

资料来源 佚名. 魔力演讲的三个故事［EB/OL］.［2010-09-07］. https://book.douban.com/review/3650670/.

4）演讲的类型

演讲的类型是根据演讲内容或形式等不同标准所划分的演讲类别。分类的标准不同，演讲可以有不同的分类。了解和掌握演讲的各种不同类型，有助于全面、深刻地从整体上认识演讲的本质和作用，对人们具体地组织和参加演讲活动有一定的指导意义。

按演讲形式分类，演讲有命题演讲、即兴演讲和论辩演讲；按演讲内容分类，有政治演讲、学术演讲、法庭演讲、军事演讲、礼仪演讲等；按演讲风格分类，有激昂型演讲、质朴型演讲、活泼型演讲、淡雅型演讲、深沉型演讲等；按演讲目的分类，有"使人知"演讲、"使人信"演讲、"使人激"演讲、"使人乐"演讲；按演讲场地分类，有课堂演讲、街头演讲、视频播放演讲等。

5）演讲的创作过程

演讲创作一般可分为三个阶段，即构思阶段、确定内容与形式阶段和现场创作阶段。

（1）构思阶段。这一阶段的主要任务是确定演讲主题、中心思想、演讲风格、结构形式，其中演讲主题是关键。演讲如果没有主题，听众不知道演讲者讲的是什么问题，势必影响演讲效果。演讲的主题应单一，紧紧围绕一个中心，便于听众理解和记忆。构思阶段实际上是对演讲的创意策划，演讲者考虑的问题较多，包括如何上台、如何开头、如何打动观众、如何结尾、何时停顿、何时提高声调等。演讲者思考得越细致，演讲的逻辑结构越清晰、深刻，中心思想的表达也就越透彻。

（2）确定内容与形式阶段。这一阶段的主要内容是确定演讲内容，拟写演讲稿，确定演讲方式及其准备工作。演讲的内容应根据演讲主题确定，其构成要素有四：一是事物（演讲的事项）；二是道理（演讲事物本身蕴含的道理）；三是情感（演讲者由客观事物引发的内在激情）；四是知识（演讲者的学识、修养）。演讲者要协调运用以上四个要素拟写演讲稿。

拟写演讲稿之前，应编写演讲提纲。演讲提纲以表格方式列出演讲观点、材料以及它们的组合与安排方式等。演讲提纲一般包括以下内容：演讲题目、演讲的中心论点和分论点、临场需要的各种材料、演讲内容的顺序和层次、开头与结尾的安排等。演讲提纲可分为概要提纲和详细提纲。概要提纲就是列举出演讲的主旨、材料、层次、大意，一般包括开场白、论题、正文、结尾。详细提纲就是具体细致地列出演讲题目、层次结构、论述要点、典型材料、引文材料以及有关材料，显示出演讲的基本内容和详细论证过程。

演讲稿一般包括开头、正文、结尾三部分。开头要精彩、吸引听众，或开门见山，或引经据典，或恰当比喻，以引出话题。演讲者在正文阐述观点、表述内容，应抓住演讲内容的四要素，充分揭示各要素之间的内在联系，进行逻辑的推理，对听众晓之以理，动之以情。结尾既是演讲的结束，也是强化演讲效果的部分。为了加深听众对演讲的理解和记忆，常采取概括、展望、幽默、含蓄等方式，并伴以热情洋溢的鼓动性结尾。

（3）现场创作阶段，即登台演讲。这一阶段的关键是演讲者要有信心，并全身心投入。演讲者只有进入角色，才能驾轻就熟，才能通过生动、具体、中肯的语言，辅之以动作、表情，准确地向听众传播信息，才能活灵活现、融会贯通地与听众交流思想和观点，才能抓住听众的心，才能达到相互沟通的目的和效果。

小训练 1-4

请谈谈你心目中印象最深刻的一次演讲，你有哪些收获？

1.2　认识口才

我们天天都在说话，但是未必人人都会说话。人才也许不是演讲家，但是有口才的人一定是人才。一个会说话的人与他人交流时，准确得体，巧妙有趣，有条不紊，对答如流，一针见血，正所谓"慧于心而秀于口"。掌握口才这门艺术，能让你在竞争中抓住机遇，挑战人生。

1）何为口才

小训练 1-5

请就你的理解给"口才"下定义。

（1）口才的含义。口才，《辞源》中的定义为："口才是善于说话的才能。"《现代汉语词典》中的定义为："口才是说话的才能。"它由"口"和"才"两部分组成。"口"是指口语表达能力，"才"则是指可供"口"表达的知识、才学。因此，口才是指人们运用口语表达思想情感、进行沟通交流的才能。在说话、交谈、朗读、辩论、讲课、演讲等现代语言交际活动中，它表现为以个人综合素养（思想品德、知识学问、文学艺术）为基础的规范化的口语表达形式。它是一个人的道德修养、文化积累、知识结构、思维方式、价值判断、心理素质、语言艺术和仪态仪表等综合素质的集中反映。

小故事 1-2

口才是把"双刃剑"

（2）口才的要素。口才是人们在交际过程中，因时因地、因人因事地凭借自己的知识和阅历，力求准确地表达自己的态度、见解和感情，以期充分发挥交际功能的口头表达能力，其内涵是很广泛的，它可由胆、情、智、识、知、辩、力、度、思、仪十大要素组成。

所谓"胆"即无私无畏，临场不慌，言其所必言；"情"即真情流露；"智"即驾驭交际场面的能力；"识"即见解、主见；"知"即丰富的知识和阅历；"辩"即不同的场合运用不同的言语表达形式，句式、语气、语速、语势、语体风格要运用得当；"力"即感染力、说服力；"度"即言语交际过程中，或赞或贬，或喜或悲，或坦陈或婉言，或精确或模糊，都有程度轻重的问题；"思"即贯穿于言语交际活动全过程的思维活动；"仪"即仪态、神情、举止，即指交际者的仪态神情只有与交际者的性格气质及特定语境中的言语和谐时，才能相得益彰[①]。

（3）口才的标准。当一个人的口语表达能力达到相当艺术水平的时候，我们就说这个人有口才。具体标准是怎样的呢？演讲与口才专家邵守义教授认为其可以用以下五个标准来衡量：

一是言之有理。你要说这个人有口才，他讲的话必须是真理，而不是歪理邪说，也不能是胡说八道，这是口才的第一个标准。二是言之有物。你讲话的时候不是空空洞洞什么内容也没有，当听你说完时会让人觉得真的有内容有东西。三是言之有序。当你做报告或者同事间交谈时，你说话时应罗列出一、二、三点，让人觉得条理清楚。四是言之有文。也就是说你说的话，当你讲出来之后，听众愿意听，有文采；没有文采的话，我们说这个人不见得有口才。为什么有人讲话容易引起大家的笑声，因为他很幽默，也很有文采。五是言之有情。做一个有口才的人，讲起话来总是有感情的，不像是一阵风在耳边吹过，在你演讲的过程中喜怒哀乐全部都可以通过你的口语表达出来，别人一听就为之震动、为之惊诧、为之欢乐、为之悲伤，可以达到感动听众的目的。归纳起来，就是具备了言之有理、言之有物、言之有序、言之有文、言之有情这五点，我们就说这个人有口才。什么样的人没有口才呢？很少说话，或一说话就脸红脖子粗，说话吭吭哧哧。还有一种人，一讲起话来喋喋不休、东拉西扯、言之无物，虽然能讲，但是并不见得有口才，四川人管这样叫摆龙门阵，北京人叫侃大山，东北人叫瞎忽悠，我们不要被这种假象迷惑，这不是真有口才。

（4）口才的类型。口才是多种多样的。按照功用来分，可以分为交际口才、演讲口才、说服口才、辩论口才、谈判口才等；按照表述方式来分，可以分为叙述口才、讲解口才、抒情口才、质询口才等；按照行业来分，可以分为教师口才、导游口才、司法口才、主持口才、军事口才、外交口才、政务口才、商务口才等[②]。

2）口才能力构成

从语言交际实践来看，口才主要由六个方面的能力构成，即说明能力、吸引能力、说服能力、感染能力、创造能力和控制能力。

（1）说明能力，即把话说得准确明白的能力。说话者能把自己心里的想法说出来是

[①]　张珺. 实用口才［M］. 南京：南京大学出版社，2013.
[②]　汪彤彤，王平. 商务口才实用教程［M］. 北京：中国人民大学出版社，2011.

对口才最基本的要求。要求说话者用词准确，语意清楚，语句简洁，合乎语法规范，把客观概念表述得清晰、准确、连贯、得体。实际上能把意思讲准确、讲明白，使听者"一听了然"，也是不容易的。例如，有的人懂技术，但不见得就能清楚地说出来；有的学者知识渊博，写过不少专著，但一讲起课来，就让人昏昏欲睡。这些都是语言表达能力不佳，说明能力差的表现。

（2）吸引能力，即通过说话，吸引别人注意力的能力。如何才能使自己的语言具有这种能力呢？

首先，说话要有内容，才能够吸引别人倾听，要使别人在听你说话的过程中有一些收获或是能产生共鸣，那么这样的说话才是成功的，而别人才会乐意听你说话，与你交流。同理，一位有口才的人一定是一位特别擅长沟通的人，在交流的时候也会倾听他人说话。俗话说："出门看天色，进门看脸色。"因此，在说话时要学会看他人的表情，以便适时地改变自己说话的内容、语气等，说话时千万不要自说自话，这是最不成功的说话。

其次，说话时要把握节奏，这一点是相当重要的。有些人在说话的时候语速相当快，就像在爆豆子一样，往往他（她）自己说完以后，别人都没有反应过来他（她）到底说的是什么。说话说得慢一些，声音响亮一些，你会发现，人们会更加乐于倾听你说话，而且他们会感觉你所说的每一句话都是发自内心的，是经过你慎重考虑后才说出来的，人们会认为你会对自己说的话负责任。其实，说话并不见得比写文章容易，文章写得不好还可以修改，而一句话说出来了，要想修改就困难了。我们也常感觉到，即使同一个意思，甚至同一句话，会说话的人，能叫你听后眉飞色舞；不会说话的人，则叫你听后感到头昏脑涨。

（3）说服能力，即通过言语的表达，使人心悦诚服的能力。口才好的人，并不一定讲得很多，关键在于他善于察言观色，了解别人心中的想法，会对症下药，三言两语就能使人折服。说服能力要求言语行为具有明确的目的性。没有目的、漫无边际地讲话是没有任何实际意义的。

小故事1-3

追求

那些善于使用说服技巧的人，能清楚地了解对方的思想轨迹及其中的"要害"，然后瞄准目标，击中"要害"，这比与对方不停地周旋更有效，它会使你的说服力大大提高。这一点如果能够发挥得淋漓尽致，足以成就大事。

（4）感染能力，即用语言感动他人的能力，也就是要求说话者以自己的激情打动听者，获得以情动人的效应。如果说话者情感平淡、语言贫乏，自然是无法打动听众的。具有动人效果的语言或是字字珠玑，让人听起来春风化雨，或是情真意切，动人心扉。总之，就是要与听者产生心与心的碰撞和情感上的共鸣。

（5）创造能力，即讲话中根据思想表达的需要创造语言的能力，或者是创造性地运用语言来表达自己思想的能力。语言创造能力是形式和内容的有机统一，词汇贫乏，话到用时方恨少；用词没有仔细斟酌，粗陋肤浅，词不达意，错漏和歧义百出，这些现象统称为缺乏语言素养。要发展语言创造能力就必须攻克缺乏语言素养的堡垒。生活、阅读、情感、思维都是提高语言素养和语言创造力的源泉。

小故事1-4　　　　　　　　　　　　　　　出人意料的创意

小刘南下深圳，到一家广告公司参加应聘面试。他到达该公司时，已有30个求职者排在他前面，他是第31位。怎么能引起面试官的特别注意而赢得职位呢？小刘很快拿出一张纸，在上面写了一些东西，然后折得整整齐齐，走向秘书小姐，恭敬地对她说："小姐，请你马上把这张纸交给贵公司老板，这非常重要！"秘书小姐随即把那张纸送给老板，老板看后笑了起来，纸条上写着："先生，我排在队伍的第31位，在您看到我之前，请不要急于做决定。"小刘最终得到了这份工作，这是他拥有创意的结果。一个会动脑筋的人，一定是一个富有创意的人，而从事广告业务的人才，不仅要想象力丰富，还要有出人意料的创意。

（6）控制能力，即控制自己的语言避免引起不良后果的能力。就是说，只会把话说出来，却不顾及自己所说的话所能引起的后果，实际上是信口开河，这算不上有口才。一般来说，语言的控制能力主要表现在以下几个方面：

第一，准确把握说话分寸的能力。既要把意思说到，又不会说得过头，而是说得恰如其分。

第二，针对不同的听话人和不同的情况，具有能准确预料和有效控制听话人对自己语言所做出的反应的能力。如想向人提问某件事，能不能问，从哪个角度问，用何种语气问，对方按照提问可能做出的回答是什么，这些都需要在说话前加以预料和控制。

第三，在谈话过程中已经出现问题的情况下，改用恰当的语言予以补救的能力。

小故事1-5　　　　　　　　　　　　　　　善言的纪晓岚

清代的纪晓岚学识宏富，能言善辩，才思敏捷。一次乾隆皇帝开玩笑地问他："何为忠孝？"纪晓岚说："君叫臣死，臣不得不死，为忠；父叫子亡，子不得不亡，为孝。合起来，就叫忠孝。"纪晓岚刚答完，乾隆皇帝说："好！朕赐你一死。"纪晓岚当时就愣了：这从哪说起？怎么突然赐我一死？但是皇帝金口玉言，说啥算啥，纪晓岚只好谢主隆恩，三拜九叩，然后走了。纪晓岚出去以后，乾隆皇帝想：都说纪晓岚有能耐，能言善辩，我看你今天怎么办。

大概有半炷香的工夫，纪晓岚气喘吁吁地跑了进来，扑通一声给乾隆皇帝跪下了。乾隆道："大胆，纪晓岚！朕不是赐你一死吗？你为什么又回来了？"纪晓岚说："皇上，臣去死了，我准备跳河自杀。我正要跳河，屈原突然从河里出来了，他怒气冲冲地说，你小子不浑蛋吗？想当年我投汨罗江自杀的时候，是因为楚怀王昏庸无道；当今皇帝皇恩浩荡，贤明豁达，你怎么能死呢！我一听，就回来了。"这样的回答，让乾隆有口难言：让他死吧，就是我昏庸无道；要是让他活着呢，已经赐他一死了。最后，乾隆不得不自我解嘲地说："好一个纪晓岚，你真是能言善辩啊！"纪晓岚后面的这番话，不仅改变了自己前面语言的意向，也改变了乾隆皇帝的反应，控制了后果。

总之，好口才在个人成长的道路上发挥着重要的作用。不论是现在与他人交往，还是将来准备成就事业，良好的口才一定会在你成长的道路上助你一臂之力。

小训练1-6

请谈谈你社交活动中与他人最成功的一次交流，你有哪些收获？

3）口才的特征

（1）综合性。口才是善于用口语准确、贴切、生动地表达自己思想感情的一种能力。语言是沟通人与人之间思想感情的重要工具。使用准确、贴切、生动的语言才能将自己的思想感情准确地表达出来，为对方所了解而不致产生歧义，但仅限于此是远远不够的，因为口才具有综合性，它是一门综合艺术，还有诸多的因素需要考虑。语言环境就是一个重要的方面。每个人在不同的环境和心情下，对别人发出的信息所产生的感觉往往不同。所以，要想让自己说的话与对方在思想上产生共鸣，必须考虑当时的语言环境：场所、时机、对方的心情等。善于选择和营造恰当的语言环境，是口才艺术的一项重要内容。

影响语言表达效果的，除了语言环境和语言本身之外，语调也是一项不可忽视的内容。所谓语调，是指语言的轻重疾徐、抑扬顿挫。这可以被视为一种辅助语言，因为它能间接地影响表达效果。例如，说气话时，一般是高声大嗓，语调冲动急促，让人一听就能感觉到自己的愤怒，否则如用轻松随便的语调说出来，即使能让别人明白自己的意思，也有点"笑面虎"的味道。除语调之外，仪表、体态和神情动作也是辅助语言，能对表达效果产生较大的影响。

口才还受心理因素影响。口才活动离不开知觉、观察、记忆、思维、想象等心理活动的基本形式。气质、性格、能力等个性心理特征又决定着认识能力和表达能力的高低以及口语表达的风格。个性的倾向性，如兴趣、需要、动机、理想、信念、价值观等制约着口才活动的方向和社会价值。而情感、意志、自我意识等则对口才活动起着重要的支配、调节和控制作用[①]。口才尽管看不见摸不着，但是好口才者无不具备敏捷的思维、明晰的思路、丰富的想象、渊博的学识和良好的心理素质等方面的优势。可以说，口才是一个人综合能力的真实再现，想要拥有好口才，就必须使自己具备相应的素质、修养和能力。口才作为一门综合性的艺术，必须在各个方面协调配合，才能起到良好的效果。

（2）技巧性。一个人是否拥有出众的口才，关键在于其是否掌握了一定的技巧。好口才需要好技巧。一个人天天口若悬河，或者喋喋不休，并非真正口才好。口才好坏的关键是看说话有没有影响力，能不能感染他人，或者能不能达到一定的交际目的，其中技巧性是关键。一句话可以化敌为友，冰释前嫌，带来非凡的荣誉和成功；一句话也可以变友为敌，引发一场争论甚至导致一场战争。俗话讲"一句话说得人笑，一句话说得人跳"，讲的也是这个道理。

---

① 孙海燕，等. 口才训练十五讲［M］. 北京：北京大学出版社，2004.

技巧就是艺术，而艺术的最高境界是"无技巧"，"无技巧"并非否定技巧。清代著名画家石涛说过："至人无法，非无法也；无法而法，乃为至法。"所以要想"无技巧"，就应下苦功学技巧，掌握了技巧以后，在不考虑技巧的情况下做到无处不体现技巧，这就是"至法"。

小故事1-6　　　　　　　　　　　　一位老者的开场白

在某地举行的一次修辞学年会上，会长在开场白中这样说："先让我这个老猴来耍一耍，然后你们中猴、小猴耍。我老猴肯定耍不过你们，不过总要带个头吧。"代表们听后觉得很有意思，都笑着鼓掌。这是因为，首先，会长既是与会者中的最高权威，又年近古稀，把自己比作老猴，把其他与会者比作中猴、小猴，不仅描绘出老中青三代共聚一堂、切磋交流的学术气氛，还妙趣横生；其次，在修辞学年会上，会长故意用这种修辞手法表示自谦，与主体身份、客观对象和具体场合都十分协调，因而可以取得好的效果。

但如果上述情景下换一个中年人说出同样的话，如"我是个中猴，先让我来耍一耍，耍后请老猴和小猴耍"，就很不得体了。因为听的人必定产生反感，把德高望重的老者称作老猴是一种大不敬，按他的身份是不能做这样的比喻的。这就是口才的艺术魅力。

（3）训练性。好口才不是一种天赋的才能，它不是与生俱来的，是靠刻苦训练得来的。我们必须坚定信念：口才一定是可以练好的。古今中外历史上所有口若悬河、能言善辩的演讲家、雄辩家，他们无一不是靠刻苦训练而获得成功的。几乎每个成功人士都有意识地训练过自己的口才。

小故事1-7　　　　　　　　　　演说家是怎样练习口才的

古代希腊著名演说家德摩斯梯尼从小口吃，但立志演说。为矫正口吃，使口齿清晰，他将小石子含在嘴里不断地练说。据说他曾把自己关在屋里练习，为专心竟然将头发剃去一半，成了"阴阳头"，以"逼"自己专心致志地练口才。经过12年的刻苦磨炼，其终于走上成功之路。

英国戏剧大师、批评家和社会活动家萧伯纳的口才是有口皆碑的。但是，他年轻时胆小木讷，拜访朋友时都不敢敲门，常常"在门口徘徊20分钟"。后来他鼓起勇气参加了一个"辩论学会"，不放过一切机会同对手争辩。练胆量、练机智、练语言，千锤百炼终成口才家。他的演说、他的妙对至今仍脍炙人口。有人问他是怎么练口才的，他说："我是以自己学溜冰的办法来做的——我固执地、一味地让自己出丑，直到我习以为常。"

美国前总统林肯出身于农民家庭，当过雇工、石匠、店员、舵手、伐木工人等，社会地位卑微，但从不放松口才训练。17岁时，他常徒步30多英里到镇上，听法院里的律师慷慨陈词的辩护，听传教士高远悠扬的布道，听政界人士激情澎湃的演说，回来后就寻一无人处精心模仿演练，终于口才日渐进步。1930年夏，他为准备在一次集会上的演讲，面对光秃秃的树桩和成片的玉米，一遍又一遍地试讲。后来他连任两届总统，也成了著名的演说家。

被誉为"20世纪的演说家"的英国前首相丘吉尔，原来讲话结巴、吐字不清晰，个头又矮，才一米六五，声音也很难听。最尴尬的是，在议会下院最初一次的演讲中，他只讲了一半就跑了。他之所以最终拥有举世称赞的雄辩口才，就是刻苦、勤奋、坚持训练的结果。

日本前首相田中角荣，少年时曾患有口吃病，但他不被困难所吓倒。为了克服口吃，练就口才，他常常朗诵、慢读课文，为了准确发音，他对着镜子纠正嘴和舌根的部位，严肃认真、一丝不苟。

早期的无产阶级革命家、演说家萧楚女，更是靠平时的艰苦训练，练就了非凡的口才。萧楚女在重庆国立第二女子师范学校教书时除了认真备课外，每天天刚亮就跑到学校后面的山上，找一处僻静的地方，把一面镜子挂在树枝上，对着镜子开始练演讲，从镜子中观察自己的表情和动作。经过这样的刻苦训练，他掌握了高超的演讲艺术，他的教学水平也很快有所提高。

诗人闻一多先生也是有名的演说家。他的演讲之所以成功，也是与他年轻时刻苦练习分不开的。1919年，他在清华大学学习期间，从不间断演讲练习，一旦有所放松，他就在日记里警告自己："近来学讲课练习又渐疏，不猛起直追恐便落人后。""演说降到中等，此大耻奇辱也。"他坚持练习演讲，在日记里，他写道："夜出外习演讲十二遍。"第二天又写道："演说果有进步，当益求精致。"北京的一月天寒地冻，可他毫无畏惧。几天后又"夜至凉亭练演说三遍"，回宿舍又"温演说五遍"，第二天又接着"习演说"。闻一多先生正是通过勤奋的练习才提高了自己的演讲水平。

数学家华罗庚，不仅数学上才华超群，同时也是一位不可多得的"辩才"。他从小就注意培养口才，学习普通话，他还背了四五百首唐诗，以此来锻炼自己的"口舌"。

点评：无数的事例证明，口才不好不是天生的，口才具有可训练性，好口才可以后天练就。

4) 口才的作用

小训练 1-7

请举例说明口才与事业的关系。

（1）促进事业成功。口才是事业成功的重要因素。一份对深圳市人才市场的求职者展开的随机抽样的调查资料显示：当求职者被重点问到"根据你自己的求职经历，你认为求职的成败与交际和口才能力有没有关系"的问题时，认为"很有关系"的占60.7%，回答"有一点关系"的占37.1%，而认为"关系不大"的仅占2.2%。就是说如果按"有关系"和"没有关系"进行类聚，认为求职成败与交际和口才能力"有关系"的占到了97.8%，这意味着同学历和工作经验一样，交际和口才因素在人的事业中发挥着重要的作用。

现代社会，口才已经成为决定一个人生活是否愉快、事业是否成功的重要因素之一。口才好、善于说话的人受人欢迎，其可以通过语言充分地展露自身的才干，赢得领导、同事、下属的了解、赞赏和信任，帮助其在事业上获得成功。这正如美国前总统富兰克林在自传中所说的："说话和事业的进行有很大的关系。你如果出言不慎，你如果无理地跟别人争吵，那么，你将不可能获得别人的同情、别人的合作、别人的帮助。"具备一定的口语表达能力，不仅是对创造型、开拓型人才的要求，也是对各行各业从业者的要求。当领导、职员、教师、律师、推销员、采购员的，都要运用语言进行工作，口才的重要性自不待言。服务行业人员也应该能说会道。有些服务员、售货员与顾客发生争吵，除工作方法的原因以外，不善于说话常常是引起争吵的导火线。现实生活中，那些事业有成的人，绝大多数都具有较好的口才，而且口才越好，其活动领域就越大，成就也就越突出。因而，口才是通向事业成功之路的重要阶梯。

小故事 1-8

推销员的口才

（2）优化人际交往。社会交往效果的好坏，关键在于个人交际能力的高低。而一个人交际能力的高低，主要体现为说话艺术水平的高低。因为言为心声，舌战便是心战，语言能征服世界上最复杂的东西——人的心灵。所以口才在人际交往中具有极其重要的作用。20世纪初，美国人就曾提出这样一个观点：一个人在事业上的成功，15%来自他的专业技术，85%则依靠他的处世技巧和人际关系，而后者在很大程度上又取决于他的口才。这种认识不断发展，到第二次世界大战时，美国人将"舌头、原子弹、金钱"视为赖以生存和竞争的三大战略武器。现在，美国人又把"舌头、金钱、电脑"作为三大战略武器。出人意料的是，上述变化中，科学代替了极具威力的武器，而"舌头"的地位竟未动摇，说明口才多么重要。美国学者艾略特博士在担任哈佛大学校长几十年之后，更是断言："我认为在一个淑女和绅士的教育中，只有一项必修的重要技能，那就是正确而优雅地使用他（她）的本国语言。"

大连一家电子公司颇有建树的总经理就很清楚这一点。他口才了得：普通话准确流利，才思敏捷，反应很快。他不仅对自己从严要求，还要求公司的员工都要会说话、有口才，并把这一条作为招聘的条件和培训的内容。有人问他为何要如此重视口才时，他说："我们公司经营电子产品，总要同天南地北各种各样的人打交道。如果我们公司的人一张嘴就是满口土话或是词不达意、语无伦次，那么就会被人家瞧不起，就会有损我们公司的形象，能做成的生意也做不成了……"这个见解确实在而又高明，它很形象地说明了这样一个道理：口才是优化人际交往的利器！

（3）提高综合素质。美国俄亥俄州的马瑞塔学院曾对毕业工作不久和毕业工作10年以上的新老毕业生进行了一次调查，让他们根据各自的亲身体会回答一个问题——"在学校里学的哪一两门功课对走上社会最有用？"新老毕业生的答案很一致：最有用的课程是演讲学和交际学，它教会我们怎样说话，怎样与人打交道；其次是英语课，它教会我们怎样阅读和写作。现实确实如此，当今欧美各国，口才教育非常普及并得到人们的高度重视。这源于人们的一个共识，即口才不仅是人在一生奋斗中应必备的一项基本能力，而且在努力获得这种能力的同时，其他几种重要的能力，如观察能力、记忆能力、思维能力、创造能力、应变能力和表达能力等都相应得到训练和提高。人们的这一认识，与口才本身就是一个非常复杂的思维过程有关。

我们知道，思维和语言之间密不可分，思维是语言的具体内容，语言是思维的表现形式。口语交际最大的特点便是现想、现说，"想"是"说"的基础，"说得好"的前提是先要"想得好"，而无论是想还是说，都必须综合地运用交际者的各种素养和知识。具体来说，在"想"的阶段，首先，说话者一方面要考虑说话场合、说话对象的身份和情绪，做到察言观色；另一方面要对相关事物进行细致的观察，以求深入了解，从而迅速把握对事物的认识。这就需要调动说话者的观察能力和对事物的感受能力。其次，口语说话随机性强，而且语音稍纵即逝，不能重复。这就要求说话者快速地启动头脑中的知识储备，并针对情况即时做出准确、得体和巧妙的应答，这就需要很好的记忆力和很强的随机应变能力。最后，口语说话要做到表达清楚、主旨明确、条理分明、逻辑严密。这就需要说话者具有一定的分析综合能力、联想与想象力、创造性思维能力。而在"说"的阶段，还需要交际者掌握一定的表达技巧和语言艺术。由此可见，口才是说话者综合素质的集中体现，精彩的口才靠的是非凡的智力作后盾。口才提高的过程，也是各种思维能力、语言能力不断得到培养和锻炼的过程[①]。

小故事1-9　　　　　　　　　　　　　　　　　**一个鞋匠的儿子**

在林肯当选为总统之初，参议院大部分出身名门望族的议员都感到很尴尬，因为他们从来没有料到要面对的总统是一个鞋匠的儿子。于是，他们就想利用林肯首次到参议院演讲的机会，当众羞辱他。林肯刚刚站到演讲台上，一个态度傲慢的参议员站起来说："林肯先生，在你开始演讲之前我希望你记住，你是一个鞋匠的儿子。"当时在场的所有议员听到这句话，都为自己不能打败林肯却能羞辱他而开怀大笑。笑声停止后，林肯不慌不忙地说："我非常感谢你使我想起我的父亲。他已经过世了，我一定永远记住你的忠告，我永远是鞋匠的儿子，我知道我做总统永远无法像我父亲做鞋匠那样做得那么好。"

参议员们听后马上安静下来。林肯又转过头对那个傲慢的参议员说："据我所知，我父亲以前也为你的家人做鞋子，如果你的鞋子不合脚，我可以帮你修正它。虽然我不是伟大的鞋匠，但我从小就跟父亲学到了鞋子的艺术。"之后，他又把目光投向所有参议员，说道："对参议院里的任何人都一样，如果你们穿的那双鞋是我父亲做的，而它们需要修理和调整，我一定尽可能地帮忙，但是有一事可以肯定，我无法像他那样伟大，他的手艺是无人能比的。"说到这里，林肯流下了热泪。

点评：面对傲慢的议员，林肯没有反唇相讥，而是自然而然地接过对方的话，承认自己"永远是鞋匠的儿子"并引以为豪，这不仅使那些想羞辱林肯的议员没有达到目的，还体现了林肯的平民意识。另外，林肯在这里用了两个假设——如果"不合脚"，如果"需要修理和调整"——从而把议员们拉入回忆之中，让他们回味林肯父亲高超的

---

① 黄雄杰. 口才训练教程［M］. 广州：广东高等教育出版社，2006.

做鞋技艺，并为刚才无情的嘲讽而反省自责。

小训练1-8

请结合本节内容谈谈大学生如何才能拥有良好的口才。

实践训练

1.测试

（1）演讲能力测试

请回答下列问题测试一下自己的演讲能力：

①你喜欢当众发表自己的见解吗？（　　）

A.喜欢　　　　　　　B.不太喜欢　　　　　C.不喜欢

②你习惯于当众讲话或演讲之前做充分准备吗？（　　）

A.是　　　　　　　　B.有时是　　　　　　C.从不

③你能在演讲之前精心设计仪表仪容、手势动作、表情眼神等态势语吗？（　　）

A.能　　　　　　　　B.有时能　　　　　　C.不能

④你能在演讲一开始就迅速吸引听众的注意力吗？（　　）

A.能　　　　　　　　B.有时能　　　　　　C.不能

⑤你能紧紧围绕演讲主题，寓理于事、情理交融地表达自己的观点，使听众一听了然并心悦诚服吗？（　　）

A.能　　　　　　　　B.有时能　　　　　　C.不能

⑥你能在演讲过程中密切注意听众的反应并及时调整自己演讲的内容与方式吗？（　　）

A.能　　　　　　　　B.有时能　　　　　　C.不能

⑦你能在演讲出现忘词、停电等意外情形时从容应对吗？（　　）

A.能　　　　　　　　B.有时能　　　　　　C.不能

⑧你能否在必要时与听众进行有效互动？（　　）

A.能　　　　　　　　B.有时能　　　　　　C.不能

⑨你的普通话标准、声音清晰悦耳吗？（　　）

A.是　　　　　　　　B.一般　　　　　　　C.不

⑩当众讲话或演讲时，你有紧张得语无伦次的时候吗？（　　）

A.从无　　　　　　　B.有时　　　　　　　C.经常

计分标准：选A，2分；选B，1分；选C，0分。

测试结果分析：以上10题满分为20分。如果你的得分在17分以上，说明你的演讲能力很强；12～16分之间为一般；11分以下则说明你的演讲能力较差，必须加强学习和训练。

（2）口才水平测试

请回答下列问题测试一下自己的口才水平：

①你觉得会说话对人一生的影响（　　　）。

A.重大　　　　　　　　B.一般　　　　　　　　C.不重大

②你和很多人交谈时，会（　　　）。

A.有时插上几句

B.让别人说，自己只是旁听者

C.善于用言谈来增强别人对你的好感

③在公共场合，你（　　　）。

A.很善于言辞　　　　　B.不善言辞　　　　　　C.羞于言谈

④假如一个依赖性很强的朋友打电话找你聊天，而你没有时间陪他，你会（　　　）。

A.问他是否有重要的事，如没有，回头再打给他

B.告诉他你很忙，不能和他聊天

C.不接电话

⑤因为一次语言失误，在同事间产生了不好的影响，你会（　　　）。

A.依旧多说话

B.以良好言行尽力寻找机会以消除不良影响

C.害怕说话

⑥有人告诉你某某说过你的坏话，你会（　　　）。

A.处处提防他　　　　B.也说他的坏话　　　C.主动与他交谈

⑦在朋友的生日宴会上，你结识了朋友的同学，当你再次看见他时（　　　）。

A.匆匆打个招呼就过去了

B.一张口就叫出他的名字，并热情地与之交谈

C.聊了几句，并留下联系方式

⑧说话被别人误解后，你会（　　　）。

A.多给予谅解　　　　B.忽略这个问题　　　C.不再搭理人

计分标准：

第1题：选A，2分；选B，1分；选C，0分。

第2题：选A，1分；选B，0分；选C，2分。

第3题：选A，2分；选B，1分；选C，0分。

第4题：选A，2分；选B，1分；选C，0分。

第5题：选A，0分；选B，2分；选C，1分。

第6题：选A，1分；选B，0分；选C，2分。

第7题：选A，0分；选B，2分；选C，1分。

第8题：选A，2分；选B，1分；选C，0分。

测试结果分析：

得分在0～5分之间，表明你的口才较差，语言表达能力和语言沟通能力还很欠缺。如果你的性格太内向，这会阻碍你的语言表达能力的提高，你应该尽量改变这种状况，跳出自己的小圈子，多与外界接触，寻找一些与别人言语交流的机会，努力培养自己的

口才。只有这样，你才有希望成为一个受欢迎的人。

得分在6～11分之间，表明你的口才良好，语言表达能力和语言沟通能力一般，如果再加把劲，你就可以很自如地与人交流了。提高你的语言能力的法宝是主动出击，这样可以使你在语言交流中赢得主动权，你的语言表达能力自然会迈上一个新台阶。

得分在12～16分之间，表明你的口才很好，你清楚怎样表达自己的情感和思想，能够很好地理解和支持别人，不论同事还是朋友，上级还是下级，你都能和他们保持良好的交流。值得注意的是：千万不要炫耀这种沟通交流能力，那样，会被人认为你是故意讨好别人，是十分虚伪的表现。尤其是对那种不善于与人沟通的人，更要十分注意，要做到用你的真诚去打动别人，只有这样，才能长久地维持你的好人缘，语言表达才能表现得更好。

2.演讲认知训练

【任务名称】

演讲认知。

【任务目标】

（1）正确理解演讲内涵。

（2）深入体会演讲的特征。

（3）把握演讲要素在演讲活动中的重要作用。

【建议学时】

2学时。

【涉及知识点】

演讲认知。

【任务实施过程】

（1）任务导入。举办演讲接力活动，活动要求如下：

①演讲话题分为英雄、网络、沟通和诚信。

②本次活动以小组为单位，各组以抽签形式决定自己的演讲话题。话题确定后，各组在同一话题下准备3个演讲，要求选择并运用陈述型、论辩型、抒情型、鼓动型4类演讲中的3类表达方式，自拟题目，完成演讲稿，最终进行脱稿演讲。

③每组选派4名代表。第一名同学汇报本次活动的经过、组内成员的具体安排以及在此活动中的独特感受和体验。然后，演讲代表登台。每个同学在台上的时间控制在3～5分钟。

④各组同学依次交替演讲。每组演讲代表时间间隔不超过30秒，如果超时，即算作自动放弃一次演讲机会，转由下组继续演讲。

⑤评判人员对演讲做出评判。

（2）演讲认知训练。

①热身准备。集体讨论：结合自身的理解谈谈：什么是演讲？演讲有何作用？

②实地大演练。教师播放2～3个演讲视频，各组结合演讲的特征进行分析。要求：第一，请学生以组为单位进行讨论、学习，限时10分钟。第二，每组派出3名代表到台

上进行表述，每组台上时间限定在8～10分钟。

资料来源　赵京立. 演讲与沟通实训［M］. 北京：高等教育出版社，2010.

3.演讲模拟训练

【训练要领】

细心揣摩演讲者处理有声语言（如语调、语气、停连、重音等）和态势语言（如身姿、手势、目光、表情等）的技巧。

【训练方法】

（1）录像模仿。先观看一小段精彩的演讲录像，要求当场默记，然后进行模仿。注意模仿不是为了背出这段内容，而是为了学习口语与态势语处理的技巧。模仿前要注意演讲的类型、演讲的基调等。

（2）利用下面的材料，做仿说练习。

①19世纪法国杰出的浪漫主义作家维克多·雨果在伏尔泰百年祭日上发表著名演说《微笑本身就含有曙光》。结尾用诗一般的语言，连用多个"让我们……"的句式，充分表达了对伏尔泰的颂扬之情，以及对战争、专制、独裁的诅咒，呼唤人们为争取生命权、自由权而奋斗，推翻王权，让光明从"坟墓"里出来！

"让我们转向伏尔泰吧！让我们在他的墓前鞠躬吧！让我们记取他的忠告吧！虽然他在100年前已死，但他的成就是不朽的，也让我们记取其他伟大的思想家的忠告吧，让我们停止流血事件吧！够了！够了！专制政治！野蛮主义早该消灭，让文明兴起吧！让18世纪来拯救19世纪！那些哲学家都是真理的门徒，在独裁者发动战争之前，让他们宣布人类生命权及良知的自由权，还有理性的崇高、劳力的神圣、和平的祝福。既然王权表示黑暗，就让光明从坟墓里出来吧！"

②1904年，秋瑾紧扣当时的现实，有理有据、言简意赅地宣传了演说的好处。

"演说有种种好处。第一样好处：随便什么地方，都可随时演说。第二样好处：不要钱，听的人必多。第三样好处：人人都能听得懂，虽是不识字的妇女、小孩子，都可听的。第四样好处：只需三寸不烂的舌头，又不要兴师动众，捐什么钱。第五样好处：天下的事情，都可以晓得。"

资料来源　朱彩虹. 大学生实用口才训练教程［M］. 北京：清华大学出版社，2010.

4.实施每日自我口才训练计划

目标：锻炼最大胆地发言，锻炼最大声地说话，锻炼最流畅地演讲。

自我激励誓言：我一定要最大胆地发言，我一定要最大声地说话，我一定要最流畅地演讲。

（1）积极心态训练。进行积极的自我暗示。每天清晨默念10遍："我一定要最大胆地发言，我一定要最大声地说话，我一定要最流畅地演讲。我一定行！今天一定是幸福快乐的一天！"

（2）想象训练。至少花5分钟想象自己在公众场合演讲，想象自己的演讲很成功。至少花5分钟在镜前练习微笑，训练自己的手势及表情。

（3）口才训练。

①每天至少与5个人有意识地交流思想。

②每天大声朗诵或大声说话至少5分钟。

③每天训练自己"3分钟演讲"1次或"3分钟默讲"1次。

④每天给亲人、同学至少讲1个故事或完整地叙述1件事情。

（4）口才技巧训练。

①演讲前，深吸一口气，平静心情，面带微笑，与听众进行眼神交流后，开始演讲。

②勇敢地讲出第一句话，声音大一点，速度慢一点，句子短一点。

③当因情绪紧张而讲话卡壳时，停下来有意识地深吸一口气，然后随着吐气接着把话讲出来。

④如果表现不好，自我安慰："刚才怎么又紧张了？没关系，继续平稳地讲"；同时，用感觉和行动上的自信战胜恐惧。

⑤紧张时，可以做放松练习，深呼吸，或尽力握紧拳头，又迅速放松，连续10次。

（5）辅助训练。

①每天至少花20分钟阅读励志书籍或口才书籍，培养自己的积极心态，学习语言表达技巧。

②每天放声大笑10次，乐观面对生活，放松情绪。

③每天躺在床上朗读，坚持将一篇文章读3遍，练习腹式呼吸，提高声音音质。

④训练接受他人的注视，培养自信和观察能力。

⑤培养微笑的习惯，要笑得灿烂，体现真诚，具有亲和力。

⑥学会检讨，每天总结得与失，写心得体会。每周要全面总结进步及不足，并确定下周的目标[1]。

课后练习

1.演讲基础训练

（1）连缀不相关的事物。方法：学生互相出题，随意写出四个事物（如鼠标、饮料、微信、葡萄），练习者说一段话，将这些事物连缀起来。

（2）讲故事接龙。方法：由一人开始以自己想象的稀奇古怪的开头来说故事，时间为1分钟，时间到了由下一个人接着说。

（3）假定你在学校组织的一次演讲比赛中荣获了一等奖，在颁奖仪式上，主持人请你代表全体获奖同学发言，你该讲些什么？

（4）你和几位同学一起到一家公司实习，在公司的一次职工大会上，该公司经理把你们这些实习生介绍给大家，致欢迎词后，同学们推你代表实习生发言，你该怎么办？

（5）根据下面的话题，进行口头评说，每题讲3分钟左右[2]。

苏格拉底的学生对他说："老师，您懂得这么多，您一定没有烦恼……"苏格拉底

① 史钟锋，张传洲. 演讲与口才实训［M］. 南京：东南大学出版社，2015.
② 傅春丹，方燕妹，黄君乐.演讲与口才案例教程［M］. 2版. 北京：中国水利水电出版社，2017.

说："不，错了，知识是一个圆，烦恼是它的半径，知识越多，圆越大，半径也越长……"你是否有同感？你现在有烦恼吗？常烦恼些什么呢？如何摆脱烦恼？谈谈你的体会。

作家刘心武说过："亲情如溪流，友情如江河，爱情如大海。人活一世，亲情、友情、爱情三者缺一，已为遗憾，三者缺二，实为可怜，三者皆缺，活而如亡！"请你据此谈谈感想。

"在才能和智慧不相上下的人群中，你拥有更大的热情，成功便在更大程度上属于你。"你认为这句话对吗？谈谈个人的品德修养在人际关系方面的重要性。

有人说："逆境容易出人才。"有人说："顺境容易出人才。"也有人说："不管是逆境还是顺境，成才关键是人本身。"你是如何看待这个问题的？

请围绕"付出与收获"，联系现实，谈谈你的看法。

你热爱自己所学的专业吗？如果不喜欢，你现在该怎么办？并谈谈你对未来工作的设想。

现在有一些大学生边读书边找一些兼职做，有人持反对意见，有人赞同。请你对大学生兼职问题发表意见。是利大于弊，还是弊大于利？怎么看待这个问题才好？

2.口才基础训练

（1）请用具体事例说明口才的6种能力。

（2）请举例说明口才与事业的关系。

（3）如何才能拥有良好的口才？

（4）请设想，在下列情况下，应该怎么说？

某俱乐部举行的一次招待会上，服务员倒酒时，不慎将啤酒洒到一位宾客那光亮的秃头上，服务员吓得手足无措，目瞪口呆。这位宾客却微笑着说："……"

一位主持人在报幕的时候不慎将《猎人舞曲》报成了《腊八舞曲》，如果当时你是这位主持人的搭档，你会说："……"①

（5）如果你在公共场所排队等候时有人插队，假设插队的人分别是青年学生、中年女工、中年男知识分子和农村老大爷，你应如何劝说他们不要插队？请分组讨论，各小组推荐一名代表上台演示。

3.案例分析

比尔·盖茨遭遇演讲滑铁卢

2009年2月20日，在美国加利福尼亚举行的全球科技、娱乐、设计大会上，微软前总裁比尔·盖茨先生发表了主题为"重启"的演讲。盖茨在台上大声疾呼，号召人们重视人类的生存环境，并关注在贫穷的非洲，人们糟糕的生存状况。台下聚集的全球科技、艺术方面的精英个个聚精会神仔细聆听，神情十分严肃。

说到起劲之处，一贯以口才见长的盖茨，忽然来了个新花样，"疟疾是由蚊子传播的"，他边说边打开一个瓶子，"我带来一些蚊子，我将让它们四处飞行，没有理由只让

---

① 杨利平，艾艳红. 实用口才训练教程［M］. 长沙：湖南人民出版社，2013.

穷人感染疟疾"。这番话把在场的不少听众吓得不轻，会场顿时一阵混乱：有人起身准备离席，有人伸出手掌向空中乱飞的蚊子拼命地挥打……看着这乱糟糟的场面，盖茨或许觉得自己此举不太妥当，赶紧灭火，他大声地向会场人员保证：他放飞的那些蚊子不携带疟疾病毒，他只是想引起大家关注并帮助贫穷的非洲。可是任凭他怎么解释，大家已无心恋"听"，演讲只得草草收场。

会后，该大会管理者克里斯讽刺说："盖茨此举应该成为各大媒体的新闻头条，标题可以用'盖茨向全世界释放更多的致命昆虫'。"商界巨头奥米迪亚表示："这简直太过分了，我们离开这间屋子的时候要得病了，列席会议时我再也不坐前排了。"人们猛烈地批评比尔·盖茨放蚊子的行为，似乎没人关心他苦心设计这个环节所要表达的主题。比尔·盖茨"收获"了自己辉煌演讲史上少有的失败。

思考题：

（1）比尔·盖茨为何遭遇演讲滑铁卢？

（2）比尔·盖茨用蚊子作为演讲道具，其做法有何不妥？如果你将发表主旨演讲，你如何使大家关注和帮助贫穷的非洲？

任务1
案例分析

任务 2

演讲与口才基础

一个成功的交际者不但需要理解他人的有声语言，更重要的是要能够观察他人的无声信号，并且要能在不同场合正确分辨这种信号。

——［美］人类学家 霍尔

演讲如能使聋子看得懂，则演讲之技精矣。

——教育家 陶行知

■ 课程思政要求

进行社会主义核心价值观教育；开展道德意识教育和法律意识教育；塑造良好的职业形象，不断提高职业素养；热爱祖国的语言，加强中华文化认同，增强民族自豪感；培养积极乐观的生活态度和审美情趣；促进大学生的全面发展。

■ 学习目标

掌握发声练习的方法；学会运用有声语言；掌握诗歌和散文的朗读要领；正确理解态势语言的运用原则；恰当地运用态势语言；纠正自身不合礼仪规范的态势语言；根据语言交流的进程和说话者个性特点设计态势语言；明确口才与心理素质的关系；掌握心理素质的培养途径并切实进行相关训练；掌握复述、描述、解说、评述的表达方式。

有声语言是人们进行交流最主要的工具，只有它才能准确、清楚地表达人们的所思所想，承载和传输各种信息，完成交际和交流的任务。有声语言表达能力的强弱一方面受个人先天条件的影响；另一方面，后天的训练和养成也十分关键。

2.1 有声语言

1) 认识声音

（1）声音的产生。有人把人的发声器官比作一架管风琴。肺是风箱，由它提供发声的原动力。气流从肺中自下而上，通过气管上升到喉头，声音就由喉部产生。当人们呼气时，使保护气管的肌肉（即声带）紧密地挨在一起，以使空气通过声带时能够产生振动。这种振动产生了微弱的声音，然后该声音在穿过咽部（喉咙）、口以及在某些情况下上升到鼻腔时被抬高以产生共振。在这里，口和鼻腔就成了管风琴的两个管，它们不但可以起到扩大音量的作用，还可以任意变换音色。这样，共振后的声音被舌头、嘴唇、腭和牙齿这些发音器官改造，从而形成了语言体系中的声音。

我们认识发声器官，了解声音如何产生，目的是在有声语言的训练中遵循其活动规律，正确发挥其功能和作用，从而有效地利用它来发出富有表现力和感染力的声音，增强语言表达的效果。

（2）影响声音质量的因素。现实生活中，去除语言的内容，人们经常能够通过一个人的声音判断出对方的许多信息，如对方的性格、涵养、情绪等；有时，甚至单凭一个人的声音就能判断出这个人的外貌、形象等特征，尽管判断的结果有时与事实不符。因此声音质量的高低直接影响听众对语言内容和表达者的接受程度。那么，影响声音质量的因素有哪些呢？

①音域。音域即每个人的声音从低音到高音的范围。大多数人运用音高的范围超过8度，也就是音阶上的8个全音。音域的宽窄直接影响到声音的质量。人们在平时交谈时，音域大多在一个8度左右，而常用的也只有四五个音的宽度，但是如果要同时与众多听众进行交流，如演讲或是表达强烈的思想感情时，这样的音域就显得过窄。这时表达者不得不达到音域的极限，自己会感到吃力，声音会变得不自然，而带给听者的则是极不舒服的感觉。如果一个人的音域过窄而造成表达上的障碍，则需要专门为此进行训练，以拓宽自己的音域。事实上对于大多数人来说，不在于是否拥有令人满意的音域，而在于是否最好地利用自己的音域。

②音量。音量也就是发出声音的强弱、大小。当人们正常呼气时，横膈肌放松，空气被排出气管。当人们讲话时，就会通过收缩腹肌来增加排出空气对振动声带的压力，这在排出空气后会以更大的力量提高声音的音量。感受这些肌肉动作的方法是：将双手放在腰部两侧，将手指伸展放在腹部。然后以平常的声音发"啊"，再以尽可能大的声音发"啊"，这时我们会感觉到提高音量时腹部收缩力量的增强。微弱的声音缺乏力度，使有声语言没有表现力，难以表达强烈的思想感情；而响亮、浑厚、有穿透力的声音，则能做到高低起伏、轻重有别，可以增强声音的表现力与感染力。因此，如果我们的音量不够大，则可以通过在呼气时提高腹部区域压力的方法加以锻炼使其提高。

③音长。音长也就是声音的长短，它同语速、停顿密切相关，可以影响语言节奏的形成，对声音的质量同样有着不可忽视的作用。语速，也就是讲话的速度。大多数人正常交流时语速为每分钟130~150个字，而播音员的语速一般在每分钟180~230个字。可见，对于不同的人、不同的语言环境，语速的差异是比较大的。我们不需要统一执行哪一个标准语速，因为一个人语速是否合适关键取决于听众是否能理解他在说什么。通常情况下，当一个人发音非常清楚，并且语调富于变化、抑扬顿挫时，即使语速很快，也能被人接受。

④音质。音质是指嗓音的音调、音色或声音。它往往是一个人声音的个性特征。如笛子有笛子的声音，而京胡有京胡的声音。音质决定于共鸣腔的状态和质量的变化。音

质直接影响到声音是否优美悦耳，影响到声音的表现力。最好的音质就是一种清楚悦耳的音调。音质上的障碍包括鼻音、呼气声、嘶哑的声音和刺耳的声音。

综上所述，一方面我们要进行良好的训练；另一方面要学会合理地控制这些因素，这样就可以使声音富于变化、轻重有别，从而更加有效地表达语言的思想内容。

小训练 2-1

①大声朗读下列成语，注意声母和韵母以及声调。

比翼双飞	披荆斩棘	满载而归	丰衣足食	大张旗鼓	推陈出新
南征北战	龙飞凤舞	高瞻远瞩	快马加鞭	和风细雨	洁身自好
轻歌曼舞	先人后己	正本清源	超群绝伦	生龙活虎	日新月异
责无旁贷	此起彼伏	四通八达	按部就班	呕心沥血	峨冠博带
依山傍水	闻过则喜	云淡风轻	而立之年	仗义执言	瞒天过海
鞍前马后	兵强马壮	催眠有术	灯红酒绿	飞檐走壁	甘霖普降
挥毫洒墨	坚决果断	鲲鹏展翅	捞钱索物	闷头写作	千锤百炼
酸甜苦辣	吞云吐雾	心明眼亮	争前恐后	因循守旧	巍然挺立

②向听众讲述个人经历中印象深刻的一件事。

要求：不要照稿宣读，注意吐字发音，并使自己的声音热情、自然、有表现力。可将自己上面的讲话用手机录下来，然后分析研究自己的录音，找到自己语言中的干扰词。再重复自己刚才讲述的内容，重复时注意克服这些干扰，尽量降低干扰词出现的频率。

2）发声练习

我们已经知道，声音的产生并不是单靠哪一个器官完成的，而是呼吸器官、消化器官相互协同完成的。发音效果的好坏，与呼吸、声带、共鸣器官等有直接的关系。因此，要想提高声音的质量，使自己发出的声音更加富有表现力和感染力，就要从以下几个方面多加练习：

（1）控制气息。气乃声之源。一个人气量的大小，能否正确用气，对语音的准确度、清晰度和表现力都有直接影响。唐代文学家韩愈曾说过："气，水也；言，浮物也。水大而物之浮者大小毕浮。气之与言犹是也，气盛则言之短长与声之高下者皆宜。"因此我们必须学会控制气息，这样才能很好地驾驭声音。在语言交流中要想使声音运用自如、音色圆润、优美动听，就要学会控制气息，掌握呼吸和换气的技巧。

呼吸的紧张点不应放在整个胸部，而应放在丹田，以丹田、胸腔、后胸作为支点，即着力点。力量有支点，声音才有力度。

①吸气。吸气时，要双肩放松，胸稍内含，腰腿挺直，缓慢平稳地吸气。要领是：气下沉，两肋开，横膈降，小腹收。这样随着吸气肌肉群的收缩容积立体扩张，有明显的腰部发胀、向后撑开的感觉，注意不要提肩，也不要让胸部塌下去。当气吸到七八成时，利用小腹的收缩力量控制气息，使之不外流。

小训练 2-2

抬重物时，必须把气吸得较深，憋着一股劲，后腰膨胀，腰带渐紧。这正是正确的呼吸方法。多抬几次重物，找出以上感觉。

②呼气。呼气时，要保持吸气时的状态，两肋不要马上下塌。小腹始终要收住，不可放开，使胸、腹部在努力控制之下，将肺部储存的气息慢慢放出，均匀地向外吐。呼气要用嘴，做到匀、缓、稳。在呼气过程中，语音随之一个接一个地发出，从而使有声语言富有节奏。

小训练 2-3

假设桌面上有许多灰尘，要求吹走而又不能吹得尘土飞扬。练习时，按吸气要领做好准备，然后依照抬重物的感觉吸足一口气，停顿两秒钟左右，向外吹气。吹气时要平稳、均匀，随着气息的流出，胸腹尽量保持吸气时的状态。尽量吹得时间长些，直至将一口气吹完。

③换气。在语言表达过程中，人们不可能一口气将所要说的内容说完，常根据不同内容和表情达意的需要做时间不等的顿歇。许多顿歇之处就是需要换气或补气之处，以保证语气从容、音色优美，防止出现气竭现象。换气有大气口和小气口两种换气方法。大气口是在类似朗读、演讲这样的表达时使用，在允许停顿的地方，先吐出一点气，马上深吸一口气，为下面要说的话准备足够的气息。这种少呼多吸的大气口呼吸一般比较从容，也比较容易掌握。小气口是指表达一段较长的句子时，气息用得差不多了，但句子未完而及时补进气息。补气时，可以在气息能够停顿的地方急吸一点气，或在吐完前一个字时不露痕迹地带入一点气，以弥补底气不足。使用这种换气方法时，要做到无声、音断气连，因此这是难度较大的换气方法。

小训练 2-4

①高声朗读《高山下的花环》中雷军长的一段演说，安排好换气。

我的大炮就要万炮轰鸣，我的装甲车就要隆隆开进！我的千军万马就要去杀敌！就要去拼命！就要去流血！！可刚才，有那么个神通广大的贵妇人，她，竟有本事从千里之外把电话打到我这前沿指挥所。她来电话干啥？她来电话是要我给她儿子开后门，让我关照关照她儿子！奶奶娘！走后门她竟敢走到我这流血牺牲的战场！我在电话里臭骂了她一顿！我雷某不管她是天老爷的夫人，还是地老爷的太太，谁敢把后门走到我这流血牺牲的战场上，没二话，我雷某要让她儿子第一个扛上炸药包去炸碉堡！去炸碉堡！

②练习下面的绕口令，开始做练习时，中间可以适当换气。练到有了控制能力时，逐渐减少换气次数，最后要争取一口气说完。

五组的小组长姓鲁，九组的小组长姓李。鲁组长比李组长小，李组长比鲁组长老。比李组长小的鲁组长有个表姐比李组长老，比鲁组长老的李组长有个表姐比鲁组长小。小的小组长比老的小组长长得美，老的小组长比小的小组长长得丑。丑小组长的表姐比美小组长的表姐美，美小组长的表姐比丑小组长的表姐丑。请你想一想：是鲁组长老，还是李组长的表姐老？是李组长小，还是鲁组长的表姐小？是五组小组长丑，还是九组小组长丑？是鲁组长表姐美，还是李组长表姐美？

气息控制训练可以把握"深、通、匀、活"四字方针，注意气息和内容的结合。单纯的语音、气息训练效果并不好，需要大家在实际朗读过程中不断体会、运用。

（2）训练共鸣。气流从肺部上升到喉头冲击声带发出的声音本来是很微弱的，但经过喉腔、咽腔、口腔、鼻腔的共鸣，声音就扩大了，这不需经过训练，人人都可以做到。但是，要想使声音洪亮、圆润、悦耳，就需要进行特殊的训练了。

①鼻腔共鸣。鼻腔共鸣是由"鼻窦"实现的。鼻窦中的额窦、蝶窦、上颚窦、筛窦等，它们各有小小的孔窦与鼻腔相连，发音时这些小孔窦起共鸣作用，使声音响亮、传得更远。运用鼻腔时，软腭放松，打开口腔与鼻腔的通道使声音沿着硬腭向上走，使鼻腔的小窦穴处充满气，头部要有振动感。这样，发出的声音才会震荡、有弹力。但要注意，鼻腔共鸣不能过量，过量就会形成"囊鼻音"。

小训练 2-5

词组练习：妈妈　光芒　中央　接纳　头脑
蓝蓝的天上白云飘，白云下面马儿跑，挥动鞭儿响四方，百鸟齐飞翔。

②口腔共鸣。口张起，呈微笑状，使整个口腔保持一定张力，口腔壁、咽腔壁的肌肉处于积极状态。这样，声带发出的声音随气流的推动流畅向前，在口腔的前上部引起振动，形成共鸣效果。共鸣时要把气息弹上去，弹到共鸣点。声音必须集中，同时还要带上感情，兴奋起来。这样才会达到一个好的共鸣效果。

小训练 2-6

词组练习：澎湃　冰雹　拍照　平静　抨击　批评　哗啦啦　啪啪扑　哽咽
绕口令：山上五株树，架上五壶醋，林中五只鹿，柜中五条裤，伐了山上树，取下架上醋，捉住林中鹿，拿出柜中裤。

③胸腔共鸣。胸腔是指声门以下的共鸣腔体，属于下部共鸣腔体，它可以使声音结实浑厚、音量大。运动胸腔共鸣时，声带振动，声音反着气流的方向通过骨骼和肌肉组织壁传到肺腔，这时胸部会明显感到振动，从而产生共鸣。有了这个底座共鸣的支持，声音才会真实、不飘。

小训练 2-7

①胸腔共鸣训练
"a"元音直上、直下、滑动练习
词组练习：百炼成钢　翻江倒海　追悔莫及
小柳树，满地栽，金花谢，银花开。

②发声练习

口腔打开，使下面一组音从胸腔逐渐向口腔、鼻腔过渡。

a—mai—mao—mi—mu

③朗读共鸣练习

朗读《七律·长征》（毛泽东），要求放慢速度，有意识地夸张，尽量达到最佳共鸣效果。声音适当偏后些，使之浑厚有力。注意防止"囊鼻音"。

红——军——不怕——远——征——难，

万——水——千——山——只——等——闲。

五岭——逶迤——腾——细——浪，

乌蒙——磅礴——走——泥——丸。

金沙——水拍——云——崖暖，

大渡——桥横——铁——索——寒。

更喜岷山——千——里——雪，

三军过后——尽——开——颜。

④假设分别向 1 个人、10 个人、50 个人、1 000 个人，在教室、大礼堂、体育场等地朗诵或喊口令，十分准确地运用声音。

在进行共鸣训练时，扩大共鸣腔要适度，不能无限制，要以不失本音音色为前提。同时，应该学会控制共鸣腔肌肉的紧张度，保持均衡的紧张状态。另外共鸣腔各部位包括肌肉要协同动作，这样声音的质量才能真正提高。

（3）吐字归音。吐字归音是汉语（汉字）的发声法则，即"出字"和"收字"的技巧。我们把一个字分为字头、字腹和字尾三部分，"吐字"是对字头的发音要求，"归音"是对字腹，尤其是对字尾的发音要求。

①吐字。吐字也叫咬字。一是注意口型，口型该大开时不能半开，该圆唇时不能展唇，尽量使声音立起来；二是注意字头，字头是字音的开始阶段，要求叼住弹出。要做到吐字清晰，发音有力，摆准部位，蓄足气流，干净利落，富有弹性。只有这样，吐字才能使声音圆润、清楚。

小训练 2-8

读下面的绕口令。先慢读，注意分辨声母，发好字头音，读准声调，读几遍后再加速。

①白石白又滑，搬来白石搭白塔。白石塔，白石塔，白石搭石塔，白塔白石搭。搭好白石塔，白塔白又滑。

②四和十，十和四，十四和四十，四十和十四。说好四和十，得靠舌头和牙齿。谁说四十是"细席"，他的舌头没用力；谁说十四是"适时"，他的舌头没伸直。认真学，常练习十四、四十、四十四。

②归音。字尾是字音的收尾部分，指韵母的韵尾。归音是指字腹到字尾这个收音过程。收音时，唇舌的动作一定要到位，字腹要拉开立起，即在字腹弹出后口腔随字腹的

到来扯起适当开度，共鸣主要在这儿体现。然后收住，要收得干净利落，不拖泥带水，但也不能草草收住。如"天安门"三个字收音时，舌位要平放，舌尖抵住上齿龈，归到前鼻韵母"n"音上。只有这样，归音才到位，才能使声音饱满、富有韵味。

小训练2-9

读下面的绕口令，注意"n"和"ng"的收音。

梁家庄有个梁大娘，梁大娘家盖新房。大娘邻居大老梁，到梁大娘家看大娘，赶上梁大娘家上大梁，老梁帮着大娘扛大梁，大梁稳稳当当上了墙，大娘高高兴兴谢老梁。

3）有声语言的运用

语言交流的效果不仅要靠语言内容本身，还需合理地运用各种有声语言的技巧手段，这也是表达获得成功的关键。

（1）有声语言的运用技巧。有声语言的节奏是语言中的音节排列组合后体现出的一种均衡和谐的美。节奏的构成主要有语调、重音、停顿、语速、抑扬等。

①语调。俗话说，听话听音，锣鼓听声。生动多变的语调是一种表意功能很强的口语修辞手段。语调高低升降的变化可以表达不同的含义，常见的有：

a.高升调。常用于呼唤、号召、惊疑等情感较为激昂的句子。例如：

让我们高举起振兴中华民族的希望火炬，去奋斗！去开拓！去创造我们美好的未来！

b.平直调。多用于一般的叙述、说明句。例如：

我不相信天上有上帝、宇宙有鬼神，但我相信，每个人都有他自己的命运。

c.抑降调。多用于祈使、感叹等句子。例如：

每个人都有自己的人生航线，但是没有一条会是笔直的，它充满着曲折，我们的历史就是这样。

d.曲折调。一般表示含蓄、反诘、夸张等情感。例如：

什么"人权自由""博爱平等"，全是骗人的鬼话。

小训练2-10

根据括号内的提示，用恰当的语调说出下面的话。

"你到这里来过？"

1.高兴（这太好了！）

2.惊讶（真没有想到。）

3.怀疑（这可能吗？）

4.责怪（你不应该来呀！）

5.愤怒（真是太不像话了！）

6.惋惜（唉！无可挽回的过失。）

7.轻蔑（这种地方你也来，你是什么东西？）

8.冷漠（是否来过与我无关。）

②重音。它是指在句子中某个词语说得特别重或者特别长。重音通常分两类：一类是与句子的结构有关，叫作结构重音；另一类与强调的某个潜在的语义有关，叫作强调重音。在说话人没有任何强调意思时，句中的结构重音就起作用了，这时的重音是句中组成成分之间相比较而存在的。例如，在简单的主谓句中，旨在说明主语"怎么样了"时，相比之下，谓语重些。如小王买了（重音在"买"）；如果句中有宾语，则宾语较重，如小王买电脑了（重音在"电脑"）；如果句中有修饰语，则修饰语较重，如楼上的小王买电脑了（重音在"楼上"）。强调重音没有固定的位置，其是根据表达者所要强调的潜在意义决定的，但强调重音也不是随心所欲的，要根据上下文意思决定。例如，我们要起诉施虐者（实施起诉的不是别人）；我们要起诉施虐者（不是采取别的行为，是起诉）；我们要起诉施虐者（起诉的对象是施虐者）。

小训练2-11

说出下面的话，注意重音。

他吃了一块蛋糕。
·
他吃了一块蛋糕。
··
他吃了一块蛋糕。
··
他吃了一块蛋糕。
··

③停顿。它是指在语言交流中的语句或是词语间声音上的间歇。停顿一方面是生理和心理的需要；另一方面也起到控制节奏、强调重点的作用；同时也是给听者一个思考、理解和接受的时间，使听者更好地理解语义。停顿有多种性质：一是语法停顿，这类停顿基本依据标点来处理，如句号、问号、感叹号的停顿就要比顿号、逗号、分号的长。二是层次停顿，语义的层次需要停顿来表达清楚，这既包括语言中大的意思层次，如一节或一段，也指一句话中的语义的层次。三是呼应性的停顿，如果是一大段的语言内容，往往会出现整体性的呼应或是局部呼应，在这种情况下声音必须停顿，否则就会造成呼应中断，影响语义的表达，如：这对小燕子，便是我们故乡的那/一对，对吗？（郑振铎《海燕》）。四是音节性停顿，这主要是指朗读节奏感比较强的诗词时，如：空山/新雨后，天气/晚来秋。五是强调性停顿，即为了突出句中的某些重要词语，而在这些词语的前或后稍加停顿，如：有的人活着/他已经死了；有的人死了/他还活着（臧克家《有的人》）。

④语速。它是指语言节奏的快慢。它是体现语言节奏、表达思想感情的重要手段。在现实生活中，凡是兴奋、激动时，则会语速加快；而沉思、平静时，语速就变慢。因此，一方面语速的运用要与内容、情感有关；另一方面也受不同场合的影响。做报告、播音的语速就相对较慢，而讲课的语速则要快一些，最快的则是我们常常听到的体育赛事的转播解说。

⑤抑扬。抑扬是指语调高低升降的变化。抑扬顿挫才会引人入胜。下面几种语言节奏较为常用，应注意掌握：

a.高亢型。声音偏高，起伏较大，语调昂扬，语势多上行。用于鼓动性强的演说，叙述一件重大的事件，宣传重要决定及使人激动的事。

b.低沉型。语速偏慢，语气压抑，语势多下行。多用于悲剧色彩的事件叙述，或慰问、怀念等。

c.凝重型。声音适中，语速适当，既不高亢，也不低沉，重点词语清晰沉稳，次要词语不轻不促。用于发表议论和某种语重心长的劝说，或抒发感情等。

d.轻快型。多扬少抑，听起来不费力。日常性的对话、一般性的辩论都可使用这种语言节奏。

e.紧张型。语速较快，句中不延长停顿。用于重要情况的汇报，必须立即加以澄清的事实申辩等。

f.舒缓型。声音不高也不低，语速从容，既不急促，也不大起大落。说明性、解释性的叙述，学术探讨等宜用。

在不同的场合，要注意运用有效的发音。坚毅激进的声音，可以给人一种奋进感；柔和清脆的声音使人愉快；低缓忧郁的声音让人感伤；而粗俗急躁的声音使人愤怒。所以，要试着去掉自己的发音障碍，调整节奏和音色，使有声语言富有节奏，展示出声音的和谐之美，做个说话受人欢迎的人。

小训练2-12

综合运用有声语言重音、语速、停顿、抑扬等技巧，根据语言的环境，读下面的内容：

①伙计们都寻思起来，想什么办法呢？玉宝坐在旁边也想了一会，笑着说："叔叔，我有个好办法，咱们大家出口气，把那老小子打一顿。"（选自高玉宝《半夜鸡叫》）

②康大叔显出看他不上的样子，冷笑着说："你没有听清我的话，看他的神气，是说阿义可怜哩。"（选自鲁迅《药》）

③我为少男少女们歌唱，我歌唱早晨，我歌唱希望，我歌唱那些属于未来的事物，我歌唱正在生长的力量。（选自何其芳《我为少男少女们歌唱》）

④范柳原冷冷地道："你不爱我，你有什么办法，你做得了主么？"白流苏道："你若真爱我的话，你还顾得了这些？"范柳原道："我不至于那么糊涂。我犯不着花了钱娶一个对我毫无感情的人来管束我。那太不公平了。对于你，那也不公平。噢，也许你不在乎。根本你以为婚姻就是长期的卖淫合同。"（选自张爱玲《倾城之恋》）

⑤一生中能有这样两个发现，该是很够了，即使只能做出一个这样的发现，也已经是幸福的了。但是马克思在他研究的每一个领域，甚至数学领域都有独到的发现，这样的领域是很多的，而且其中任何一个领域他都不是肤浅地研究的。（选自恩格斯《在马克思墓前的讲话》）

（2）有声语言的运用原则。

①热情。它是对表达内容的兴奋之情或激情，使声音听起来富有表现力。表现力是

热情最大的信号，通过改变音高、音量、语速等使声音与语言内容、思想情感相吻合，使听众更加理解哪怕是表达者语义上的细微差别。而完全缺乏热情则会造成声音单调，这会使交流的气氛沉闷压抑，使听众昏昏欲睡。热情的声音就好像一盆火，听众即使是一块冰，也会被烤融化的。

②自然。它意味着当我们在讲话时对语言的内容和意图要有回应，使语言真实、富有活力。要想做到声音自然，对语言内容的熟悉非常重要，但不要死记硬背语言内容，要学会自然地表述，使其听起来好像讲话者在用心考虑语言内容和他的听众。"宁要自然的雅拙，也不要做作的乖巧。"卡耐基认为，演讲时声音自然，才能把意念表达得更为清楚，更为生动；否则，难以引起听众的共鸣。

③流畅。在有效的表达中声音不仅是热情、自然的，同时还应该是流畅的，即没有犹豫和语音干扰。大多数人在语言交流中偶尔会犯语音干扰的小毛病，这些小毛病也就是干扰流利语言的无关声音，如"啊""嗯""呢"等单音节词，或"然后""这个""那个""并且"等无实际意义的双音节词。当这些干扰过多时，听众就会注意到这些干扰，从而影响了对语言内容的注意。日常训练时，我们要挑出属于自己的干扰词，并用心练习去除这些干扰词。

小案例 2-1　　　　　　　　　　　　导游巧解顾客顾虑

一次，导游王勇接待一个美国旅游团。在旅游商店，他看到一位美国游客在看一幅国画"嫦娥奔月"，并在考虑是否购买。王勇走上前去，向他介绍中国国画艺术和相关的背景知识，客人很感兴趣。最后，王勇告诉这位美国游客，在华盛顿的宇航馆里也有一幅"嫦娥奔月"，图旁的说明是："在人类历史上，是谁第一个产生到月亮上去的想法？是中国古代的嫦娥女士。"这位美国游客非常感谢王勇的帮助，买下了这幅"嫦娥奔月"。

【点评】王勇的介绍，把物品的文化价值与实用价值巧妙地结合起来，促成了这位美国游客的购买。有声语言沟通的效果明显，能够立刻看到对方的反馈和回应。

4）朗读

朗读，是指把文字作品中的书面语言转化为有声语言的再创造活动，具体是指运用普通话把书面作品的思想内容明确、清楚、富有感情地表达出来，使听众从中受到教益。朗读训练是普通话语音训练的继续、巩固和提高，又是一般口语交际训练的基础，具有十分重要的意义。学习朗读，不仅有助于增强对有声语言的感受能力，掌握运用有声语言的技巧，积累语言素材，而且能有效地锻炼口才。林肯就是"朗读训练法"的受益者，他把拜伦的诗集，一本放在家里，一本放在办公室，一有空就拿出来朗读。他的朗读方法多种多样，有时低沉缓慢，有时激情迸发，有时变化角色，如痴如醉。长期的朗读，训练了语音，丰富了词汇，培养了语感，对他声情并茂的演说风格的形成产生了很大的影响。

（1）朗读的准备。朗读需要靠有声语言来表达作品的思想内容，要求忠实于原作品

演讲与口才教程

的文字。因此朗读必须使用普通话标准音，做到朗读文字不增、不减、不改、不错，并且语言要流畅自然，不结巴、不重复；停连恰当，语调变化轻重得体，语速适合，情感鲜明。要使朗读达到以上效果，一定要有必要的准备：

①读准字音。汉字有异读词、多音多义字的区别，而且一些姓名，古代国名、地名等专有名词，常常有特定的读法，一不注意就难免出错，影响朗读的流畅度，甚至造成笑话。因此，朗读前应扫除字词障碍，遇到不认识或有疑惑的字词时要马上查字典、词典，不要存侥幸心理，忽略不理。

②理解作品。朗读不但要忠实于原作，而且要求朗读者再现作品中人物的思想感情。要达到这个目标，朗读者必须反复阅读作品，加深对作品的理解。实践证明，只有当朗读者真正理解了作品并被作品感动时，才能很好地传情达意，听众才可能被感动，产生共鸣。

③形象感受。朗读前对作品的理解固然重要，但仅有理性认识远远不够，还须有深切的形象感受。也就是说，朗读者要透过作者所写的文字，感触到客观外界的种种事物，以及事物的发展、运动状态，使表现情、景、物、人、事、理的文字符号，在朗读者内心跳动起来，从而产生朗读的强烈愿望。

在这几步准备工作中，形象感受尤为重要，它不仅是理解的基础，而且贯穿整个准备过程，对成功朗读有极为重要的作用，应重点训练。形象感受主要来源于作品的形象，为了使作品中的形象在朗读者的心里活起来，应注意训练以下三点：

一是抓"实词"。"实词"是语句中表达形象的关键词，实词处理得好，作品中的情、景、物、人、事、理在朗读时就会活起来，好像"看到""听到""闻到""尝到"一样。例如，《卖火柴的小女孩》开头三句："天冷极了，下着雪，又快黑了。"其中"冷""雪""黑"就是表达形象的"实词"，朗读时不应仅仅把它们看成白纸黑字，而应透过这些实词，看到天色、雪花，从而感到"冷"。

二是运用综合感知。朗读者在朗读时，要注意调动视觉、听觉、嗅觉、触觉以及时间觉、空间觉、运动觉等各种感知能力，不断加强训练，培养语感能力，使作品中的形、声、色、味真正受之于心，如见其人，如闻其声。例如：

江南的雪，可是滋润美艳之至了，那是还在隐约着的青春的消息，是极壮健的处子的皮肤。雪野中有血红的宝珠山茶，白中隐青的单瓣梅花，深黄的磬口的腊梅花；雪下面还有冷绿的杂草。（鲁迅《雪》）

当朗读这个片断时，虽然我们眼里没有雪地、花草以及色彩，但通过文字我们感受到了非常丰富的色彩：红是"血红"，青是"白中隐青"，黄是"深黄"，绿是"冷绿"。这就是由视觉想象引起的形象感受。

三是调动生活储备。生活是创作的基础，作家在生活的基础上展开想象，创造出丰富多彩的艺术世界。因此，朗读时也应调动自己的生活储备，进入作品的艺术世界，获得真切的感受。著名配音演员曹雷就曾这样描绘自己的朗读体验：

我曾经见到东山橘林，记得一接近橘林，映入眼帘的是一望无际的绿色海洋，数不清的杏黄色的果实，有如天上的星星点缀其间，好看极了。周围是那样宁静，使人感到心胸异常开阔。走入林间，一股清香沁人心脾。我贪婪地呼吸着这令人陶醉的空气，似乎进入了一个没有一丝污尘的清爽世界。那种心旷神怡的感觉，简直难以用言语表达。现在，我要朗诵的这篇散文是描绘西山橘林的，与我见到的东山橘林相比，无论是规模、高矮都有差异，但其色调、氛围、意境、形态却基本上是一致的。于是朗诵时，我借助游览东山橘林时的生活体验，脑海中的想象顿时活跃起来。我采用了舒展的语调，力图表现作者置身于橘林之中那种异常旷达、酣畅的心境，把西山橘林的图景形象地展现在听众面前。

朗读也是"工夫在诗外"，没有丰厚的生活储备也是不行的。将生活储备融入自己的朗读之中，将会收到极佳的朗读效果。

（2）诗歌的朗读。诗歌作为作品的一种，其特点是语言精练，韵律和谐，激情澎湃，想象丰富，意境深邃。因此，诗歌朗读训练除了把握上文所介绍的准备技巧外，还应该注意以下两点：

①读出诗歌的意境。意境是衡量诗歌及其朗读好坏的重要标准。朗读诗歌前，要用心体会构成诗歌意境的情、景、物、人、事、理及它们相互间的关系，进而理解诗中所表现的意境。朗读时，要随作者一起展开丰富的想象，要充分调动生活储备，联系自己直接或间接的生活体验，身临其境地体会诗的意境。只有进入了诗的意境，才算真正理解一首诗，也才能把诗中景、情，通过有声语言展现在听众面前，使听众能触景生情，情景再现，如同进入诗境一般。例如，柳宗元的代表作之一《江雪》："千山鸟飞绝，万径人踪灭。孤舟蓑笠翁，独钓寒江雪。"全诗只用了20个字，给我们描绘了一幅图画：在下着大雪的江面上，一叶小舟，一个老渔翁，独自在寒冷的江上垂钓。朗读时，应向听众传达这样一些内容：天地之间是如此纯洁而寂静，一尘不染，万籁无声。渔翁的生活是如此清高，渔翁的性格是如此孤傲。但这还没有读出诗的意境，朗读时要进一步去想象、思考：为什么要花如此大的力气描写渔翁垂钓的背景？渔翁形象代表什么？作者在诗中要表达什么样的感情？只有明了柳宗元是借山水描写来衬托垂钓的渔翁，借歌咏隐居孤傲的渔翁，来寄托自己清高而孤寂的情感，抒发自己被贬后的郁闷和苦恼，全诗的幽僻、冷清、孤寂的意境才能真正表达出来。

②读出诗歌的音乐美。诗歌的音乐美，主要表现在诗歌的节奏和韵律两方面。诗歌中的节奏，也就是音乐中的节拍，它是诗歌的重要因素。诗歌的诗味，可以说是从节奏中来，每首诗都有或多或少的诗行，而每一行诗，都是由或多或少的音节组成的。而每一行诗中，几个音节就组成一个音步，音步就是诗行中有规律的停顿。诗歌中的节奏，就是由诗歌的音步体现出来的。如陈子昂《登幽州台歌》："前—不见—古人，后—不见—来者；念—天地—之—悠悠，独—怆然—而—涕下。"一共是四行诗、十四个音步。朗读时，各音步之间略作停顿成拖腔，每个音步所用的时间大体相等，这样读起来就有一种节奏感。而且，前两句由于只有三个音步，显得相对急促，传达了诗人生不逢时、郁郁不平之气；后两句各增加了一个虚词"之"和"而"，多了一个停顿，显得相对舒缓流畅，表现了他无可奈何、喉声长叹的情绪。

（3）散文的朗读。散文作为文学体裁的一种，其特点是通过对某些生活片断的概括、描写，表现作者的思想感情，并揭示其社会意义。散文篇幅不长，形式自由，不一定具有完整的故事情节。语言不受韵律的约束，可以抒情，可以叙事，也可以发表议论，甚至三种兼有。因此，散文的朗读训练应把握好以下几点：

①把握作品的"神"。散文朗读时要达到吸引人、感染人，给人久久回味和哲理的启迪，关键在于把握并读出作品的主题。散文的主题亦即作品的"神"，散文所涉及的一切，都不能离开这个"神"。"神"就如彩线穿珠似的，把那些五花八门、色彩斑斓的人、事、物、景串成一个完整的艺术整体。朗读时，读者必须寻找"神"这根主线，只有寻到了这根主线，才能把握作品的基调，进而把握作者感情的起伏变化，从而准确地表情达意。例如，朱自清散文《春》是一篇写景散文，作者通过对春天来到时万物复苏、一派欣欣向荣的美好景象的描写，表达了作者轻快欢畅的心情，因而其基调应是优美、舒缓、乐观向上的。

②把握作品的"形"。主要指应把握好作品中具体生动的形象。散文朗读就是要用有声语言再现作者创造的动人形象，给听众一种如见其人、如闻其声、如临其境的感觉，只有这样，才能使朗读产生感染力。例如，在朗读朱自清的散文《背影》时，应该想象自己正置身于火车站台，看到父亲两手攀着月台，两脚向上缩，肥胖的身子向左微倾，努力向上爬的样子，并且感到自己的鼻子发酸，眼泪正簌簌往下掉。这样，才能像诉说自己的亲身经历那样表达作者的深情。

③感情真挚饱满。散文长于抒情，朗读时不能简单地照本宣科，也不能一味地玩弄技巧，而应投入真挚饱满的感情，以情带声，以声传情，做到声情并茂，这样才能产生感人的力量。例如，朱自清的散文《背影》以背影为线索，抒发了对父亲的深情。朗读时，我们应当深刻体会作者对父亲的一片深情，与作者的思想感情产生共鸣，并进一步把作者的思想感情转化为自己的思想感情，才能做到充满深情，以情带声，以声传情。

2.2 态势语言

人们在语言交流中除了借助有声语言外，还需要借助个人形象、动作举止、面部表情、服饰着装等其他手段向听众传递信息，这些非语言的因素就被称为态势语言，也被称作无声语言。它们既可以独立表达思想感情，又可以协助有声语言共同完成信息的传达。态势语言作为一种视觉形象，在语言交流中起着十分重要的作用。它可以增强语言的感染力，渲染语言的环境气氛，形象地传递信息，有效地表达说话者的情感，直观地昭示心灵，使整个语言充满了魅力。

人们在学习语言交流中的态势语言时，容易产生误区：错误地将态势语言单纯地理解成为配合语言而设计的特定态势。这样的理解太过片面。事实上语言交流中的态势语言无时不在，无论我们是否承认，人们在口语交流的整个过程中都要以某种态势出现在他人面前，其态势可能恰当，对语言效果产生积极的作用；也可能不恰当，对语言效果产生消极的作用。

因此在学习态势语言的过程中，要正确理解态势语言的含义，在训练中能够有效地设计自己的态势语言，修正自身态势语言的不足，使态势语言与有声语言完美地结合。

1）态势语言的作用

小训练2-13

请举例说明态势语言的作用。

美国心理学家艾伯特·梅拉比安通过长时间的观察实验得出一个结论：人们在交流中的信息表达由三个方面组成：55%的体态、38%的声调及7%的语气词。由此可见态势语言在语言交流中的重要作用。人们不可能接受一个面部毫无表情、身体僵化的人滔滔不绝的言论，尽管其语言可能非常流畅。僵化的态势语言向人们传递着某种信息：演讲者是一个心理素质极差、缺乏沟通能力的人，是一个毫无生气的留声机。因此，听者是很难忍受的。相反，一名哑剧演员在台上即使不发声也会使听众完全领会他要表达的内容和情感；交通警察在指挥交通时单凭手势就足以使每一个过往司机和行人明白其意图。人们在语言的交流中如果能够有效地运用态势语言，使有声语言与态势语言融为一体，相互补充，言辞接于耳，姿态醒于目，两者合二为一，就能获得语言交流的成功。

（1）对有声语言的替代与补充。有声语言作为语言交流中最主要的一种表达手段，是信息传递的主要载体，而态势语言是指语言交流中的姿态动作、手势、表情等。它是流动着的形体动作，辅助有声语言运载着思想和感情，诉诸听众视觉器官，产生效应。"言之不足，故手之舞之，足之蹈之。"态势语言承载着丰富的信息，虽然在语言交流中处于从属地位，却能够替代和补充有声语言，简洁直观，使听者一看则明。

列宁在演讲中，时常运用富有个性色彩的态势语言。他喜欢以一手下压的动作，表示对当时社会腐朽制度的蔑视和愤怒，而用一手向上前方伸展的姿态，表达对光明灿烂的革命前途的憧憬。他的演讲动作干净利落，带给听众以极大的鼓舞。而斯大林在讲话时，则习惯手拿烟斗，边讲边摇头，这一动作成为他独特的演讲风格的一部分。

（2）对有声语言的突出与强化。在语言交流过程中，经常会出现单凭有声语言表达效果不尽如人意的时候。通过态势语言可以对有声语言不便说、不好说的方面加以完善补充，进而起到强化的作用。恰到好处的有声语言表达与自然得体的态势语言相互配合，能够更加形象、准确地传递信息，强化表达的感染力，拉近语言交流双方的心理距离。

林肯经常在谈话途中停顿。当他说到一项要点，而且希望他的听众在脑中留下极为深刻的印象时，他会倾身向前，直接望着对方的眼睛，足足有一分钟之久，却一句话也不说。这种突然的沉默和突然的嘈杂声有相同的效果，使得在场的每个听众都提高注意力并警觉起来，注意倾听他下一句将说些什么。例如，在他和道格拉斯那场著名的辩论接近尾声时，所有迹象都表明他已失败，他因此感到沮丧。在演说的最后，林肯突然停顿下来，默默站了一分钟，望着他面前那些听众的面孔，他那深陷下去的忧郁的眼睛跟平常一样，似乎满含眼泪。他把自己的双手紧紧并在一起，仿佛它们已太疲乏了，无法应付这场战斗。然后，他以他那独特的声音说道："朋友们，不管是道格拉斯法官还是我自己被选入美国参议院，那都是无关紧要的，一点关系也没有。但是我们今天向你们提出的这个重大问题才是最重要的，远胜过任何个人的利益和任何人的政治前途。朋友们，"说到这儿，他又停了下来，听众们屏息以待，唯恐漏掉一个字，"即使在道格拉斯法官和我自己的那根可怜、脆弱、无用的舌头已经安息在坟墓中时，这个问题仍将继续存在、呼吸及燃烧。"为林肯写传记的一位作者指出："这些简单的话，以及他当时的演说态度，深深打动了在场的每一个人。"

（3）对听众情绪的调控与引导。态势语言在语言交流的整个进程中都会对听众起到微妙的、不易察觉的情绪上的调控与引导作用。人们可以运用态势语言来影响听众，使听众的听讲向着有利于自己的方向发展。有时单独依靠态势语言，还能起到"此时无声胜有声"的效果。例如作家方纪在描写重庆谈判前毛泽东在机场登机的文章《挥手之间》中有这样一段细腻的描写：

机场上人群静静地立着，千百双眼睛跟着主席高大的身形在人群里移动，望着主席一步一步走近了飞机，一步一步地踏上了飞机的梯子。

这一会儿时间好长啊！人们屏住呼吸，一动不动地望着主席的一举手，一投足，直到他在飞机舱口停住，回转身来，又向着送行的人群。

人群又一次像疾风卷过水面，向着飞机涌了过去。主席站在飞机舱口，取下头上的帽子，注视着送行的人们，像是安慰，像是鼓励。人们不知道怎样表达自己的心情，只是拼命地一齐挥手，像是机场上蓦地刮来一阵狂风，千百条手臂挥舞着，从下面，从远处，伸向主席。

主席也举起手来，举起他那顶深灰色的盔式帽；但是举得很慢很慢，像是在举起一件十分沉重的东西。一点一点地，一点一点地，举起来，举起来；等到举过了头顶，忽然用力一挥，便停止在空中，一动不动了。

在这篇文章中，作者方纪通过细腻地描写毛主席在登机前的态势，向人们传达了他此时的心情、愿望。其态势语言胜过千言万语。

（4）对个人素质的无声展示。态势语言不仅可以补充、替代、强调有声语言，也是一个人思想情感的外化，是个人修养、风度、个性等方面的展示。良好的态势语言，能够提升一个人在听众心目中的地位，从而建立一种信任，同时还能给听众带来美好和谐的审美愉悦。而不当的态势语言则会降低其在听众心目中的地位，影响听众对其语言信息的接受。例如，一个人举止从容，说明其为人冷静；慌慌张张说明其不够自信或是缺少条理；面带微笑，说明其心态阳光，对听众友好；而面部僵化，说明其历练不足或心理素质欠佳等。无论我们是否有意识地使用态势语言，我们都要以某种态势出现在听众面前，而这种态势能够把演讲人素质方面的信息无声地传递给听众。例如：

苏联前领导人赫鲁晓夫在国际上被认为是一个粗鲁、暴躁、缺乏修养的人。1960年9月，他出席联合国大会时，经常违反大会规定，随意站起来打断别人的发言。更有甚者，当西班牙代表发言时，他为了打断人家的发言竟脱下皮鞋，狠砸桌子。他的这种行为无疑印证了他在国际社会中给人留下的粗鲁印象，大大损害了当时苏联在国际上的形象。他的这一举动也被载入了史册。

所以在语言交流中要注意态势的自然雅观：不可不动，不可乱动，不动则已，动则传情；站有站相，坐有坐相。举手投足要符合自身个性，符合语境，符合身份。

小贴士 2-1　　　　　　　　　　　　　　　　　　**形体语言的含义**

· 小幅度摇腿或脚表示紧张；

· 将一只脚放在另一只脚上表示兴奋；

· 脚尖的指向度过于偏则给听众一种"不太热情"之感；

· 弯腰给人一种压抑之感；

· 频频将手插入衣袋是一种紧张的表现，尤其是拇指向外更不雅观；

· 将两手大拇指呈八字形插放侧面有一种威严感；

· 如果猛然坐下，给听众的感觉是演讲者太随便、太紧张；

· 挺直腰部反映出情绪高昂、充满自信，但太过头则给人一种骄狂印象；

· 深坐给人一种老成之感，但年轻人演讲时忌用；

· 突出腹部表示自信满足，如果刻意体现则表达趾高气扬之感；

· 轻拍自己腹部，表示自己有风度和雅量；

· 把手按在腰腹上表示自己忠诚、可靠；

· 耸肩表示示威和吓唬对方，配合摇头或摊开双手表示不明白、没办法之意；

· 抬头表示遐想、傲慢等；

· 点头表示同意、欣喜、致意、肯定、承认、感谢、应允、满意、认可、理解、顺从；

· 摇头表示否定；

· 侧头表示疑问；

· 歪头行礼表示天真；

· 抱头表示不同意；

· 垂头走路表示心事重重；

· 步频较快、轻松表示"春风得意"；

· 走路时眼睛正视前方，手摆幅度大，表示趾高气扬，目空一切；

· 走路时拖着步子，速度太慢，表示自卑、紧张、没有信心；

· 女性走路时手臂抬得高，显得精力充沛和快乐。

2）态势语言的构成

在美国一个现代化的养蜂场中养了几百箱蜜蜂，每一个蜂巢里都装了一面很大的放大镜，而且只要按下按钮，蜂巢内部就会被电灯照得通明。因此，任何时候，不管是白天还是夜晚，这些蜜蜂的一举一动都能被很细致地观察到。在语言交流中，表达者的情况也与此相似，听众都在用心观察，以期更好地理解其意图，所有的眼睛都看着他。在这种情况下，他个人外表上最微小的不协调之处，也会显得格外醒目。所以在语言交流的训练中，态势语言训练至关重要，在细节处理上更是如此。态势语言主要包括目光语、表情语、体态语、手势语四个方面。

（1）目光语。"眼睛是心灵的窗户"，眼睛是最能传神的，是口语交流中表达感情信息的重要渠道，会产生很强的感染力。兴奋、热情的目光会使听众高兴；和蔼、关切的目光会使听众感到亲切；坚定、自信、充满希望的目光会使听众受到鼓舞；冷峻如剑的目光会使听众毛骨悚然；充满仇恨的目光会使听众怒火中烧。因此，应注意运用目光语来表达内在的丰富感情。目光语主要体现在时间、部位、方式三个方面。

①时间。实验表明，在整个语言交流过程中，双方的目光相接累计达到50%至70%的时间，才能在彼此间建立起信任和喜欢。如果目光相接不足全部交谈时间的1/3，则表示双方对交流内容不感兴趣。还要注意的是，在语言交流中除关系十分亲密外，一般连续注视对方的时间应在1~2秒内，否则会给对方造成不舒服的感觉。如果长时间对异性注视或是上下打量，这是不合礼仪的行为。

②部位。目光语的部位因场合不同、对象不同而有所不同。在业务洽谈、交易磋商、贸易谈判等公务活动中，目光停留的部位是对方的前额至双眼这一区域，显得认真严肃、有诚意、积极主动，容易把握交谈的控制权。在大多数的社交场所，目光停留的部位则是对方的双眼至嘴这一区域，显得友善尊重，富于关切。而对于异性之间，特别是恋人之间，目光则更多停留在对方的双眼和胸部之间；对于关系并不密切的人，甚至陌生人之间，这种目光语则是不合礼仪的。

③方式。目光语的使用方式主要有以下三种：一是环视法。这是用眼睛环视听众的方法。在环视过程中要做到神态自然，视线在全场按一定部位自然地流转，环视场内听众。这种目光语可以控制听众的情绪，了解听众反应，检查语言表达的效果。但头部不可大幅度地转动，以免扰乱听众视线，分散听众的注意力；也不可过于呆板，使听众感到僵化而无生气。二是注视法。这是把视线集中到某一听众或某一区域，只同个别或部分听众交流的目光语，以对听众做比较细致的心理调查，启发引导全场听众专心听讲，或制止个别听众在场内小声议论、搞小动作等。但注视个别听众时目的要明确，时间不宜过长，能让听众充分理解其意图即可。三是虚视法。这是用眼睛似看非看的方法。虚视法要求睁大眼睛面向全场听众而不专注于某一点，使每一个听众都感觉到被注视。这种目光语能够控制全场，可以克服语言交流中的怯场心理。在回忆和描述某种情景时，还可以表示思考，带领听众进入想象的理想境界，使听众受到优美意境的熏陶和感染。目光语必须与其他面部表情协调一致，与有声语言密切配合，而且反应要灵敏、自然、和谐，不可随意挤眉弄眼，生硬做作。运用虚视法，要做到"目中无人，心中有人"。

小训练2-14

①向同桌讲一段有关自身经历的故事，要求恰当运用目光语，训练时长为10分钟。
②假设前方的固定物是你喜欢的人，请对着镜子和自己说话，进行目光语的练习。

（2）表情语。面部表情能反映一个人的内心，它是"心灵的镜子"。这面镜子，是由脸的颜色、光泽、肌肉的收与展以及脸面的纹路所组成的。它以最灵敏的特点，把具有复杂变化的内心世界，如高兴、悲哀、痛苦、畏惧、愤怒、失望、忧虑、烦恼、疑惑等最迅速、最敏捷、最充分地反映出来。面部表情包括眼、脸、眉、口四个部分。因为前面的内容已对目光语进行了详细的阐述，在此对面部表情中的"眼"不再重复，只阐述其余三个部分。

①脸。脸的表情依靠脸面肌筋动作和肌肉颜色、纹路的变化来表达，而脸面肌肉颜色、纹路的变化又跟脸面肌筋动作的变化密切相关。一般"愉快""和谐""善意"的表情，脸上肌筋动作都向上；"不快""悲哀""痛苦"的表情，脸上的肌筋动作都向下；若在感情激烈的时候，脸上的肌筋动作一部分向上，一部分向下，一部分向左右牵扭，失去其和谐性。我们在训练表情语时，可以选择一些感情丰富的演讲词，经过认真研读领会之后，带着感情对着镜子训练面部表情，使面部表情能够准确鲜明地反映出自己内在的真实感情。

②眉。眉和目相连，眉目常联合传情。如眉目低垂表示冷漠，眉目骤张表示恼怒，双眉紧锁表示忧愁，眉飞色舞表示兴奋等。在运用表情语时，眉的动作变化，必须和眼睛的动作变化协调配合。

③口。口形变化能够表情达意。具体情况有以下几个方面：口角向上表示"高兴""愉快""谦逊"；口角向下表示"忧愁""失望"；嘴唇紧闭、口角向下表示"厌恶""不满"；嘴唇微开、口角向下表示"悲哀""痛苦"；口大张表示"畏惧""恐怖"；口角平直而嘴紧闭表示"警惕""坚定"；口角平而嘴唇颤抖表示"气愤""激动"等。上述口形与脸面、眼神要协调配合，不能截然分开。

语言交流中，人的表情主要在面部，它受两种因素的制约：一是对听众的态度；二是所讲内容。就对听众的态度而言，表情的基调应是微笑，它是"招人喜欢"的秘诀；就内容来说，表情应丰富，喜怒哀乐都可有所体现。比如一位推销员，出现在客户面前时，全身散发出一种气息，仿佛在说他很高兴能来到这儿，他很喜欢即将进行的推销工作。他总是面带微笑，而且显得十分乐意见到客户。他的客户很快就会觉得他十分亲切，而对他表示欢迎。

小训练2-15

①播放优秀节目或优秀演讲片段时，指出在节目或演说过程中，主持人使用了哪些面部表情，试着解释每个表情所表达的含义。

②请列举出用"眉""眼""目"表示内心情感的成语，并且试着通过面部表情表现出来。

（3）体态语。我们常说"坐有坐相，站有站姿"，"立如松，坐如钟，卧如弓，行如风"。这些体态规范在语言交流中虽然不必完全效仿，但我们要明白，稳定优美、舒适自然的体态，有利于塑造一个人良好的形象。体态语主要指站姿、坐姿和身体的移动。

①站姿。脚是整个人体的底盘，脚的姿势关系到人的"站相"。而且许多姿态发源于此，站立姿态适当，会使人觉得全身轻松，呼吸畅快，易于旋转，让听众看着顺眼、舒适，体现着一种体态美、形象美。语言交流中表达者的体态、风貌、举止、表情都应

该给听众以协调平衡以至美的感受。演讲家曲啸说："听众就是演讲者的镜子，而且是多棱镜，从各个角度来反映演讲者的形象。要想从语言、气质、神态、感情、意志、气魄等方面充分地表现出演讲者的特点，也只有在站立的情况下才有可能做到。"恰当的站姿主要有两种：

一是"丁"字式站姿。站立的姿势，一般提倡"丁"字步。一只脚在前，一只脚在后，两脚之间呈90度垂直的"丁"字形，两腿前后交叉距离以不超过一只脚板的长度为宜。站立时，全身的力量都应集中在前脚上，后脚跟略为提起。其中，右脚在前，左脚在后，可称之为"右势丁字形"；左脚在前，右脚在后，可称之为"左势丁字形"。这种"丁"字站姿用于表达强烈的感情，有利于调动听众的兴趣和情绪。运用"丁"字站姿需要注意的是，两脚不宜紧靠在一起，否则会显得呆板、没有精神；两只脚不要平行放置，因为两腿所构成的平面，与前排听众的视线构成平行状态，如果身体的重力均等落在两只脚上，就会形成机械对称，失去对比，不仅毫无美感，而且直接影响交流的效果。

二是"稍息式"站姿。"稍息式"站姿是两脚之中任何一脚略向前跨步，两脚之间呈75度角，脚跟距离在5寸左右。这种站姿要求两腿直立，全身力量多半集中在后脚，前脚只起辅助作用。在交流过程中，也可以根据需要随时变换左势和右势。要改变站姿时，后脚前进一步，变左势为右势，或变右势为左势即可。"稍息式"站姿在语言交流中被广泛运用，特别是在说理、达意、传知等场合，一般都用这种姿势。

除此之外，为保持站姿应注意收腹挺胸，做到"松而不懈，挺而不僵"。要克服不良的习惯动作：身子东摇西晃，背着手来回走动，以脚尖"打点"，紧张时抓耳挠腮等。

②坐姿。优雅美观的坐姿，不仅能塑造完美的自我形象，还可以减轻自己的疲劳。男性坐着的时候，要抬头、挺胸、收腹，两眼平视对方，两腿与肩平齐，要表现出男性的自信与大方。女性的坐姿要求与男性不同，强调坐姿要优雅，要求坐在凳子的1/3或1/2处，不要靠椅背，胸脯不要靠前桌，身体稍稍向左或右侧倾斜15度为宜，一只脚的拇指紧挨着另一只脚的脚跟，膝盖并拢。不论是男性还是女性，都切忌"跷二郎腿"。如果"跷二郎腿"还轻轻抖动，就会传达出说话者漫不经心、懒散、对话题不感兴趣等信息。长时间的交流，可采取坐姿和站姿相结合的方式。这样既可减少自己的劳累不适，也能形成一种"动静相济"的效果。动静结合更能突出表达说话者所注重的思想情感。罗斯福认为交流的技巧在于"亲切、简短、坐着说"。"坐着说"比较随便，这对于"拉家常"式的交流较为适合。

③身体的移动。它是指整个身体的运动。在语言交流中，有的人自始至终都会完全静止地站着，而有的人则可能不断走动。动与不动的原则是，如果没有移动的理由，最好的做法是站在原地。理想的做法是移动应该有助于强调过渡、强调观点或将注意力吸引到语言内容的一个特别的方面。避免不自觉的运动、跳动或摇晃，不停地左右换脚，从场地的一侧走到另一侧，这些都会给观众造成眼花缭乱之感。

小训练 2-16

①请同学轮流站到讲台上，大家当场指出其站姿是否规范。

②请同学走上讲台坐在座位上，说几句简短的话，再回到自己的座位上坐好，台下同学和老师评论该同学的表现。

③每一位同学绕教室走一圈，老师和其他同学指出其走姿是否合乎要求，指出其存在的问题。

（4）手势语。"手是人的第二张脸"，手的动作是态势语言的核心。在整个态势语言中，手势使用频率最高，作用也最明显。它不仅能够表情，还会达意。一些人上台讲话时，不能用、不会用或乱用手势，是因为缺乏手势语运用的严格训练。

①手势语活动范围。它分为上、中、下三个区域。上区（肩部以上）：手势在这一区域活动，多表达积极、宏大、激昂的内容和感情，如表示坚定的信念、殷切的希望、胜利的欢呼、幸福的祝愿、愤怒的抗议等。"让我们扬起风帆，向着光明的未来奋勇前进！"右臂向斜上方打出，表示奋斗的决心。中区（肩部至腹部）：手势在这一区域活动，多表达叙述事物和说明事理，一般表示比较平静的心情。"请相信我，我一定会做好这项工作的。我虽没有名牌大学的文凭，但我有勇于进取，敢于负责的品质。"右臂抬起，手抚心区，表示忠诚。下区（腹部以下）：手势在这一区域活动，多表示否定、不悦、鄙视、憎恶和厌弃的内容和情感。"考试作弊，这是令人不齿的欺骗行为。我们着重承诺，此类行为绝不会在我们中间发生！"右后臂向胸前，然后迅速向斜下方打出，表示厌恶、憎恨。

②手势语分类。手势语具体分为情意手势、指示手势、象征手势和象形手势四种。情意手势是随着语言内容的起伏发展而用来表达自身思想感情的手势动作。如指心表示忠诚、抚胸表示悲哀等。指示手势是在交流过程中显示听众视觉范围内的事物的动作。如在说你、我、他或这边、那边时，轻轻用手指示一下，使听众产生一种形象化的感觉。象征手势是伴随内容高潮的到来，用来引发听众心理上的联想的一种行为动作。如讲到"队友们，让我们团结起来，共同奋斗吧"时，可以把手果断地向前方伸出，以示未来，体现着勇往直前的精神。象形手势可以模拟事物形状引起听众联想，给听众一个具体明确的印象。如讲到"什么是爱？爱不是索取，而是奉献"时，双臂在胸前平伸，臂微弯，手心朝上，模拟心状物。

另外，手势中手指的作用也是不可以忽视的，它可以表示数目，可以指点他人和自己。当对某人表示崇敬、赞扬之意时，可伸出大拇指。拳头的动作相对来说少一些，它一般用来表示愤怒、决心、力量或警告等意思，但不到感情激烈时不要用，而且不可多用。

小训练 2-17

请根据以下语句的内容，给出相应的手势语和表情语。

● 请大家安静，安静！

● 什么是爱？爱，不是索取，而是奉献！

● 他转身朝着黑板，拿起一支粉笔，使出全身的力量，写了一句话："法兰西万岁！"然后他待在那儿，头靠着墙壁。话也不说，只向我们作了一个手势："散学了——你们先走吧！"

● 在过去的一年中，在座各位，将我们的销售额不可思议地提高了17.17%！这在公司的整个历史上还从来没有过，从来没有！由此我们的利润不只是提高了5%或10%，而是13%，整整13%！

● 大家不要慌，请大家跟我来！

● 我现在要明确地告诉对方辩友，你们犯了一个严重的逻辑错误！

● 现在，请让我们大家在此，心平气和地交换一下对这个问题的看法。

● 现在，摆在我们面前的有两条道路：一是勇往直前奋战下去，有成功的可能，但也有失败的风险；二是原地踏步，坐以待毙。

● 这几天，大家晓得，在昆明出现了历史上最卑劣最无耻的事情！李先生究竟犯了什么罪，竟遭此毒手？他只不过用笔写写文章，用嘴说说话，而他所写的，所说的，都无非是一个没有失掉良心的中国人的话！大家都有一支笔，有一张嘴，有什么理由拿出来讲啊！有事实拿出来说啊！

● 我要感谢我的竞选伙伴。他发自内心地投入竞选，他的声音代表了那些在他成长的斯克兰顿街生活的人们的声音，代表那些和他一道乘火车上下班的特拉华州人民的声音。现在，他将是美国的副总统，他就是乔·拜登！

3）态势语言的运用要求

在人们的语言交流过程中，有声语言始终起着主导的作用。态势语言对有声语言的辅助、补充、替代与强化作用，表明态势语言只是完成表达任务的手段，而不是其追求的最终目标。因此，对态势语言的运用，应符合以下要求：

（1）自然真实。它是交流双方间建立信任的基础，这是对态势语言运用的最基本要求。孙中山曾经这样告诫人们："处处出于自然。"动作生硬，刻意表演，姿态做作，如背台词一般，这种态势会使听众感觉别扭，不真实，缺乏诚意。矫揉造作除了能够使听众心生反感之外，起不到任何积极作用。

（2）符合个性。卡耐基比喻一个人的手势，就如同他的牙刷，应该是专属于他个人的东西。人人各不相同，只要他们顺其自然，每个人的态势语言都应各不相同。我们可以学习他人得体的态势语言，但并不是完全复制，否则就失去了自己的风格。生活在不同时代、不同文化、不同国度的人，其态势语言的风格也会有所不同。例如观察当代的中国领导人和美国领导人，在语言表达中其通过态势语言表达出的个性是不同的。因此，在态势语言的学习上，要结合自身个性特点进行训练。例如，一个人如果平时就比较安静，与人交谈时不喜欢用手势，那么在交流中也不一定要加入手势，因为使用者首先自己会感到别扭，所做出的手势往往就会僵硬，不够自然。

（3）服从内容。口语交流中的一举一动、一颦一笑，都应目的明确，与语言内容一致，服从语言内容的要求，从而切实起到传情达意的作用。同时，要善于随着语言内容、情感变化适当地变换动作和姿态，以期生动活泼，富于魅力。如果交流的内容是一个相对严肃的话题，那么态势语言也应庄重严肃；反之，如果交流的内容是一个相对轻松的话题，那么态势语言也应活泼轻松。

（4）合乎礼仪。在上述原则基础上，表达者需要修正自己的态势，使其符合礼仪规范的要求。因为态势语言可以无声地向听众展示个人素质。举止优雅、彬彬有礼、张弛有度可以显示出表达者良好的教养和从容自信的气质，从而使听者加深对其个人魅力的认同。如果一个人态势上粗鲁无礼、缺乏修养，那么他很难在听众中建立起信任。美国前总统尼克松在他的《回忆录》中对周恩来总理的谈话风度做了如下描述：

周恩来的敏捷机智大大超过了我能知道的其他任何一位世界领袖。这是中国独有的、特殊的品德，是多少世纪以来的历史发展和中华文明的精华结晶。他做人很谦虚，但透着坚定。他优雅的举止，直率而从容的姿态，都显示出巨大的魅力和泰然自若的风度。他从来不提高讲话的调门、不敲桌子，也不以中止谈判相威胁来迫使对方让步。他在手里有"牌"时，说话的声音反而更加柔和了……在谈话中，他有四个特点给我留下了不可磨灭的印象：精力充沛，准备充分，谈判中显示出高超的技巧，在压力下表现得泰然自若。

从这段话中我们可以看出，周总理的态势语正是他的智慧、品德的外在表现。为了使自己的态势语言自然得体，在日常训练与运用中必须注意以下几个问题：一是不要与内容脱节。如一位演讲者在说完"让我们张开双臂，迎接这个春天吧"之后才生硬地举起双手，这样就破坏了和谐美。二是不要夸张、表演。无"雕饰"的态势语言才会给人以美的享受，否则只能产生负效应。如一位演讲者最后说到"我们要勇往直前"时，她前腿弓，后腿绷，右手伸向斜上方来了个造型，使全场哗然。三是不要过频过滥。在交流中，态势语言毕竟是一种辅助性的手段，绝不能喧宾夺主。无目的重复的"掏心"动作，不仅没有任何意义，而且会使听众感到眼花缭乱，破坏交流的效果。四是不要生硬模仿他人。每人讲话时都有自己的动作习惯，态势语言的设计要根据自身的条件加工提炼。五是不要违反礼仪规范。如莫名其妙地傻笑，眼睛望着天花板，不时地用眼睛瞟向听众，东摇西晃，抓耳挠腮，挖鼻孔、揉眼睛，手无处可放等。

小案例2-2　　　　　　　　　　梁实秋描述梁启超演讲时的风采

梁实秋在《记梁任公先生的一次演讲》中有以下描述：

出场给人的第一印象：

我记得清清楚楚，在一个风和日丽的下午，高等科楼上大教堂里坐满了听众，随后走进了一位短小精悍秃头顶宽下巴的人物，穿着肥大的长袍，步履稳健，风神潇洒，左右顾盼，光芒四射，这就是梁任公先生。

演讲中的激情四溢：

先生的讲演，到紧张处，便成为表演。他真是手之舞之足之蹈之，有时掩面，有时顿足，有时狂笑，有时叹息。听他讲到他最喜爱的"桃花扇"，讲到"高皇帝，在九天，不管……"那一段，他悲从中来，竟痛哭流涕而不能自已。他掏出手巾拭泪，听讲的人不知有几多也泪下沾襟了！又听他讲杜氏讲到"剑外忽传收蓟北，初闻涕泪满衣裳……"，先生又真是于涕泗交流之中张口大笑了。

2.3 心理素质

美国权威杂志《读者文摘》曾在全美范围作了一次关于"你最害怕什么"的调查，调查结果显示，许多人最怕的是"当众说话"，而"怕死"反而排在了第六位。言语表达能否成功在很大程度上取决于说话者的心理素质，因为心理素质很大程度上决定了说话者能否在表达过程中镇定自若地面对听众，能否充分发挥自己的口才水平。

这里我们着重探讨一下口才与心理素质的关系以及心理素质的培养途径与训练方法。

1）口才与心理素质的关系

心理素质是指一个人的思想、观念、情感、意志的修养和能力，是先天遗传和后天教育的综合。在一般情况下，心理素质可包括个性品质、心理健康状况、智力和非智力的因素、自信心和自我认识能力等内容。对商务人员来说，良好的心理素质对商务口才的发挥具有很大的促进作用。口才与心理素质是互相作用、密切相关的。

（1）心理素质是口才的基础。人人都要说话，但并非人人都会说话，更不是人人都具有口才。一个人口才的好坏，与其本身的素质，尤其是心理素质有很大关系。一个人的性格、气质、心理定式、成功欲、自信心、自制力、需要、兴趣等心理因素对口才都有着重要影响。口才表达中的人的心理由心理过程和个性心理组成。心理过程包括认识过程、情感过程和意志过程；个性心理包括个性倾向和心理特征。这里我们从以下几个主要方面谈谈[①]：

①气质。目前心理学家普遍认为，人的气质主要是由遗传决定的，可分为多血质、胆汁质、抑郁质和黏液质四种。不同气质类型的人在进行口语表述时会有不同的特征表现。

多血质的人就像春天，具有外倾性。其特征是活泼好动，思维敏捷，善于交际，做事粗枝大叶，所以在群体中语言富有感染力，表情生动，在人群中比较受欢迎，但是喜怒易变，注意力易转移，所以对事物的热情持续不长。此类人在当众讲话时需要控制好自己的注意力，保持交流的热情。

胆汁质的人就像夏天，具有外倾性。其特征是热情兴奋，直率坦诚，乐观向上，所以在说话时毫不怯场，情感强烈，但言辞上不讲求策略，率性而为，无意中个别表述会惹恼听者，使得沟通无法进行下去或当面遭到对方言语上的反击。此类人在当众讲话时需要控制自己的情绪，三思而后行。

抑郁质的人就像秋天，其特征是沉稳、细腻，多愁善感，富于想象，优柔寡断，遇

---

① 汪彤彤，王平. 商务口才实用教程［M］. 北京：中国人民大学出版社，2011.

困难易畏缩，与人沟通时主动性较差。所以在说话时善于控制感情，言辞能经过深思熟虑后再出口，一般都能让听者接受。但在紧急关头缺少了当机立断的魄力，有时就失去了良机，难于让听者在心理上认同其行为。此类人在当众讲话时只需在紧急关头果断地拿出自己的决定，便会受到听者的欢迎。

黏液质的人就像冬天，其特征是富于理性，情感不外露，自制力强，善于完成长时间注意力集中的工作，但行动缓慢，不善于随机应变，所以在说话时不轻易表达自己观点，遇事冷静处理，按部就班之中完成自己的表述，难见创新之举，容易让听者感到枯燥而失去兴趣。此类人在当众讲话时需要恰当表达自己的内心情感，改变一些不痛不痒的表达方式。

②性格。性格是指人在社会生活中所形成的，对现时稳固的态度及与之相适应的习惯化了的行为方面的个性心理特征。不同的性格在口语表达中有不同的特点，对口语整体风格的形成有着很大影响。例如，性格内向的人，说话常常是一本正经，喜欢辩论，容易恼怒，在大众面前常常局促不安，易为赞赏所打动，不愿意受人差遣，意见易趋于极端。性格外向的人表现欲和表现力都较强，感情强烈外露，说话流利，不喜欢固执争辩，判断迅速，不愿意追根问底，在大庭广众之下落落大方，不介意别人的批评，服从命令，很容易理解别人的言语和动作，但是其行为往往不太稳定。中间型性格的人为数较多，其特点兼而有之。

③自信心。自信是人类一切创造活动的心理前提，也是口语交际正常进行的心理动力和心理支柱，没有自信就不会有主动的口语表达和成功的人际交往。自信心是人们对各类活动有无成功把握的估计判断及其心理定式。一个人如果对自己的口语表达有成功的把握，就表示他具有强烈的自信心，而强烈的自信心可以使人情绪高昂，思维活跃，智力进入最佳状态，交际潜力得到最大的发挥。

相反，一个人如果总是害怕、担心当众说话，不敢大胆地进行必要的交际，或在口语交际中不能充分地发挥自己的潜力和水平，常常怀疑自己的能力，就表示他缺乏自信心。自信心的缺乏往往带来口语表达的障碍和人际交往的失败。自信心的强弱可以通过不断实践来调整。语言表达者通过语言、语音、语调、仪表、仪态等方面的不断练习，面对听众就能做到镇定自若、热情果断、言语流畅，就能获得良好的表达效果，自信心也会随之大增。

小贴士2-2

如何克服害羞

④自制力。它是指克服自己不良情绪的心理能力，即根据需要对自我情绪和情感进行调节和控制的能力。我们常听到这样的话——"我气得（吓得、急得、激动得、高兴得……）说不出话来"。心平气和则心清智明，心清智明则百法萌生，被自己的不良情绪控制，心眼就被堵塞了，什么方法技巧都使不出来。过度的兴奋、忧虑、恐惧、厌恶、恼恨，尤其是过度的愤怒，不仅常常抑制人的口语表达水平的发挥，还常常使人失去理智而说蠢话做蠢事，使交际被搞砸，有的甚至造成终身遗憾。所以，要进行正常有效的口语交流，提高自己的口才水平，必须学会在任何情况下，都要克制自己的不良情绪。总之，自制力是意志力的表现。锻炼自己的自制力，有效控制自己的不良情绪，是实现成功表达的重要保障。商务人员不能被不良情绪控制，而要控制住自

己的不良情绪。

小故事 2-1

英国首相威尔逊的自控力

英国首相威尔逊在一次群众大会上演讲，反对者在下面吵闹，其中一个高声大骂："狗屎""垃圾"。面对听众可能产生的误解和骚动，威尔逊首相沉稳宽厚地微笑，然后非常严肃地举起双手表示赞同，说："这位先生说得好，我们一会儿就要讨论你特别感兴趣的脏乱问题了。"捣乱者顿时哑口无言，听众则报以热烈的掌声。

资料来源　袁娜娜. 急中生智的艺术［J］. 新课程，2016（4）：51.

（2）口才是心理素质的集中体现。"闻一言而知贤愚"，口头交际是最直接、最及时、最省事、最经济、最有效地了解人的志趣才能的"窗口"。在口头交际中，人的才、学、胆、识等，都能显露出来。随着就业压力的增大，每一位大学生毕业后都面临着自主择业、双向选择。各个公司、企业招聘各类人才，几乎都要进行面试。据调查，许多应聘失败者，在自我介绍或回答考官问题时表现为脸红心跳、语无伦次、词不达意，而

小故事 2-2
周恩来
语惊四座

那些应聘成功者则显得从容大方、不卑不亢，口语表达有条理，回答问题机智幽默。后者的成功得益于经常的口才锻炼。我们身边充满挑战和机遇，而机遇的获得，又是与口才紧密相关的，因为通过谈吐才能让别人对你有更深一层的了解，也就更容易取得信任并被委以重任。所以孔子说："言以足志，文以足言。不言，谁知其志？"

（3）口才对改善心理素质发挥作用。良好的口才需要以较高的心理素质为基础，反过来，经常性的口才训练又可以有效地促进思维的表达，培养大学生的主体意识，帮助其克服自卑感和实现自信，并使其观察力、记忆力、想象力、应变力及创造力等综合能力得到协调发展。现代社会，开放的程度越来越高，人们的交际越来越频繁，关系越来越错综复杂。只有具备良好的口才，才能更好地与人沟通思想，交流感情，学会与人相处、合作，为工作和生活创造和谐的人际关系环境。

小故事 2-3

老教授的口才

某大学邀请一位老教授做报告，当时校园正进行青年歌手大奖赛，老教授发现不少学生站在走廊上，不进教室坐，可能在权衡是留下来听讲座，还是去看青年歌手大奖赛。于是老教授说了这样一段话："同学们，今天首先是你们鼓舞了我，你们放弃了青年歌手大奖赛来这里听我演讲，这说明你们严肃地进行了选择，在说与唱之间，一般人选择唱的，而你们都选择了说的；在年轻小伙子、姑娘和老头子之间，一般人选择小伙子和姑娘，而你们选择了我这半老头子。这说明你们认定说的比唱的好听，老头子比年轻人更有魅力，这使我产生了一种返老还童之感。"这位教授及时地抓住现场的氛围，幽默得体地赞美了听讲座的学子，使得站在走廊上的学生纷纷走进了教室。

资料来源　佚名. 怎样唤起听众的共鸣［EB/OL］.［2016-09-06］. http://www.xuexi.la/yanjiang/jiqiao/9948.html.

2）心理素质的培养途径

（1）增强自信心。自信心是交际取得成功的首要条件，是指一个人对自身能力与特点的肯定程度，是人的意志和力量的体现，是良好的语言形象的重要组成部分。一个人的自信心不是与生俱来的，而是后天培养起来的。商务人员，尤其是刚涉足职场的年轻人，不要总想把一段话讲得尽善尽美，不出现丝毫纰漏，那样反而会在心理上造成一种不必要的压力。为了保持心理上的优势，一要消除自卑感，不必过多顾虑自我形象如何，只有做到"心底无私"，才能感到"天地宽阔"，自身的才气才会得到较好的发挥。二要正确对待听者，要了解环境和对象。要使语言富有感染力、说服力，就要尊重公众，放松情绪，不要一看到听众表情上的变化，便影响到自己的表达，给自己增加新的压力。三要有充分准备，对于自己说话的内容，尽可能事先想好，力争做到深思熟虑、胸有成竹，力求见解新颖、立论有据。同时，在语句搭配、表达方式上也需做必要的准备，有条件的还可事先练习练习。这样在语言表达过程中会表现得流畅自然，不致说到半截卡壳，也不会因发生意外情况而心慌意乱。

（2）提升自控能力。提升自控能力首先要确定明确的目标，把握语言表达的方向；其次要能够控制情绪，保持头脑冷静、清晰。在进行语言表达时，目标越明确，自我控制能力也就越强。这就要求我们学会通过意志行动来自我控制，努力集中注意力，遇事冷静，消除不良心理的影响，努力控制愤怒、不满和恐慌等情绪，克服其干扰，从而从容化解危机。下面，以控制愤怒情绪为例，介绍一下制怒的几种方法。

①智慧克敌。对那些引起发怒的事，要看得破、想得开、放得下，以宽广的胸怀去对待。一时看不破，就想想发怒的害处和不发怒的好处。

②目标监控。苏轼说，那些能够"卒然临之而不惊，无故加之而不怒"的人，是因为"其所恃甚大，而其志甚远（目标志向远大）也"。在交际过程中，如果能够始终牢记交际目的，就一定能控制住自己的不良情绪，而不会"小不忍而乱大谋"。

③转移注意力。瞬间或短时间将注意力转移一下，有助于控制不良情绪。

④养成忍的习惯。事到临头，依靠强忍也可制怒。强忍不是高明的办法，但养成忍的习惯后，也往往很有效。

（3）培养语言风度。语言风度是指一个人内在气质的语言表现，是一个人的涵养的外化。一个人风度翩翩，会使他具有强烈的人际吸引力，使人仰慕。使自己的语言具有风度，是塑造语言形象的重要途径。

培养语言风度，首先要提高思想修养。风度是一种品格和教养的体现。俗话说："慧于心秀于言""腹有诗书气自华"。如果没有远大的理想抱负、造福于人类的美好心灵，没有正义感、助人为乐、平等待人等高尚的道德情操，没有广博的知识储备、较高的文化素养、优雅的生活情趣，那么其语言可能粗鄙、不雅，毫无魅力可言。所以，代表组织整体形象的公关人员更应注意从这一根本点入手，培养自己的风度。

其次，要使语言风度与自己的性格特征相吻合。风度是一种特征表现，各种不同的风度增添了人们交际的风采。商务人员要使自己成为成功、高雅的交际者，就应根据自己的气质、性格、特点来塑造自我风度，切勿东施效颦。正如卡耐基所说："不要模仿别人。让我们发现自我，保持本色。"

最后，要注意修饰仪表。日本企业家松下幸之助平时穿着随便，不拘小节，头发很长。有一次，他理发时，理发师批评他说："您是公司的总经理，一言一行都代表着整个公司，却这样不重衣冠，别人会怎么想？连总经理都这个样子，他公司的产品还会好吗？"理发师建议，今后理发应到东京去，松下幸之助觉得很有道理，从此开始重视自己的仪表了。商务人员作为组织的代言人，更要注意自己的仪表，服饰要整洁大方，显示个性，富有美感，同时注意发型和面容。当然，要塑造外表美，必须从培养和提高内在素质入手。

（4）提高应变能力。所谓应变能力，就是讲话者针对交流过程中出现的不利因素，机智地调整讲话内容或仪态等，以适应现场变化的快速反应能力。它能反映出讲话者应付、处置各种突发情况的心理素质。它要求讲话者即时、快速做出反应。随机应变是根据交际情境进行应对和变化，应注意几点：一是根据说话对象的基本情况决定说话策略；二是观察、分析交际对象的心理、心情变化，及时调整说话策略；三是利用交际场合中的其他情境因素（周围人的言行、交际的时间、交际的空间状况、交际时的天气、现场的各种声音和物品）借机发挥、借势发力。例如，王先生开了一家餐厅，生意兴隆。一日餐厅打烊又遇夫人河东狮吼，王先生情急之下钻到桌下，恰好客人返回来寻找

小故事2-4

景泰蓝食筷

丢失的东西，正好撞见，进退尴尬。这时八面玲珑的王太太急中生智拍了拍桌子："我说抬，你说扛，正好来了帮手，下次再用你的神力吧！"王先生顺坡下驴大夸夫人想得周到，一场面子危机轻松化解。

演讲灵活性还表现在演讲者利用演讲环境中的不利因素，变不利为有利。演讲进行过程中，有时候环境的某些因素发生变化，演讲秩序遭到破坏，如处理不好，其影响是非常不利的。但是，演讲者如能巧妙引导，则会变不利为有利。

2.4 表达能力

口语表达同写作一样，也需要一定的表达方式。口语中的复述、描述、解说、评述、抒情等表达方式虽各具特点，可以单独使用，但在实际表达中，常常是交织起来使用的。下面就对其分别进行介绍。

1）复述

小故事2-5   传令

据说，在1910年，美军部队的一次命令是这样传递的：

营长对值班军官说："明晚大约8点钟，哈雷彗星可能在这个地区看到，这种彗星每隔76年才能看到一次。命令所有士兵着野战服在操场上集合，我将向他们解释这一罕见的天文现象。如果下雨的话，就在礼堂集合，我为他们放一部有关彗星的影片。"

值班军官对连长说："根据营长的命令，明晚8点哈雷彗星将在操场上空出现。如果下雨的话，就让士兵着野战服列队前往礼堂，这一罕见的天文现象将在那里出现。"

连长对排长说："根据营长的命令，明晚8点，非凡的哈雷彗星将身穿野战服在礼堂中出现。如果操场上下雨，营长将下达另一命令，这种命令每隔76年才会出现一次。"

排长对班长说："明晚8点，营长将带着哈雷彗星在礼堂中出现，这是每隔76年才有的事。如果下雨的话，营长将命令哈雷彗星穿野战服到操场上去。"

班长对士兵说："在明晚8点下雨的时候，著名的76岁哈雷将军将在营长的陪同下身着野战服，开着他那'彗星'牌轿车，经过操场前往礼堂。"

资料来源 柯南. 命令是这样传递的［J］. 冶金政工研究. 2003（2）：47.

为什么会出现以上情况？这说明了什么问题呢？

小训练2-18

复述在人际交流中有何重要作用？怎样提高复述能力？

复述是把读过的书面语转化为口语，或把听过的具体内容在理解和记忆的基础上，根据不同的需要或详细、或简要、或变换人称、或交换顺序、或加上细节的想象用自己的语言讲述出来的过程。这对于培养语感、熟悉语脉、积累词汇、培养良好的语言习惯、提高书面表达的条理性等都有重要的作用。

（1）复述的分类。复述分为详细复述、概要复述、扩展复述和变式复述。

①详细复述。详细复述是一种接近原始材料的复述。它要求用自己的话严格地按照原始材料的内容、顺序、结构，完整、准确、清楚地述说，但又不是一字不丢的背诵。它允许而且必须在语法和句式上进行某些调整。详细复述的要领是：首先要认真地听（读）原始材料，抓住中心，理清层次，全面把握原始材料的内容；然后记住要点，在理解的基础上，进行适宜口语表达的组织加工。

小训练2-19

认真阅读下面《铁棒磨成针》这一短文，然后作详细复述。

铁棒磨成针

我国唐代伟大诗人李白，小时候很喜欢玩，害怕困难，读书也不长进。

有一天，小李白在一条小河边玩耍，看见一位白发婆婆正在磨一根铁棒。他感到很奇怪，就走到老婆婆跟前问："老婆婆，您磨这根铁棒干什么？"

老婆婆说："我要把它磨成针啊。"小李白更加奇怪了："磨成针？铁棒怎么可能磨成针呢？"

老婆婆说："能，当然能。只要功夫深，铁棒就能磨成针。"

小李白听了老婆婆的话，明白了一个道理："不论做什么事情都要有决心，肯下苦功夫。"从此以后，李白更加刻苦学习，进步飞快，被后人誉为"诗仙"。

②概要复述。它是在总体把握原始材料的基础上，抓住主要内容，用自己的语言把原始材料表达出来的复述形式。复述中要保留原始材料的主干，按原来的结构和逻辑顺

序，用原来的人称和口气，不能加进自己的认识、体会和评论。概要复述的要领是：把握整体、紧扣中心，舍去枝叶、保留主干，缩减篇幅、反映原貌。

③扩展复述。它是对原始材料作适当的扩充而展开的复述。扩展复述要忠实于原作的中心思想和基本内容，并在此基础上，通过合理的联想和想象，补充细节，具体描述，使讲述的内容更完整、更丰富、更生动。扩展复述的要领是：根据中心确定重点扩展的部分；合理想象，但不背离原意及其基本框架；根据表达需要，运用描述、渲染等手法进行复述。

小训练 2-20

以"一个孤苦的老人"为题，用现代汉语对杜甫的《登高》一诗作创新性扩展复述。

【原诗】风急天高猿啸哀，渚清沙白鸟飞回。无边落木萧萧下，不尽长江滚滚来。万里悲秋常作客，百年多病独登台。艰难苦恨繁霜鬓，潦倒新停浊酒杯。

④变式复述。它是根据原始材料的内容，改变原始材料的某种形式进行复述。这种改变，只是形式上的改变，类似于作文中的改写，可以变换体裁、人称、语体、结构等。这种复述难度较大，常带有综合性，需要综合运用前几种复述方法。变式复述的要领是：注意扩充有理，扩展有度；注意人称转换后内容的修改；变换顺序的复述要注意前后的衔接。

小训练 2-21

四人一组，每组选择一个成语故事作变式复述。第一人用顺叙的方式讲述；第二人用倒叙的方式重讲一遍；第三人用第三人称讲述；第四人再把第三人称改成第一人称重讲一遍。四人讲完后在一起按变式复述的要求进行评议。

（2）复述的要求。复述的要求如下：

①准确完整。要说清楚一件事，时间、地点、人物以及事情的起因、经过和结果等要点均要讲清楚，给人完整的印象。复述必须忠实于原材料的主要内容、主要观点和主要情节，这是复述的基本要求。表达根据内容的需要，同时考虑到听者的理解能力和情绪或者特定的语境要求等，可长可短，可繁可简，但意思要完整，让人明白。如果缺少了必需的要点，就会说得模糊不清，或者残缺不全。

②语脉清晰。它是指说话人应根据具体内容采用适当的复述方法，做到前后连贯，线索清楚，既能把事情全貌交代清楚，又要把各个局部依次介绍明白。叙述性的话语材料，多按事件的发生、发展和时间的推移、地点的转换来安排；议论性的话语材料，往往按照提出问题、分析问题、解决问题的顺序安排；说明性的话语材料，多按事物的性质、特点、形状、功能、构造、制作原理与方法等线索来复述。

③生动流畅。口语表达的主要特点就是通俗易懂，将概念化的语言形象化。复述并非只求平实，它要求在说清楚的基础上力求生动、具体、形象，表达有层次感，在平实中有起伏。因此，复述必须兼顾口语化、通俗化、生动性。在做到语音标准、口齿清楚、表述流利的基础上，要根据原材料所表达的内容，体会作者的思想感情，根据原材

料的内容控制好语调和语气，用合乎原作的语调、表情转述，使听者能不走样地了解原作所含内容，津津有味地听下去。

小训练 2-22

以下是德国漫画大师埃·奥·卜劳恩（E. O. Plauen）的著名漫画《父与子》里的一幅漫画，题目是"一本引人入胜的书"，请复述该漫画的情节，复述类型自定。

小训练 2-23   传声筒

你告诉同学张明，让他去行政办公楼一楼找王老师，通知她下星期一下午去校部开会，校车 12 点 30 分开，顺便问问李老师的口杯在哪里，装好开水，把它拿到教学楼 505 室。

2）描述

小训练 2-24   看谁说的准

（1）一人正对画面用语言描绘，另一人背对画面猜描绘的是什么。

（2）描绘者不能直接说出描绘对象的名称，也不能在描述中提及对象名称中出现的字，只能讲述其特征，否则淘汰。

（3）只能口述，不能有任何肢体动作提示。

（4）两人一组，两组同时进行，哪组先猜对胜出，另外一组淘汰。

画面：长城、机器猫、雪山、相声、月饼、钢笔、裙子、镜子、月亮、甲骨文、天堂、牡丹、苹果、鸽子、口香糖、母亲、鲁迅、游泳池、小说、储钱罐、手机。

描述是以口头表达方式把看到的人物或事物用生动形象的语言进行一番生动逼真的

描绘，使描绘的内容在听众的脑子里塑造起形象或再现其经过。它以观察为基础，但不能平铺直叙，而要根据记忆中的情形，通过联想和想象构成它的形象，并注入感情色彩，把绘声、绘色、绘形的艺术性语言技巧融入其中，力求做到形象、生动、吸引人。因此，进行描述训练是培养观察力、想象力、敏捷的思维能力和迅速组织语言能力的好方法。

（1）描述的类型。一般来说，描述分为人物描述、景物描述和想象描述。

①人物描述。进行人物描述，一般从外貌、语言、动作、心理、性格等方面入手，可以只描述其中一个方面，也可以面面俱到地进行综合描述。因此，首先我们要进行认真仔细的观察，抓住描述对象的典型特征。如描述外形时要抓住描述对象的容貌、高矮、皮肤、眼神、衣着等方面的特征；描述言谈和心理时，要符合人物的年龄、性格和身份；描述动作时，要抓住那些能体现出描述对象的性格和思想的典型动作。

小训练 2-25

请一名同学描述班级同学中的一员，不说姓名，其他人猜猜他描述的是谁，然后对他描述的内容进行评价和补充。

②景物描述。花鸟虫鱼、风雨雷电、河流、山川、森林原野等；亭台楼阁、码头桥梁、器皿用具等；生活、工作、娱乐、学习等场所都是描述的对象。同样，在进行景物描述前，也要对被描述的对象进行仔细观察，然后按条理、有顺序、分层次地进行描述。同时，还应抓住描述对象突出的有代表性的特征。

小贴士 2-3 "雾"的描述

"在夜里10点多时，江面上开始有缕缕雾气升起，雾气越来越大，越来越浓，那大团大团的白雾从江面急滚而起，不停地向江两岸漂流，其升腾漂流之状，仿佛兮若轻云之蔽月，飘摇兮若流风之回雪。雾气有的就像一缕轻纱，缠绕在老树上；有的仿佛一片云朵，暂时停止不动；有的像一条巨龙慢慢从江里缓缓向天上飞起。此时的松江中路，被包裹在雾气中，高楼大厦若隐若现，树木被披上了一层白外罩，如同仙境，徜徉其中，如同置身于琼楼玉宇。"

这是作者在观察雾的形成过程，按照时间顺序描述，既有层次感，又详细描述了雾形成的状貌，是一幅动态的画面。该描述具体、形象、迷人，让听者陶醉在这银白色的诗情画意之中。

小训练 2-26

观看一段某个知名景点的视频，假设你是一名导游，请对所播放的景物进行描述。

③想象描述。它是依据某种史料、某种提示，凭借某种理念、某种情感，运用想象，使之成为具体的、形象的、鲜活的情景或者画面。

小贴士 2-4　　　　　　　　　　　**对杜甫《绝句》的想象描述**

　　一位语文教师在讲解杜甫的《绝句》之后，对这首诗作了如下的描述还原："这是多美的一幅图画啊！新绿的柳条上，成对的黄鹂在欢唱；一碧如洗的天空，一字排开的白鹭，在自由自在地飞翔；凭窗向西远眺，终年积雪的山头，仿佛是嵌在窗框中的图画；门前的山脚下，停泊着一艘艘远航的船只。这是诗人杜甫给我们绘制的一幅色彩鲜明和谐、动静有致、层次分明、意味深邃的立体画。"

小训练 2-27

　　请设想"假如生命能够倒流"。一个人不是从婴儿长到老年，而是颠倒过来，从老年长到幼年，情况会怎样？请发挥想象，做一番描述。

　　④动态描述。就演讲而言，所谓动态，是指事物发展过程中的某种具有动作性和变化感的现实状态。经验表明，在演讲中对事物动态的生动描述，会让充满动感和力量的演讲更能打动人心。

小贴士 2-5

动态场面的
描述

　　（2）描述的要求。

　　①抓特征，有重点，语言简洁明快。无论是描绘人物、景物、器物，还是描绘事件、场景，都要看准其特征，要符合生活的真实，不能随意渲染夸张、拼凑堆砌。俗话说"会说的不如会听的"，因为当听众听出你的语言里有虚假成分时，"假作真时真亦假"，真假混淆了，说话就没有说服力了。此外，口语对具体事物的描述要简洁明快，寥寥几句就把事物生动形象地描绘出来，不能像书面语那样详尽地描写。

　　②运用修辞手法，引起听者的联想，给人以具体真切的感受。为了面对面地把人物、事件、环境、情景、情态、色彩、气氛等形象地表述出来，就要求说话的人运用各种修辞手法，语言要具体生动，绘声绘色，给人以直观的感觉、形象的感受，引起听者的联想。注意语言的"视觉效果"，例如，"她的眼睛很美"，这句话就很抽象，没有形成鲜明的形象；如果改为"她闪动着明亮的大眼睛，甜甜地望着我"，那就形象了，即产生了"视觉效果"。

　　③有层次感，语调起伏多变，语流畅通舒展，富有吸引力和感染力。描述既然要求绘声绘色，语调就要富于变化。为了传情生动，表意准确，必须通过语调的变化，使听者既能领会说话人的思想和感情，又能受到感染。要根据描述内容，适当控制语调的抑扬顿挫、轻重缓急。该急促的地方让人提心吊胆；该舒缓的时候让人放松心境，给人深刻的印象。

小训练 2-28

　　请回忆一段自己最熟悉的电影片段，向全班同学进行描述，看谁的表达效果最好。

3）解说

　　解说是对事物、事理的性质、形状、功用等作分解性的说明。解说与我们的工作和生活有着密切的关系，是最为常用的一种口语表达形式，如介绍自己、介绍产品、介绍物品的使用说明、展览解说词、导游解说词、防火须知、烹饪方法介绍、防病治病方法介绍等。从演讲与口才的角度看，掌握解说技巧，有利于培养细致的观察能力和准确的口语表达能力。

（1）解说的类型。解说事物可以采用多种方法：从语言特点来看，大体可以归纳为简约性解说、形象性解说、阐明性解说、纲目性解说、平实性解说和谐趣性解说。

①简约性解说。它是指用简洁明了的话语概括事物、事理的主要特征。在进行简约性解说时，应该对事物、事理的主要特征进行一番准确的提炼，并快速确定表达用语，力求做到一语中的。例如：

口才：说话的才能。

辩才：辩论的才能。

文才：写作诗文的才能。

小训练 2-29

请用简约性解说对下列词语进行解释：

宅男　人工智能　国际空间站　心理障碍　微信　房奴

②形象性解说。它是运用形象化的描述手段，将解说对象说得更加生动、具体、感人。形象性的解说常常采用比喻、拟人、描摹等修辞手法，有时也采用融情入景等表现手法，使解说更具有感染力。例如：中国科学院常务副院长、中科院院士白春礼和全国青联科技教育界委员座谈时对"青年"的英文大写YOUTH进行的形象式解说：

青年，英文大写是YOUTH。Y像小树，意味着青年正处于发育发展期，需要不断茁壮成长；O像太阳，青年是早晨八九点钟的太阳，充满朝气和活力；U像一个空水杯，要不断汲取营养，同时要谦虚谨慎；T像一个戴帽子直立行走的人，很多青年都获得了学士帽、硕士帽、博士帽，但学位的获得只是一个开端，不能被荣誉压弯腰，还要直立行走；H像一个单杠，希望青年在工作之余，保持良好的体魄，更好地为国家和民族做出贡献。

小训练 2-30

小贴士 2-6

吸烟的害处

试对某一英文单词作形象性解说。

③阐明性解说。它是对一个看法作符合逻辑的、言之成理的说明。它通过分析、推理、判断和归纳，得出令人信服的结论。阐明性解说常常运用举例子、做比较、列数字、抓特征、作分析等方法。

小训练 2-31

请以"为什么现在交通事故日益增多"为话题作阐述性解说

④纲目性解说。它是提纲挈领地分点说明事物、事理的方法。这种解说语言精练浓

缩，以少胜多，常常给人以深刻的印象。纲目性解说常用的方法是列举和分类。例如：

櫻花是世界著名的花木，全球共有 100 多个品种，分布在亚洲、欧洲和北美的温暖地带。在植物学分类上属蔷薇科（Rosaceae）櫻属（Cerasus）落叶乔木（少数为常绿灌木），主要产于北温带的中国华南、长江流域、华北、东北以及日本、朝鲜等地。

小训练 2-32

请就"00 后大学生身上应该具备什么？"为话题进行纲目性解说。

⑤平实性解说。这是朴实、严谨的解说方式。一般极少用修饰性、描摹性的语言，直截了当地把事物、事理讲清楚。这种解说朴实无华，会使人觉得可靠和值得信赖，容易赢得对方的认同和好感。例如：

华山有五大山峰，东、南、西三大峰是主峰，与北峰一起都围着中峰，就像一朵盛开的莲花。我国古代，"花"与"华"音相通，所以五峰合称华山。

小训练 2-33

假如你去一家公司应聘，在人事主管面前，请用平实的语言介绍你自己。

⑥谐趣性解说。它是指用诙谐幽默的语言来解说人、事、物，语言俏皮、有趣，从而使表达更有吸引力。要做到谐趣性解说，首先自己必须对要解说的对象理解深刻、素材积累丰富，并且心理状态要愉快而稳定。

小贴士 2-7 　　　　　　　　郭德纲妙谈"艺术家"

什么是真正的艺术家？在你的领域里承上而启下，有独特的艺术魅力，形成了流派、风格，追随者众多，你才能是艺术家。一个领域一个行业，一百年有一位大师、两位艺术家就是了不起的事情了。中国京剧又当如何？解放初期就俩艺术大师，梅兰芳、周信芳。那是国家封的。马连良先生这么大的角儿，当年才叫演员。你看现在有多少艺术家？一下雨，雨后春笋（全场大笑，鼓掌）。其实也不怨他们，关键是咱们国家的名片儿印刷管理制度不严格（全场大笑）。我说印个总统，他也给印，总统兼神父加 50 块钱就干（全场大笑）。没有这么多艺术家，那是开玩笑，我们天津的相声演员还有一个普遍的认识，他们认为超过 50 岁就可以算艺术家（全场笑）。这更是胡闹，这跟年纪没关系，唐朝的夜壶也是盛尿的（全场大笑，长时间鼓掌）。

点评：郭德纲凭着相声演员的幽默和风趣，形象而生动地解说了什么是"艺术家"。这番令人忍俊不禁的妙谈，语言生动，逻辑严密，幽默中见深刻，风趣里含讽刺，无疑能引发人们对艺术家称谓不规范现象的反思。

（2）解说的要求。

①真实准确，抓住本质。解说事物时，准确性是首先要考虑的。解说前的实地观察或阅读有关文献资料，都要仔细认真，这样，才有可能如实地解说事物。要准确地说明事物，最重要一点是必须对解说对象有全面的了解、正面认识，真正抓住要解说事物的本质和规律。

②层次分明，条理清晰。怎样才能把某一事物（或事理）的特征准确、清楚地向听者解说呢？这就需要根据事物本身的条理及其固有特征，选取合理、恰当的顺序。如解说事物的性质特点，可以分类介绍，按主次安排先后顺序，重要的先说，以引起听者的特别注意；解说事物的构造，可以按空间顺序，由上到下，或由内到外，或由整体到局部进行解说；解说工作方法和程序，可以按时间顺序或操作的先后加以介绍；还有些事物需要追溯其历史，即"纵向解说"等。

③语言生动，通俗易懂。解说事物一般要求恰如其分，使人一听就能把握事物的本质。用明白、晓畅、平实、易懂的语言把抽象的道理说得具体、形象，把深奥的道理说得浅显、通达，把专门的知识说得平易、普通。还应根据不同的听者对象，选用适当的词语、句式，效果更佳。

④语调平稳，突出重点。解说事物时，语调要平稳、自然，根据内容稍作变化。合理处理停顿、重音等以显示解说的层次，突出中心，表达有分寸。如强调事物的特点时，要注意适当停顿，说顺序号时要停一下，让听者记住是几个方面，内容要点各是什么。说明事物及状态时，要注意修饰语，用中度重音说出修饰语，给人以鲜明印象。说数据时，要慢吐重说，一字或两字一顿，让人听清楚。当听者需要记录时，语速要放慢，让听者能够边听边记。

小训练 2-34

请为你所在的专业撰写一篇解说词。

4）评述

小故事 2-6　　　　　　　　　　卫国的新媳妇

卫国有人迎娶媳妇。媳妇上车就问："两边拉套的马是谁家的？"车夫说："借的。"媳妇叮嘱车夫："打两边的马，别打中间自己家的马。"花车到了丈夫家门口，媳妇刚被扶下车，又叮嘱伴娘："快去灭掉灶膛的火，小心火灾。"走进堂屋，看见地上有块石头，又说："快把石头搬到屋外，放在这里阻碍人来回走路。"丈夫家的人听后，不禁笑了。

请对上面这则小故事进行评价。

评述是以"评"为主的表达方式，要求评述者遵循实事求是、观点鲜明的原则。评述要使听者同意评述者的见解、观点和感受，所以应语气肯定、简明达意、以理服人，不可断章取义，含糊其词、繁杂冗长。

（1）评述的方式。

①先述后评。这是指先复述、解说或描述将要评论的内容，然后再进行评论。

小训练 2-35

回忆一个自己最熟悉的人物的主要经历和主要事迹，说说你对他有何看法。

②先评后述。这是指先提出见解和看法，然后再叙述材料并证明自己观点的正确性，以感人的叙述和强大的逻辑论证给人以启示和力量。

小训练2-36

请就"团结就是力量"这一论题进行先评后述练习。

③边评边述。一边叙述，一边议论的评述方式就是述中有评。它将评和述水乳交融地统一在一起，可以自由地且说且评，可"浓墨"说评，也可淡笔小评，如需总评或归纳，可置于开头或结尾。在口语表达中，述中有评是一种常见的表达方式，它舍弃了大量让人乏味的议论，是感性表达和理性分析的相互整合，更能引起听者的兴趣。

小训练2-37

阅读下面的短文，参考后面的提纲，以《从问路喊"哎"谈起》为题进行评说。

马路边坐着一位银须白发、手握拐杖的老人。一个年轻人骑着自行车匆匆地要去县城，但又不认识路，离老人还有五六丈远，他就用"哎"向老人打招呼。见老人没有搭理，他嗓门更大了，"哎——哎——问你路呢，到县城有多少里路？"老人抬头瞅一眼车上的年轻人说："还有五拐杖。"年轻人又急又气，说："不是论拐杖，是论里。""论理？"老人发话了，"论理——你得叫大爷！"随后才向县城方向一挥拐杖："年轻人，还有五里。"老人还是以"理"相告。

提纲：

（1）概述评说对象，引出论题。

（2）从礼貌语言是精神文明的体现方面评说问路喊"哎"是不文明的表现，论证讲文明礼貌的重要性。

（3）从礼貌语言是思想品质的反映方面评说问路喊"哎"不是小节小事，论证讲文明礼貌的重要性。

（4）从我们国家民族的优良传统方面，进一步指出见人喊"哎"是缺乏教养的表现，论证讲文明礼貌的重要性。

（5）提出希望。

（2）评述的要求。要使评述有说服力，具体应做到以下几点。

①实事求是，持论公允。"述"要做到有什么说什么，没有的不能乱说，这就是"实事"；"评"要做到公平、公允、持中，向真理靠近，这就是"求是"。可见，如果"述"得不准确，"评"就会失去公允，当然也就不能以理服人。有了准确的"述"，还要对它深入研究、具体分析、客观评价，掌握好尺度，恰当地予以"评"，才能使听者理解、接受。

②观点鲜明，论据充实。评述的关键是"评"，评述者赞成什么，反对什么，喜与怒，爱与憎，都要通过"评"表达出来，评述者切忌观点含糊不清，说话模棱两可，使听者云山雾罩，弄不清表达者所持的观点、所在的立场。当然，有了正确的观点并不等于完成了评述，还要有充分可靠的根据，让事实说服人比说空泛的大道理要有效得多。

③语言生动，逻辑严密。评述用语应准确、简练、生动、活泼，这主要偏重"述"的一面；"评"是表达观点，讲明道理，偏重要求语言条理清楚，层次分明，符合逻辑。即使"评"的内容比较深奥，也尽量用浅近、通俗的语言表达。

小训练 2-38

请对最近看过的一篇文章或者一部电影进行全面评述。

小贴士 2-8 **从《国王的演讲》中学演讲技巧**

《国王的演讲》（The King's Speech）是由汤姆·霍珀执导，科林·费斯、杰弗里·拉什主演的英国电影。影片讲述了英国女王伊丽莎白二世的父亲、乔治六世国王的故事。

公开演讲对一个国王而言，是他的职责，但他患有严重的口吃。1925年，身为王子的艾伯特被父亲乔治五世要求在伦敦温布利的大英帝国展览会上致闭幕词。当会场内外静静期待他的精彩演讲时，广播里传来的却是"……我……有事宣布……我承诺……"的结巴声，他甚至紧张得在20秒内没有说出任何一个词。

我们很难想象一个国王没有出色的口才，不能当众演讲，会是怎样一种情形。但乔治六世在语言治疗师莱纳尔·罗格的治疗下，克服障碍，最终成长为能熟练运用演讲技巧、深谙演讲礼仪的国王，并在第二次世界大战前发表了鼓舞人心的演讲。

实践训练

1.朗读训练

（1）诗歌朗读

再别康桥

徐志摩

轻轻的我走了，

正如我轻轻的来；

我轻轻的招手，

作别西天的云彩。

那河畔的金柳，

是夕阳中的新娘；

波光里的艳影，

在我的心头荡漾。

软泥上的青荇，

油油的在水底招摇；

在康河的柔波里，

我甘心做一条水草！

那榆荫下的一潭，

那榆荫下的一潭，

不是清泉，是天上虹；

揉碎在浮藻间，

沉淀着彩虹似的梦。

寻梦？撑一支长篙，

向青草更青处漫溯；

满载一船星辉，

在星辉斑斓里放歌。

但我不能放歌，

悄悄是别离的笙箫；

夏虫也为我沉默，

沉默是今晚的康桥！

悄悄的我走了，

正如我悄悄的来；

我挥一挥衣袖，

不带走一片云彩。

任务2
诗歌朗读

（2）散文朗读

匆匆

朱自清

　　燕子去了，有再来的时候；杨柳枯了，有再青的时候；桃花谢了，有再开的时候。但是，聪明的，你告诉我，我们的日子为什么一去不复返呢？是有人偷了他们罢，那是谁？又藏在何处呢？是他们自己逃走了罢，现在又到了哪里呢？

　　我不知道他们给了我多少日子，但我的手确乎是渐渐空虚了。在默默里算着，八千多日子已经从我手中溜去；像针尖上一滴水滴在大海里，我的日子滴在时间的流里，没有声音，也没有影子。我不禁头涔涔而泪潸潸了。

　　去的尽管去了，来的尽管来着；去来的中间，又怎样地匆匆呢？早上我起来的时候，小屋里射进两三方斜斜的太阳。太阳他有脚啊，轻轻悄悄地挪移了；我也茫茫然跟着旋转。于是，洗手的时候，日子从水盆里过去；吃饭的时候，日子从饭碗里过去；默默时，便从凝然的双眼前过去。我觉察他去的匆匆了，伸出手遮挽时，他又从遮挽着的手边过去；天黑时，我躺在床上，他便伶伶俐俐地从我身上跨过，从我脚边飞去了。等我睁开眼和太阳再见，这算又溜走了一日。我掩着面叹息。但是新来的日子的影儿又开始在叹息里闪过了。

　　在逃去如飞的日子里，在千门万户的世界里的我能做些什么呢？只有徘徊罢了，只有匆匆罢了；在八千多日的匆匆里，除徘徊外，又剩些什么呢？过去的日子如轻烟，被微风吹散了，如薄雾，被初阳蒸融了；我留着些什么痕迹呢？我何曾留着像游丝样的痕迹呢？我赤裸裸来到这世界，转眼间也将赤裸裸的回去罢？但不能平的，为什么偏要白白走这一遭啊？

　　你聪明的，告诉我，我们的日子为什么一去不复返呢？

（3）说绕口令

①哥挎瓜筐过宽沟，赶快过沟看怪狗。光看怪狗瓜筐扣，瓜滚筐空哥怪狗。

②天上七颗星，树上七只鹰，墙上七根钉，钉上七盏灯。地下七块冰，遮满天上星，赶走树上鹰，拔掉墙上钉。吹灭了钉上的灯，踏碎了地下的冰。

发声及朗读提示：将双唇紧闭，上下齿叩合，舌尖在口腔中不触及腔壁，臆想气从头腔发出，带音慢慢哼，同时用手摸鼻翼，有微颤感觉，整个头腔随着音调渐高和音量加大震颤增强，然后将唇松开，发延长音。找到感觉之后反复数次，再用高音朗读。朗读时要注意气息平稳、匀称，共鸣腔体转换自然，吐字清晰，声音圆润，以情带声。

2.态势语言综合训练

小品示范训练

训练开始，先做准备活动，舒展筋骨，再轻揉脸颊，放松面部肌肉，也可以三三两两谈笑，或听一段轻松优美的音乐，一方面稳定情绪，另一方面促使受训者进入规定情景。

（1）小品《学做摄影师》，两人为一组进行练习。进行这个训练时，主练者前面不能有任何遮挡物，如讲台、课桌等。其手里也不能拿任何东西，如讲稿，从而使训练者无依无靠，全身心投入练习。练习前无须作任何准备，即兴发挥即可，时长10分钟左右，也可根据需要缩短或延长时间。

训练开始，主练者不断向陪练者发出指令，如"立正，面带微笑……""右手伸向前方……""坐端正、挺起胸……脸微微抬起……笑……皱眉头，做出愤怒的表情……动作跟上……表情不错……"，随着指令，主练者不断地要求形象生动、逼真，根据陪练者实际情况增加训练内容。一轮训练结束后，陪练者与主练者换位再进行第二轮训练。

（2）模拟训练。一名同学做导游，一名同学负责录像，其他同学当游客。选择校区内或周边的一条线路，从不同角度进行一一介绍，体会边说边走中态势语言的综合运用。同学间交替进行，然后通过录像资料进行点评。

提示：小品示范训练要求贴近自然，陪练者需放得开。这样既可避免矫揉造作，又妙趣横生，无单调枯燥之感，且能从仪表、风度、手势、眼神及面部表情等多方面进行综合训练。

课后练习

1.有关有声语言的练习

（1）每日清晨跑步后（爬山后也可以），在气喘吁吁中高声说话或背诵文章。

（2）根据本节的训练要求，根据个人的发音吐字情况收集绕口令后练习。

（3）选择一首自己喜爱的诗朗读，注意其中的变调。

（4）选择自己热爱的文章进行朗读，尝试综合运用有声语言的技巧，并进行录音，回放后再进一步进行修正。

（5）根据《普通话水平测试用普通话词语表》《普通话水平测试用朗读作品》提供的词语和朗读作品进行长期的普通话训练，并按《普通话水平测试等级标准》进行测试。

（6）根据气息控制、共鸣训练、吐字归音的训练要求，长期进行这三项训练，提高自己的声音质量。

2.有关态势语言的练习

（1）态势语言的运用要注意哪些原则？

（2）如果你是老师，要做一位同学的思想工作，你应该采用什么样的坐姿？

（3）男性和女性在站姿和坐姿的要求上有什么区别？

（4）学生自己选择感兴趣的内容，用五分钟时间做准备，做一次简短的讲话，要求使用得体的态势语言。通过录像回放，首先要训练者进行自评，然后教师与其他学生再给予评价。

（5）观摩演讲或观赏电影，有目的地观察别人的手势、表情，仔细研究，博采众长，并经常对镜练习、矫正。多积累，烂熟于心，形成自己的动作。

3.有关心理素质的练习

（1）自我暗示：每天清晨默念10遍"我一定要最大胆地发言，我一定要最大声地说话，我一定要最流畅地演讲。我一定行！今天一定是幸福快乐的一天！"（平常也自我暗示，默念或写出来，至少10遍）

（2）想象训练：想象自己在公众场合成功地演讲，想象自己成功。

（3）微笑练习：在镜前学习微笑，展示自己的手势及体态。养成微笑的习惯，要笑得灿烂、笑得真诚，富有亲和力。

（4）阅读励志书籍或口才书籍，培养自己积极的心态，学习一些技巧。

（5）每天放声大笑10次，乐观面对生活，放松情绪。

（6）训练接受他人的目光，培养自信和观察能力。

（7）学会检讨，每天总结得与失，写心得体会。

（8）当你走进演讲世界的神秘大门时，有没有密码能令你奇迹般打开这扇神秘的大门呢？如果你能记住演讲密码，每天不断默念诵读，并在实践中不断演练，你一定能打开通往演说家乐园的大门。密码如斯：

——我喜欢演讲；

——我有演讲的天分；

——我天生就是演说家的料；

——我用生命准备我的演讲；

——我的脚下就是演讲的舞台；

——我的身边就是演讲的大众；

——每天都是我演讲的第一时间；

——每件事都是我演讲的最好素材；

——只要有机会演讲我就演讲；

——只要演讲我就要激情演讲；

——只要演讲我就大声演讲；

——只要演讲我就快速演讲；

——只要演讲我就全身心演讲；

——只要演讲我就用眼睛演讲；

——只要演讲我就用手势演讲；

——只要演讲我就用身体演讲。

资料来源　乔宪金. 四维演讲兵法〔M〕. 北京：北京工业大学出版社，2008.

4. 有关表达方式的练习

（1）故事因为其情节动人曲折，富有启迪，被我们大多数人所喜爱。同学们肯定读过很多童话故事、寓言故事、成语故事等，请回忆以往阅读过的故事，选取一则你印象最深刻的作为复述的内容，并完成以下任务：①用简练准确的语言概括这则故事的内容大意。②把感悟到的哲理用简洁精练的警句形式表达出来。

（2）根据短诗提供的情节和意境展开联想，扩展成一则小故事。

回乡偶书

贺知章

少小离家老大回，乡音无改鬓毛衰。

儿童相见不相识，笑问客从何处来。

（3）请在下列语句中任选一句，扩展成一段话。要求：①在10分钟内完成，不少于150字。②教师请学生到台上演讲，演讲时间2～3分钟。③师生点评，评出最佳者1名。

训练材料：A.雨下得真大　　　　B.今天好热

C.他是个好人　　　　D.学校真大

E.食堂太挤了　　　　F.她非常善解人意

（4）自己找一些视频进行解说，视频内容可以涉及景物、人物、动物、植物等。要求在解说的过程中，观察仔细，表述准确。

（5）请对中国四大古典名著中的任一部作品展开评述，要求观点越新颖越好。

5. 案例分析

如此"高僧"

在明代，佛教界中的人也并非个个都是得道高僧，而是鱼龙混杂，其中不乏滥竽充数的南郭先生。当时，有一位颇为知名的僧人，法号"不语禅"。其虽然名声很大，其实是个毫无学识，也毫无见识的庸人。说得直接点，其就是个佛学界的骗子。他的所谓名气，其实都是当时不甚发达的"传媒"（即口耳相闻的人际传说，捕风捉影，见风是雨，最不靠谱）炒出来的。知情者都知道，不语禅之所以能在佛学界混事，而且还混得风生水起，成为当时的名僧，都是因为有两个有见识、有学识，又能说会道的侍者（相当于今天我们所说的"助理"）代他发言。

有一天，不语禅的两个侍者刚好外出办事，寺里就来了个云游的和尚，说是慕名远道而来，想见住持不语禅。不语禅没办法，只得摆出主人的姿态予以接待。因为都是同行，不能失了礼节！宾主寒暄施礼完毕，云游和尚便开口请教道：

"高僧，什么是'佛'？"

这是佛学的一个基本问题，做僧人的应该人人都明白，是不需解释的。但是，正是因为这是佛学的基本问题，所以它也是佛学界谁都回答不好的问题，最能见仁见智。云游和尚是来取经的，当然要问这样的经典问题。

不语禅一听，顿时傻了眼，不知如何回答。于是，急得东张西望，希望两位侍者快点出现并为他解围，不然丑就出大了。可是，看了半天，两个侍者的影子也没有见到。

云游和尚见不语禅左顾右盼，不知何意，但又不便多问，遂又换了一个话题，问道：

"请问高僧，什么是'法'呢？"

不语禅不听则罢，一听这个问题，顿时脑袋"嗡"的一声，真的要昏过去了。因为他压根儿就不懂佛家的什么"法"。大概是觉得实在是太惭愧了，不语禅这次不仅没有勇气直视云游和尚，甚至都不好意思左右顾盼了，所以只得仰头看屋顶，低头看脚下，极力避免与云游和尚四目相对。因为"眼睛是心灵的窗户"，他怕从"窗户"里泄露他内心的一切。

云游和尚不知就里，遂又向不语禅问了一个问题：

"高僧，不知您是如何看待'僧'的？"

不语禅一听这话，以为云游和尚是故意讽刺他枉穿袈裟，枉称僧人，遂更羞愧难当，既不好意思左右顾盼，也不好意思上看下看，索性闭上眼睛，假装打坐了。

云游和尚见此，既怕惊扰了大师，又心有不甘，自己不远千里而来，竟然与高僧未交一言，岂不是莫大的遗憾？想了想，云游和尚又向不语禅问了一个问题：

"贫僧还有一个问题请教，敢问高僧，何谓'加持'？"

不语禅听云游和尚问到这个问题，更是恨不得寻个地缝钻进去，或是一头撞死算了，因为他从来就不懂这些佛家术语的真正内涵，想到此，不语禅不由自主地伸出手去。

云游和尚看到不语禅闭目养神伸手，端坐岿然不动的样子，似乎有所顿悟，于是起身而去。

云游和尚刚走出寺院，就看到不语禅的两个侍者外出归来。云游和尚与二人见过礼，抑制不住喜悦的心情，脱口而出道：

"高僧就是高僧！'不语禅'果然名不虚传！贫僧问什么是'佛'？高僧左顾右盼，意思是说：'人有东西，佛无南北。'贫僧又问什么是'法'？高僧仍然不语，只是看上看下，意思是说：'法平等，无有高下。'贫僧再问何谓'僧'？高僧只是闭目打坐，意思是说：'白云深处卧，便是一高僧。'贫僧最后又问什么是'加持'？高僧闭目伸手，意谓：'加持便是接引众生。'这等大禅，真是'明心见性'啊！"

二位侍者回到寺里，不语禅见之，大骂道：

"你们二人都跑到哪里去了？也不来帮我。今天来了一个野和尚，他问什么是

'佛'，我答不出，就盼着你们赶快回来，却东看你们不见来，西看你们也不见来；他又问什么是'法'，我哪里答得出，真是尴尬得要命，只好上看下看，可谓是上天无路，入地无门；他又问什么是'僧'，我实在没有办法了，只好闭目假睡；没想到这个野和尚问个没完，又问我什么是'加持'，我自愧一问三不知，还做什么长老，不如伸手沿门去叫化也罢。"

资料来源　吴礼权. 言语交际与人际沟通［M］. 广州：暨南大学出版社，2013.

思考题：

（1）结合本案例谈谈态势语言在交际中有何作用。

（2）本案例对你有何启示？

任务 3

命题演讲

要散布阳光到别人心里，先得自己心里有阳光。

——［法］罗曼·罗兰

只要遵循正确的方法，做周全的准备，任何人都能成为出色的演说家；反之，不论年纪及经验多么老到，若没有适当的准备，仍会在演讲中出窘。

——［美］戴尔·卡耐基

■ 课程思政要求

进行社会主义核心价值观教育；开展道德意识教育和法律意识教育；塑造良好的职业形象，不断提高职业素养；热爱祖国的语言，加强中华文化认同，增强民族自豪感；培养积极乐观的生活态度和审美情趣；促进大学生的全面发展。

■ 学习目标

明确命题演讲应做的准备；善于选择演讲材料；能够成功地设计命题演讲稿；明确教具使用规范；使演讲者的形象符合要求；能够运用相关技巧成功地进行命题演讲。

3.1 命题演讲的特征与分类

小训练 3-1

就你的理解，请谈谈什么是命题演讲。

命题演讲就是演讲者根据事先给定的题目或范围，经过全面充分准备，在规定的时间内，针对某一事件或者某一话题所做的内容系统、结构完整、要求全面的演讲。

1）命题演讲的特征

（1）题目具有针对性。命题演讲的题目往往是活动组织方根据需要，围绕某一事件或者某一个方向，拟定具体的题目。根据确定的题目，演讲者再自行组织材料，进行各方面的准备。

（2）准备具有充分性。一般情况下，命题演讲是先由活动组织方发布演讲题目。演讲者拿到题目后，可以依靠自己的力量找到合适的切入点，列出提纲，起草演讲稿，了解听众的特点，设计演讲出场的整体形象和动作表演；也可以主动求助外界力量，找经验丰富的人给予指导，帮助修改演讲稿，反复模拟演讲进行试听，修正演讲中出现的种种不足，培养出场信心，增强出色完成演讲的勇气。

（3）时间具有相对性。命题演讲都有严格的时间限制。演讲者要在规定的时间内完成演讲任务，把演讲稿的主要观点和思想表达清楚，赢得听众对演讲者的认可。演讲时间过短不足规定时间，或者演讲时间过长超出规定时间，都会影响演讲的水平和效果[①]。

小案例 3-1 李云龙的任职演讲

热播电视剧《亮剑》中李云龙刚到独立团时有一段任职演讲，他面对刚刚遇到鬼子特种部队袭击的战士们慷慨激昂道："你知道我李云龙喜欢什么吗？我喜欢狼。狼这种畜生又凶又猾，尤其是群狼，老虎见了都要怕三分。从今往后，我李云龙要让鬼子知道，碰到我们独立团，就是碰到了一群野狼，一群嗷嗷叫的野狼。在咱狼的眼里，任何叫阵的对手，都是咱们嘴里的一块肉。我们是野狼团，吃鬼子的肉，还要嚼碎他的骨头。狼走千里吃肉，狗走千里吃屎。咱们野狼团什么时候改善生活，就是碰上鬼子的时候。"

点评：这段话豪迈、大气、刚毅、果敢，鼓舞斗志，振奋人心，同时也在为独立团塑造灵魂。一言可以兴邦，李云龙利用他超强的爆发力，把内心的情感全部表达了出来，引起了战士心灵的共鸣。

2）命题演讲的分类

命题演讲分类的标准有很多，可以根据演讲内容、演讲者身份、演讲性质、演讲目的、演讲地点进行分类，也可以按照命题范围的大小和演讲的方式进行分类。具体见表 3-1。

表 3-1   命题演讲的分类

分类标准	类型	阐释
根据命题范围的大小进行分类	全命题演讲	全命题演讲的题目一般是由活动组织方来确定的。全命题演讲主题鲜明，针对性强，其不足是局限性大，有时题目要求与演讲者的实际生活差距较大，难以讲深讲透
	半命题演讲	半命题演讲是指演讲者根据活动组织方限定的范围，自己拟定题目进行演讲。半命题演讲方式的特点明显，演讲者可以根据自己的生活阅历选择适合的角度，确定主题，准备材料，设计相关辅助动作，以具有自己特点和个性的方式展现出来，灵活性强，自主性大，有益于演讲主题的深化

---

① 姚小玲，张凤，陈萌，等. 演讲与口才［M］. 北京：电子工业出版社，2012.

续表

分类标准	类型	阐释
根据演讲的方式进行分类	宣读式命题演讲	宣读式命题演讲就是照着演讲稿进行演讲,准确省时、一字不差,适用于领导讲话、报告会等具有政治背景和要求的场合,例如,开业典礼、新闻发布会、年终总结会等
	背诵式命题演讲	背诵式命题演讲是把事先准备好的演讲稿背熟记于心中,演讲时完全凭借对演讲稿的记忆进行演讲。这种演讲方式适合于经验不足、应变能力不强或临场发挥水平不高的演讲初学者。演讲比赛往往采用这种形式
	提纲式命题演讲	该演讲又称脱稿演讲,指演讲者对演讲的观点和材料作了充分、详尽的准备,依据要点归纳了演讲提纲,但是没有形成演讲稿,演讲时根据提纲的提示进行演讲。提纲式命题演讲是日常生活中最为常用的演讲方式,如公司的工作会议、小组讨论、班级例会等,主持人一般都会采用此种演讲方式,列出提纲,简单明了而又不失重点
根据演讲的性质进行分类	会议命题演讲	这是指演讲者根据会议主办方的要求,针对特定的题目,在会议上进行的象征性或者主旨性的演讲。一般情况下,会议命题演讲包含开、闭幕式演讲,经验介绍,专题报告等
	比赛命题演讲	它也称为演讲比赛,是根据演讲组织者的规定,演讲者针对某一特定题目或话题,在准备的基础上,通过演讲来全面展示演讲者对演讲题目的理解,并以此为依据获得成绩、以赢得比赛为目标的演讲
	竞选命题演讲	也称为竞职、竞聘、竞岗演讲,所有为谋求工作岗位、职位或者资格而发表的演讲都是竞选演讲。从一定意义上讲,竞选演讲是演讲者在特定条件下为实现自己的人生理想,针对竞争的某一岗位发表见解、主张,用实绩向人们展示自我的演讲。竞选演讲的目的是击败竞争对手,使自己脱颖而出,成为赢家

资料来源 姚小玲,张凤,陈萌,等.演讲与口才 [M]. 北京:电子工业出版社,2012.

小故事 3-1　　　　　　　　　　　**冯玉祥的抗日演说**

抗日战争时期,著名爱国将领冯玉祥来湖南益阳作过一次抗日演说。

那是1938年秋的一个早上,益阳市各学校、团体及城乡居民两万多人齐集在老城区的西门体育广场,欢迎冯玉祥将军一行。会场内人头攒动,都想一睹这位力主抗日的爱国将领的风采。

冯玉祥当时是国民党军事委员会副委员长。人们以为他来时定会骑着高头大马,随从前呼后拥,谁知他徒步入场,后面跟着百名背着长板凳的士兵,还有一个士兵肩上扛着一棵小松树,最后面的是当地知名人士。

欢迎大会开始,主持人请冯玉祥演说。两万多双眼睛都注视着主席台。只见冯玉祥身材魁梧,穿着一套发白了的旧军装,脚穿青布鞋。他神采奕奕地向群众挥手。那些士兵把凳子放在主席台的前面,让婆婆娃娃们安安稳稳坐定之后,冯玉祥开始演说。

冯玉祥演说的时间不长,但讲得通俗易懂。开始,他引用了《世说新语·言语》中的"岂见覆巢之下，复有完卵乎"的典故。他左手握住士兵扛来的松树，右手把一个草编的鸟窝安放在树杈上，又把几只蛋放进鸟窝里后，就慷慨激昂地演说起来。他把树比作国，把窝比作家，把蛋比作生命，以手握树象征着誓死捍卫国家。他严肃地说，现在我们的国家遭到日本帝国主义的侵略，我们要用双手来保卫她，那就是抗日。如果不抗日——这时他手一松，树倒了，窝摔了，蛋砸了。接着，他高声朗诵他创作的《鸟爱巢》诗："鸟爱巢，不爱树，树一倒，没住处，你看糊涂不糊涂。人爱家，不爱国，国如亡，家无着，看你怎么去生活。"

冯玉祥用生动形象的比喻、通俗易懂的语言，深入浅出地说明先有国，后有家，才有生命的道理，使民众懂得不抗日就会遭受亡国、亡家、亡命的严重后果。他的演说震撼了全会场。演说完毕，会场内外爆发出雷鸣般的掌声，抗日口号此起彼伏。随后就有多名热血青年报名要求当兵上前线，杀敌卫国。

现在多年过去了，听过当年演讲的人回忆起当时的情景时，仍激动不已。

资料来源　施峰.冯玉祥的一次抗日演说［J］.党史天地，2001（6）：47.

3.2　命题演讲的准备

众所周知，1863年11月19日，林肯在葛底斯堡国家烈士公墓落成典礼上的演讲被尊为英语演讲史上的经典。那么，林肯是怎样成功的呢？

小故事3-2　　　　　　　　　　　　　　　　林肯准备演讲稿

美国前总统林肯曾被美国负责葛底斯堡公墓的委员会邀请致辞，林肯为此准备了两个星期。

他首先借来同时要做献辞演讲的全国享有盛名的学者、演讲家埃弗雷特的原稿，反复思考，甚至照相时都在思考。然后，他抓紧时间思索自己的演讲，甚至在办公室里等待最近战役的报告时，他都在思索。林肯还随身携带演讲稿，稍有空闲便思索、推敲。致辞前夜，他已修改过两三遍了，但他还在继续修改，并请秘书提意见。第二天吃过早饭后，他在去公墓参加典礼的路上，对演讲的内容又作了最后的修改。

经过认真、细致的准备后，林肯的演讲感情真挚，内容集中，文辞朴实，感动了在场的每一位听众，这次演讲大获成功。

可见，巨大的成功与演讲前的精心准备是分不开的。演讲前的准备工作是多方面的。苏联著名演说家阿普列相在《演讲艺术》一书中指出："真正的演说家总是一身而三任：既是作者（'剧作家'），又是导演，还是完成自己演讲、谈话的表演者。"这段话形象地说明了演讲者肩负的职责，也道出了命题演讲的主要工作。命题演讲的准备一般包括分析听众、考虑场景、酝酿构思和试讲演练几个阶段。

1）分析听众

演讲是讲给具体听众听的，听众是演讲的客体，又是演讲接受的主体，演讲的成功与否关键是看听众的接受程度。场景，即演讲的地点和时机，可为演讲者提供一些符合听众期望和确定演讲基调的指导原则。了解演讲的听众和演讲场景，方能做到"知己知彼，百战不殆"。

演讲者在登上讲台前，要善于分析、研究、了解听众。分析他们的好恶取向，力争"投其所好"，使演讲内容符合听众的需要。了解和掌握听众好恶，是对演讲者实现演讲目的的客观要求。只有了解听众的心理、要求、希望及对演讲的态度，才能使演讲者有的放矢，动作自如。分析听众主要从以下几个方面着手：

小故事3-3

竞选班长

第一，听众的构成状况。这是指演讲者在演讲前要对听众的年龄、性别、文化水平、职业状况、经济地位、群体需求、政治倾向、社会心态、宗教信仰、价值观念、兴趣差异等有一个大致了解，便于量体裁衣，对症下药。

第二，听众的目的意愿。在研究听众时，还应特别注意了解听众的意愿要求，有针对性地做好确定主题、选择材料等准备工作。听众参加演讲会的意愿要求大致有以下五项：

一是慕名而来。当著名政治家、科学家、演说家、学者、明星等发表演讲时，往往会有大批听众慕名前往。此时，听众的主要目的大多是一睹名人的风采，一般不太计较演讲水平的高低。同时，由于潜在的崇拜心理，名人的演讲往往能激起异乎寻常的热烈反响。

二是求知而来。为了获取新的知识和能力，听众会自觉地选择那些满足自己求知欲的演讲，如学术讲座、技术辅导、国外见闻等。如果演讲内容充实、条理清晰，听众一般不会过于挑剔演讲技巧。

三是解惑而来。听众对自己喜欢的演讲话题总是抱着极大的兴趣。如果关系自己的切身利益，听众会十分主动地参与演讲的沟通过程。此时，所要做的是分析听众希望了解的话题和存疑之处。此类听众只要求把演讲内容交代清楚，对演讲者的身份、地位和演讲水平不会有太苛刻的要求。

四是欣赏而来。此类听众的目的在于欣赏演讲者的表达技巧，在其潜意识中隐藏着对高水平演讲者的崇拜和学习演讲的强烈愿望。面对这样的听众，演讲者要充分展示自己的口才魅力和表达技巧。

五是被动而来。工作报告、经验交流、各类庆典的会场上，有些听众是由于单位安排或出于礼貌而不得不来的。这类听众对演讲内容不甚关心，心不在焉，反应冷漠。演讲者想征服这类听众，必须掌握高超的演讲技巧。

第三，听众的心态。这是指演讲者要对听众听演讲的心态有所了解，并寻找出其中的共性。演讲者需要切合听众心理，尊重其所好，避其所厌。听众普遍有"十二求""十二厌"：求新颖，厌旧套；求实在，厌空洞；求奇特，厌平淡；求精炼，厌芜杂；求亲近，厌疏远；求真知，厌贫乏；求短精，厌冗长；求情感，厌说教；求趣味，厌呆板；求深刻，厌浅薄；求晓畅，厌艰深；求高雅，厌粗俗。适合他们的口味，正是成功演讲者的追求。另外，演讲者也不能忽略听众的个性心理需求，对于较为突出的个性心理要注意加以分析，以便于引导。

分析听众应按照以下步骤展开：

（1）收集听众的信息。演讲者对听众了解得越深入，距离演讲成功就越近。在登上讲台前，要分析听众的文化水平、需要定式、思辨能力等。收集听众的信息是指演讲者通过多种渠道去询问、调查听众的有关情况；或问询主办单位，查询有关资料；或通过个人慧眼观察，仔细察看听众的行为举止、演讲环境等；或通过与听众的个别交谈，了解他们的人员组成、听讲态度、所想所求等，从而对演讲的有利或不利的环境因素做到充分了解，以便精心设计、运筹语言，使演讲更有针对性。为此，需要研究以下几个方面：

①研究听众资料。收集有关听众的重要人口资料、听众间存在的共同之处，以预测听众对演讲者兴趣如何，了解的程度和态度。通过对听众信息的收集和预测，可指导演讲者确定演讲目标、制定各种战略，包括如何选择材料、如何组织材料及选用适合具体听众的方法来做演讲。另外，因为每一个听讲的个体是不同的，有细微差别，所以听众分析的目标是要找出他们在什么方面相似，在什么地方不同。通过找出具体听众之间的相似之处，我们就有了评判基础，从而可选择出那些大部分听众会对之有共鸣的信息；通过找出具体听众彼此之间的不同以及与演讲者的不同之处，就能运用此信息去确定如何调整材料来适应他们。

拉塞尔·赫尔曼·康威尔（1843—1925年），美国传奇人物，美国最伟大的演讲家之一，因为演讲《钻石宝地》而闻名全世界，被认为是美国历史上最伟大的人之一。多位美国总统都把他看作美国青年和成功者最应该学习的榜样。他演讲《钻石宝地》历经50多年，亲自演讲了6 000多次，创造了400多万美元的收入（相当于现在的2亿多美元）。他之所以每一场演讲都能讲出新东西、增加新内容，做到长盛不衰，正是因为他对每一场新的听众都进行了调查。他说："去一个镇子或是一个城市访问，尽量早一点到达那里，以便去访问一下其邮局的局长、理发师、旅店经理、小学校长以及一些官员，然后我走进商店，跟人们交谈，了解一下他们居住地的历史，他们都有哪些要求。接下来，我就向那些人演讲，内容正好适用于当地的听众。"

一般来说，大多数人容易同与自己相似的人交谈，正所谓人以群分。比如，年龄和背景大体相仿的大学生有许多相似之处，因而他们非常容易找到各种方法来相互交谈。但有时，演讲所面向的听众也可能包括一些或许多有不同背景和经历的人。所以在收集信息、组织和填充演讲结构的时候，要想到这些相似之处与不同之处。通过描绘出具体听众的大体情况，演讲者就有了可使自己做出明智决策的资料，以决定自己应该怎样拟定演讲内容。

准确的听众资料可以归为以下具体类别：年龄、受教育程度、性别、职业、收入、地理特征和社会背景。

年龄指听众的平均年龄是多少，年龄在什么范围内；受教育程度指听众具有中学、大学还是研究生教育水平，抑或他们的受教育水平参差不齐；性别指听众主要是男性还是女性，或者两者比例完全相等；职业指多数听众是否有一个相同或相近的职业；收入指听众的收入水平如何，是高，是低，还是一般；地理特征指听众是否来自相同的城市或住宅区；社会背景指听众的社会背景是什么状况，是否存在着差异。

通过分析，就可以用听众的大体情况做预测，预测听众会怎么看待演讲的题目和目标。例如，同样是关于某种新知识的演讲，来自小学低年级的儿童听众与来自高等学府的大学生听众的反应将截然不同。

②明确收集听众资料的方法。收集听众资料的方法有很多，最常用的有以下几种：

方法一：收集所观察到或征求到的信息资料。如果演讲者与听众有某些联系（比如演讲者是听众的同班同学），那么就可以从个人观察和简单的调查中取得许多重要信息。比如，到班上听一两节课，就会对班级成员的大致年龄、男女比例、社会背景有很好的了解。当听他们讲话时，演讲者将更多地了解到他们的兴趣所在、知识领域及对许多问题的态度。而且，还有机会具体了解他们的思想。

方法二：询问演讲的主办者。当应邀去演讲时，可要求联系人尽可能多地提供以上所列的各类信息。即使信息不如想要的那么具体，它们也仍然有用。

方法三：对听众人员统计资料做出明智的推测。如果演讲者不能通过任何其他方法取得信息，那么必须依据间接信息做出明智的推测。比如某个院校的学生的一般构成是什么？哪种人可能来听这场有关某话题的演讲？

（2）预测听众的反应。听众分析的下一步是演讲者运用所收集到的资料去预测听众对演讲者及其话题的兴趣，了解的程度和态度。这些预测会为演讲战略的制定打下基础，其包括以下几个方面：

①听众对话题的兴趣。演讲者的第一个目标是预测听众对演讲者的话题兴趣如何。举例来说，假设一个学生计划谈论摇滚乐，另一个学生计划谈论古典音乐。基于一般课堂听众的特点，或许可预测该班同学对摇滚乐比对古典音乐更感兴趣。但这并不意味着关于古典音乐的演讲注定失败。所有这些只意味着讲古典音乐的人要认识到，听众起初的兴趣可能不高，演讲者必须想出一些办法，在演讲开始时激起听众的兴趣。

②听众对信息的理解。演讲者的第二个目标是预测听众是否有足够的知识背景去理解其所提供的信息。还以上一段中的那两个关于不同类型音乐的演讲作为例子。因为听众可能更熟悉摇滚乐，所以两个演讲者都必须考虑他们可能遇到的陷阱。摇滚乐演讲者必须认识到听众可能已经知道很多关于传统摇滚乐的知识。因此，这些听众有理解演讲的知识背景，但他们想寻找更有深度的东西。古典音乐演讲者必须认识到，听众可能不太了解古典音乐，所以他必须认真定义术语，把材料与听众经验相联系。

③听众对演讲者的态度。演讲者的第三个目标是预测听众对自己的态度。演讲者能否成功地让听众获得知识或说服听众，有时取决于听众是否认为他是可信的信息来源，也就是说，听众是否认为演讲者具有知识和专业技能、值得信赖并有迷人的个性。

有知识和专业技能指的是演讲者的资格或能力。演讲者必须具备相当专业的知识和技能，并且能够将这样的信息传递给听众，使听众相信演讲者是这个话题的权威。当力学专家与听众谈论力学的基本原理时，他能预测到听众将会承认他的知识和专业技能。另外，如果演讲者的知识和专业技能不是那样显而易见，那么其就能预测到听众不会自动承认他的知识和专业技能，因此就必须想办法在演讲中建立自己的可信性。

值得信赖既指人的品质（诚实可靠度、道德水平），也指明显动机（做有关这个主题演讲的理由）。这对于演讲者非常重要，因为，如果听众质疑演讲者的品质或动机，那么他们就会对演讲不加理会。所以在演讲中一定要使听众相信：该演讲者是位人品良好和有美好动机的人。

迷人的个性是指一个人讨人喜欢的能力，它通常是基于第一印象所做出的判断。举例来说，听众通常偏爱这样的演讲者，他们热情洋溢，显得热心又友善，随时微笑，并显出真正关注听众的样子，因为听众对演讲者个性的感觉对演讲者在听众中的可信性起着非常重要的作用。

④听众对演讲话题的态度。演讲者的最后一个目标是预测听众对话题的态度。听众所表达的态度意见通常分布在非常赞赏到非常敌视的连续区间之中。虽然任何听众中都会有一个或几个人的意见分布在区间中几乎任意点上，不过大多数意见倾向于聚集在区间中某个特别的点上。通过运用从听众分析中得来的资料，就能比较准确地预测出听众的态度。举例来说，企业一线的熟练工人对最低工资标准的看法可能不同于企业总裁。所获得的有关听众的资料越多，在分析听众方面越有经验，那么演讲者就越有可能准确判断听众的态度。

能否了解听众，把握听众，与听众达到心理相容，是决定演讲成败的关键。要做到这些，必须建立在对听众的正确认识和分析之上。演讲者若对台下听众所关心的问题一无所知，演讲的内容就无法切中要害，自然无法激起听众的情绪和反应。只有从演讲对象的实际出发，知己知彼，审时度势，才会使听众对演讲内容能听懂、能理解、能将情感调动起来。如果专家学者是演讲者的演讲对象，那么要注意语言的准确性、理论性、严密性、逻辑性，并要运用相当的专业术语；对青少年演讲，则要注意通俗易懂、生动有趣、寓理于事、富有激情；对工人、农民演讲，需要求真务实、妙语动人、启发心智、调动情感。总之，要有一番精心的调查和运筹，这样演讲才更有针对性、亲切感，与听众的沟通才更容易。

2）考虑场景

场景，即演讲的地点和时机，是为演讲者提供一些符合听众期望和确定演讲基调的指导原则。如果演讲者要在班级做一次演讲，因为演讲者及其听众经常在同一时间、相同情况下上课，演讲者对自己将要遇到的场景就非常熟悉。但是当演讲者在其他情况下做演讲时，就会发现花时间考虑场景可能非常重要。例如，李浩将代表他的学校参加全市的"青年志愿者工作经验交流大会"，他是那天下午关于"大学生要积极投入志愿者活动"论坛的发言者之一，他所知道的全部情况就是有8个发言者，演讲将在下星期三下午团市委礼堂进行。那么，他需要知道的场景信息就应包括以下7个方面：

（1）听众人数。如果演讲者预计听众较少（不到50个），那么演讲者就需要为正式演讲时接近所有听众做准备：在听众数量少的情况下，演讲者可以用正常声音讲话，并自由地走动；相反，如果预计听众较多，那么除了需要麦克风以外，演讲者还需要使自己表现得更正式些。

（2）演讲时间。一天之中不同的时间演讲能够影响演讲的接收效果。比如说，如果演讲被安排在午饭后，那么听众可能昏昏沉沉，甚至快睡着了。因此，演讲要插入一些"提神的东西"，如例子、插图和故事，会有助于听众保持注意力。

（3）演讲顺序。如果演讲者是做专场演讲，那么这样的演讲具有明显的优势：因为他是听众注意力的焦点。但是，在课堂里、集会上或其他场合中，会有许多演讲者，演讲者在顺序表中的位置可能影响其演讲效果。例如，第一个演讲和最后一个演讲会有区别。如果是第一个演讲，那么演讲者可能需要为听众"热身"，并做好准备如何应付随时进来使人分心的迟到者；如果是最后一个演讲，那么必须抑制听众由于听了若干个演讲而产生的厌倦情绪。

（4）演讲耗时。演讲的规定时间对演讲的内容范围和如何展开演讲影响很大，演讲者一定要学会判断在一定的时间内适合讲多大的话题。课堂演讲的时间通常限制得非常短。演讲者对自己在一个短篇演讲中讲述的内容不要抱太大的野心。"环境恶化的三个主要原因"这个主题能在5分钟内讲完，但"人类影响环境的历史"这个主题却不能。

（5）演讲期望。每一个场合都对演讲提出了具体的期望。对于课堂演讲来说，一个主要的期望就是完成作业，所以演讲目标应当反映出该作业的性质。在课堂之外，符合演讲的期望也同样重要。在政策宣传演讲上，听众期望演讲是有关政策问题的；在社交晚餐场合，听众通常期望听到轻松和娱乐性的演讲。

（6）演讲地点。被安排在具体哪个地方演讲，也将影响演讲者的表现。课堂演讲要考虑教室的状况：空间大小、光线强弱、座位安排等。具体来讲，长而窄的房间给演讲者带来的问题不同于短而宽的房间。在长而窄的房间里，演讲者的声音必须较大以传到后排座位，但眼神交流必须限制在较窄的范围内。同样，在灯光黯淡的房间里，要尽量把灯光调亮，当演讲者准备使用视觉辅助设备时尤其如此。调查演讲环境有助于演讲者符合环境情况的要求。

课堂之外，演讲者遇到的环境差异将会更大。因此，做出最终演讲计划之前需要了解详细信息，包括场地大小与形状、容纳人数、座位排数、灯光、是否有讲坛或讲台、演讲者与第一排的距离等。如果可能的话，最好去实地考察一下。

（7）演讲设备。对于有些演讲，有时可能需要麦克风、黑板，或者投影仪、幻灯机和屏幕，或者笔记本电脑的连线。在大多数情况下，演讲者都需要某种形式的演讲台。如果参加演讲的人对演讲的场景设置有权做出安排，那么一定要向主办者说明需要什么，最好要给出其他可选择的方案，以防没有所要求的东西。举例来说，如果演讲者计划用PowerPoint在计算机上做演示，到时却发现没有为电脑提供电源插座，那结果将变得很尴尬。

3）酝酿构思

不管是自愿还是受命，一旦准备登台演讲，就必然有一个由酝酿到构思的过程，而这一过程的结果就是演讲稿。这一过程包括审定题目，确立主题，选择资料，构思框架，撰写讲稿。这是一个十分艰难的创作过程。这既是一系列的封闭式的个人劳动，同时又是以社会、听众为背景的艺术创作活动。

（1）审定题目。其分两种情形：对规定了题目的演讲，要研究审定题目中的关键词，譬如《党在我心中》，关键词就有"党"和"我"，既要歌颂"党"，又要与"我"的经历和见闻联系起来；对只限定了大致范围或主题的演讲，要研究审定其切入点，譬如《传承文明，弘扬美德》，要求演讲者只做关于道德文明方面的演讲，演讲者可以自拟题目，也可从不同角度切入和演讲。

审题要把握两个关键点：一是选择角度。角度要新，要适度。新，是相对于同台演讲者而言，尽可能避免与别人的演讲相同或相近，要给人耳目一新的感觉。适度，是相对于自己而言的，太大，驾驭不了，讲不透；太小，容量不够，发挥不好。二是选择自身的优势。1994年，在新加坡举行的第二届全球华语演讲大赛中，印度姑娘鲁巴·沙尔玛一举夺魁。她在复赛和决赛中的演讲题目分别是《汉学在印度》和《我与汉学》。因为她出生在印度，父母都是高级知识分子，从小又跟父母到了中国，从小学到大学都是在中国上学，所以她既熟悉印度，又了解中国的文化。因此做这方面的演讲时，就特别得心应"口"，也特别能迎合新加坡听众的需求。

（2）确立主题。主题是命题演讲的核心。确立主题应特别注重把握两方面：一是主题要适时，即适合社会的需求，具有时代感；适合听众的需求，考虑听众年龄、职业、文化程度。二是主题要单一，演讲稍纵即逝，讲得太多、太杂，反而适得其反。正如德国著名演讲家海因兹·雷曼所说："在一次演讲中，宁可牢牢地敲进一个钉子，也不要松松地按上几十个一拨即出的钉子。"

（3）选择材料。演讲是对信息的传播，信息的载体是材料。信息有疏有密，有强有弱。前者表现为量，即材料的多寡；后者表现为质，即材料的优劣。选择材料，就是在具有一定数量的基础上，对材料进行优化组合。组合的依据：一是能恰当地表现主题；二是能满足听众的预期需要；三是真实典型；四是具体新颖。

（4）构思框架。命题演讲的构思包括两个方面：一是构思演讲稿；二是精心设计演讲的现场实施。演讲稿的构思，包括开场白、主体、高潮、结尾，这实际上就是对材料的安排与处理；同时，也包括思维框架与基本语言形态的选定。应精心设计现场实施，实际上构思演讲稿的过程，就基本上包含了现场实施的设计。但两者相比，后者更具体、更细化、更具有操作性。这种设计是在演讲稿构思的基础上，进一步琢磨实施过程中的处理与表现，其中包括各种演讲技巧的运用，譬如手势、眼神、声音、应变等。构思在命题演讲过程中是较为重要的一个环节。

（5）撰写讲稿。执笔成文，是上述各个环节总的归宿。命题演讲的成败，取决于演讲稿的优劣。演讲稿必须精心写作，最好是自己动手写稿，以保持个人的风格。

4）试讲演练

试讲演练是命题演讲必经的一个阶段，它是演讲者按照已设计好的程序进行预演的操练过程，是演讲者完全按照正式登台演讲的形式在上场之前所进行的最初尝试。其主要目的是背诵和处理演讲稿，斟酌演讲的技巧应用。演练的好坏直接影响演讲的水平和效果。有的演讲者以为只要把讲稿记牢背熟就万事大吉了。其实不然，演讲稿中记载的只是演讲的内容和架构，至于演讲的技巧与方法，包括语调、节奏、停顿、体姿、手势、表情、眼神等的设计与应用，演讲稿中却无法体现，这些都需要在试讲演练中细心揣摩、精心处理。

（1）演练的重要性。

演讲前的演练，就好像文艺演出之前所进行的"彩排"，是演讲准备的重要工序。优秀的演讲家都很重视演练。林肯学习演讲时，常对着树桩或成行的玉米秸反复演练。仅就他的《葛底斯堡演讲》而言，虽已经过15天的认真准备，但在演讲前夕，他还在国务卿面前演练了一次，直到安葬仪式开始时，他仍在默默地背诵演讲词。正由于充分的准备和认真的练习，他才能以真挚浑厚的情感和精美感人的技巧、端庄朴素的语言而博得崇高赞誉。

一方面，演练具有全面检验的作用，即使十分精巧的演讲设计，也不过是纸上谈兵。要衡量其是否合理、科学、实用，只有用演练来做具体的验证，才能从中发现缺点和不足之处，便于及时纠正，使其设计得更加缜密。

另一方面，演练具有调节情绪的作用。怯场心理常会导致自控能力的丧失，使演讲者尤其是初上讲台的人不能正常地发挥出应有的水平。演练能使演讲者提前适应"角色"，调节好情绪和心境，增强胸有成竹的稳定感，有助于消除怯场心理，甚至会使演讲者生出一种急于登台的急切感，产生最佳的演讲心理状态。

（2）演练的原则。

①精益求精。俗语说：拳不离手，曲不离口。演讲的才能是靠勤学苦练、反复实践而获得的。闻一多在清华大学读书时，不畏天寒地冻，"夜出外习演讲十二遍"，在"演说有进步时"，还"精益求精""夜至凉亭练演说三遍"，回宿舍又"温演说五遍"，第二天又接着"习演说"。正是这种精益求精、刻苦训练的精神，使他成为独具魅力的演说家。罗斯福每次演讲前都要大声地朗诵演讲稿，体会语调是否合适，琢磨如何运用丰富多彩的语调来吸引听众。他自如得体地运用语调的本领，连一些戏剧表演大师都不得不为之惊叹拜服。因此，演练切忌应付、走过场。精益求精地勤讲多练，能使演讲的准备更成熟，产生熟能生巧的效果。

②循序渐进。演练不仅要按照诵读、背诵、演示这几个步骤依次进行，而且在演讲的类型、内容等方面也要从易到难，切忌一口吃个胖子。孙中山所总结的"一练姿势""二练语气"的演说经验，实质上就是遵循了单项练习、重点突破这一循序渐进的原则。

③综合协调。演讲是由复杂的多元化体系和系统组成的一个完善的整体，而每个分支系统又是由不同的要素构成的。因此，演练时，不仅要强调各支系统、各要素的职能，更要注意它们之间的相互配合，使其巧妙地融为一体，使声、情、体、意自然协调，创造出理想的演讲意境。

（3）演练的方法。

①独自演练。这是演讲者独自一人进行练习的方法，比较简便、灵活、有效，也是

最基本的练习活动。它有两种具体形式：一是虚练。虚练即虚拟的演练，就是把整个演讲过程在头脑里默想一遍。因为是默默无声地设想演讲经过，像在头脑里"过电影"似的，所以又叫"默练"，可不择时空地实施。二是实练。实练即实在的练习、演练，就是有声有形地进行如实的演练。此法实感性较强，便于纠错补漏，可就口、音、讲或手势等做单项练习，如丘吉尔常"对着镜子练习手势动作"。

②集体演练。演讲者面对特定的听众，按照正式演讲的要求进行试讲的练习活动，叫集体演练。演讲者可选择一些同事、亲朋等作为特定的听众，组织一个小范围的演练场面，造成一种"实践"的逼真效果。演讲者不但可直接观察他们的反应，并征询意见，做进一步的完善加工，而且更有利于提高演讲水平。

③设备演练。现代科技的发展，为演练提供了许多有利的技术设备，如录音、录像等。有条件的演讲者，可充分利用这些设备。这种方法，使演讲者能直接看到或听到演练的全部过程，更直接地找出问题的所在，有针对性地做出客观而仔细的分析，并且还有利于老师和演讲专家的指导。

总之，演练的方法很多，可以根据实际需要进行选择，或单用一种，或综合几种，甚至使用创新的方法。

（4）演练的基本环节。

演练是实现从书面到口头演讲的转化，为了追求最佳的演讲效果，必须注意把握以下演讲演练的基本环节：

①设计语调节奏。为了实现从书面到口头演讲的转化，在试讲阶段必须对演讲稿进行一些符合演讲要求、旨在追求最佳效果的必要的非语言内容的设计。其中之一是对语调节奏的设计。

根据表达思想感情的需要，运用语音、语调技巧，对演讲内容进行语音、语调的节奏的具体设计。设计的重点主要是对需要强调的内容予以重音处理；对需要表达的感情起伏变化进行语气语调的标示；以及对特殊的表达内容的停顿、语速予以确定。

设计的目的是把文字的优势转化为语音（声音）的优势，创造出声音的抑扬顿挫及节奏感，使演讲稿更加符合语音传播的特点和规律，使内容得到进一步强化，以产生更好的听觉效果。

语音语调设计有三个依据：一是根据思想内容和情感表达的需要，在吃透演讲稿内容的基础上进行。二是要考虑个人声音上的特点，扬长避短，也就是说确定语调因素的变化范围，要与演讲者自己的嗓音相协调。任何脱离自己情况的设计都不会呈现好的效果。三是要符合听众的心理和对声音的审美要求。

对于演讲词语音语调的设计，一般需要在演讲稿上做少量的符号标记。可根据自己的习惯设计符号，只要自己能看得懂就行。做这样的标示，有助于在试讲时，更好地把握声音的变化和思想感情的表达。

②设计态势语言。在人们的各类表达中，态势语言较为丰富和夸张的当属演讲。演讲之"演"，很重要地表现在演讲者的动作上。所以，演讲动作的设计在试讲阶段就应完成。通过设计，使体态语言能成为整个演讲的有机组成部分，把下意识的动作变成有

意识的动作，以增强动作变化的目的性和心理依据，大大强化内容的感染力和征服力。

态势语言的设计要注意：一是态势语言要与思想内容相一致，要有助于强化思想内容；二是动作不宜太多太滥，要恰到好处；三是动作要有美感。在动作设计中，主要是眼神和手势的设计，比如手势的形式，动作的方向、部位、幅度和力度等。要进行反复揣摩，从多种设计中找出最佳方案。

从内容上看，态势语言设计要特别注意两头：一是开头处。包括走上讲台的姿势、体态，开讲处的姿态、动作，要自然、大方、潇洒，给人留下美好的第一印象。眼神要正视听众，给人以可信赖、正直、诚实之感。开头的手势不能太多，动作的幅度也不要太大，否则会给人一种不稳重的感觉。二是结尾处。手势的幅度、力度通常要大，要有号召力，这样才能给人留下深刻的印象。至于正文部分的态势语言，应更多地包含情感和艺术的表现力，把面容、手势和艺术发音等手段结合起来，在多变且富有一定内涵的态势语言的配合下，使声、情、言、态协调一致，创造出理想的演讲意境。

③熟悉演讲稿。在精心设计的基础上，认真地熟悉演讲稿的内容，并根据声音、动作的设计进行试讲。试讲大体按这样的流程进行：朗读—背诵—讲述。

朗读。主要是体会声音与内容相结合的节奏、语调变化，是最初的书面语言向口语的转化。

背诵。把演讲内容熟练地背诵下来。当然，并不是一字不落地背诵，而是要有重点和一般之分。从演讲稿到现场演讲表达的情况看，内容有不变和变化两种情况。因此，在试讲时，对于"不变"的内容，就要下功夫死记硬背，达到滚瓜烂熟；而对"变化"的内容可作一般性背诵，要以理解为主。这样才能保证演讲的严肃性和创造性的统一。需要背诵的内容是：演讲的主要观点、总体的脉络、重点理论表述、层次转接的关键词句、基本数字、人名地名等。这些要记牢记死，不能含糊。而对于具体事例、情景的描述等，可作一般性的记忆。

讲述。完全脱稿，模拟正式演讲，把言、声、情、态等有机地结合起来，把内容准确生动地表达出来。这时，应进入较为自如的状态。

必须指出，演讲不能照本宣科，也不能背稿，否则就会大大地减弱演讲的魅力。试讲阶段的目标应是摆脱背诵的痕迹，进入自如讲述的状态。

法国前总统戴高乐善于演讲，不管多么长的演讲都不用讲稿。当有人称赞他时，他说："写下了讲稿，把它记在脑子里，然后把纸扔了。"这位世界名人的演讲经验"写—记—扔"是值得我们借鉴的。

小贴士3-1　　　　　　　　　　演讲稿熟记技巧

熟悉和背记讲稿，在演讲者的演讲思维乃至整个演讲活动中处于突出的地位，也是演讲活动取得成功的必不可少的条件。可以这样说：不熟记，无以演讲。要脱稿演讲，使口语表达收到最佳效果，必须对讲稿反复熟记、反复演练。其主要技巧有：

①诵读法。记忆讲稿时，一遍一遍地念，大声朗读，直至"烂熟于胸"。人们接受外界的信息时，由于感觉器官不同，记忆的保持率也不同。专家试验证明：在接受知识

时，如果用眼耳结合的"视听法"，3个小时后，能记忆所接受知识的85%，3日后，可记忆65%。也就是说，采用诵读法能明显提高记忆力。记忆讲稿时，一遍一遍地高声朗读，不仅能增进记忆，也是一种对演讲的"彩排"。通过这种方法，演讲者既锻炼了口才，也能感受演讲的临场效果。

②纲目法。所谓纲目法，就是抓住讲稿的大体内容，只记住"骨架"的方法。例如，在记忆议论型讲稿时，可以从内容和结构方面，按照提出了什么问题、采取了哪些分析的方法、提出了哪些解决问题的办法的思路，提纲挈领地记忆。再如，在记忆叙事型讲稿时，一般都离不开事件发生的时间、地点、原因、结果、个人认识等要素。只要提纲挈领地抓住这几个要素，就能快速、高效地记忆讲稿内容。

③默念法。一般人的记忆特点，都是形象记忆能力强。默念时人的注意力集中，大脑思维积极活跃，眼、手、口（默念）等多方密切配合，记忆内容就能得到很好的巩固。在演讲记忆实践中，采用默念法的主要方式是边念边记。

④形象法。形象法也称画图法，即用画图的方式启发记忆。根据心理学研究，具体的形象具有熟悉性、情感性，容易引起注意和联想，同时也不易忘记。

⑤联想法。联想是记忆不可缺少的因素，也是一个重要的记忆方法。联想法最适于记住"卡壳"的地方。其方法是：在练习和试讲时，在经常"卡壳"的地方做上标记，然后采用联想法。

④演练效果评估。除了要学会准备和表述演讲以外，还要学会批判地分析演讲，对自己的演练进行初步评估，这样不仅可以为演讲者提供演讲哪里正确哪里错误的分析，而且可以让演讲者充分认识到在自己的演讲中应采用或者避免使用哪些方法。

评估任何演讲的方法，都由与内容、组织结构和表述等相关的问题组成。对于初学演讲者，不妨使用下面的"演讲评估清单"，它包括一系列问题，覆盖了演讲准备工作和表达的各个方面。但是对于首次演讲，重点应放在目标的明确、要点的清楚与表达的恰当上。以下演讲评估清单可供演讲者参考，在评估时要核对清单上所有有效完成的项目。

小贴士3-2   演讲评估清单

内容

1.演讲目标清楚吗？

2.演讲者提供高质量的信息了吗？

3.演讲者使用了多种多样的发展材料了吗？

4.直观教具使用得恰当吗？

5.演讲者与听众建立了共同基础，将内容调整得适合听众的兴趣、知识和态度了吗？

组织结构

6.引言为演讲者赢得注意力、赢得良好关系、引出演讲了吗？

7.主要观点是清楚、结构平行、有意义的完整句子吗？

8.过渡段落引导一个要点自然地过渡到另一个要点了吗？

9.结论把演讲联系到一起了吗?

10.语言清楚吗?

11.语言生动吗?

12.语言重点突出吗?

13.演讲者听起来充满热情吗?

14.演讲者显示出足够的声音表现力了吗?

15.演讲自然吗?

16.演讲流利吗?

17.演讲者看着听众吗?

18.演讲者发音与吐字听众可以接受吗?

19.演讲者姿势好吗?

20.演讲者的移动恰当吗?

21.演讲者泰然自若吗?

基于这些衡量标准,评价这篇演讲为(选择其一):

优秀_____　良好_____　满意_____　尚可_____　差_____。

3.3　积累和选择演讲材料

积累和选择演讲材料是命题演讲酝酿构思、撰写演讲稿等所必需的,是一项基本功,这里有必要进行专门论述。

材料在演讲中具有重要的作用,它是演讲的物质基础,是演讲者观点主张的巨大支柱。所谓演讲材料,就是用于演讲的事物、事理、数据等。

材料是演讲的"血肉"、基础和依据。没有材料,任何思想观点的表达都将是空话,没有材料,口才再好的人恐怕也不易取得演讲的成功。因此,这里要着重谈一谈演讲材料积累、选择的问题。

1)积累演讲材料

要想使自己的演讲获得成功,就必须占有大量的材料;要想占有大量材料,就必须随时随地做大量的收集工作和整理工作。一切成功的具有独特风格的演讲,几乎都是材料积累的产物。

只有广泛地收集材料和占有材料,才能为成功的演讲打下基础,如果说演讲是"火",那么材料就是"燃料"。真知灼见的产生和正确思想观点的确立,必须建立在大量材料的基础上,材料是思想观点形成的基础,也是思想观点赖以存在的支柱。所以,大量而详细地占有材料,对演讲者来说,是一项重要的势在必行的工作。

(1)获取材料的途径。材料主要来源于三个方面,即直接材料、间接材料和创见材料。

①直接材料。它是指演讲者在日常的工作、劳动、演练、生活及社会活动中的所见

所闻，是演讲者亲身经历或耳闻目睹的一些事件、言论、感受，也就是演讲者自身通过对社会生活的观察、体验、感受、研究所得到的第一手材料。

每个演讲者都生活在大千世界、芸芸众生之中。我们的生活中，时时处处都在发生着一些有价值的事情。只要我们是有心人，注意观察、总结，留心记忆，那么我们就一定能够建立起一个丰富生动的材料库，这些直接材料是促使我们演讲获得成功的最宝贵的材料。很多演讲之所以能够成功就在于它有典型、生动、具体、真实、独特的直接材料，而不是平淡无奇的其他材料，如美国前总统奥巴马的就职演讲：

美国真正的天赋在于，它懂得改变。我们的联盟会不断完善自己。而我们已经取得的成就给了我们希望，让我们坚信我们能够并且即将取得成功。

这次选举拥有许多故事和数不清的第一次，它们将被世世代代流传。但是今晚在我脑海中一直浮现的，是亚特兰大一位女性选民。她就像成千上万个其他选民一样，排在队伍中喊出自己的心声，唯一不同的是——安·尼克松·库伯已经106岁了。

她出生的时候正是奴隶制度解除之后；那时候还没有汽车和飞机；像她那样的人那个时候是没有选举权的，因为她是女人，还因为她皮肤的颜色。

但是今晚，我思考着她所经历的这一个世纪的美国的变化——心痛和希望，斗争与进步，我们被告知这个时代我们不能做些什么，以及美国人的信条：是的，我们可以！

在那个女性不能发出声音的时代，在那个女性的希望被剥夺的时代，她看着她们站了起来，大声说出了自己的想法，投出了自己的选票。是的，我们可以！

……

在这段演讲词中，奥巴马选取了一位106岁黑人妇女的经历，并与奥巴马自身的美国首位黑人总统的形象相呼应，共同验证他主张"变革"的演讲主题。

②间接材料。所谓间接材料，就是演讲者从报纸、杂志、书籍、广播、电视、网络等媒体上收集到的材料，这是第二手材料。间接材料的收集，避免了个人阅历的不足，范围宽广，内容丰富。间接材料在演讲中的作用是不可替代的，如演讲词《数学的光彩》：

或许有人认为：干巴巴的数学充斥着枯燥与晦涩。可是古往今来，在数学大师们的眼里"数学是科学的皇后"，有很多数学家同时也是杰出的物理学家、哲学家或艺术家。他们公认数学是最神奇、最美妙的，只由几个简单的符号和数字就可以进行无穷无尽的研究和变化，结果常让人惊喜，对他们有强大到不能抗拒的诱惑力。"美和爱不可分离"，对数学的酷爱使他们为数学呕心沥血，在所不惜。人类最伟大的数学家高斯死后，墓碑上刻的不是他利用数学造福于文明世界的丰功伟绩，而是一个他生前最喜爱研究的正十七边形。这个简单的几何图形向后来的人们倾诉着这个伟大的数学家的追求，也昭示着数学奇异的魅力。数学大师们说："美是数的和谐。"这是对数学的赞美，也是对于数学的自豪和骄傲！

在这篇旨在探讨数学的魅力、激发人们对数学的兴趣的演讲中，演讲者为了使人们相信"数学并非枯燥、晦涩的"这样一个基本的判断，引用了数学大师们的两句话："数学是科学的皇后""美是数的和谐"。对于外行人来说，数学大师们对数学的理解应是最可信的。这样引用间接材料，可以增强演讲的可信度。

③创见材料。这是演讲者在获得大量的直接材料和间接材料的基础上，经过归纳、研究、分析所得到的新材料。例如，马克思就是在分析、研究德国古典哲学、英国古典经济学和法国空想社会主义的基础上，形成了许多新的数据材料、图表材料和理论材料，从而产生了自己的观点和演说体系。所以，创见材料是很重要的，因为它恰如人体的新鲜血液、人类社会的新能源。因此，它是每个演讲者应锐意追求的目标。

（2）积累材料的要求。要想成为成功的演讲者，在积累材料时就必须按照以下的要求去做：

①勤于收集。所谓勤，就是勤听、勤看、勤于手抄笔录。要不辞劳苦，持之以恒，勤于采集，积少成多。要有蜜蜂和淘金工人的精神，广泛采集，精于筛选。这种工作是琐碎的，但又是省事方便的。因为这样将大大有利于准备演讲，做好演讲。

②善于整理。收集了材料，仅是第一步，接着就要对其进行翻阅和整理。因为收集的材料是零碎的、杂乱的，为了使用方便，就要使其系统化、条理化。在整理中，不仅可以熟悉消化材料，加深理解，而且可以对材料进行比较、分析和鉴别，以去伪存真、去粗取精。马克思有一种值得我们效法的好习惯，即时常翻读笔记，并把他所收集的材料加以系统化。在他的每一部著作里，他都收集了大量的准备材料：摘录、提纲、图表以及各种数字、原始材料、目录等。他对整个材料加以整理，并列出系统的内容提要，以便在以后的工作中易于选用。

③肯于发掘。有些演讲者虽然也收集整理了材料，却缺乏发掘的精神。在演讲中，他们往往把收集整理的材料全盘不变地"端"给听众，毫无创见。与其让听众听这些，还不如让听众自己去看书、读报、翻阅文献资料。所以，高明的演讲者总是以满腔热情和敏锐的洞察力对所收集的材料进行琢磨、思考、研究，从中发掘出别人所没能发掘出的新意来，从而使之具有新的内容、新的色彩。对于一些人们较常用的材料，尤其要注意下功夫、下气力。只有这样，才能使听众听到他们未曾听过的内容，学到新的知识，受到新的启迪。

2）选择演讲材料

材料选择是指演讲者要选择那些吸引听众注意力和使听众感兴趣的材料，选择那些能够清楚地阐明演讲的主题，能给听众以深刻影响、使之久久不能忘怀的材料。如何选择材料呢？具体方法有以下几种：

（1）反映主题。如果说主题是演讲的灵魂，那么材料就是血肉，是对主题的依托。但材料需由主题来统帅，故演讲者要从大量的材料中，把那些和主题有关的，并能有力支撑主题、表现主题、说明主题的材料选出来；把那些与主题无关，不能充分表现主题、说明主题，不能鲜明阐述主题思想的材料剔除出去。这样才能使主题和材料有机统一，既有吸引力，又有说服力。演讲的成功实践表明：演讲者如果平铺直叙地向听众讲出自己的演讲主题，显然就缺少了灵动性，显得过于死板，也不便于听众深刻领悟其中的内涵。如果能运用典型材料（知名人物或团体的事件，或特色鲜明、具有一定代表性的事件）凸显出自己的演讲主题，让听众在富有深意的事件中体会演讲主题，进而认同演讲者的观点、留下深刻印象，效果就会好得多。例如，潘石屹《商场如战场》的演讲就运用了让听众深感震撼的典型材料，凸显强调商场规则的演讲主题：

"大家肯定都喝过可口可乐吧，这种碳酸饮料风靡全球，销售利润非常可观。大家也应该知道，可口可乐的配方是严格保密的，市场上有各种各样的可乐，但是都喝不出可口可乐那独一无二的口感。然而，可口可乐也不是铜墙铁壁无懈可击。2006年，可口可乐一位高管的女秘书窃取了可口可乐的机密材料和样品，随后想以150万美元的价格卖给百事可乐。这要让我们看，千载难逢的好机会，怎能错过啊?! 然而，百事可乐是怎么做的呢？百事公司把这件事告诉了可口可乐公司，那个没有职业道德的女秘书没能换来巨额的回报，却换来了8年的牢狱之灾。"

如果你是一家企业的老总，有家竞争对手的员工带着他们企业的秘方或者专利技术来投靠你，你会怎么做？这样的诱惑是很吸引人的，因为短期内就可以为企业赚取巨额的利润。很多企业老总是经不住这样的诱惑的，有些老总甚至会通过非正常手段去窃取竞争企业的秘方。可口可乐与百事可乐都属于国际饮料巨头，简直可以说是死对头，在这种背景下，百事可乐的做法更具有典型性，能让听众深感震撼，其严格恪守商场规则的精神让人佩服不已。要竞争就凭自己的真本事，鸡鸣狗盗可能会一时得利，但是绝不会长久。这就凸显了潘石屹的演讲主题，即强调商场规则，激扬正气。

在筹备演讲时，我们不但要有对一个材料从不同角度进行分析、使之服务于不同主题的能力，更应该能够选择不同的材料，提炼出其中相同的理念，使之为同一个主题服务，并在使用不同材料的过程中，使这个主题得到深化。

在题为《积极应对的力量》的演讲中，张胜强就运用了不同的材料来支撑这个主题，并使这个主题得到了深化。

材料一：阿德勒的自我超越

伟大的心理学家阿德勒穷其一生都在研究人类及其潜能，他发现了人类最不可思议的一种特性——"人具有一种反败为胜的力量"。而阿德勒本人，也正是具有这种理念的代表。五岁那年，阿德勒患了一场足以致命的病。从此，他驼背，行动不便，非常自卑。为了克服这种自卑感，他不断努力学习，并以自己的经历为依据，完成了心理学史上的不朽名著《自卑与超越》，最终成为世界闻名的心理学家。由此可见，一种不足，如果把它看作一个逃避的借口，那你就会成为人生的失败者。但若能积极地去应对这个缺陷，不仅能激发你的潜能将它克服，你还会因此干出一番不平凡的事业来……

演讲时，演讲者采用阿德勒自我超越的案例来支撑这个主题，非常贴切。因为阿德勒提出的观点和作者的演讲主题相契合，同时阿德勒自身的人生经历也印证了这一点，故其很好地支撑了主题。另外，取材的范围越广泛，就越能印证主题。阿德勒是近代的外国人，这使材料在时间和空间上都有一定的跨度。

材料二：舞蹈家的华丽转身

2013年7月9日，在中国艺术研究院2013届博士毕业典礼上，一名坐在轮椅上获得中国艺术研究院舞蹈学博士学位的姑娘非常引人注目。她，就是青年舞蹈家刘岩。2008

年北京奥运会，她是开幕式独舞《丝路》的首选演员。然而，在彩排过程中，刘岩不慎摔伤，从此再也不能站立起来。

曾有记者采访她：一场意外，就这么把整个生活全毁了？她却回答："不是毁，是人生提早转换角色。其实人生经验再丰富的人，遇到这种情况都会难以接受，但对我来说，这可能是一次契机。"虽然不能表演了，但她去温哥华做冬奥会的火炬传递手，做舞蹈大赛的评委、电视节目的嘉宾，为大学生做讲演，为北京舞蹈学院的学生上课，还积极投身慈善事业。

总之，刘岩的曲折人生告诉我们，灾难也并不全然是坏事，努力把人生中的灾难转化为契机，就能开辟新的人生……

如果说前一个材料，是国外的近代人物的事例，年代久远，甚至不为人熟知，而刘岩作为中国舞蹈界的新星，其遭遇又与万众瞩目的2008年奥运会有关，是很多人所熟知的。而且，她获得博士学位，是新近发生的事情，这也是她进行人生角色转换的一个标志性事件。同时，这个标志性事件也与前面阿德勒的自我超越的材料所揭示的主题相符，这就起到了深化主题的效果，这样不断地印证主题，无疑让其演讲更有说服力。

要印证一个主题不能依靠一个单薄的材料，还需广泛地获取材料，按照全方位、多角度、大跨度的原则，选取不同的材料去反映主题，才能让演讲的说服力更强。

（2）针对听众。演讲者在选择材料时，不能只从自己的兴趣出发，在服从主题的前提下，还要考虑听众的需要。

第一，要针对不同听众的具体特点、具体兴趣和爱好，来选择他们熟悉的、所能接受的材料。

第二，要针对听众的文化程度，把材料具体化、形象化，多选择听众能看到、听到、感觉到的材料。近年来，著名健康问题专家洪昭光教授通过举办健康讲座，面向全社会传播科学的健康知识，受到大众的欢迎和媒体的好评。在一次题为《生活方式与身心健康》的演讲中，他这样分析和讲解遗传的影响：

遗传的影响，我们用一个例子来简单说明一下。小白兔应该吃什么呢？本应该吃萝卜，但假如从今天开始，让小白兔改吃鸡蛋拌猪油，蛋黄胆固醇高，猪油是动物脂肪。4个礼拜后小白兔胆固醇升高，8个礼拜后动脉硬化，12个礼拜后个个得冠心病。下面，我们换用北京鸭子做实验，让它们吃蛋黄拌猪油。结果很奇怪，鸭子无论怎么吃，吃多久，胆固醇都不高，动脉也不硬化，更没有冠心病。唉！这就奇怪了，怎么兔子一喂就动脉硬化，鸭子就不得动脉硬化呢？道理很简单，兔子是兔子，鸭子是鸭子，遗传不同啊！人也是一样：为什么张三一吃肥肉，胆固醇就升高，动脉就硬化，冠心病也来了；而李四天天吃肥肉，就什么事也没有？因为张三是兔子型的，李四是鸭子型的，鸭子型的就没事，兔子型的就倒霉，先天性倒霉。为什么有人你看他吃得并不多，可就是瘦不下来，那个吃得很多的人却胖不了？就因为人的类型不同。有些东西100%遗传，有些遗传是遗传的一个倾向，高血压、冠心病就是遗传的一个倾向。

洪教授明白，听他演讲的人大多是关注健康的普通群众，如果他一味使用专业术语进行讲解，就会使讲座变得曲高和寡，索然无味。因此，他在讲解有关医学知识的时候，往往选用一些通俗易懂的事例材料加以说明。比如，上例中，在讲解得病的遗传影响时，他就有针对性地选用了小白兔和北京鸭子的实验材料作为例子，从而深入浅出地说明了不同类型的人的遗传差异及其与疾病之间的关系，让听众懂得了高血压、冠心病的遗传倾向对人的致病影响。

第三，要选择符合听众心理和需求的材料，使这些材料符合群众的切身利益。这样才能引起听众的兴趣。有针对性地选用材料，时刻把听众的愿望、想法、利益放在心上，才能使演讲吸引听众。2007年4月5日，著名女作家毕淑敏的励志小说《女心理师》的首发式在北京市监狱举行。其间，重庆出版集团向监狱捐赠了《女心理师》和《忧郁》等心理书籍。此举是想唤起公众对心理话题，尤其是对特殊人群心理健康问题的关注。面对众多服刑人员，毕淑敏发表了题为《世界上最大的勇气莫过于相信奇迹》的演讲。她充满真情地讲道：

"心理是身体的奇迹，人获得幸福与否取决于心理是否健康。曾有一家报社做过一项调查：谁是世界上最幸福的人？结果最幸福的人依次为：给孩子刚洗完澡、怀抱婴儿、微笑的母亲，刚给病人做完手术、目送病人出院的医生，在沙滩上筑起沙堡、看着成果的孩子，写完小说最后一个字、画上句号的作家。看完这个消息，我有深入骨髓的悲哀。这些幸福，我几乎都曾拥有，但自己却感觉不到，是幸福盲。因此，能否幸福关键在于我们是否拥有能够发现幸福的眼光，在于我们是否拥有对内在的把握、永恒的感情和灵魂的拯救。"

毕淑敏深知，这些服刑人员中的大多数是因出现心理困惑和精神空虚而触犯刑律，他们渴望幸福的生活，却不懂什么是真正的幸福。为了所谓的"幸福"，他们不择手段，铤而走险，最终走上了犯罪道路。于是，她针对这些特殊听众的心理困惑和精神需求，首先揭示了心理健康的重要性，接着引述了一个关于"谁是世界上最幸福的人"的调查材料，然后表达了自己是"幸福盲"的真实感受，最后得出结论：拥有幸福的关键在于"拥有能够发现幸福的眼光"，在于"拥有对内在的把握、永恒的感情和灵魂的拯救"。她的演讲重在心理分析和精神引导，既让服刑人员感到亲切，又能促使他们自我反省，从而达到针对听众进行心理矫正的目的。

第四，要选择那些能为听众指明行动方向、能够教给听众行动的手段和方法的材料。

有针对性地选取材料，时刻把听众的愿望、想法、利益放在心上，才能使演讲吸引听众，使听众跟着演讲者的思路去思考，按照演讲者给出的方法去行动，演讲才能达到教育、启发、鼓舞听众的目的。

（3）准确可靠。在演讲中使用的材料，不管是直接的还是间接的，不管是旁征的还是引用的，都要做到准确可靠。演讲者为使自己的材料可靠，要尽可能地使用第一手材料，这是至关重要的。对于间接材料，要善于鉴别，科学批判地使用。要对材料加以检验、辨别和审查，以去伪存真。对引用的材料还要加以认真的核对，哪怕一个标点符号也不要轻易放过，以免出现差错和纰漏。

（4）新鲜、吸引人。"喜新厌旧"是人类共有的一个心理特点。人们都愿意听那些自己没有听过的事情，了解自己没有了解过的世界。所以，演讲者在选择演讲材料时，一定要选择那些新鲜的吸引人的材料。

江苏的张慎民先生在他的演讲《从美国青年包里的五星红旗说开去》中，为了说明"自知"与"知人"是交际艺术的两件珍宝这个观点，举出了中央电视台《实话实说》栏目采访在华执教的美国青年丁大卫的例子。丁大卫是个地地道道的美国青年，来华应聘任教，在他简单的行囊中，竟有一面鲜艳的五星红旗。他带着这面中国国旗，目的有二：一是时时提醒自己身在中国，不要老以美国人的标准立身行事；二是让来访的客人看到屋里的这面红旗，增加亲切感，拉近主人和客人之间的距离。作者用这个刚刚发生的、新鲜的典型事例，从"自知"和"知人"两个角度谈了如何进行交际的问题。

（5）强烈对比。强烈的对比，会形成巨大反差，从而给听众以深深的震撼，使听众深入到演讲之中，思考着，体会着。比如，潘石屹在清华大学的演讲《建筑的记忆》：

"一次，到纽约的一个朋友家，这个朋友住在SOHO区，是排在全美前几位的富翁。原以为一个富翁的家，不知会如何豪华，去了以后才发现他家位于原纽约巧克力厂的七层。到他家后，转了一圈到了楼顶，楼顶种了许多花草，非常漂亮，但是我惊奇地发现在漂亮的楼顶上面有一个奇大无比的水塔，非常刺眼。朋友说那是过去巧克力厂的水塔，我说为什么不拆掉，他说在纽约超过30年的建筑都是文物，都要保留下来。实际上这就跟一个社会一样，一个和谐的社会一定要有老人、中年人、青年人、小孩，各种各样的人都要有。一个城市要发展起来，对建筑而言，明朝的建筑要保留，清朝的建筑要保留，民国的建筑要保留，苏联人帮我们建的也要保留，它是一种记忆的延续。而我们现在整个城市都在大拆大建，别说30年，300年的也拆了。拆了以后我们搬到其他地方，我们把真正的文物破坏了，身边现存的都是复制的古董。"

在经济飞速发展的同时，我们对建筑文明的保护是缺失的，使特色建筑几乎消失殆尽，使我们的城市逐渐呈现出千"城"一面的趋势。在这次演讲中，潘石屹有意警醒听众，他把纽约水塔的材料加入演讲中，一个超过30年的水塔都要作为文物保留，反观我国一些乱拆乱建的状况，这一强烈的对比在震撼人心的同时，深深刺激了现场听众的神经。

（6）展示细节。抓住震撼人心的细节，形成演讲的材料，可以极大地刺激听众的神经，引起共鸣。比如，崔永元在首届郎天乡村教师吉祥之旅结业典礼上的演讲：

"我们'长征'的时候正逢世界杯，我们的队员每天都在跟我说：'崔老师，今天晚上能不能找一个有电视信号的地方啊，有一场重要的比赛。'走路那么累，他们还想看世界杯！我们到了乡村学校，带了篮球、足球、排球，我拿着足球问孩子们：'你们知道现在正在举行世界杯吗？'孩子们看着我，一脸茫然。我又问：'你们知道什么叫足球吗？'他们还是一脸茫然。这个省按说不穷，但是孩子们不知道足球为何物。我告诉他们足球是怎么回事，然后告诉他们足球怎么踢，我给孩子们做示范，我把足球放在一个位置上，给他们展示前锋的技巧，我飞起一脚，就把足球踢到牛圈里去了。那个足球沾了很多牛粪，为了让孩子们接着玩，所以我就把这个足球拿到水边洗干净了，摆在那儿让孩子们踢。孩子们排着队来踢，每个孩子踢完一脚后，都条件反射地把足球拿到水边洗一遍，他们竟然认为这就是踢足球的规则！"

我国的教育事业有了蓬勃的发展，但是教育资源分配不公的现象在个别地区仍旧存在。在这次演讲中，崔永元力图表现偏远地区的闭塞和教育条件的落后，孩子们不知道足球为何物，不懂得踢足球的规则，以为每次踢完后都要用水洗一洗，材料中这一惊人的细节深深地刺痛了人心。

（7）出人意料。材料在演讲中起着举足轻重的作用，然而"捡到筐里的并不都是菜"，并不是所有的材料都好用。如果能够使用出人意料的演讲材料，那一定是听众喜欢的"菜"，因为这样会逆转惯常思维，能唤起听众的极大兴趣，引导听众积极思考，给听众以深刻的影响，让你的演讲更"给力"。英国前首相卡梅伦在北京大学演讲时，穿插了这样一段出人意料的典型材料：

"我在英国当首相，你们可能觉得应该很风光，其实现实跟你们的想象有很大的差距。我也是一个普普通通的上班族，我上下班没有专车接送，都是自己骑自行车，当然更不会有安保人员随行。没有专门的厨师为我做饭，我只能可怜巴巴地去内阁食堂蹭饭。不仅如此，我每年的收入必须全部向公众公开，可以说我兜里有几块钱每个英国公民都一清二楚。我每两周还要去下议院接受质询一次，基本回来的时候满脸都是口水。今天，这个周三下午，要不是我身在北京的话，我就应该正在下议院接受劈头盖脸的质询。如果有一天，我进了老百姓家，抱着老百姓痛哭流涕，第二天，《泰晤士报》的标题就会是'英国首相以无耻的眼泪换取选民选票'，而《太阳报》的标题则会是'英国首相终于与私生子相认'。"

谁又能想到堂堂英国的首相，其待遇竟然如此寒酸呢？在演讲中，卡梅伦所讲的这段典型材料使人出乎意料，对中国听众的传统思想是一种强烈的冲击。正因如此，当天演讲现场的学子们个个神情专注，听得很入神。

又如易中天的演讲《眼见未必为实》：

"向日葵因为从日升到日落一直都朝向太阳，被人们赋予了追求光明的寓意。'葵花朵朵向太阳……'这首歌，我们高唱至今。然而，我们搞错了！因为葵花原本讨厌太阳！植物学家研究证实，葵花的花盘后面有一种讨厌阳光的分泌素，为了保护这种分泌素，花盘的正面就得始终朝着太阳。这样的乌龙事件很多，人们以为鸵鸟遇到危险就会把头埋到沙土里，其实完全不是这样，鸵鸟那是为了贴近地面测量敌人与自己的距离。我们心目中的圣诞老人都是红衣服白胡子，其实这个圣诞老人的形象源于可口可乐的一则广告。世间的很多人、很多事，都很有欺骗性。很多所谓的真理，不是因为正确我们才相信，而是因为我们深信不疑，所以才看似正确。"

向日葵喜欢太阳，鸵鸟遇到危险就把头埋进沙子，这些我们都习惯性地当成真理，深信不疑。然而，这些惯常思维其实都是错误的，为什么会错呢？是因为我们只看到了表象，没深究实质；是因为我们偷懒，人云亦云。这样的材料给听众的惯常思维来了一个180度的大逆转，出乎听众意料，自然更容易吸引听众。

（8）感召听众。一场演讲是否成功，材料的选取十分重要，演讲者应该选择那些能诉诸听众情感，直达听众的思想深处，感召听众，使听众产生改变自身的动力和改变整个社会的责任意识的材料。如李承鹏的演讲《民国风骨》就利用了令听众肃然起敬的材料来感召听众：

"因为芙蓉姐姐，我们了解了什么叫旁听生，其实旁听生早就有了。民国时期，有个学生叫王纪武，考学失利，只能在中央大学做个旁听生。但是王纪武的父亲你们知道是谁吗？是王世杰，而王世杰当时是教育部长。当时中央大学的校长名叫罗家伦，他是王世杰在北大任教时的学生。按照当代人的思维，有教育部长这样的职位，有罗家伦这样的关系，王世杰却让儿子在中央大学做旁听生，他傻啊？可是王世杰就是这么傻，他没有动用自己的权力，也没有利用自己的关系，宁肯委屈自己的儿子。"

教育部长的孩子考学成绩不好，只选择旁听，而且教育部长放着大学校长的关系愣是不利用，这样的事情怎能不令人肃然起敬？细究其中的原因，主要是一种规则意识，规则面前人人平等，不管你身居何位，都得遵守。看看今天的社会，在权力和金钱面前，我们的规则有时显得那么脆弱。这样的材料怎能不令听众反思呢？

罗永浩的演讲《老外在中国》则利用令听众为之汗颜的材料感召听众：

"10年前，一个名叫威廉的英国人来到中国。'不到长城非好汉'，威廉想做好汉，于是他首先游览了长城。让他感到吃惊的是，长城上的垃圾好多，与美丽的景色非常不协调。于是，他成立了一个长城环保组织，吸纳了6名当地村民作为环保员，定期到长城上捡拾垃圾。结果如何呢？环保组织成立的消息不胫而走，游客奔走相告，更加肆无忌惮地制造垃圾。刚开始的时候，环保组织每3个月收集一卡车的垃圾，但是随着时间的推移，后来每个月就能收集两卡车的垃圾。"

威廉不忍心看到美丽的景色被垃圾破坏，于是出于对环境的关爱之心，毅然成立环保组织，捡拾长城上的垃圾。但是一个外国人对环境的关爱之心，却成了某些国人更加肆无忌惮扔垃圾的缘由，从3个月一卡车，变成了1个月两卡车。听众作为国人的一分子，就算不替自己汗颜，也会替自己同胞汗颜。汗颜的同时，听众也会反思自我，进而约束自己的行为，甚至通过自己的宣传去改变更多的人。

（9）发掘新意。很多人在演讲时，都觉得没有材料可用。其实，对一个众人熟悉的材料，人们往往用固定的眼光去看待，但用发散的思维去看，往往能得出不同的新的结论，从而为新的主题服务。田忌赛马的故事大家都知道，现在，让我们重温这个故事：

战国时期，齐国将军田忌与齐威王赛马，设以重金赌注，两人各出上、中、下三匹马，齐威王的三个等级的战马都比田忌的强，因此，田忌三战三败。孙膑发现双方的三个等级的战马都相差不多，于是让田忌以下马对齐威王的上马，以上马对他的中马，以中马对他的下马。结果，田忌一败二胜。

现实中，很多人都用这个材料来说明"善于用人"，其实，如果我们全方位审视材料，就能发掘出新的不同的主题。

例如，在题为《职业生涯需要规划》的演讲中，李霞这样讲道：

"战国时期，齐国将军田忌与齐威王赛马……结果，田忌一败二胜。而正是从这之后，孙膑的才华才被齐威王发现，被委以重任，从而在战国舞台上大放光彩。从这个故事中可以看到，孙膑之所以后来被委以重任，就因为他在此事中得到了齐王的关注与欣赏，由此可见孙膑是个进行职业规划的高手。因为他知道在何时、何地、何人面前展现自己。今天，很多人都在职场上有怀才不遇的感觉，其实孙膑的经历可以给他们以启示：人才要善于展示自己。很多人都认为：世界上没有怀才不遇这回事，怀才就像怀孕，时间久了大家都能看出来。其实不然，如今有才华的人太多，谁能懂得在何时、何地、何人面前展现自己，谁能最先得到一个组织里的领袖人物的赏识，谁就能尽快地得到施展才华的舞台。"

在演讲中，演讲者以古喻今，发掘新意，从田忌赛马的故事来说明孙膑得到重用的原因。然后，以现代人的眼光去分析，得出人才要懂得在何时、何地、何人面前展示自己的才华。在今天，受过高等教育的人数量不断增加，社会竞争日趋激烈，到处都是有才华的人。所以，有才华的人只有善于展示自己，才能脱颖而出。而这样的演讲主题，切合大众的实际，也很有时代意义，容易引起听众共鸣。

（10）巨大落差。委内瑞拉的安赫尔瀑布是世界上落差最大的瀑布，落差达979.6米。因为落差大，安赫尔瀑布以雄浑有力著称，水击石面的声音几千米外都能听到。在演讲中，如果材料前后具有巨大的落差，就必然能够引起听众深深的思索，进而对演讲主题留下极其深刻的印象。比如，我国台湾地区知名学者李瞻的演讲《不要捧着金饭碗乞讨》：

"《庄子·逍遥游》里有这么一个故事。宋国有一户人家，世代以漂洗丝絮为生。冬天洗东西容易把手冻伤，但这户人家有祖传的特效疮药，即使天天把手浸在水里，也不会冻得皮肤开裂。有人听说了这事，说愿意出一百两银子，买他家的祖传秘方。这家人高兴坏了，全家老小没日没夜地洗丝絮，辛苦几年也赚不到几两银子，没想到卖个药方就能赚到一百两银子！你情我愿，当即成交。那个人当然不是缺心眼，拿到药方，立即献给了吴王。时值隆冬季节，越国派兵攻打吴国，两国正在进行水战，打得难解难分。吴国士兵由于得到了特效防冻疮药，战斗力大增，结果大败越军。吴王大喜，赏赐给他大片土地，这片土地可是几万两银子也买不来的。漂洗丝絮的那家人就如同捧着金饭碗乞讨的乞丐一样。一个人的思路比什么都值钱。"

创业致富，在很大程度上并不取决于你的知识与技能，而是取决于你是否具有充满着智慧的"思路"，先有"思路"，然后才能走上致富之路。得到100两银子，宋国这户人家以为赚了，其实却是亏了成千上万两银子，亏大了。这里赚了与亏了的落差是巨大的，这使演讲者"思路决定命运"的主题更加深入人心。

3.4　演讲稿的设计

精彩的演讲离不开好的演讲稿。"巧妇难为无米之炊"，同样，技巧再高的演讲者也无力将肤浅空洞的内容演绎得天花乱坠。所以，踏踏实实地写出一篇优美、深刻、动人的演讲稿，是每一个演讲者必须具备的意识。

有人做过这样的实验：把用于阅读的一篇优秀文章不加改写地讲给一部分人听，把另一篇引起过轰动效应的演讲，根据录音一字不差地记录下来，把文稿交给另一组人去读，然后收集两组人的评论意见。实验结果是：对优秀的阅读文章，听者觉得文绉绉的，很有矫揉造作、卖弄文采之态，有些字眼听起来还不顺耳，容易引起误解；而那篇让人阅读的演讲稿，读者反映他们体会不到精妙动人之处，甚至有许多用语是毫无意义的。这个实验表明：长期以来，适用于听的语言和适用于阅读的语言，在习惯上已出现明显的差异，人们对听的语言和读的语言早就默认了两种不同的要求。可见，书面演讲词和书面文章有着区别。同样都是文字表达，二者有什么区别呢？演讲家李燕杰对此有独到见解，他说："文章是让文字躺在纸上，让读者体会文章作者的思想、感情及其所讲述的道理。若把文章比作无声的影片，那么演讲则可以比作立体声的电影。因此，在'制片'时，就应充分考虑视听综合效果，让文字鲜活地'站'在听众面前。"

在明确演讲稿的特点和作用的基础上，加强演讲稿题目、主题、开篇、主体和结尾等各组成部分的设计，注重演讲稿的写作与修改是演讲取得成功的基础。

1）演讲稿的特点

演讲稿是为适应演讲活动的需要而写作的一种实用文体。与其他文体相比，其有以下几个特点：

（1）以情感人。演讲必须以情感人，情感是演讲的生命线。没有人愿意坐上几个小时，就为听演讲者那些空而又空、玄而又玄的大话。这样的大话连演讲者自己都不能被感动，又怎么能感动别人呢？所以，精彩讲稿的第一个特点是以情感人，说出自己的心里话，而不是"为赋新词强说愁"。那些虚假的事、夸大的情，只会让人感到做作、别扭。社会交往中待人真诚是第一，说话也是真诚第一。

现在最受欢迎的演讲，就是那种情真意切、以情取胜的演讲。白居易说："动人心者莫先乎情。"唯有炽热真实的感情，才能使"快者撷髯，愤者扼腕，悲者掩泣，羡者色飞"。美国第一任总统华盛顿的就职演讲是这样开篇的：

参议院和众议院的同胞们：

本月4日收到根据两院指示送达给我的通知。阅悉之余，深感惶恐，我一生饱经忧虑，但过去所经历的任何焦虑均不如今日之甚。一方面，因祖国的召唤，要我再度出山，对祖国的号令，我不能不欣然谨从。然而，退居林下，是我一生向往并已选定的归宿。我曾满怀奢望，也曾下定决心，在退隐之余度过晚年。对此退隐的居所，除喜爱之外，已经习惯；看到自己的健康，因长期操劳，随着时光而日益衰退，这时，对这更感需要和亲切。另一方面，祖国委我以重托，其艰巨与繁难，即使国内最有才智和最有阅历的人士，亦将自感难以胜任，何况我资质鲁钝，又从未担任过政府行政职务，更感德薄能鲜，难当重任。处于此种思想矛盾中，使我一直认真致力于正确估量可能影响我执行任务的每一种情况，以确定我的职责，这是我所断言的……

在场面热烈盛大的就职典礼上，华盛顿说了这样一番并不激昂，甚至有些低调的话，似乎与当时的盛况有些不和谐。但是看得出来，这确实是他的心里话。据当时一家报纸报道，华盛顿在宣誓和演讲时非常"虔诚热情"，很多听众都流下了眼泪，其动人之处正在于他的虔诚，他讲的确实是一个年近60岁的老人受命承担国家命运时自然的思想斗争。恰恰是因为这斗争的激烈，更让人们看到这位总统的爱国热情。这篇讲稿的名字叫《我的热情驱使我这样做》，这个低调的开篇比那些慷慨激昂的宣告感人得多，正是因为他讲的是自己的真心话。

（2）切合场景。演讲者要使自己的演讲切合具体的场景，并能因势利导，使自己的演讲有力度，这正是创造环境，"借东风烧曹船"，它往往能取得意想不到的效果。丘吉尔在第二次世界大战阴影笼罩全球时的一个圣诞节演讲中是这样说的：

战争的狂潮虽然在各地奔腾，使我们心惊胆战，但在今天，一个个家庭都在宁静的、肃穆的气氛里过节。今天晚上，我们可以暂时把恐惧和忧虑抛开、忘记，而为那些可爱的孩子布置一个快乐的晚会。全世界说英语的家庭，今晚都应该变成光明和平的小天地，使孩子们尽量享受这个良宵，使他们因为得到父母的礼物而高兴，同时使我们自己也能享受这种无牵无挂的乐趣，然后我们再担起明年艰苦的任务，以各种代价，使我们的孩子所应继承的产业，不致被人剥夺；使他们在文明世界中所应有的自由生活，不致被人破坏。因此，在上帝庇佑之下，我谨祝各位圣诞快乐！

丘吉尔说得多好啊！"使我们的孩子所应继承的产业，不致被人剥夺。"在一个本该处处撒满圣洁月光的盛大节日，一个本该和平宁静的节日，应该让孩子们快乐，但在战争席卷全世界的背景映衬下，这样一种安静、肃穆来得何等艰难！其不忘圣诞节的宁静安详，不忘在这样的日子致以希望与祝福，不忘让疲于战争的人们暂时放松，不忘使这么一个盛大的节日不失节日的气氛。但丘吉尔同时也不讳言战争的可怕，让恐怖与安详形成鲜明的对比，让人们更憎恨战争的残酷。多么入情入理，多么扣人心弦！在战争的阴影下，在欢乐的圣诞节日中仍忐忑不安的人们，听了这话能不振奋激动吗？如果在这样的情境中，丘吉尔大呼战争，大呼反抗，大呼"我所能奉献的没有其他，只有热血、辛劳、汗水与眼泪"，这将多么败人兴致、大煞风景呀！但一味地平安祝福，忘了眼前黑暗，又不像一个首相的演讲。他如此巧妙地发表圣诞祝词，尽显一个演讲大师的风度，的确是非常切合时间与场合的。这才是精彩的讲稿。

（3）使用短句。演讲归根结底就是一种说话，而声音转瞬即逝的特点决定了演讲的语言不能太烦琐、太复杂，因为在演讲当中，听众根本没有时间反复推敲和仔细琢磨。因此，对听众而言，多用长句，很容易让他们听得顾此失彼，即使能勉强理解，也不可避免给他们造成一种疲于追赶的紧张感，时间久了，自然会产生厌倦和疲惫心理，演讲效果必然大大降低。如果多采用短句，则有这几样好处：一是可以让表达更明确，听众不需要努力辨听就能轻而易举地理解演讲内容，感觉轻松；二是短句句式多变，还能采用排比、对偶、顶针、回环等修辞手段化散为整，将短句整合成整句，这样便会让表达更紧凑有力、严密集中。著名的演讲，如林肯的《我们在此立下誓言》（《葛底斯堡演讲》）、尼克松的《人类历史上最珍贵的一刻》、闻一多的《最后一次演讲》等，都是简洁有力的典型代表。

我们来看看1941年12月8日，罗斯福在《一个遗臭万年的日子》中，是如何运用短句达到自己的演讲目的的：

（日本军队）昨天对夏威夷群岛的进攻，给美国海陆军部队造成了严重的损害。我遗憾地告诉各位，很多美国人丧失了生命。此外，据报，美国船只在旧金山和火奴鲁鲁之间的公海上，也遭到了鱼雷的袭击。

昨天，日本政府已经发动了对马来西亚的进攻。

昨夜，日本军队进攻了中国香港。

昨夜，日本军队进攻了关岛。

昨夜，日本人进攻了菲律宾群岛。

昨夜，日本人进攻了威克岛。

今晨，日本人进攻了中途岛。

这篇著名的演讲中，罗斯福列举了大量的事实，充分说明日本的侵略是蓄谋已久的。罗斯福用的是短句，但其说服力度绝非长句能比。这一小段演讲词尤其铿锵有力，语感和听觉效果都很不错，排比造成的气势也非同一般，用这样的句式来表达，其愤懑之情溢于言表，很能调动听众情绪。这就是短句得天独厚的优势。

（4）通俗易懂。演讲语言不同于书面语言，演讲是讲给别人听的，讲稿也只是口语的书面文字形式。在写讲稿的时候，必须考虑到听众在现场中不可能有余暇去理解某些生僻的词语和隐晦的意思，更不可能像阅读文章那样进行多次的反复领会。因此，必须尽量避免"文绉绉""掉书袋"，少用复杂的结构句式，少用生僻字，要让人一听就懂。

比如："体面"与"堂皇"、"驼背"与"佝偻"、"寒冷"与"凛冽"等几组近义词或同义词，每组的后一个词语更书面化，更能体现使用者的文化素养。但在演讲中，用后者不如用前者，否则让听众想上一阵才恍然明白"佝偻"是哪两个字，是什么意思，后面的演讲就更听不过来了，这样的演讲是在给自己帮倒忙、找麻烦。

（5）文体交融。演讲稿是一种特殊的文体，写作时要交融使用各种语体。文章中的记叙文、议论文、说明文，就其主要表达方式来看，有着单一的对应关系。而演讲稿的写作需要运用各种文体的写作规律，综合各种文体的特点于一体。准确地说，其具有论文的结构，新闻的真实，散文的选材，小说的语言，诗歌的激情，相声的幽默，戏剧的安排。所谓论文的结构，是指观点与材料的统一，条理清晰井然；所谓新闻的真实，是指所用事实材料必须取于生活中的真情实况，不许虚构；所谓散文的选材，是指发散式选材在演讲中体现得最充分，不受时空局限，皆可为我所用；所谓小说的语言，是指经过加工处理的文学化口语，大量使用修辞手法；所谓诗歌的激情，就是演讲稿或热情奔放，或感情充沛，或深沉悲壮，或严肃冷峻；所谓相声的幽默，就是要活泼有趣，雅俗共赏；所谓戏剧的安排，是指内容、结构的编排上有张有弛，跌宕起伏，切忌平铺直叙。

演讲不是纯粹的艺术，而是一种讲究艺术性的现实活动。演讲稿的写作则要让各种可用的艺术都为我所用，各种文体的写作技巧在这里都有用武之地，体现出演讲在艺术上的追求。

（6）选例典型。这个要求可归纳为一种模式："画面+我"。这画面，就是通过选讲真实感人的事例，在听众心中所构筑的那一幕幕动人的场景和形象。选例具有典型性，一方面是指选何种事例，选多少事例，这要针对演讲主题和现场需求而定，既不能多选，多选有堆砌、讲故事之嫌；也不能少选或不选，否则难以充分说明事理。另一方面

小故事3-4

于丹拆解"贪婪"二字

选例还必须具有代表性、时代性。一般来讲，历史的不如现实的，陈旧的不如新近的，陌生的不如熟悉的，书上的不如生活中的，而群体的或个体的，伟大的或平凡的，他人的或自己的，凡此种种，则可兼而备之。

小案例 3-2   **以亲身经历打动听众**

演讲《善良的意义》是以作者亲身经历的典型事例打动听众的：

我在非洲工作的时候，要去一个战乱的地方。我知道那里有很多难民，所以就在车上装了一些食物。我把那些食物散乱地扔在车上，一位年长的同事却一件件摆好，他说："摆整齐一些，可以多装一点！"我无所谓地说："我们又不是专门去救灾，有那份心意就可以了！"同事很认真地说道："对我们来说，可能一份食物只是自己的一点善心，但是对那些缺少食物的人来说，多一份食物就多一点活下去的希望！"当我们到达那里之后，那些难民接过我们的食物，我看到他们很多人都已经瘦得皮包骨头，甚至有些人走向我们的时候，都是摇摇晃晃的，仿佛随时会饿昏过去！

我心中仿佛压了一块大石头，恨自己的车太小，为什么不能多带一点食物！一点善举，对我们来说可能只是举手之劳，但是对那些真正需要的人来说，你的一点食物，可能就是他们活下去的希望，你的一件旧衣服，可能就是他们一个温暖的冬天！

点评：演讲者以亲身经历的典型故事和要阐述的道理巧妙地结合起来，夹叙夹议，增强了演讲的趣味性，让道理变得更形象，让听众爱听和认可，且给听众留下了深刻印象。

2）演讲稿的作用

演讲稿是为演讲准备的文字材料，在演讲中如同一剧之"本"，发挥着"依据"作用。

（1）使思路更清晰。有人认为，自己思维敏捷，不写稿也能高水平发挥，其实不然。单纯的思维活动，变化多端，不留痕迹，而演讲稿是经过反复推敲、深思熟虑而成的，它可以将思路梳理成序，使内容条理化。若有条件，即使是即兴演讲，也要提前写好演讲稿，有了这碗"酒"垫底，脱稿演讲时才能思路清晰，临阵不乱。

（2）使演讲更完美。通过写演讲稿，会使演讲的内容和形式更完美。写在纸上经过苦心经营的文字往往更规范，更合乎逻辑，结构更严密，语言更简洁、生动并富有节奏感。从内容上讲，它规定了演讲的中心、方向和范围；从形式上讲，它对演讲中情感的起伏变化、语势的抑扬顿挫及修辞方法等都有所涉及。因此，提前准备好演讲稿的演讲要比"现想现卖"的"白话"有意味得多，并且可以避免前后重复、词不达意或找不到"宾语"的现象。

（3）使时间更自如。初学演讲的人，演讲往往会出现两个弊端：一是想了一大堆内容，讲时只剩下三言两语；二是忘乎所以，收不住脚。比如，在一次欢迎会上，领导让一位教授代表讲话，结果他一口气讲了近 20 分钟，导致吃饭时间不得不推迟，弄得台上台下都"坐立不安"。如果事先写出演讲稿，则可避免以上情况。即使情况有变，也可随机增减、应对自如。

（4）使演讲水平有所提高。演讲是有声的写作，写作是无声的演讲。如果演讲者总是让他人为自己写稿，结果可能由于不合自己口味而影响了演讲水平的发挥。写演讲稿，是对写作能力的一种磨炼，因此能较快使演讲水平迈上新台阶。

3）演讲稿的题目设计

演讲的题目是一篇演讲稿的有机组成部分，它与演讲的内容、风格、语调有直接关系。内容决定题目，题目则又鲜明地体现了内容的特点。

（1）演讲题目的作用。一个新颖、生动、恰当而富有吸引力的题目有以下三个作用：一是具有概括性。它能将演讲的主题、内容、目的全面地反映出来。如毛泽东的《反对党八股》《为人民服务》等演讲题目，一讲出来就让人明白内容和主题。二是具有指向性。题目一讲出来，听众就知道你要讲的是哪方面问题，是政治性的、学术性的、党政军的，还是伦理道德的。三是具有选择性。题目能在未讲之前就告诉听众演讲者要讲什么，听众可以据此选择听还是不听。

（2）确定演讲题目的原则。确定演讲题目的原则主要包括：①积极性。题目要给听众一种希望。一方面，要选择那些光明的、美好的、富有建设性的题目，如《自学可以成才》，听到这个题目，就会给人一种鼓励，使人去除失望心理，充满信心走自学之路；另一方面，要选择乐观的题目，如《癌症终可治》，听了这个题目，就会使听众感到有希望。②针对性。这可从三个方面考虑：其一，要针对听众的实际。选题要考虑听众的思想修养、文化水平、职业特点、阅历等，这样才能有的放矢。其二，要注意自己的身份。选择与自己所从事的工作性质、专业、知识面接近的题目。因为自己熟悉的东西容易讲深讲透，容易收到预期的效果。其三，要估算好演讲的时间。按规定的时间选择题目，如果时间长，题目就可大些；时间短，题目就可小些。③新奇性。只有"新"和"奇"，才能吸引听众，干瘪瘪的题目是不为听众所关注的。比如《我的理想》等，听众听完了，恐怕也要睡着了。在此，我们不妨看看鲁迅的演讲题目：《老调子已经唱完》《象牙塔与蜗牛庐》，这样新奇的题目怎能不吸引人呢？④情感性。把强烈的爱憎情感注入题目中，从而打动听众并引起共鸣，使题目对听众有一种情感的导向作用和激发作用。如鲁迅的《流氓与文学》、马克·吐温的《我也是义和团》等，其爱憎情感都是很鲜明的。⑤生动性。演讲题目生动活泼，就能给人一种亲切感和愉悦感，像前面举的《象牙塔与蜗牛庐》等。

当然，题目是否生动活泼要由主题和内容而定。严肃的主题和内容就不宜用活泼的题目，否则，会冲淡和破坏演讲的质量和严肃性。为了使题目臻于完美，还要注意以下三点：①不要太冗长。冗长的题目不仅不醒目，而且也不易记，应该尽可能简洁明快。②不要太深奥。题目太深奥令人费解，就引不起听众的兴趣。③不要太空泛。空泛就使人抓不住中心，提不起纲。如《我自信》《理想篇》等，这样的题目，听众根本捕捉不到演讲的范围和内容，也不会愿意听。

小贴士3-3

切实有效的标题拟定小技巧

4）演讲稿的主题设计

掌握好演讲的主题，犹如掌握好军队的统帅权，有了它，就可以将原来散乱的素材组织成井然有序的演讲稿。

（1）演讲主题的选择。选择演讲主题时，要注意从以下方面进行选择：①选择现实中急需回答的问题。马克思认为：一篇生动的演讲词，究竟能在多大程度上帮助听众弄清社会现实中的复杂现象，并在多大程度上有助于迫在眉睫的社会问题的解决，这是演讲艺术的本质特征。目前，在招聘中普遍使用的竞职演讲，就是选择现实中急需回答的问题，其核心的内容就是现在的事、身边的事。②选择自己有真知灼见的主题。纵观古今中外，诸多优秀的演讲词，都是演讲者以熟悉而有见地的题材为线索构筑起来的。如古希腊苏格拉底的《泛希腊集会辞》、德摩斯梯尼的《斥腓力演说》八篇演讲词、李燕杰的《国家、民族与正气》等。演讲者在确定演讲主题时，要把握的一个重要原则就是"讲自己能讲的，讲自己能讲透的"。③选择"旗帜鲜明"的主题。在这里，"旗帜鲜明"四字有两层意思：一是听众听后，就知道你谈的主题是什么，而不是让听众感到虚无缥缈。二是演讲的主题要鲜明地表现出演讲者的爱憎情感。只要是有益于进步的事物，就宣扬、就支持；只要是有碍于进步的事物，就抵制、就批评。切不可似是而非，模棱两可，欲说又止，吞吞吐吐。

（2）演讲主题的提炼。如何提炼一个格调高、内涵深、角度新，并且有一定美学价值的演讲主题呢？这需要把握以下原则：

①突出重点。一篇演讲主题太分散，就没有重点，听众自然也就不知道你到底在讲什么。主题太多，企图面面俱到，结果蜻蜓点水，不深不透，达不到演讲的目的。所以演讲者选择主题，一定要集中。调动演讲的一切手段，紧紧地围绕一个主题，把问题讲清楚、讲透彻，从而使演讲重点突出，才能给听众留下深刻的印象，收到良好的效果。

②抓住动机。什么是演讲的"动机"呢？演讲者在接触生活、素材、题材时，会接收到许许多多信息（即意蕴），通过演讲者形象的、逻辑的、灵感的三大思维组成的网络，其会敏锐地发现和捕捉到一个或几个与主题有联系，或者可以发展、提炼和形成主题的"主题意蕴"，这就是演讲的"动机"。

③提炼意境。演讲的意境，是指演讲者主观的"意"与现实生活中的"境"的辩证统一。有了深邃优美的意境，才会使演讲的主题诗意化，产生巨大的艺术魅力。因此，演讲者应善于在现实生活中"捕捉"那些具有诗情画意的情节、细节、场景，通过自己的感受和理解，达到客观与主观的统一，熔铸成深而美的意境，使整个演讲的主题得到升华。

④揭示哲理。演讲主题要具有一种深刻的内涵，就必须揭示和凝练生活的哲理，使之贯穿于整个演讲之中，使演讲的主题闪烁着理性的光芒，从而给人以深刻的启迪。

小贴士3-4　　　　　　　俞敏洪演讲：追一个女孩子背后的人生哲学

在上大学的时候，我有没有看上过女孩子？我看上过，但是我在上大学时从来没有去追过一个女孩子，为什么？不敢！我一想到要去追一个女孩子，我就先想到我自己。瞧我这副模样，长得那么难看，又是农村家庭出身，成绩也不怎么样，普通话又说得不好，我要是去追，百分之一百被人拒绝。既然被人拒绝，这个面子又没了，我去追她干什么呢？所以在大学，我就只能单相思，到最后什么机会都没有了。但是后来我才明白，你去告诉任何一个女孩子你爱她，哪怕你是个癞蛤蟆，女孩听了也会高兴的。你要知道，多一个人爱她总要比少一个人爱她好。她是不是爱你，那是另外一回事。就算你去追了10次以后，她还不要你，也没关系。我问你一个问题：在追她以前，她属于你吗？她不属于你呀。那追了她以后，最终没答应你，你丢东西了吗？你什么也没有丢。对不对？但是万一她答应了呢？坦率地说，你的收获还不止如此。第一，面对自己想要追求的对象，你学会了放弃自己的面子，你敢于去追求了；第二，在被人拒绝以后，你还能勇敢地去追，你有了坚韧不拔的意志；第三，当你觉得对方无论如何也不会爱上你以后，你放弃了，你收获得更多，你有了放弃的勇气。

⑤贵在创新。演讲艺术的优劣在于一个"新"字。我们提炼演讲主题要独辟蹊径，别具匠心，把对生活的独特感受、独立思考、独到评价贯穿在整个演讲中，给人以耳目一新之感。

⑥画龙点睛。它既是演讲艺术的表现手法，更是一种提炼演讲主题的方法。它是在演讲的关键之处采用只言片语，揭示和突出演讲的主题，使演讲具有一种警示作用，更加耐人寻味，发人深省。1775年3月23日，美国人佩特瑞克·亨利发表了《在弗吉尼亚州议会上的演说》。他把演讲的主题提炼为"不自由，毋宁死"的警句，高度浓缩和概括了反对殖民统治、争取自由独立的重大主题，激发了美国人民的爱国热情，振奋了美国人民的斗志，鼓舞了千百万美国人民拿起武器投入争取自由独立的战争。

总之，主题提炼是演讲者形象思维、逻辑思维、灵感思维的结晶，是使演讲形成一个活生生的、统一而完整的整体的好方法。

(3)演讲主题的引出。开门见山地抛出演讲主题自然痛快，但很多时候，因为主题深奥，并不能马上使听众轻松理解，这样就容易导致听众有种云里雾里的感觉，致使演讲效果大打折扣。如果能通过一定的技巧，做好铺垫，把主题缓缓引出来，不但能让听众明白演讲主题，而且还能够使其深刻理解演讲主题，并更好地融入演讲中。采桑人在其《如何巧妙引出演讲主题》(演讲与口才，2012年第14期)中对此进行了阐述，现录于此，供参考。

①用数学题引出主题。著名天使投资基金创始人徐小平的演讲《3个桃与4个桃》：

用1元钱能买2个桃子，用2个桃核能换1个桃子。假如你有1元钱，能吃到几个桃子呢？当然是3个，这连一年级小学生都算得出来。其实不是这样的，你完全可以吃到4个桃子。怎么可能吃到4个桃子呢？你想啊，当吃完第三个桃子后还剩下1个桃核，这时可以先向卖主借1个桃子，吃完后就有两个桃核了，然后把两个桃核还给卖桃子的人，这样既多吃了一个桃子，又遵守了规则，何乐而不为呢？其实，手上剩下的1个桃核，是一个不成熟的条件，因为它仅能换到半个桃子，不能换来1个完整的桃子。这个条件看似没用，其实转变一下思路就大有可用。如果我们手上拥有的只是这样不成熟的、看似没用的条件，千万别把它们放弃了。我们可以先采取"借"的方式，借助自己的智慧，借助别人的力量，借助一切有利于不成熟条件成熟起来的因素，让一个不可食用的桃核变成一个美味可口的桃子。我今天要讲的就是创业过程中，如何利用好手中的不成熟条件。

徐小平这次演讲的主题是：如何利用不成熟条件取得创业的成功。但是他并没有平铺直叙地进入主题，而是给听众们出了一道看似很简单的数学题，并通过由3个桃子到4个桃子的转化过程，突出了手中不成熟条件的"价值"。这种引出主题的方式新颖别致，给听众眼前一亮的感觉，并使听众对于"不成熟条件"这一抽象的概念有了一个形象的认识。接下来，再从专业角度演讲的时候，就容易为听众所理解了。用一些能够启迪人的算术题或者小公式引出演讲主题能够调动听众思维，使演讲主题形象直观，值得一试。

②用哲理故事引出主题。著名学者易中天的演讲《这是你的理想吗》：

一个从小练习芭蕾舞的女孩决定将跳舞作为终身职业，但她很想搞清楚自己是否有这个天分。于是，当一个芭蕾舞团来到女孩居住的城市时，她跑去求见该团团长。女孩说："我想成为最出色的芭蕾舞演员，但我不知道自己是否有这个天分。""你跳一段舞给我看。"团长说。5分钟后，团长打断了女孩，摇了摇头说："不，你没有这个条件！"女孩伤心地回家，把舞鞋扔到箱底后再也没有穿过。后来，她结婚生子，当了超市的服务员。多年后她去看芭蕾舞演出，在剧院出口又碰到了当年的团长。她想起当时的对话，于是给团长看了自己家人的照片，并聊起现在的生活。她说："有一点我始终不明白，你怎么那么快就知道我没有当舞蹈家的天分呢？""哦，你跳舞的时候我几乎没怎么看，我只是对你说了对其他所有人都会说的话。""这真不可饶恕！"她愤怒地叫道，"你这句话毁掉了我的人生，我原本可以成为最出色的芭蕾舞演员的！""我不这么认为，"老团长反驳说，"如果你真的渴望成为一名舞蹈家，你是不会在意我对你所说的话的。"如果是理想，就不会轻易放弃，如果轻易放弃了，那就不是你的理想。

如果这个故事只听前半段，那么错的一定是这个不太负责任的团长，因为他很随意地就毁掉了一个女孩的理想。但是当把整个故事听完，却突然发现，原来那都是团长的考验。考验女孩是真的把芭蕾舞当成自己的理想，还是只想碰碰运气。而一个只想碰运气的人是不会有毅力取得真正的成功的。这样的"奇峰突起"正是哲理故事的魅力所在。这个精彩的哲理故事引导人们思考自己的理想到底是什么，同时也融入了易中天的演讲主题"什么是理想"。用哲理故事引出演讲主题，能够引发听众深深的思索，从而使其以最快的速度融入演讲中。

③用妙喻引出主题。著名经济学家茅于轼的演讲《谁来拯救小企业》：

如果一个穷人向你借钱，一个富人向你借钱，你会把钱借给谁？当然是富人了。这就是现在小微企业生存难的原因之一。用行政命令让大银行贷款给小微企业，就像赶出老虎去抓老鼠。大银行就是老虎，小微企业就是老鼠，老虎怎么可能去抓老鼠呢？老鼠这么丁点儿肉，花了大气力去抓住，还不够老虎塞牙缝，老虎想抓的是像梅花鹿一样的大动物，抓住一只，就可以美美饱餐一顿。对于老虎而言，即使一大群老鼠在它面前，它也懒得去抓，因为这太费时费力了。而现在的情况是，要求老虎们去抓老鼠，这显然违背了老虎的天性，老虎的身体里根本就没有抓老鼠的基因，抓一只两只还可以，但要让老虎一直抓下去，那它就不是老虎了，而是猫。银行说到底是一个企业，遵守"经济法则"是它的天性，违反"经济法则"的事，怎么可能解决根本问题？抓老鼠的行家里手应该是猫，老虎的缩小版，也就是那些小额贷款公司，只有它们才会对老鼠感兴趣，抓到一只，心里就美一次。现在你们大体知道能够拯救小微企业的是什么了吧。

茅于轼是一位知名的经济学家，他针对当时的经济现象，能透过事物纷繁复杂的表象看到实质。但是普通的听众是不可能达到茅于轼的水平的，如果单刀直入地讲，难免会让听众产生很多困惑。在这里，茅于轼化繁为简，用一个精当的比喻，让听众认识到，银行是一个企业，肯定不愿意做违反"经济法则"的事情，老虎怎么会屑于天天抓老鼠玩呢？真正能给小微企业带来资金的，是那些小额贷款公司。用妙喻引出演讲主题，可以把深奥的问题简单化，使听众理解专家演讲者的演讲主旨，从而使其深入演讲，享受演讲。

④用"段子"引出主题。"段子"是相声术语，指的是相声作品中一节或一段艺术内容。而随着人们对"段子"一词的频繁使用，其内涵也悄悄地发生了变化。现在该词除了有原来的意思外，还是声乐类节目或文学作品的俗称。演讲中，通过段子引入主题，会让主题更引人入胜，从而引起听众对演讲的关注，也可为演讲主题增彩，让主题更深入人心。在一次"3·15"国际消费者权益保护日的文艺晚会上，主持人撒贝宁这样讲道：

"有次我走在大街上，发觉一小摊卖增高鞋垫。还别说，这卖鞋垫的还挺煽情，打着条幅，上面写着：'最新科研成果，增高鞋垫，矮个子的福音。含悲忍泪倾情大甩卖，10双仅售20元！'我头脑一热，就买了10双。用了半个月，除了脚更臭了，一厘米也没长。那天我去公园，居然又碰到了那个摊贩。我一把揪住了他的脖领子，要他赔偿损失。这小子还挺能白话：'这位客户，你肯定没看说明书，麻烦您看仔细，保准你身高剧增。'我接过说明书，看了半天，终于发现一行小字：本产品适宜配套使用，如您一次垫5双，会增高2~3厘米，垫10双效果更佳！朋友们啊，受了骗，说冤也冤，说不冤也不冤，人家跟咱玩心眼呢……"

为了降低人们购物时上当的概率，撒贝宁通过一个"买增高鞋垫"的段子，幽默调侃地引出主题，并提醒消费者，现如今不法商人已经脱离了"低级趣味"，开始玩更高级的欺诈手段，从而让大家明白，只有提高警惕，多长几个心眼，与对方斗智斗勇，才能不被欺诈。

（4）演讲主题的深化。演讲的主题是通过对演讲材料的有机整合，采取相应的方式方法而渐进深化的。它们或以情节发展为线索，通过对事件结果的理性提升得以深化；或以分析说理为线索，在分析对比中演绎归纳，从而凸显主题；或以情感推进为线索，在感情的积聚过程中得以强化。演讲中，若可以对材料的本质内涵加以分析、概括、提炼、延伸，并通过富于理性色彩的语言点拨、渲染，便可将听众的思维引向一个更深邃、更崇高的境界，使演讲主题得以深化和升华，达到一个演讲的高潮。演讲无论怎样深化，都有一个渐进的过程，以使主题逐步深化，直抵听众心底，从而达到预期的演讲效果。

①由典型事件扩展开来，引领听众思考以深化主题。罗宽海在其题为《"人"的教育》的演讲中就是采用这种方法深化演讲主题的：

首先说一件令人痛心的事。前不久，一个高一的学生跳楼自杀了。他在初中时是学校里的佼佼者，到了高中，佼佼者多了，他考了一次班级倒数第二，无法接受现实而选择了自杀。一朵绚丽的生命之花瞬间凋谢，实在可悲可叹。可更令人难过的是，学校紧急召开家长会，让家长告诉孩子成绩并不那么重要。不料，一个孩子竟然反问道："妈妈，成绩不重要，那我还去学校干什么？"成绩，真的成了学生的命根子，这实在是教育的悲哀！事后，我就在想，一所学校到底要教给学生什么？最近，读过洛克的《教育漫话》之后，我才明白真正有价值的，是对一个人的精神品质的培养、礼仪教育、求生能力培养、思考习惯培养等使学生终身受益的东西。我渴望每一所学校，把读一些有用的书，把培养良好的读书习惯当作大事情来做，让阅读促进精神的成长；我渴望每一所学校，把培养学生的求生技能作为一件大事来抓，一旦灾难来临，学生能熟练地运用生存技能，保存鲜活的生命；我渴望每一所学校，把学生的修养放在教育的最高位置，让优雅的言谈举止、流利而有感染力的演说能力、关心民间疾苦的胸怀、积极参与社会活动的热情、懂得与人相处的基本法则，来成就人生长久的快乐。一言以蔽之，学校的教育，应该是人的教育，人的发展永远是第一位的。

演讲者选取令人痛心的"高一学生自杀事件"作为一个点，通过另一学生"成绩不重要……干什么"这句话，道出了学校教育唯"分数"论的触目惊心的事实。通过这个点，演讲者又引领听众思考：我们到底需要什么样的教育？由点向面扩展，喊出学校要把"培养良好的读书习惯当作大事情来做"，要把"培养学生的求生技能作为一件大事来抓"，要把"学生的修养放在教育的最高位置"，得出"学校的教育，应该是人的教育"的结论，最终使演讲主题得到了深化和升华。

②从感性到理性，在情节发展中深化主题。俞敏洪在其题为《越过心中的铁丝网》的演讲中就是用此法深化主题的：

我们来到科尔沁草原，草原风景美不胜收。从山脚下爬到山坡上，会看到更加辽阔的草原，但我们被路边的一道铁丝网拦住了去路。铁丝网不是很结实，也不高。稍微使点劲，就能从上面跨过去；把中间的两根铁丝往上下一拉，也能从拉开的洞里钻过去。有人说："呀，有一张铁丝网，过不去了。"我犹豫了一下说："没事，我们可以钻过去。"但马上有人说："钻过去是不守规矩的行为，而且，还会被铁丝钩住衣服。"我从小在农村长大，知道这样的铁丝网一般不是用来挡人的，突破了不会产生什么严重后果。我走向铁丝网，向下一压就跨过去了。其他人犹犹豫豫，发现我跨过去之后什么也没有发生，才一个个跨过来。其实，我们的成长也是如此。因为习俗、传统、习惯等的限制，我们在潜意识中逐渐养成了"不突破界限"的习惯，而这种习惯慢慢就成为制约我们发展的重大障碍，使我们陷入不敢突破、无能为力的境况中。实际上，不是我们无法突破，而是被心中的铁丝网挡住了。所以，面对障碍，我们应该善于思考、勇于跨越，越过心里的铁丝网，才能看到更美的风景，创造自己更精彩的世界！

最初，演讲者交代大家想看"更加辽阔的草原"而攀爬山坡，却被并不结实也不很高的铁丝网挡住的事实。接着讲述在铁丝网面前，习惯性思维使大家的脚步停滞。最后在"我"的带领下，才一个个地跨过铁丝网。铁丝网本身挡不住人，为何大家被挡住了呢？并不是客观的障碍难以跨越，而是心灵受到了顽固性习惯的束缚。至此，演讲者按照事情情节的发展，透过事物本身的表象，从个别到一般，从感性到理性，水到渠成地深化了"善于思考、勇于跨越"这个主题。

③由"个别"引申到普通，以理服人深化主题。俞敏洪在其题为《成功是"逼"出来的》演讲中，就是用这种方法深化演讲主题的：

每个月为公司的杂志写一篇卷首语，本来不难。但每次编辑部向我索稿时，我都惊慌失措，因为我无比繁忙，从来都没能把稿件预先准备好。所以，暗暗"仇恨"编辑部的人总是在最后几天这样"逼"我交稿，让我本来可以轻松的几天变得心情沉重、食不甘味。然而，就是在这样一次次被"逼"之下，一篇篇卷首语被"逼"了出来，几年后居然结集出版了几本书，心中免不了产生了一点成就感。中国正在日益变得强大，这强大也是被"逼"出来的。想一想清朝前期，我们眼中除了中国没有世界。结果，鸦片战争惨败，国人这才发现自己成了挨打的对象。100多年，在羞辱和悲愤中，国人开始奋发图强。到今天，我们终于看到了曙光，赢得了民族的尊严和别国的尊敬。也许，我们应该"感谢"那些曾经欺负过我们的国家和强盗，是它们让我们清醒地意识到了"落后就要挨打"的真理。成功从来都不是唾手可得的。如果我们觉得在被"逼"着做某些事情，不必为此感到无奈或懊恼，因为这些事情从长远来看也许不是坏事。适当的逼迫能够把我们的惰性"逼"走，把我们的平庸"逼"走，把我们的勇气"逼"出来，把我们的前途"逼"出来，也把我们的成就感和幸福感"逼"出来。

在演讲中，有时也可用某一典型事件或现象作为媒介来加以引申，联系到另一类相关事件或事理，以此来升华演讲的主题。这里，演讲者首先讲述自己遭遇编辑的"逼"，结果是被逼出了几本书。由此，联系到中国被列强"逼"得越来越强大的事实，进一步说出了"逼"的作用。最后，演讲者将前面这些"个别"引申到普通，由此及彼，得出了"成功是'逼'出来的"这个观点，主题自然也得到了深化。

④巧妙深入地剖析，使主题升华，引起听众深深的思考。剖析就是揭示现象与本质之间必然联系的过程，是一种逻辑推进过程。演讲中的剖析是对事情、现象、问题进行分析，然后得出一些感悟，揭示自己演讲的主题。剖析得越细，演讲越吸引人；剖析得越深，主题越鲜明，越能启迪听众。演讲中，善用剖析，可以让自己的演讲更接地气，让听众听得更明白，进而收到良好的效果。请看王帆《体面的假期》：

2015年10月1日，大家应该都已跟家人团聚开始去旅游了，但是有一个人的家人却没能等到他回家。很多人的假期才刚刚开始，而他的生命已经结束了。那天，他在高速公路上发生了车祸，他被卡在驾驶室里出不来，旁边人就告诉他"你挺住，救护车马上就到！"可是，这是他临终前听到的最后一句谎言，因为直到最后，他也没能等来那辆救护车。这个悲剧的发生，并不是因为救援的路太远，或者救援的人员不负责任，只是因为本应畅通的应急车道被堵得死死的。紧接着10月4日，又发生了一起因为应急车道被堵导致孕妇流产的事。一个还未出世的孩子，就这样被堵在了来到这个世界的路上。现在，我们的物质条件变好了，我们有钱有时间享受假期，我觉得这应该是一件非常体面的事。今年中国高速公路总里程已经超过10万千米，高居世界第一呀，多么体面的数字。可是，在我们的高速公路上发生的事儿却让我们颜面尽失。

王帆先列举两个发生在国庆长假期间的车祸，它们都是因为高速公路的应急道被堵而发生的悲剧，这似乎与她的演讲题目相背离。然而她话锋一转，由反转正，体面的假期却发生了不体面的事情，有体面的高速里程，却没有体面的行为，这样充满矛盾对立的剖析，引起听众对这一社会问题深深的思考。让我们认识到只有高度的文明自觉，才会有体面的国家，从而升华了演讲主题。

5）演讲稿的开篇设计

开场道白，如同乐器定调，这个调定得如何，将决定全部演奏的成败。演讲的开场白是演讲者与听众之间的第一座桥梁，是演讲者给听众留下的第一印象。演讲成功与否，开场白往往起关键作用。如果演讲者的开场白能像凤凰之冠那样引人入胜、扣人心弦，就会取得旗开得胜的效果。所以，开头要精心设计，营造一种气氛，务求三言两语即能抓住听众，先声夺人。

（1）开篇的作用。俗话说万事开头难，演讲稿也是如此，而且不论何种形式的演讲，开头总是关键的。在演讲开始后的几分钟或者几秒钟内，听众通常会决定是否接受演讲，是否听下去。有趣的是，准备演讲从来不是从开头入手，而是应当先确立演讲的目的，然后围绕题目收集材料，并对材料加以组织整理，最后要做的才是着手准备开头，只有这样才能更好地选择正确而恰当的开头方式。那么，应当怎样写好演讲的开头呢？在写演讲稿的开头时，需注意以下要点：

①吸引听众注意力。演讲开头成败的关键，在于能否吸引并集中听众的注意力。演讲时获取听众注意力的方式随演讲题材、听众和场景的不同而改变。一般可以运用事例、轶闻、经历、反诘、引言、幽默等手段达到目的。

麦克米兰石油公司副总裁迈克斯·艾萨克松在一次演讲的开头中，便运用了引言和反诘的方法来吸引听众：

我们都知道，演讲是件很难的事，但是请听听丹尼尔·韦伯斯特是怎么说的吧："如果有人要拿走我所有的财富而只留下一样，那么我会选择口才，因为有了它，我不久便可以拥有其他一切财富。"

②解释关键术语。如果演讲的成功与否取决于听众能否理解演讲中的某些术语或概念，那么在演讲的开头，对关键术语加以解释，就显得格外重要了。一位公司副总裁在就记者招待会的用途发表演讲时，就很好地运用了这一技巧："公共关系，简单地说，就是指'与公众的关系'，即任何涉及公司或个人的关系。它的主要目的就是有效利用媒体——最常见的是书面形式——为公司谋取最佳印象或形象。"

③提供背景知识。演讲时，演讲者得被视作专家或权威。因此，如果听众对演讲的

主题不熟悉或是知之甚少，那么很有必要在开头部分对听众讲述与主题有关的背景知识，它们不仅是听众理解演讲所必需的，而且可以体现主题的重要性。美国空军少将鲁弗斯·L.比拉普斯在夏努特空军基地的一次宴会上演讲时，就对"黑人遗产周"的有关背景知识及其对美国空军的重要性作了介绍：

我很高兴来到此地，同时我也很感谢应邀和在座各位讨论有关美国黑人的问题。为保持和增进民族间的理解，美国各州又开始纪念"黑人遗产周"。在夏努特空军基地，我们庆祝它，则可以对美国空军进行完整无缺的教育。我们民族的主旋律是："黑人历史，未来的火炬。"这个已成为美国人民生活一部分的纪念活动，是弗吉尼亚州组坎顿市卡特·G.伍德森最先提出并计划的，他现在被誉为美国"黑人历史之父"。伍德森先生于1915年成立了"美国黑人生活和历史协会"。后来，他又于1926年发起了"黑人遗产周"纪念活动……

④阐述演讲结构。演讲时，应当利用开头部分对演讲内容加以概述，让听众了解演讲的中心思想和结构。特别是当演讲的主题很复杂，或专业性较强，或需要论证几个观点时，这样做就能使演讲显得清楚而易于理解。汉诺威信托制造公司的主席及总裁约翰·F.麦克基里卡迪在一次演讲的开头中，就很明了地陈述了他演讲的结构及范围：

女士们，先生们：

晚上好！

我很荣幸应科里主任的邀请，来参加这个在我国很有权威的商业论坛，在见解上，它可以与底特律和纽约的经济俱乐部相提并论。

首先，我们对最近的国内经济形势加以展望。我认为，它并非人们有时所想象的那样严峻。

其次，谈谈近期欧佩克的经济增长对国际经济增长的影响——对包括我们自己国家在内的许多国家来说是件痛苦的事，但又是完全有办法应付的。

再次，对总统的能源建议作几点评论，我认为它既令人鼓舞，又令人失望。

最后，我将就演讲逐渐成为一种时尚和必要的现象，以及美国的现状谈一点个人看法。

⑤说明演讲目的。在大多数情况下，演讲的开头应揭示演讲的目的。如果做不到这一点，那么听众要么会对演讲失去兴趣，要么会误解演讲的目的，甚至会怀疑演讲者的动机。美国快递公司主席詹姆斯·鲁滨孙三世，在短短的15秒钟的时间内，便把他的演讲目的陈述给了听众：

女士们，先生们：

早上好！

谢谢大家给予我这个露面的机会。美国广告联盟是美国传播工业的一个重要组成部分。当前，美国传播工业还面临许多问题，而重担则落在大家的肩上。我今天演讲的目的，便是就这些问题及它们呈现出的挑战，谈谈我的看法。

⑥激发听众的兴趣。从本质上说，听众是很自私的，他们只是在感到能从演讲中有所收获时，才专心去听演讲。演讲的开头，应当回答听众心中的"我为什么要听"这一

问题。在美国会计协会罗切斯特分会的一次演讲中，演讲顾问唐纳德·罗杰斯通过表达他对听众需要的关心，来激发他们的兴趣：

我今晚要演讲的题目是"信息的透露"。确定这个题目之前，我先查阅了本地的会计年鉴分册和全国会计协会的学术专刊，然后又询问了我的同事亚历克斯·莱文斯顿和戴夫·汉森："今晚来听演讲的人都有哪些？他们希望我讲些什么？"

他们告诉我，在座的各位都是些很热心的人，希望我的演讲有趣而富有启发性。因此，我将告诉大家一些有用的知识，同时我也希望，我的演讲简明扼要，并留给大家一定的提问时间。

⑦获得听众的信任。有时候，听众可能会对演讲者的动机提出疑问，或与演讲者持相反的观点。在诸如此类的场合——特别是想改变听众的观点或行为时，要想使演讲成功，就需要建立或增强听众对演讲者的信任。

对于这个问题，应注意下面几条建议：一是承认分歧的存在，但是着重强调共同的观点和目标；二是对那些连演讲还没有听，就对演讲者的名声和所作所为进行攻击的行为给予驳斥；三是否认演讲的动机是自私和个人的；四是唤起听众的公道意识，让他们仔细地去听演讲。

（2）开篇的方式。演讲的开头是不拘一格、活灵活现的，因时、因地、因人而有所不同。正如一个乐队的演奏，既可以用嘹亮激昂的号角作为开端，又可以用轻柔舒缓的提琴声作为开端。只要能打动听众的心，使他们产生"继续听下去"的强烈愿望，使其感到不是"要我听"而是"我要听"，那么这个开头就是成功的。这里介绍几种演讲中常见的较受欢迎的开头方式：

①开门见山式。这是一种常见且容易成功的开头方式。演讲一开始就直截了当地进入演讲主题，简明爽快地讲清所要演讲的问题是什么，这个问题在当前情况下的重要性和迫切性，使听众明了演讲的重要内容。例如：李斯在《谏逐客书》中一开场就直截了当地指出："臣闻吏议逐客，窃以为过矣。"然后用事实作论据，进行分析、推理。这无疑是一个成功的开场白，它可以使听众一目了然地把握演讲的要领，从而吸引听众的注意力，使其聚精会神地围绕演讲者的思路展开联想。

②故事导入式。故事能激发听众的好奇心，启迪听众的思维，调动听众的想象。用讲故事的方式自然巧妙地开讲，使生动的情节扣人心弦，不失为一种好的演讲开头方式。选择故事应遵循这样几个原则：要短小，不然就成了故事会；要有意味，促人深思；要与演讲内容有关。例如，在题为《母爱，世间至纯无私的爱》的演讲中，一位选手是这样开讲的：

小贴士3-5

刘少奇的开场白

去年11月22日凌晨时分，市郊发生了一起特大交通事故，一辆客车从数十米高的悬崖上坠落。就在人们想当然地认为所有乘客无一幸免时，突然听到一个婴儿微弱的哭声。经过仔细搜寻，发现一个不满周岁的婴儿正在一位已经死去的年轻妇女怀里啼哭。为抱出孩子，民警和医护人员费了好大的劲，才将她已经僵硬的手臂掰开。这位妇女后被证实是婴儿的母亲，是母亲的本能让她在危及生命的紧要关头放弃了求生的念头，用两条柔弱的胳膊和温厚的胸脯为婴儿构筑了一个安全的"生命之巢"。

这个故事惨烈惊险，扣人心弦，与主题紧密相连，很快吊起了听众的胃口，使听众产生了急于听下去的强烈欲望。故事中的年轻母亲在灾难降临时，舍生救子的壮举震撼着每一位听众的心，牢牢地吸引了在场听众的注意力，同时也为进一步展开演讲作了良好的铺垫。

③设问祈使式。演讲时以设问或祈使方式开头，提出一个或者几个问题，引起听众的思考，不仅能吸引听众的注意力，使其深思，而且能使听众参与对演讲内容的讨论。被人们称为"第一演讲家"的马相伯在《第一次国难》的演讲中，一开头就提出："请看，今日的中国，是谁家的天下？"这一问，一下使听众的精神为之一振。

④即景生情式。一上台就开始正正经经地演讲，会给人生硬突兀的感觉，让听众难以接受。不妨以眼前人、事、景为话题，引申开去，把听众不知不觉地引入演讲之中。可以谈会场的布置，谈当时的天气，谈此时的心情，谈某个与会者的形象……例如，你可以说："我刚才发现在座的一位同志非常面熟，很像我的一位朋友。走近一看，又不是。但是我想这没关系，我们在此相识，今后不就可以称为朋友了吗？我今天要讲的，就是作为大家的一个朋友的一点儿个人的想法。"在教师节庆祝大会上，如果天气阴沉沉的，你可以这样开头："今天天气不太好，阴沉昏暗，但是我却在这里看到了一片光明。"接着转入正题，赞美教师的职业精神和意义。

1863年，美国葛底斯堡国家烈士公墓竣工。落成典礼那天，国务卿埃弗雷特站在主席台上，只见人群、麦田、牧场、果园、连绵的丘陵和高远的山峰历历在目，他心潮起伏，感慨万千，立即改变了原先已想好的开头，从此情此景谈起：

站在明净的苍天之下，从这片经过人们常年耕耘而今已安静憩息的辽阔田野放眼望去，那雄伟的阿勒格尼山隐隐约约地耸立在我们的前方，兄弟们的坟墓就在我们的脚下，我真不敢用我这微不足道的声音打破上帝和大自然所安排的这意味着无穷的平静。但是我必须完成你们赋予我的职责，我乞求你们，乞求你们的宽容和同情……

这段开场白语言优美，节奏舒缓，感情深沉，人、景、物、情是那么完美、那么自然地融合在一起。据记载，当埃弗雷特刚刚讲完这段话时，不少听众已泪水盈眶。

即景生情不是故意绕圈子，不能离题万里、漫无边际地东拉西扯，否则会冲淡主题，也会使听众感到倦怠和不耐烦。演讲者必须心中有数，还应注意渲染的内容必须与主题互相辉映，浑然一体。

⑤反弹琵琶式。听众对于平庸普通的论调往往不屑一顾，置若罔闻。倘若发人之所未发，用别人意想不到的话间接引出话题，造成"此言一出，举座皆惊"的艺术效果，会立即震撼听众，使他们急不可耐地听下去，这样就能达到吸引听众的目的。例如，在一次毕业欢送会上，班主任向毕业生致辞。他一开口就让学生们疑窦丛生——"我原来想祝福大家一帆风顺，但仔细想一想，这样说不恰当。"这句话把学生们弄得丈二和尚摸不着头脑，大家屏息静气地听下去——"说人生一帆风顺就如同祝福某人万寿无疆一样，是一个美丽而又空洞的谎言。人生漫漫，必然会遇到许多艰难困苦，比如……"最后得出结论："一帆不顺的人生才是真实的人生，在逆风险浪中勇于拼搏的人生才是辉煌的人生。祝大家奋力拼搏，在坎坷的征程中，踩着坚实有力的步伐走向美好的未

来！"十多年过去了，班主任的话语犹在耳边，给学生们留下了永难磨灭的印象。"一帆风顺"是常见的祝福用语，而老师偏偏反弹琵琶，从另一个角度道出了人生哲理。第一句话无异于平地惊雷，又宛若异峰突起，怎能不震撼人心？

需要注意的是，运用这种方式应掌握分寸，弄不好会变为哗众取宠，故作聋人之语。应该结合听众的心理和理解层次，出奇制胜。再有，不能为了追求怪异而大发谬论、怪论，也不能生硬牵扯，胡乱升华；否则，极易引起听众的反感和厌倦。须知，无论多么新鲜的认识，始终是建立在正确的主旨之上的。

⑥诙谐幽默式。演讲时用幽默法导入，不仅能够较好地表现出演讲者的智慧和才华，而且能使听众在轻松愉快的气氛中自觉不自觉地进入角色，接受演讲的内容。同时，在幽默风趣的开场中，不时发出与导入语的语感、语义十分和谐的笑声，不仅给人以放松的感觉，而且能沟通双方的感情。约翰·罗克作为一个黑人哲学家，面对白人听众时，其开场白是："女士们，先生们：我来到这里，与其说是发表讲话，还不如说是给这一场合增添了一点'颜色'。"这诙谐幽默的开场白令听众大笑，其牢牢地吸引了听众的注意力，一下子使听众兴趣盎然。

小故事 3-5　　　　　　　　　　　　　　　　　**陈毅的幽默开场白**

用幽默的语言和动作，或者用逸闻趣事作开场白，能创造出一种轻松、和谐、积极的氛围。这种方式能很快获得听众的接纳与信赖，有时还会产生意想不到的效果。据说20世纪50年代初，当时担任上海市市长的陈毅应邀到一个单位作报告。他见讲台上摆着许多鲜花和水果，就走上讲台把花瓶和果盆撤了，然后幽默风趣地说："我这个人作报告很容易激动。一激动起来就会手舞足蹈，这花瓶放在台上有点碍手碍脚，说不定就被我不小心碰翻砸碎了，我这个供给制市长还赔不起呢！"几句幽默风趣的话逗得场上一片笑声，缩小了演讲者（市长）与听众（群众）之间的距离，气氛很快活跃了起来。

资料来源　佚名.有关成功的演讲开场白模板［EB/OL］．［2019-03-12］．http://www.cncoolm.com /shitiku/2019/0312/292099.html.

⑦制造悬念式。人们都有好奇的天性，一旦有了疑虑，非得探明究竟不可。为了激发起听众的强烈兴趣，可以使用悬念手法。在开场白中制造悬念，往往会收到奇效。

制造悬念不是故弄玄虚，既不能频频使用，也不能悬而不解。在适当的时候应解开悬念，使听众的好奇心得到满足，而且也可使前后内容互相照应，结构浑然一体。比如，有位教师举办讲座，这时会场秩序比较混乱，学生对讲座不感兴趣，老师转身在黑板上写了一首诗："月黑雁飞高，单于夜遁逃。欲将轻骑逐，大雪满弓刀。"写完后他说："这是一首有名的唐诗，广为流传，又被选进了中学课本。大家都说写得好，我却认为它有点问题。问题在哪里呢？等会儿我们再谈。今天，我要讲的题目是《读书与质疑》……"这时全场鸦雀无声，学生的胃口被吊了起来。演讲即将结束，老师说："这首诗的问题在哪里呢？那就是它不合常理。既是月黑之夜，怎么看得见雁飞？既是严寒季节，北方哪有大雁？"这样首尾呼应，能加深听众印象，强化演讲内容，令人回味无穷。

人们都有好奇心理，对于未知的东西有一种探索的冲动，这是人的一种本性。在演讲中利用悬念吸引听众一般有语言悬念和实物悬念两种类型。

第一，语言悬念。就是一开口出语奇拔，引人入胜，激起听众的好奇心。例如，美国著名新闻报告家洛威尔在讲述劳伦斯上校在阿拉伯冒险的故事时，是这样开头的："有一天，我走到耶路撒冷的基督街上，看见一个人，身上穿着东方皇帝所穿的华服，腰挂一柄穆罕默德子孙常佩的金质弯刀；但这个人的外貌却一点也不像阿拉伯人，因为他的眼睛是蓝色的，阿拉伯人的眼睛却永远是黑色或棕色的。"这段话立刻引起了听众的好奇心，他们张大嘴巴，急欲想听下文，他们暗地里想："这个人究竟是谁？为什么他打扮得像一个阿拉伯人，他做过什么事？后来怎么样了？"

第二，实物悬念。就是在演讲的开头，用一件或几件实物的展示来"抓"住听众的兴趣，而这些实物既与演讲的主题相关又不同寻常，能勾起听众的好奇心理。例如，有一位日本教授给大学生演讲，一开始场面乱哄哄的。老教授并没生气，他从衣袋里摸出了一块黑乎乎的石头扬了扬，然后说道："请同学们注意看看，这是一块非常珍贵的石头，在整个日本，只有我这有这么一块。"同学们顿时静了下来，被这块并不起眼的石头吸引了，人人都在暗自发问：这是一块什么石头呢？如此珍贵？全日本才一块？老教授设置的悬念收到了效果。他面对静下来的同学和那一双双充满好奇的眼睛，才开始了他关于南极探险的演讲。最后，大家都知道了那块黑乎乎的石头是他在南极探险时带回来的。

⑧插叙解释式。演讲开头，恰当地运用插叙的方法，不仅可以补充人物和事件，使演讲内容丰富和充实，引人入胜，还能使演讲波澜起伏。以下是冯小刚的题为《温故而知幸福》的演讲：

"为什么要讲'温故而知幸福'这个话题呢？在回答大家这个问题前，我想先讲讲《温故1942》的拍摄初衷。"接着，他插叙道："那是1993年一个阳光明媚的下午，王朔从他的客房走到我的客房来，扔给我一本小说，是刘震云写的《温故1942》。我就一口气看完了，非常受触动。小说里写了1942年发生在河南的一场灾荒，致使三千多万人向陕西逃荒，途中有三百万人饿死。刘震云去采访那些幸存的当事人时，大家都说记不清了。是不是我们是一个善于忘记的民族，还是我们这个民族遭遇的苦难实在太多了？所以我下定决心要拍这个电影。"然后，冯小刚讲道："如果你生在1942年的河南，你真的是生不逢时。你会觉得在今天，无论你怎么想你会遇到的所有挫折，你都不会想我被饿死了。跟饿死了相比，咱们目前的这些挫折、这些不幸，其实都不在话下。所以，温故之后，才知道幸福。"

冯小刚运用的就是插叙解释式开头，即在叙述的过程中，对事件发展的原因，做一些解释和说明。温故而知幸福，是从哪想到的，插叙的"那个下午的故事"，就解释说明了这个问题。这种插叙，能够让听众了解事情的前因后果、来龙去脉，从而接受你的观点。演讲中，当我们需要进行解释说明时，可以运用这种开头方式，深化演讲主旨。

⑨材料引人式。俗话说万事开头难，演讲也是如此。一场演讲的开头十分重要，开头要像磁石一样，深深地吸引住听众，才能为接下来的演讲打开局面。因为讲理论或者

作论述相对比较枯燥，所以很多演讲者会选择一个精彩的材料作为开头，那么用什么样的材料作开头，才能达到磁石般的效果，成功地吸引听众的注意力呢？

要材料吸引人，首先要选用能激发听众兴趣的材料作为开头。如编剧郑晓龙的演讲《审美的变迁》是这样开头的：

中世纪时，欧洲人都认为洗澡是不健康的行为，会带来疾病，有人甚至认为，洗澡是一种罪。当时的肥皂非常昂贵，即使要用，也只能在面部、颈部和双手涂抹，偶尔也在脚上涂一点。因此，那个年代的人自然是体味浓郁，嘴里也是一股子臭气。为了掩盖体臭，女士们会在腰上别一个绣着精美花纹的袋子，里面装着香料。实际上，香水的问世，就是为了掩盖令人不快的体味。当时，英王伊丽莎白一世一个月洗一回澡，结果，同时代的人都嘲笑她有洁癖。当时，人们以不洗澡为荣，不洗澡甚至可以成为个人成就。发现新大陆的哥伦布很骄傲，因为他说自己一生只洗过两次澡，一次是出生的时候，一次是结婚之前。昨天的美有可能变成今天的丑，潮流总是随着时代的发展在不停变换。

在古代的欧洲，竟然以洗澡为耻，以不洗澡为荣，这也太不可思议了吧。演讲者开头的这段材料可谓妙趣横生，一下子就激发了听众浓厚的兴趣，吸引住了听众，使听众对接下来的演讲充满了期待。听众们会想，那么，接下来人们的审美是如何发生变化的呢？这就为整场演讲奠定了成功的基调。

要材料吸引人，其次要选用能给予新知识的材料作为开头。如一位演讲比赛选手在进行《合适的距离产生美》演讲的时候，是如此开头的：

据专家介绍，如果地球和太阳的距离再近1%，地球就是一个永恒的"火焰山"；如果再远3%，地球就是一个永恒的"广寒宫"。而现在的距离不偏不倚，恰到好处。仰望那些孤寂荒芜的星球，需要庆幸我们拥有多姿多彩的天气、舒适宜人的温度，庆幸我们与太阳之间合适的距离。所以不是距离产生美，而是合适的距离产生美。我们与人交往也是如此，就算关系再好，也不要不分你我，肆意去窥探别人的隐私，每个人的心里都有一个不愿被别人触及的角落；即使你与一个人合不来，也不要水火不容，正常的交往还得保持，不要"欲除之而后快"，给自己树立敌人。

演讲者这段作为引子的开头材料，一般的听众是不可能了解的，听众一开场便获得了新知识，顿时产生了一种"没有白来"的感觉。而这个引子还打破了人们一贯的认识：距离产生美，并更具体、更到位地阐释了距离与美的关系：合适的距离产生美。开头新意盎然，听众自然愿闻其详。

⑩实物开讲式。演讲者在开讲前，先展示某种实物，能给听众一个新鲜、感性的直观印象。实物展示式开头可以引起听众的注意，充分地调动起听众的兴趣和期待心理，一下子抓住听众。在某单位举办的以"珍惜时间"为主题的演讲会上，一名选手首先将一片黄叶展示给在场的听众：

"亲爱的朋友们，你们看，我手中拿的是什么？是一片落叶吗？不错。然而这仅仅是一片落叶吗？不，它是穿越时空隧道的过客，是一首哀叹时间一去不回头的诗。我们读它，仿佛是在与那来去无踪的时间对话。从这里，我们不只看到了时间的伟大力量，同时也看到了时间的无情和冷峻。绿叶婆娑，那是时间的恩典；黄叶飘零，那是时间的摧残。面对它，我们还有什么理由不珍惜时间呢……"

演讲者灵活自如地选取"道具"——黄叶作为"切入点"，并将其与演讲的主题巧妙地结合起来，用富有朝气与活力的语言深入浅出、形象鲜活地唤起了听众对时间的哲理性思考，激起了听众心中的波澜，给他们带来耳目一新的感受。

⑪主动示弱式。在演讲的开头根据自身和现场的实际情况，主动示弱，就能一下子增强演讲的亲和力和感染力，收到活跃气氛、融洽关系的良好效果。例如，著名外交家吴建民先生刚到法国当大使时，在一次演讲中是这样开头的："我在大学里学的是法文，但我从来没有在法国工作过。比起我的前任蔡方柏大使，我有很大的劣势。蔡大使前后在法国度过了23个年头，当了8年大使。而我在此之前，到法国的各种出差加起来不到23天，我不了解法国，非常需要大家的帮助……"话音一落，台下就响起了热烈的掌声。吴建民先生的演讲之所以能赢得听众的掌声，一个重要的原因是他在演讲的开头主动示弱：学的是法文，但没在法国工作过，显得谦逊；拿前任蔡方柏大使"在法国度过了23个年头，当了8年大使"与自己"到法国的各种出差加起来不到23天"相比较，言下之意是"请各位多多关照"，显得不张扬。这样，他就在第一时间拉近了与听众之间的距离，赢得了听众的好感。

小训练 3-2

你的母校——某大学（学院）校庆50周年，你作为校友代表被邀请在校庆典礼上演讲。请为你这次演讲分别设计3个开场白。

要求：切合现场气氛，每个开场白不超过100个字，分别讲出来并加以比较。

6）演讲稿的主体设计

主体是演讲的主干部分，演讲者在撰写演讲稿时必须予以高度重视。

（1）演讲主体的构成。演讲的主体至少应该包括以下四个方面：

①独到的见解。演讲者要有自己的真知灼见，要能讲出别人想讲而未讲或根本没想到的却对做人做事很有启发意义的道理，这样才能启迪人心，使人感佩。演讲最忌讳人云亦云，老生常谈。例如，刘宏在《什么人帮助我们成长》的演讲中说：

有个犹太人把一大批羊引入西伯利亚，准备做羊的生意。但是，这里的冬天异常寒冷，羊都一动不动地挤在一起取暖，还冻死了一些羊。有一天，他让猎人捕来了一只狼，关进了羊圈里，人们说他疯了。可是，他让人做了一条狭长的栅栏，让狼在羊圈旁追赶羊群，羊群看到狼后便拼命在羊圈里奔跑，结果，这些羊安全地度过了严冬。就这样，犹太人在这儿做了一笔笔羊的大生意。有时候，最能帮助我们成长的不是我们的朋友，而是我们的对手。

这个演讲中特别见解的"点"是"对手帮助我们成长"。人们的习惯思维总认为，只有朋友才能帮助自己很好地成长，而这个演讲却揭示了"对手帮助我们滋生内在动力，提高自身能力，进而立住脚跟"的见解。这样演讲，以生动的叙述讲出特别见解，从而揭示和升华主题，给人以过耳难忘的深刻启迪。

无独有偶，宋珍珠在《切勿漠视"小"》的演讲中说：

1996年，华为决定实行全球化战略，他们进军的首要地区是俄罗斯，准备在那儿打造海外战略的样板。任正非派了一个很受信任的俄罗斯地区总裁前往奋战。然而，经过百般努力，却绩效全无。第二、第三任总裁也遭遇同样的"滑铁卢"。任正非在连连摇头的同时，派出了第四任总裁。经过千辛万苦的努力，总裁带回来36美元的订单。就是这个微不足道的合同，让任正非看到了希望。于是，他派人锲而不舍地努力，终于打开了市场。多年后的今天，任正非说，今天华为能达到1 100亿美元的销售收入，不要忘了当年36美元的辉煌。小的东西，是大的希望；小的东西，往往有大的结果。因此，盛衰成败，也往往是小的东西导致的，它告诉我们，切勿漠视"小"。

这段演讲从一个"36美元"的微观事件中讲出了宏观见解，悠远绵长。在生活中，人们重视的往往是大的东西，而对微小的东西予以漠视。然而，许多事物表明，小的东西往往蕴藏着大的结果。这样从微观事物讲出宏观道理的方法，不仅见解深刻特别，而且深入浅出、通俗易懂。因为启迪的方法是娓娓道来、引人入胜，所以劝导和启示人的作用显而易见。

②真挚的情感。"感人心者，莫先乎情。"演讲具有真诚而热烈的感情才能打动人心，引起听众心灵的交汇和共鸣。1963年8月28日，世界最著名的演讲家之一，美国民权运动领袖马丁·路德·金在林肯纪念堂前发表了《我有一个梦想》的演说，其高潮部分是这样的：

回到密西西比去吧！回到亚拉巴马去吧！回到南卡罗来纳去吧！回到佐治亚去吧！回到路易斯安那去吧！既然知道这种境况能够而且必定改变，那么应回到我们北方城市中的陋巷和贫民窟去吧！我们绝不可以在绝望的深渊中纵乐。

今天，我对大家说，我的朋友们，纵使人们面临着今天和明天的种种艰难困苦，我们仍然有个梦想，这是一个深深植根于美国之梦的梦想。

我梦想着，有那么一天，我们这个民族将会奋起反抗，并且一直坚持实现它的信条的真谛——"我们认为所有的人生来平等是不言自明的真理"。

我梦想着，有那么一天，甚至现在仍认为不平等的灼热和压迫的高温所炙烤的密西西比，也能变为自由与平等的绿洲。

我梦想着，有那么一天，我的4个孩子，能够生活在一个不是以肤色，而以品性来判断他们的价值的国度里。

我梦想着，有那么一天，就在邪恶的种族主义者仍然对黑人活动横加干涉的亚拉巴马州，就在其统治者拒不取消种族歧视政策的亚拉巴马州，黑人儿童将能够与白人儿童如兄弟姐妹一般携起手来。

我梦想着，有那么一天，沟壑填满，山岭削平，崎岖地带铲为平川，坎坷地段夷为平地，上帝的灵光大放光彩，芸芸众生共睹光华！

这就是我们的希望！这是我返回南方时所怀的信念！怀着这个信念，我们就能从绝望的群山中辟出希望的宝石；怀着这个信念，我们就能变我们祖国的嘈杂喧嚣为一曲优美和谐的兄弟交响乐；怀着这个信念，我们就能共同工作、共同祈祷、共同斗争，甚至哪怕共同入狱。既然知道有朝一日我们终将获得自由，我们就能为争取自由共同坚持下去！

在这段演讲中，马丁·路德·金用四段"我梦想着"领起的排比式表述，深情地、正面地、具体地表示了对自由的渴望，语势一泻千里。他热切地期望种族歧视最严重的密西西比变成"自由与和平的绿洲"，希望自己的孩子在有高尚品德、卓越才能的情况下不因肤色不同而得不到公正对待，希望黑人儿童与白人儿童能像兄弟姐妹一样携起手来、和睦相处，由此甚至希望一切都变得公正平直，坦途通天。作为民权运动的领袖，他的这些话完全发自肺腑，道出了千百万黑人的心声，使得在场的听众有的呐喊，有的喝彩，有的悄然流泪，有的失声痛哭。由此可见，情感语言出于肺腑，方能入肺腑，从而打动和激励听众。

③典型的事实。"事实胜于雄辩。"因为人的大脑对外界种种信息的接受，总是具体的易于抽象的，感性的易于理性的。事实具有直接现实性的品格，它能够以自己丰富多彩的活生生的形象直接打动听众的思想和感情，浅显易懂地体现和证明深奥的道理，无须听众多费脑筋去思考、消化、转换。因此，事实和道理是演讲主体部分相辅相成的两个方面，分担着说服和感染听众的共同任务。例如华为孟晚舟的演讲《从平凡到非凡》就是通过列举典型事实说明"平凡的人也能变伟大"这一朴素道理的：

1993年大学毕业后，我加入了华为，那个时候的华为只有二三百人，如果我没有记错的话，销售收入刚刚过亿。30年前，华为只是无人知晓的创业公司。20年前，知道的人也没几个。1996年，我去北京参加通信展，手里提着几大袋资料，纸袋子上有华为的Logo，出租车司机很热情，说："哦，华为，我知道……就是做纸袋子的嘛！"

30年后的今天，你在全世界的机场都能看到华为的广告，我们正为全世界30亿人提供着通信服务。发明飞机的莱特兄弟，原本是开自行车铺的。布尔代数解决了计算机的逻辑问题，没有布尔代数，就没有计算机，也没有信息革命。然而布尔代数的发明者，只是一名小学教师。

这样的例子，还有很多。

人生的起点并不重要，重要的是你终将驶向哪里。每一个平凡的人都有一双伟大的翅膀，只是有时我们忘记了扇动。当我们忘记扇动理想的翅膀时，翅膀就退化成了一个羽绒披肩。

在演讲中，孟晚舟通过数字串联法，列举了"自己见证华为从平凡到非凡"的事例，随后她又推己及人地例举了莱特兄弟、布尔代数等典型"事实"，让演讲更接地气，最后通过比喻论证，讲明"平凡的人也能变伟大"，可谓有理有据。

又如鲁林希《匠心是最好的味道》演讲：

张阿姨每天一早都会去县城里最贵的那家肉铺子，买最好的五花肉，而面粉一定要用纯净水和，要捏揉八次，到有一点点发硬，张阿姨说这样的饺子皮做出来才有筋道，包好的饺子煮起来不容易破，也不会黏牙，拌馅料的青菜要用水洗四遍，洗到没有一点点脏东西，她说："人吃到肚子里的东西一定要安心、放心，如果自己都不喜欢吃的话，就千万不要给旁人吃。"由于找不到好的继承人，张阿姨只好把水饺铺子关门了。后来我想明白了，因为张阿姨的水饺，它除了咸、香、鲜之外，还有一份旁人没有的味道，那个味道叫作"匠心"。这些人太平凡了，因为平凡它意味着我们要用品质去换取信任，意味着我们在面对诱惑的时候，也要坚守底线。

为什么只有张阿姨的那份水饺味道不一样呢？因为她20年如一日的坚持，铸就了特别的味道，那就是匠心！演讲者捕捉"张阿姨在食材上的严格"这一细节，以这方面诸多典型事实，表达出对像张阿姨那样坚持自己的初心，把毫不起眼的小事做到极致的平凡又伟大之人的崇敬之情。

④动人心弦的高潮造势。"文似看山不喜平"，演讲也要求节奏鲜明，张弛相间，跌宕起伏。要有引人入胜的内容和动人心魄的高潮，力避平铺直叙，泛泛而谈。一次成功的演讲总会高潮迭起，扣人心弦，使听众达到"快者掀髯，愤者扼腕，悲者掩泣，羡者色飞"的出神入化的佳境。动人心弦的高潮造势常用如下两种方式：

一种是以重复形成高潮。在演讲中有意识地进行重复，不仅是为了让听众记住一些重要词句，更重要的是在重复时通过有声语言的变化来加强语气、强调观点和升华感情，从而增强语言表达效果。1963年8月28日，马丁·路德·金站在林肯纪念碑的台阶上发表了《我有一个梦想》的演讲。在高潮阶段，他高举双臂，以充满电力的嗓音高声朗诵一位老黑人的精神赞歌，借此来呼唤黑奴的解放："当我们让自由之声轰响，当我们让自由之声响彻每一个大村小庄、每一个州府城镇，我们就能加速这一天的到来。那时，上帝的所有孩子，黑人和白人，犹太教徒和非犹太教徒，耶稣教徒和天主教徒，将能携手同唱那首古老的黑人灵歌：'终于自由了！终于自由了！感谢全能的上帝，我们终于自由了！'"

另一种是以排比形成高潮。根据演讲内容的需要，运用排比的修辞方法，可以把演讲者的思想感情表达得淋漓尽致，把演讲和听众的情绪推向高潮。例如，周恩来在延安一次会上演讲的两个片段就成功地运用了排比形成高潮："要胜利，不是拖而是打！要胜利，不是消极抗战而是积极的抗战！要胜利，不是国内的分裂而是国内的团结！要胜利，不是政治的压迫而是政治的民主。""有办法！办法就出在陕甘宁边区！办法就出在八路军、新四军和敌后抗日根据地！办法就出在中国人民的身上！办法就出在真正抗日的党派和军队中间！办法就出在中国共产党尤其是在我们的毛泽东的手中！"

小训练 3-3

怎样安排好自己的演讲高潮，并巧妙地结束演讲？

（2）写作注意事项。无论哪一种结构模式，在演讲稿主体的写作中，都要特别注意以下几点：第一是中心：要有一个演讲的中心论点贯穿全篇。结构紧扣主题是成功演讲的共同规律，任何一篇成功的演讲都不例外。第二是条理：前后材料的编排要有条理，满足表述中心论点的需要。第三是统一：观点和材料要统一，论点和论据要统一。第四是严谨：各点之间要有内在的联系，点点相连，整齐有序。第五是变化：奇正相生。要将趣味性材料和论证性材料予以巧妙地安排，要注意使其高潮与低谷相间，说理、叙事与升华议论相结合。

另外，演讲稿结构有其动态性。因为演讲稿的结构，是客观事物固有的逻辑、条理秩序与作者观察、认识和表现客观事物的独特思路以及听众接受有声语言信息的不同思路三者的辩证统一、密切配合，所以，在演讲稿结构的安排上，既要坚持有序性、整体性、相关性、多样性，也要注重有声性，使听众能够明确感到演讲层次的存在和脉络的清晰。

（3）常见结构安排。演讲稿的结构同其他形式的文体结构是有区别的，结构好的演讲稿必须遵循某个易于辨明的组织模式。常用的演讲稿的结构有如下四个基本顺序：话题顺序、时间顺序、空间顺序和逻辑推理顺序。这四个顺序之所以常用，是因为它们最易被大多数听众理解。

①话题顺序。话题顺序是指依据学科的分类或科目来组织演讲的主要观点。这是一种极为常用的给要点排序的方法，因为几乎任何学科都可以用许多不同方法来分组或分类。话题顺序可以从一般到特殊，从最不重要到最重要或者按其他一些逻辑顺序排列。演讲者所选的话题的顺序常常对演讲的成功与否有很大影响。

如果话题对听众或演讲目标的分量或重要性不同，那么安排的顺序可能影响听众对它们的理解或接受。例如，听众经常会把最后一个观点视为最重要的观点。在相同的例子里，各话题的分量皆不相同，它们的顺序是最重要的观点放在最后，一般认为这样的排序最适合听众及演讲目标。

例如，假如一位演讲者的具体目标是我想要听众了解去除我们身体中毒素的3个被证实有效的方法。

主题句：被证实有利于去除我们身体中毒素的3个方法是减少动物食品、纯天然食品以及保持水分。

- 第1个被证实有利于去除我们身体中毒素的方法是减少我们对动物食品的摄入。
- 第2个被证实有利于去除我们身体中毒素的方法是吃更多的纯天然食品。
- 第3个被证实有利于去除我们身体中毒素的方法是摄入充足水分。

②时间顺序。时间顺序或年代顺序尊重事件的先后顺序，它强调首先是什么，接着是什么，随后是什么等。当选择对要点按年代顺序进行排列时，听众将明白这些要点的顺序和内容都十分重要。当解释怎么做一件事、怎样制造一个东西、某个东西怎么运作或某件事怎么发生时，时间顺序是最合适的。例如，关于"将棉花纺成线的步骤"的演讲就是一个采用时间顺序的例子。

③空间顺序。空间顺序遵循要点的空间顺序或地理走向。当演讲者希望听众能认识到某物所处的位置非常重要时，空间顺序是最有帮助的。虽然空间顺序远远比不上话题或时间顺序使用普遍，但它有可能用于描述性、知识性演讲中。在对情景、场所、人或物体的解释中，空间顺序有助于为听众创造有序的视觉画面。为了形成连续、有逻辑的描述，可以按从上到下、从左到右、从内到外或按任何听众能够想象出的方向进行演讲。在下面的例子中，运用空间顺序将有助于听众想象大气层的3个组成部分。

具体目标：我想要听众想象出组成地球大气层的3个部分。

主题句：地球大气层由对流层、平流层和电离层组成。

- 对流层是大气层的内层。
- 平流层是大气层的中层。
- 电离层是构成大气层外部区域的系列气层。

④逻辑推理顺序。逻辑推理顺序强调听众为什么应该相信某事或为什么应该以其中的方式行事。逻辑推理顺序不像以上3种顺序安排，它是最适合说服性演讲的，如下例所示：

具体目标：我想要听众捐助海啸受灾国的难民。

主题句：应该积极捐助海啸受灾国的难民。

- 海啸受灾国受灾情况极为严重。
- 海啸受灾国的难民急需世界各国的捐助。
- 海啸受灾国有许多华人，他们急需我们的帮助。
- 对海啸受灾国的捐助还有其他意义。

⑤其他顺序。前面所提到的演讲的结构安排是最常用的，但并不是唯一的。随着演讲者演讲技巧的提高，其也会发现为了满足特定主题或听众的需要，还有其他的演讲模式可供变通或选择。例如，在马丁·路德·金最著名的演讲的后半部分，他围绕演讲题目"我有一个梦想"来组织，通过不断重复"我有一个梦想"，来强调并扩展了他对更美好社会的许多构想。许多演讲者围绕一个不断重复的短语来组织他们的整篇演讲。另外，演讲者可以创造一些模式上的变化，比如主题演讲模式。这样，对不同的听众，演讲者可以讲述不同的话题，或者以不同的顺序来讲述话题。

小训练 3-4

为什么要重视演讲稿的结构安排？有人说比较理想的演讲稿结构应当是"凤头、猪肚、豹尾"，这种说法对吗，为什么？

7）演讲稿的结尾设计

演讲的结束语，是演讲走向成功的最后一步，也是极为重要的一步，是演讲中给听众留下的一个"最后印象"。各种研究表明，演讲的结束比起其正文，更能被听众所注意。好的结尾应该既是收尾，又是高峰；既水到渠成，又戛然而止；既铿锵有力，又余音袅袅、耐人寻味；既别开生面、不落俗套，又显得自然精妙。因此，讲究演讲结束语艺术，是保证演讲获得成功的重要环节。演讲结尾的语言艺术大致有如下几种：

（1）总结全篇式。这是演讲结束语最常见的方式，就是用极其精练的语言，总结收拢全篇的主要内容，概括和强化主题思想。这样通过"近因效应"，使演讲的要点更深刻地留在听众的记忆之中。毛泽东的《实践论》这篇演讲就是这样结尾的：

通过实践而发现真理，又通过实践证实真理和发展真理。从感性认识而能动地发展到理性认识，又从理性认识而能动地指导革命实践，改造主观世界和客观世界。实践、认识、再实践、再认识，这种形式循环往复以至无穷，而实践和认识之每一循环的内容，都比较地进到了高一级的程度。这就是辩证唯物论的全部认识论，这就是辩证唯物论的知行统一观。

（2）号召呼吁式。这种结尾方式就是运用一些情感激昂，富有鼓动性、号召性的语言，激起听众的情绪、信念，鼓动其干劲，促进其行动。在美国独立战争前夕，国务卿裴特瑞克·亨利在弗吉尼亚州会议上的演讲便是采用这种方法结束的：

我们的同胞已经身在疆场了，我们为什么还要站在这里袖手旁观呢？先生们希望的是什么？想达到什么目的？生命就那么可贵？和平就那么甜美？甚至不惜以戴锁链、受奴役的代价来换取吗？全能的上帝啊，结束这一切吧！在这场战斗中，我不知道别人会如何行事，至于我，不自由，毋宁死！

亨利以"至于我，不自由，毋宁死"九个字的结束语来激励听众行动起来，使他们站到自己的阵营中来。当他话音刚落，先是全场愕然，随后则响起了"拿起武器"的呼声。

（3）引用名言式。心理学家研究表明：在演讲的结束语中引用权威人物的名言警句激励后人，比一般性的结尾对人心理控制度可提高21%~37%。恰当地结合演讲内容及要求，运用名人的名言警句结尾，可借助名人效应，使通篇演讲得以升华，给听众以深刻的启迪和印象。胡适的《毕业赠言》结尾，运用名言颇耐人寻味：

诸位，11万页书可以使你成为一个学者了。可是，每天看三种小报，也得浪费你一点钟的工夫，四圈麻将也得费你一点半钟的光阴。看小报呢，还是努力做一个学者呢？全靠你自己的选择！易卜生说："你的最大责任，是把自己这块材料铸成器。"

学问便是铸器的工具，抛弃了学问便是毁了你自己。

再会了！！你们母校眼睁睁地要看你们10年之后成什么器。

这样的结尾，情真意切，令人心悦诚服地接受了他的见解。

（4）重申重点式。成功的演讲者往往在演讲结尾重申此次演讲的重点，以加强听众的记忆。日本松下电器产业公司创始人松下幸之助在公司培训演讲的结束语中应用了这种方法："我已讲过的六条，其重要性是不一样的。唯有第一条和第三条是公司生存发展中最致命的，即松下永远以质量战胜一切竞争者，松下的凝聚力高于一切。这两条将成为我们的法宝和座右铭，也是我要求全体员工切记的。"

（5）引入高潮式。运用高潮式结尾应注意以下两点：

第一，演讲者不要告诉听众要结束演讲，最好不用"我现在做个小结和归纳"之类的话，也不要用某种表情或动作来显示演讲即将结束；否则听众就会开始计算时间，分散注意力，很难继续专心听演讲。

第二，应当让听众有一种余音绕梁、意犹未尽的感觉。

高潮式结尾如果运用恰当的话，会收到很好的效果。

（6）诗词收束式。诗词结尾，指演讲者恰当地引用适当的诗词作结束语，给听众留下一种余韵，使其得到更深的启发。在演讲的结尾，如果能引用适当的诗词作收束，那是很理想的，它将显出演讲内容的高尚优美。美国著名民权运动领袖马丁·路德·金的著名演讲《我有一个梦想》，也是以诗词结尾的典范：

到了这一天，上帝的所有孩子都能以新的含义高唱这首歌：

我的祖国，

可爱的自由之邦，

我为您歌唱。

这是我祖先终老的地方，

这是早期移民自豪的地方，

让自由之声，

响彻每一座山冈。

如果美国要成为伟大的国家，这一点必须实现。

因此，让自由之声响彻新罕布什尔州的巍峨山峰！

让自由之声响彻纽约州的崇山峻岭！

让自由之声响彻宾夕法尼亚州的阿勒格尼高峰！

让自由之声响彻科罗拉多州冰雪皑皑的洛基崇山！

让自由之声响彻加利福尼亚州的婀娜群峰！

不，不仅如此，让自由之声响彻佐治亚州的石山！

让自由之声响彻田纳西州的望山！

让自由之声响彻密西西比州的一座座山峰，一个个土丘！

让自由之声响彻每一个山冈！

当我们让自由之声轰响，当我们让自由之声响彻每一个大村小庄，每一个州府城镇，我们就能加速这一天的到来。那时，上帝的所有孩子，黑人和白人，犹太教徒和非犹太教徒，耶稣教徒和天主教徒，将能携手同唱那首古老的黑人灵歌：

终于自由了！

终于自由了！

感谢全能的上帝！

我们终于自由了！

结尾运用诗歌，情绪激昂，文字优美，极富感召力。"让自由之声响彻每一个山冈"，这脍炙人口的佳句成为激励黑人进行斗争的座右铭。

运用诗词结束演讲，可以收到余音绕梁不绝于耳、言有尽而意无穷的演讲效果。

8）演讲稿写作与修改

演讲稿的写作是指在演讲前把所思所想写出来，用文字符号将演讲内容、范围固定下来。写演讲稿可分三个阶段，即编列提纲、起草初稿和加工修改。

（1）编列提纲。编列演讲提纲，是演讲前的重要准备工作，它常常是临场发挥的重要依据。提纲编列得好坏，直接影响到演讲的成功与否。所谓编列提纲，就是确定演讲内容框架，以提要或图表的形式列出观点、材料以及观点和材料的组合。

①演讲提纲的作用。演讲提纲在演讲中有着重要作用，这集中表现在以下四个方面：

一是确定框架。编列提纲能把演讲的整体轮廓用文字固定、明确下来。事实上，编列提纲的过程，正是演讲者认识不断明朗化、条理化的过程。通过编列提纲，可以对论题的设想不断加以修改和补充，使构思更为周密、完善。确定了整体框架，演讲者便能心中有数，逐层展开，不会东一句西一句，词不达意。

二是选材组材。编列提纲的过程，也是进一步选材和组材的过程，是演讲内容逐步具体化的过程。演讲题目、结构层次、典型事例、引文材料以及其他有关资料，都要具体地在提纲中体现出来。在这个过程中，必须对材料作进一步的筛选和补充。

三是训练思维。编写提纲的过程，正是演讲者积极思维的紧张过程。在这个过程中，演讲者必然认真思考，分析演讲的主题、材料、层次、结构及其内在的逻辑关系，促使思维的条理化和科学化。因此，这个过程事实上正是培养和锻炼思维的过程。

四是避免遗忘。编写提纲也是不断熟悉材料的过程，特别是在不用讲稿仅用提纲进行演讲时，提纲更是起着提示启发、避免遗忘的作用，成为临场发挥的重要依据。

根据演讲具体目的和要求以及演讲者对材料的掌握情况等，编列提纲的方法有概要提纲法和详细提纲法。内容简单，材料易掌握，可编粗略些；内容复杂，材料丰富，就宜编得详细些。粗略的概要提纲，要以极其简练的语言，扼要地列举出演讲的主旨、材料、层次和大意等；详细提纲则要求比较具体，基本上是讲稿的脚本。

②演讲提纲的内容。演讲提纲的内容主要包括三个方面。

一是演讲的论点。其必须清晰地列出中心论点所包含的分论点，分论点下属的小论点也应用简洁的语言列出，应根据整理的内在逻辑关系依次排列。

二是演讲的材料依据。阐明主旨的事实材料和整理材料，也应用简明的语言或恰当的符号在相应部位列出。事实材料主要指例证、数据等；整理材料包括科学原理、科学定律、文化精神、法律条文、名言警句等。这些事实依据和理论依据能使演讲持之有据，言之成理，具有说服力和感染力。因此，必须逐一列出，不可忽视，以免遗漏。

三是演讲的整体结构。演讲提纲的编列要依据演讲的内在逻辑体现出演讲内容的先后次序。例如，如何开头，如何结尾，重点内容如何突出，如何过渡，结构层次如何安排等。事实上，演讲提纲就像事先构筑的语流渠道，决定着演讲语流的走向。下面是《在马克思墓前的讲话》的两种类型的提纲，供读者参考：

A.概要提纲

1.开场白。

2.主体部分：

（1）马克思在理论上的重大贡献。

（2）马克思伟大的革命实践。

（3）马克思对无产阶级革命事业的卓越贡献。

3.结束语。

B.详细提纲

1.开场白提出中心论点：

（1）马克思逝世的时间和经过。

（2）马克思逝世是无产阶级不可估量的损失。

2.主体部分：

（1）马克思作为"科学巨匠"在理论上的伟大贡献：

①马克思发现了人类历史发展的规律。

②马克思还发现了现代资本主义生产方式和它产生的资产阶级社会特殊的运动规律。

③马克思在他所研究的每一个领域（甚至在数学领域）都有独到的发现。

（2）马克思作为革命家在革命实践方面的贡献：

①参加打碎旧的国家机器的斗争，参加无产阶级解放事业的斗争。

②编辑报刊、撰写书籍和参加工人运动。

（3）马克思对无产阶级革命事业的卓越贡献：

①敌人对马克思的嫉恨和诬蔑。

②马克思对敌人的蔑视和斗争。

③无产阶级和劳动人民对马克思的尊敬、爱戴和悼念。

3.结束语：

"马克思的英名和事业永垂不朽！"

（2）起草初稿。起草初稿没有什么诀窍，结合一般写作规律，演讲初稿的起草有自己的原则和方法。第一，要构思好再动笔，最好一气呵成。动笔前要盘算好所有的写作步骤、层次，想清楚了再动笔，写时不要考虑修改的问题。第二，要抱着正确的态度，饱含真挚的感情去写。第三，要注意不同类型演讲的特点，采取相应的写作方法。例如，写政治性演讲稿时，要强调逻辑的严密、材料的可靠；写学术性演讲稿时，要力求资料翔实、论据确凿等。

小贴士3-6　　　　　　　　　　　　　**制作PPT的原则**

演讲者在制作PPT时要注意KISS（Keep It Short and Simple）原则，即简单明了，以及KILL（Keep It Large and Logic）原则，即字体大，内容逻辑性强。

坚持KISS原则，要注意：图表不要成为数据的海洋；不要出现大段的文字、连篇累牍；尽量利用图表，有利于清楚地传递信息；运用饼图、直方图、曲线图，每张胶片不要出现两个以上的图。

坚持KILL原则，要注意：PPT上的文字要大一些，一般在28号字以上，32号字比较合适；PPT的图表要大，能让听众清晰浏览；前后图片之间内容要连贯；图片之间衔接要有逻辑，不能出现思路中断；要多运用逻辑性、总结性图片。

资料来源　杨利平，艾艳红.实用口才训练教程［M］.长沙：湖南人民出版社，2013.

（3）加工修改。演讲稿的加工修改是一项复杂的工作，每个人有每个人的修改方法，但主要应从以下几方面入手：

①深化主题。演讲者首先要看看确定的主题是否健康、正确，再看看文字是否把演讲的主题表达出来，是不是很充分，有无片面性，是否新颖。从这些方面找出问题，就

找到了修改的对象。更为重要的是，要在起草时就让主题健康正确，并且被充分表现出来。如果认真修改，就会发现，在写作过程中由于全神贯注、精力集中，会在笔下出现一些作者预想之外的闪光的思想和语言，比原来预想得还深刻，还有分量，是一种新的发现和发展。但是由于原来预想得不充分，就没有得到扩展和发挥，而修改正是弥补的机会。修改的笔墨很多都是用于这个方面。

②调整结构。修改时主要审视的是正文。主题有了发展、变化，结构必然需要随之改动。即使主题没有什么变化，由于起草时只按提纲或者一种构想进行书写，一旦落实到纸面上，就会发现一些毛病。如逻辑性不强，前后位置不当，层次不清，上下文意思重复，材料和引文用得不是地方，段落衔接不紧密、不自然等情况。这就需要重新调整和修改。总之，对草稿的结构进行认真的审视和推敲，就会发现问题并将其作为修改的对象，有时"大动手术"也是在所难免的。

③润色语言。修改演讲草稿语言的目的，一是减少语言方面的毛病，二是保持演讲语言的特点。起草的初稿，在语言上会有一些毛病。起草的当时，意念完全集中在主题的表现、事件的陈述上，对语言的运用是无暇顾及的，全凭已定型的习惯信笔所致。这样在草稿上就不可避免地出现句子残缺，用词不准，丢、错、别字等，都需要修改，这是其一。其二，按平时已定型的习惯写，在语言的运用上，就可能出现书面语言的倾向，如句子太长、诗歌化、散文化等，这也需要修改，只有经过修改才能保持演讲语言的特点。

总之，对演讲稿语言进行润色，关键就是要做到把话说得明白、把话说得有力、把话说得动听。修改演讲稿，说起来容易，做起来是颇费功力的。演讲者只有在自身的思想、文化、语言等方面有较深层次的修养，才能得心应手、游刃有余。

小贴士3-7

演讲稿中使用数据应注意的细节

小训练3-5

从互联网上检索"著名演讲词"，组织学生分析当时演讲的背景和演讲者的心态，体会其语言特点，并让学生进行模仿、领会，较好地从经典演讲词中感受到演讲的魅力。

3.5 演讲者的形象塑造

演讲者的形象是演讲者通过演讲活动所表现出来的形体动作和思想意志的综合并给听众留下的突出、集中、深刻的总体印象。因此，演讲者的形象一方面是他的身材、容貌、表情、姿态、手势和动作等给听众留下的直观印象；另一方面是他的思想、意志、观念、智慧、精神和气质等给听众留下的思辨感觉。这两个方面的有机结合构成了气度不凡的演讲者形象。

演讲者的形象虽然是由这两方面有机结合而构成的，但是后者比前者更为主要，它是演讲者形象构成的主要方面。比如，我们今天已经无法获得闻一多和林肯演讲的直观影像，但是却可以通过表现其思想、意志、观念、智慧、精神和气质的演讲词体会到关于他们的思辨感觉，并在脑海里构筑起演讲者的形象。有人研究《林肯的第二次就职演说》后，发现那是一个"倡导和平与正义的善良形象"。由此可见，后者是构成演讲者形象的主要方面，不但给听众以第一印象，而且是演讲者总体形象的主要组成部分。为此，优秀的演讲者对它都十分重视。

1）演讲者的仪表

仪表，通常是指人的外表。而演讲者的仪表应指经过点缀、修饰和打扮的外表。为此演讲者的仪表是需要经过特定设计的。演讲者的仪表是演讲者形象给听众直观印象的重要决定因素之一，演讲中讲究仪表，寻求外在的美，是理所当然的。

首先，讲究仪表是由演讲的目的所决定的。仪表，作为演讲者形象给听众以直观印象的重要因素，是给听众的"第一印象"的主要部分，对于获得听众的好感、尊重和爱戴是至关重要的。所以演讲者对仪表不能不讲究。

其次，人都是按照美的规律打扮自己、改造世界。"爱美之心，人皆有之"，每个人都希望在社会活动中展现自己的美，在演讲中这种欲望将更加强烈，演讲者绝不能给听众留下一个蓬头垢面、不修边幅的印象；同样，听众也绝不愿意看到眼前晃动着一个邋邋遢遢、衣衫不整的演讲者。只有仪表堂堂才能满足演讲者和听众对美好形象的追求。

再次，演讲者讲究仪表是对听众的尊敬。体现一个人仪表的主要方面是容颜和服装。讲究仪表是提高自信心、增强自尊心的重要途径和手段。女性可以通过化妆突出面部优点，掩饰瑕疵，美化肌肤和五官，使演讲者更加朝气蓬勃、容光焕发，充满成功的信心。值得注意的是，无论服装、饰品还是化妆，最要紧的是和谐、自然、文雅、大方。过分追求可能会弄巧成拙，导致事与愿违。演讲者着装打扮要注意做到四个一致：一是要和演讲者的思想感情及演讲内容的基调一致。表示喜悦、欢庆内容的演讲最好穿浅色服装，这样会让人心情愉快；而在发表严肃、庄重、哀痛等内容的演讲时，应穿深色或黑色的衣服，这样能更好地表达演讲者的情感，烘托气氛；以青春、理想为主题的演讲，则可穿较简洁、时尚些的服装，以传递青春气息和奔放的热情。二是要和肤色、体形、年龄相一致。一般来说，服装不能和自己的肤色反差太大（不过肤色较黑的最好不穿黑色的服装）。稍胖者宜穿深色和竖条的服装，较瘦者宜穿暖色和明度较高的服装，青年宜穿款式活泼（不是奇装异服）和色彩鲜艳些的，中老年人可穿淡雅些的等。三是要和自己的气质、性格及职业相一致。好动的人可借助蓝色增加文静的感觉，沉稳的人可借助浅色增加活力，在特定的情况下，有时可以穿职业装（如警察、税务人员、军人、护士等），以显示自己的身份和对自己工作的热爱。四是要和演讲环境相一致。在建筑工地或救灾一线进行即兴演讲，大可不必换装，带着泥水的工作服要比笔挺的西装更有感染力。

最后，要穿出"和谐统一"的美感来。所谓和谐统一，一是注意服装和鞋子要配套（如不要西服配旅游鞋之类）；二是上装和下装从款式到颜色要和谐；三是装饰物要和服饰及人物身份统一等。

此外，演讲者还要注意恰当选择装饰物。常见的装饰物有围巾、帽子、头饰、耳环、首饰、胸针等，不同体形和肤色、不同的年龄和性别的演讲者对装饰物要求不一样。各种装饰的佩戴必须符合一定的礼仪规范与佩戴原则，才能达到合理渲染的效果。戴眼镜也是一门艺术。从女性看，方圆形脸应选择窄型眼镜；椭圆形脸，一般眼镜均可。从男性看，圆形脸宜选用长方形镜架，尖形脸宜选用锐角形镜架；方形脸宜选用大方型镜架，这样会产生坚定、沉稳的效果。只要人们切实根据自身特点与实际做出恰当、正确的选择，定会使服饰表现出不同风格的艺术魅力。20世纪60年代初美国总统竞选时，尼克松本来处于优势，但由于他没有注意修饰自己，以憔悴不堪的形象出现在电视屏幕上，结果失去了许多拥护者。而他的竞争对手肯尼迪服饰整洁、气宇轩昂，以微弱的优势战胜了尼克松，这个结果与肯尼迪的仪表不无关系。

2）演讲者的举止礼仪

演讲者的举止，即演讲者整个身体的姿态和风度；而礼仪是指演讲者在演讲前后和演讲过程中对听众的礼节。举止与礼仪是演讲者的思想、品格、修养的外在表现，是演讲者风度和形象构成的重要因素。这是演讲前听众就能见到和感到的"第一印象"，所以历来为演讲者所重视。它要求演讲者在演讲过程中的举手投足及细枝末节都要落落大方、得体自然。有人在台上常常不自觉地做出些"小动作"来，如背手低头不敢正视听众；用手不住地抻衣角或扭动衣扣；男士用手挠脖子，女士则不住地用手往耳后拨弄本来没有掉下的头发。尤其是忘词时，一些人的举止更是不雅：向旁边的"词托儿"或主持人翻眼求援；耸肩缩脖不知所措；摆着手连连说"Sorry"（对不起）等。因此，作为一名演讲者不论遇到什么情况，都要保持自己高雅得体的形象。具体策略是：以"静"制"动"，即不管演讲的现场情况多糟糕，也要沉着冷静。比如，紧张时做深呼吸，调整心态之后再演讲，中间忘词时可以大大方方地拿起稿子念上一段。当会场纷乱时可以调整自己的语气、语调，或微笑行注目礼，等稍安静些再接着讲。

演讲者在演讲过程中（包括演讲前后），其举止与礼仪应做到潇洒自如、落落大方、彬彬有礼、温文尔雅。因此在以下几个方面要注意：

一是进入会场。有人陪同时，听众可能已经坐好，若几个人同时进入会场，不可在门口推托谦让，而应以原有的顺序进入会场。听众如果起立、鼓掌欢迎，演讲者应边走边表示谢意，不可东张西望，更不要止步与熟人打招呼、握手。没有人陪同时，如果听众没有完全入场，要寻找靠近讲台的边上坐好；不要在门口观望，或等听众坐好后再进场。

二是入座前后。有人陪同时，要等陪同人指示座位，并应等待与其他演讲者同时落座，先人而坐有失礼节。如果先进入会场，被主持人发现时若给调换座位，应马上服从，按指定座位坐好，并表示谢意。坐好后不要回头或左顾右盼找熟人，更不要主动与别人打招呼，那样显得轻浮。

三是主持人介绍。演讲前主持人常常要向听众介绍演讲者，主持人提到演讲者名字时，演讲者应主动站起来，立直身体，面向听众，并微笑致意，估计听众可以认清后再转身坐下。如果主持人介绍词中介绍了演讲者的成绩或事迹，听众反响强烈，演讲者应再次起身，向听众致谢，并向主持人表示"不敢当""谢谢"之意。如果反响一般就不必再次致意，否则，多此一举，反而不美。要不要再次表示谢意，应根据情况，当机立断，过频或过分都有失礼节。

四是走上讲台。当主持人提到演讲者名字，演讲者应站起身来，首先向主持人点头致意，然后走向讲台。走路时上身要平稳直立，不躬腰，不腆肚，步伐不疾不徐。目视前方，虚光转弯，面向听众站好，正面扫视全场，仿佛与听众进行一次目光交流，然后以诚恳、恭敬的态度向听众敬礼，稍稍稳定一下后，再开始演讲。注意，有经验的演讲者一定不会一上讲台就马上开讲。

五是站位和目光。站位不但要考虑演讲时活动的方便，更要考虑听众观察演讲者的方便，要使听众不论在什么地方都能看清演讲者的演示，方便情感双向交流。要讲究站立的姿势，站姿得当，会显得英姿干练、生气勃勃，给人以美感。站姿不当，不但形象不美，而且不利于做出动作，如果失去平衡造成失态，则是对听众的不敬。目光要兼顾到全场，落到每位听众的脸上，仿佛与每位听众都进行过目光的交流。但是目光又不要总与一个听众的目光相撞、交流，演讲者的目光集中一隅、盯住不放就是对听众的失礼。

六是走下讲台。演讲完毕，要面向听众敬礼，向主持人致意。如果听到掌声，应再次向听众表示谢意，然后下台回到原座位。走路要和上台时一样，不要因为"这下可讲完了"或者为了抓紧时间就匆匆忙忙、慌慌张张。这会给听众留下不好的印象，甚至影响下面演讲者的演讲。这样就有失礼节，对人不敬。

七是走出会场。演讲全部结束，演讲者可能由主持人陪同先行退场，听众出于礼貌，或站起身来，或热情鼓掌，这时演讲者要同样予以热情回报，或鼓掌或招手致意，直至走出会场。如果听众先退出会场，演讲者应起立，面向听众，目送听众。

小训练 3-6

走上讲台，简单讲几句话，然后走下讲台，体现出良好的举止和礼仪。

3）演讲者的手势和面部表情

在商务演讲中，手势动作的出现，一不要过多，否则会喧宾夺主，分散听众的注意力。二不要过多地重复同一个动作。一个手势动作在演讲的整个过程中最多不能超过三次，否则会引起听众的厌烦心理，而影响演讲效果。三是手势应当与语言、声音、表情协调一致，自然大方，以赋予手势悦目赏心的自然美。

波兰著名经济学家格列科夫斯基在研究商务演讲效果时，通过对1 945个典型案例的分析，总结了这样一个公式：商务演讲的效果=15%的言辞+34%的音量传动波+47%的面部表情效果+4%的动作效应。从这个分析中我们不难看出，演讲者的面部表情对商务演讲效果的重要作用。如何通过演讲者的面部表情有效地表达其丰富的内心世界呢？一般地说，要注意鲜明感、灵敏感的统一。鲜明感是指演讲者的面部表情伴随其演讲的内容而被准确、明朗地表现出来。该喜则喜，该悲则悲，该怒则怒，该忧则忧，不能似是而非。灵敏感是指演讲者伴随演讲的内容，能够迅速、敏捷地反映出内在的情感。在演讲中，演讲者的面部表情是通过鲜明感、灵敏感两者的有机统一而表现出来的。眼睛是心灵的窗口。不同的眼神表现着不同的思想感情。眼神坦荡、清澈，表现演讲者为人正直，心胸宽广；眼神狡黠、阴诈，表现演讲者为人虚伪，心胸狭窄；眼光执着，表现演讲者志向高远，信念坚定；眼光浮动，表现演讲者为人轻薄浅陋。因而，一个高明的公共关系演讲者，应善于恰当而巧妙地运用自己的眼睛去辅助有声语言，充分表达自己的感情。

小训练 3-7　　　　　　　　　　　　　　演讲手操

为了练习演讲的手部动作，演讲专家乔宪金编练了三套手操，即领袖手操、战士手操和交心手操。请注意练习，以提高演讲时手势的运用效果。

（1）领袖手操。领袖手操由"我行、你真棒、请进来、抓住你、给我冲"五个环节组成。

"我行"——右手放到胸口。

"你真棒"——拇指向身前伸出。

"请进来"——手掌摊开，掌心向上伸向对方。

"抓住你"——右手做强力抓握动作。

"给我冲"——右手向前平推。

这套手操是模仿领袖人物的手部动作设计的，开放、大气、大度，长期练习有助于培养领袖风范。

（2）战士手操。战士手操由"不要这样、斩断你的尾巴、砍断你的魔爪、砸烂你的狗头、给我滚"五个环节组成。

"不要这样"——右手伸开，手臂呈90度角，整个手掌由后上向前下拍打。

"斩断你的尾巴"——掌心向下，五指并拢构成砍刀状，然后在胸前快速划弧，由前上向右下方斩去。

"砍断你的魔爪"——五指并拢，手掌作刀片状，从右上向左下快速直击，快刀斩乱麻。

"砸烂你的狗头"——右手握掌，掌心向外直击出去。

"给我滚"——右手半握，快速向前伸展，好像有东西从手里撇出去。

（3）交心手操。交心手操由"掏出来、举起来、举上去"三个环节构成。

"掏出来"——两手在腰侧翻摊，好像心都要掏出来了。

"举起来"——手在腰侧打开后向前向上摊开，给人开诚布公的视觉形象。

"举上去"——双手自肩上向眼睛的前上方摊开，表示自己勇于接受新事物，勇于面对挑战，更预示着演讲者对美好事物的追求。

4）演讲者的控场技巧

马尔克斯害怕演讲

诺贝尔文学奖得主哥伦比亚作家马尔克斯虽然腹有诗书，下笔生花，却很害怕在公共场合发表演讲。他觉得在大庭广众之下当众讲话，特别拘谨，无法做到畅所欲言，甚至无话可说。在委内瑞拉加拉加斯的一次演讲中，他向人们讲述了自己害怕演讲的糗事。

马尔克斯说："我原本以为，这辈子最可怕的五分钟会是在一架飞机上面对着二三十名乘客发表讲话，可哪料到现在竟然是面对两百多位热情洋溢的各界贵宾进行正式的演讲。"

演讲开始时，马尔克斯当时害怕得只能坐着说话。他向大家表示了真诚的歉意，请求大家谅解，并解释了其中的原因："因为如果我站着，恐怕会吓得两腿发软，瘫倒在地。真的，一点也不夸张！"

终于心情稍微平静下来了。马尔克斯开始将话题引到自己最擅长的文学上。可很快他又绕回到令自己十分害怕的演讲这个话题上。他说："对我而言，文学创作就和登台演讲一样，都是被逼的。告诉大家，我为了能不来开这个大会，什么点子都动过：我想生病，染上肺炎；想理发，让理发师用刀割我的脖子；然后我灵机一动，不穿西装，不打领带，这样，正式会议应该就会谢绝我入场了。可是我忘了，这里是委内瑞拉，穿件衬衫哪儿都能去。因此，我最终还是坐在了这里……"

听到这里，大家都忍不住哈哈大笑，还不约而同地为他热烈鼓掌。没想到观众善意的笑声和热情的掌声缓解了马尔克斯的紧张，使得他下面关于文学创作的演讲大获成功。

所谓控场技巧，是指演讲者对演讲场面进行有效控制的办法。在演讲的过程中，由于种种原因，可能导致听众情绪不佳、注意力分散或现场秩序混乱等。演讲者为有效地调动听众情绪，集中听众的注意力，驾驭场上气氛及秩序，使其朝着有利的方向发展，就需要借助控场技巧来完成。关于控场，不同的演讲者有着不同的方法，常用的有以下几种：

（1）注重气势。气势不是刻意地让听众感受到演讲者在演讲时的凌厉，或者演讲者的高大和威风，而是使其感受到演讲者的气质和风度、在台上的镇定自若和演讲中的自信态度，以及演讲者的思想力量。这需要从演讲内容、肢体语言等方面下功夫。手势、眼神、语气的运用起着重要作用，手势要精当，眼神要真诚坚定，语气要充满感情，有起伏变化。

白岩松巧妙控场

有一次，白岩松在南京先锋书店五台山店演讲，演讲正式开始后，他发现还有很多人用手机对着自己拍照，他感受到了一种干扰，于是犀利幽默地提醒道："站在你面前的大活人不看，非要在手机里看，我可以告诉你，拍完照你可以离开了。给大家一段时间，是像在动物园看见猴了吗？我的确属猴，但是看完了，如果想留下，就请您把手机收起来。本来可以聊50块钱的，现在只能聊10块钱的了。"说完，现场一阵笑声。"拍照族"也都纷纷收起手机，放弃拍照，用心投入地聆听他的演讲。

资料来源　佚名.白岩松主题演讲调侃"拍照族"　建议年轻人多读经典［EB/OL］.［2017-01-09］. http://media.sohu.com/20170109/n478160508.shtml.

（2）调动气氛。演讲者要注意观察听众的反应。一般来说，如果听众注意力集中，专注地看着演讲者，或者互动情况很好，说明演讲者能吸引听众，主导着现场气氛，演讲者的情绪也会越发高涨，越讲越好。如果演讲者自己沉浸在对某一问题的陈述中，而听众却表现出不关心、没兴趣或者做小动作等，演讲者就应马上调整内容，加入生动的事例等，以吸引听众的注意，调动听众的热情。气氛越活跃，演讲效果才会越好。幽默是调节现场气氛的润滑剂、缓冲剂。如胡适在一次演讲时这样开头："我今天不是来向诸君做报告的，我是来'胡说'的，因为我姓胡。"话音刚落，听众大笑。这个开场白既巧妙地介绍了自己，又体现了演讲者谦逊的修养，而且活跃了场上的气氛，拉近了讲者与听众的距离，一石三鸟，堪称一绝。

（3）控制气息。在发声的过程中，有的人声音微弱，底气不足，听众听不清楚演讲者在说什么，听得昏昏欲睡；有的人嗓门过大，嗓子很快就哑了，听众听着也觉得不舒服。因此演讲者一定要学会控制自己的气息，适当地学习一些发声技巧，把握发声节奏，保持气流通畅。

（4）细节处理。一是话筒问题。话筒是演讲者语言力量的输出口，是影响演讲效果的重要技术因素。要注意话筒与演讲者之间的距离。如果离得过远，传出来的声音就显得单薄，音效就不好，特别是在露天中的演讲更应注意；如果离得太近，过强的音量冲击话筒，会使声音变质。正常情况下，演讲者与话筒应该保持10厘米左右的距离。要提前试音，尽可能按照自己正常的音量去讲，并请音响工作人员予以调整。二是喝水时机。如果演讲者感觉嗓子有点干，或者不舒服，该喝水的时候就喝，不用避讳。有些人端着水杯趴到桌子底下喝，大可不必。喝的时候稍微低下头或侧下脸就行了。如果喝完水后嗓子还不舒服，就清一下嗓子，注意不要对着话筒即可。三是场上意外。会场上可能还会发生一些小的意外，这时，演讲者不要惊慌，尤其不要因此而影响自己的思路和情绪。如果话筒被别人碰倒，扶起来接着讲就是；杯子不小心被碰倒了，抓紧处理一下也没有什么影响；有人打断演讲者的话或者有人递纸条表示不同意见，也完全正常，不要因为生气而中断演讲。要自如地处理这些会场上的突发事件，保持对现场的控制力。演讲场所的气温环境如果超出自己的想象和准备，要及时采取补救措施。如果太热一直出汗，要备好纸巾；如果天气过冷，也要注意保暖。笔者就曾遇到过领导干部大冷天穿得单薄冻得说不出话的情况，因此要提前做好保暖措施。妥善应对这些细节问题，保持得体的风度，也是演讲者具有较强应变能力的体现，不可等闲视之。

　　　　　　　　　　　　被意外打断的演讲却大获成功

在《超级演说家》的舞台上，中国传媒大学研究生苗霖以《评书不死》为题，穿插评书的形式，绘声绘色地讲述着自己与评书结缘到执着传承的心路历程。可是，当他演讲到一半的时候，现场电路突然出了故障，灯光尽灭，一片漆黑。20多分钟后，灯光才得以恢复，苗霖又接着说上了，可已经不是他先前所准备的词了：

"刚才黑灯的那一刹那我哭了，并不是因为我的演讲被打断了，而是因为我想到了很多，难道我讲传统艺术，它就要黑灯，这是天意吗？小的时候我学评书，遭到了很多同学的冷眼旁观，尤其是我高中的时候，和很多学播音的孩子们一块在培训班里，他们觉得我就是一个异类，学播音你学什么评书呀，评书有什么了不起的呀，谁还学呀，神经病！我特别不服他们，我每天早上五点起来开始练声，每天练两个小时，练即兴评书，我当时的普通话特别烂，全是山东味，但我一直没有放弃，我就要证明给大家看，评书它一定会有市场，传统艺术一定不会没落。我坚持了一年左右的时间，以专业第一名的成绩考入了中国传媒大学播音主持艺术学院（加油声，掌声）。有人说我应该放弃评书，应该和主持人一样，像播音那样说话，自然一点。但我偏不要，我觉得这是我的特点，我爱评书。我虽然不信邪，但我相信天意，刚才黑灯是天意，但20多分钟后亮灯也是天意，黑暗总是暂时的（欢呼声，掌声）。我们并不是因为看到希望才去坚持，而是因为坚持才会看到希望（欢呼声，掌声）。传统艺术是在传承中发展，我希望通过我们这一代人的努力，为评书找到一个新的形式，新的出口，新的语言结合的办法，让评书重新回到人们的视野当中，让人们重新知道它的价值。我一直想做一名非常优秀的主持人，但同时不忘传承评书、发展评书，我一直想做到通俗但不低俗，张扬但不张狂，个性但不任性。谢谢，我是苗霖。"

苗霖的"谢谢"还未落音，四位导师就争先恐后推杆通过，苗霖顺利晋级。

（5）脱稿演讲。脱稿演讲既有助于增强听众对演讲者的信服感，也有利于更好地和听众交流。

　　　　　　　　　　　　演讲中忘词怎么办

（1）运用主动提问法。向听众提出问题，为自己赢得时间，又活跃了场上的气氛，既肯定了听众的参与，又使之与演说内容浑然天成，不仅没成为瑕疵，反而锦上添花。例如，当演讲中出现"断片"时，可以向听众提问："大家知道我接下来要讲什么问题吗？"如果听众有回应，迅速互动，"对，就是这个观点"。尽量地给自己留出思考与回忆的时间。

（2）运用跳跃衔接法。演说出现忘词，并不是把后面的全部忘却了，常常是把下一句或下一段给忘记了。这时不妨从你记得最清楚的地方接着讲下去，跳跃衔接，记起哪里讲哪里。但要注意，如果观点是并列关系，并无大碍；如果观点是递进关系，则等衔接好之后，要做个过渡性介绍："大家或许觉察出来了，这个观点和前面的观点貌似有点儿脱节对不对？是的，还有个中间环节是……"而这个"中间环节"就是你忘记而又想起的部分。

（3）运用幽默互动法。如果在演说忘词卡壳时，幽自己一默，或许能小贴士3-10减少尴尬。比如"我最大的失败就是不能做自己脑袋的主人，我把知识装进去，它偏偏不给我倒出来……"这样也会起到圆场效果。

总之，演讲者控场的最高境界在于——营造一个让听众和自己完全融为一体的氛围，并确保这个氛围始终如一。演讲者熟练地把握好控场技巧，恰当使用，演讲将会游刃有余，成功在望。

临场意外及其应对四例

小训练3-8

某学院举行演讲比赛，一位演讲者刚刚上台讲了几句话，大脑就一片空白。好不容易控制住了紧张情绪，继续演讲，却发现有的听众毫无兴趣，昏昏欲睡；有的交头接耳；有的随意进出。如果你是这位演讲者，如何控制此类怯场、冷场等情况？

3.6 演讲词欣赏

我有一个梦想
——在林肯纪念堂前的演讲
（1963年8月28日）
马丁·路德·金

我很高兴，今天能和大家一起参加这次示威游行。它必将作为美国有史以来为争取自由所举行的最伟大的示威游行而名垂青史。

100年前，一位伟大的美国人——我们现在正站在他的灵魂的安息处——签署了《解放宣言》。这条重要法令的颁布，在一直忍受着不义与暴虐的火焰烧灼的千百万黑人奴隶的心中，竖起了一座光明与希望的灯塔。《解放宣言》令人欢愉的黎明，即将结束那种族奴役的漫漫长夜。

但从那时至今，已经有100年历史了，可黑人仍无自由可言，100年后的今天，黑人的生活仍旧被悲惨的隔离的枷梏和歧视的锁链所捆缚。100年后的今天，在浩瀚的物质财富海洋之中，黑人仍旧在美国社会的一隅受苦受难，并且发现自己竟然是自己所在国土上的流放者。因此，我们今天来到这里，把这种不体面的身份戏剧性地表演一下。

就某种意义而言，我们是来首都兑现期票的。当我们共和国的"建筑师"们撰写《宪法》和《独立宣言》中的富丽堂皇的篇章时，我们是在签一张"期票"，每个美国人都是这张期票的合法继承人。这张期票是一项允诺，即所有的美国人——非但白人，还有黑人都拥有不容剥夺的生活的权利，享受自由的权利和追求幸福的权利。

但是现在，很显然，就有色公民而论，美国一直拒付这张期票。美国没有承担如期兑现这张期票的神圣义务。黑人满怀期望地得到的竟是一张空头期票。这张期票被签上"资金不足"的字样。然而我们绝不相信，正义的银行会破产。我们绝不相信，在美国，储存机遇的巨大金库竟会"资金不足"！

所以，我们来兑现这张期票，来兑现一张将给予我们堪称最高财富——自由和正义的保障的——期票。

我们来到这个神圣的地点，其又一目的是提醒美国政府，现在是最为紧迫的时刻。现在既不是享用缓和激动情绪的奢侈品的时刻，也不是服用渐进主义麻醉剂的时刻。现在是从黑暗荒凉的深渊中崛起、向阳光普照的种族平等的道路奋进的时刻。现在是把以种族歧视的流沙为基础的美国重建在兄弟情谊般的坚石之上的时刻。现在是为上帝的子孙实现平等的时刻。

如果再继续无视时机的紧迫，就将导致我们国家的不幸。不实现自由与平等，黑人的完全合法的不满情绪就不会平息，令人心旷神怡的金秋就不会降临，炎炎酷暑就不会消逝。1963年不是尾声，仅是序曲。

如果美国政府继续一意孤行，就会使那些幻想黑人只要发泄一个不满情绪就会满足的人猛醒。在未授予黑人以公民权之前，美国既不会安宁，也不会平静。反叛的飓风将会不断地撼动这个国家的根基，直到迎来光辉灿烂的正义的黎明。

可是我必须对站在通往正义之宫的温暖入口处的人们进一言，我们在争取合法地位的进程中，绝不能轻举妄动。我们绝不能为了满足对自由的渴望，就啜饮敌意和仇恨。我们必须永远在自尊和教规的最高水平上继续我们的抗争。我们必须不断地升华到用精神的力量来迎接暴力的顶峰。

席卷黑人社会的新的奇迹般的战斗精神，不应导致我们对所有白人的不信任——因为有许多白人兄弟参加了今天这个集会。这就告诉我们，他们已经逐渐认识到他们自己的命运与我们的自由是休戚相关的。

我们不能独自前进。而当我们前进的时候，我们必须宣誓永远向前，义无反顾。有些人向我们这些热衷于获得公民权的人发问："你们何时才会满足？"答案是明确的：只要黑人还是警察的骇人听闻的恐怖手段和野蛮行为的牺牲品，我们是不会满足的；只要我们到旅馆里歇息，而在市内的旅馆投宿却不被允许，我们就不会满足；只要黑人的基本活动范围还是局限于从一个较小的黑人区到一个稍大的黑人区，我们就不会满足；只要我们的孩子被标写着"只限白人"的牌匾剥夺人格和自尊，我们就不会满足；只要密西西比的黑人不能参加选举，而纽约黑人的选票还无实际意义，我们就不会满足。不会的，不会！除非平等泻如飞瀑，除非正义涌如湍流，我们是不会满足的。

我并非没有留意到，你们之中有些人是历经巨大的痛苦与磨难后来到这里的。有些人来自狭小的牢房，还有些人来自那对自由的要求竟会招致迫害的风暴接二连三的打击，竟会招致警察兽行般地反复摧残的地区。而你们却一直富于创造性地、坚忍地忍耐着。那么，就怀着一定能获得拯救的信念坚持下去吧！

回到密西西比去吧！回到亚拉巴马去吧！回到南卡罗来纳去吧！回到佐治亚去吧！回到路易斯安那去吧！既然知道这种境况能够而且必定改变，那么应回到我们北方城市中的陋巷和贫民窟去！我们绝不可以在绝望的深渊中纵乐。

今天，我对大家说，我的朋友们，纵使人们面临着今天和明天的种种艰难困苦，我们仍然有个梦想，这是一个深深植根于美国之梦的梦想。

我梦想着，有那么一天，我们这个民族将会奋起反抗，并且一直坚持实现它的信条的真谛——"我们认为所有的人生来平等是不言自明的真理"。

我梦想着，有那么一天，甚至现在仍认为不平等的灼热和压迫的高温所炙烤的密西西比，也能变为自由与平等的绿洲。

我梦想着，有那么一天，我的4个孩子，能够生活在一个不是以肤色，而是以品性来判断他们的价值的国度里。

我梦想着，有那么一天，就在邪恶的种族主义者仍然对黑人活动横加干涉的亚拉巴马州，就在其统治者拒不取消种族歧视政策的亚拉巴马州，黑人儿童将能够与白人儿童如兄弟姐妹一般携起手来。

我梦想着，有那么一天，沟壑填满，山岭削平，崎岖地带铲为平川，坎坷地段夷为平地，上帝的灵光大放光彩，芸芸众生共睹光华！

这就是我们的希望！这是我返回南方时所怀的信念！怀着这个信念，我们就能从绝望的群山中辟出希望的宝石；怀着这个信念，我们就能变我们祖国的嘈杂喧嚣为一曲优美和谐的兄弟交响乐；怀着这个信念，我们就能共同工作、共同祈祷、共同斗争，甚至哪怕共同入狱。既然知道有朝一日我们终将获得自由，我们就能为争取自由共同坚持下去！

点评：马丁·路德·金（1929—1968年），美国黑人民权运动的著名领袖、牧师。1954年，参加美国有色人种协进会。1955年，发起成立"南方基督教领袖会议"，1957年，被选为该会主席。1958年，在南方21个主要城市组织集会，号召黑人争取公民权利。此后，多次组织集会游行，反对种族歧视，要求种族平等。1964年，荣获"诺贝尔和平奖"。1968年3月，途经田纳西州孟菲斯市时，遇刺身亡。

《我有一个梦想》，是马丁·路德·金在1963年8月28日美国黑人向首都华盛顿进军并在那里举行全国性和平进军大会上的讲话。这篇演讲从由林肯纪念堂联想到的林肯签署的《解放宣言》谈起，号召黑人起来斗争。这篇演讲通篇感情充沛、气势磅礴；感召力极强，并在演讲的结尾处寄希望于梦想，呐喊出"我梦想着，有那么一天……"的心声，深情恳切地表达了对自由的渴望，给人以战斗的勇气与胜利的信心，真是演讲中的上乘之作。

在林肯诞辰200周年纪念活动上的讲话

（2009年2月12日）

巴拉克·奥巴马

我荣幸地站在这里——这是林肯为国效劳的地方，是他宣誓就职的地方，也是他所拯救的国家向他作最后告别的地方。在我们纪念我国第16任总统200周年诞辰之际，我不能说我对他的生平和业绩的了解像今天多位演讲者那样深入，但我能说我对这位伟人怀有特殊的感激之情。我个人的历程，以及整个美国的历程，在很多方面要归功于他。

我们在国会山举行这次纪念活动恰如其分。这座建筑与这位永垂不朽的总统生活的时代有千丝万缕的联系。它由能工巧匠以及移民和奴隶建成——正是在这座圆形大厅内，北方军士兵得到临时医院的救治；正是在下面的地下室里烘烤的面包，让他们获得体力；正是今天的参议院和众议院议事大厅，成为他们夜晚宿营和白天偶尔休息之地。

这些士兵当年看到的这座建筑，与我们今天看到的截然不同，因为这座建筑一直到南北战争结束时都还没有完工。建造这座圆顶大厦的劳工每天上工时不知他们明日是否还再来；不知他们所用的金属梁架，是否会被征为军用物资，熔制子弹。但时间一天天过去，没有人命令他们停工，他们一直在上工，一直在建造。

当林肯总统后来得到汇报，得知大量钢铁被用在这项工程上时，他给予了这样一个简洁明了的答复：此乃物尽其用。他认为，应当让美国人民知道，即使在战争时期，建设也要继续；即使在国家自身疑虑重重时，它的前途却正在受到保障；当很久以后的一天枪声平息时，国会大厦将巍然屹立，其顶端矗立的自由雕像，也将成为仍在愈合中的国家团结统一的象征。

今天令我深省的，正是这种团结意识，这种即使在我国四分五裂时，仍能展望一个共同前景的能力。尽管这位伟人的这一特殊品质——他的领袖才能的独特之处——展现在数不胜数的场合中，但我今天希望与你们共同回顾其中一个。

在南北战争结束前的几个星期，林肯总统在格兰特将军的"女王河"号（River Queen）旗舰上被问到，在李将军（General Lee）投降后，将如何处置他的南方军。当时胜利近在咫尺，林肯完全可以报仇雪恨。他可以迫使南方军为反叛付出沉重代价。但林肯却下令，尽管双方都给对方造成了惨重伤亡和巨大痛苦，南方军一律免受惩处。他们将被给予——用他的话说——"完全自由"的待遇。林肯只希望南方军士兵返回家乡，恢复农耕，重操旧业。他还说，他甚至愿意"让他们保留自己的马以便拉犁……他们自己的枪以便打鸟"。

林肯知道，这是让导致国家分裂的伤痕得以弥合的唯一途径，也是让国家迫切需要的愈合得以开始的唯一途径。因为林肯从未忘记，即使在南北战争期间也从未忘记，虽然我们有种种差异——北方与南方，黑人与白人——但在内心深处，我们同属一个国家，同是一国子民，我们作为美国人的共同组带无法割断。

因此，当我们今天聚首在这里时——虽然我们的隔阂远不如林肯时代深重，但却是又一次在经历重大时代问题的辩论，而且是激烈辩论——让我们切记，我们这样做是因为我们是为同一面旗帜效劳的仆人，是同一国子民的代表，是与同一未来息息相关的人。这才是我们对杰出的亚伯拉罕·林肯最好的纪念——是我们能够为他筑造的最永恒的丰碑。

谢谢大家。

点评：2009年2月12日，美国总统奥巴马出席了林肯诞辰200周年纪念活动并发表了讲话，以上是讲话全文。在这篇演讲中，奥巴马首先肯定了林肯做出的贡献，深情回顾了林肯坎坷而又光辉的一生。接着，奥巴马谈到了林肯非凡的宽容与团结意识。为了国家能够运作长久这一共同目标，消弭彼此的隔阂，是对林肯最好的纪念。

在金融危机的大背景下，在反恐泥潭的挣扎中，美国国内弥漫着各种论点与论调，奥巴马的讲话，正是对这些喧嚣的理性建言。

奥巴马的演讲词结构严谨，自然和谐；句式错落有致，富于变化；措辞精练，句句朴实优雅。通篇洋溢着炽烈而真挚的感情，极富感染力与鼓动性。

在中国人民大学毕业典礼上的致辞

（2017年6月23日）

张磊

尊敬的靳诺书记、刘伟校长，敬爱的各位老师，亲爱的师弟师妹们，还有今天特意赶来的各位家长朋友们：

大家下午好！

非常荣幸能够作为校友代表参加今年的毕业典礼。今天还是母校80周年大庆的日子，看到台下这么多年轻的面孔，我特别开心！

今年毕业的学弟学妹好多都是90后吧，其实我也是个90后。我是1990年考入人大的。（笑声）1994年毕业后，我去美国留学工作，2005年回国创业成立了高瓴资本，名字就是来自高屋建瓴四个字。所以高瓴还是个00后。说起高瓴，不见得大家都熟悉，但是要问在座的大家，有没有用过微信，骑过摩的，用滴滴打过车，在京东上剁过手？我估计答案是肯定的。京东也是咱们92级的校友强东创立的。

刚才提到的这些企业，都是高瓴投资的。套用现在流行的话说，他们都是高瓴的CP。（笑声、掌声）高瓴管理的基金规模，从2005年最初的2 000万美金，到现在的300亿美金，它已成为亚洲最大的私募股权管理基金之一，（长时间掌声）这正好用了12年，一个轮回。然而我觉得，起点应该从1994年毕业时算起，因为没有人大就没有今天的我，更不会有今天的高瓴。回想这23年的经历，我感慨万千，确实有满肚子话想跟大家说。但我思考之后，决定今天跟大家谈谈选择的问题。

首先跟大家分享一个小故事。我当年在美国耶鲁大学读研究生期间，曾去波士顿的一家咨询公司面试。面试官让大家分析整个大波士顿区域需要多少个加油站。别人都在做数据分析论证时，我向面试官提了一连串问题，为什么只建加油站？为什么不能同时开杂货店？未来要是有了别的出行方式，修那么多加油站干什么？可能是我"怼"面试官太狠，结果他现场就把我KO了。后来这样"一轮游"的面试我还参加了不少。就在所有的门似乎都关闭了的时候，我在耶鲁投资基金找到了一份实习生的工作，在那里我找到了自己事业的坐标系，选择进入投资行业。

现在回想起来，我如果按照面试官的要求建模型做论证，今天我可能还在华尔街做咨询或投行。当然这也不错。（笑声）但我选择的是诚实面对自己的内心，坦诚表达自己的想法，选择不走"寻常路"。就像弗罗斯特（Robert Frost）在他最著名的诗《未选择的路》（The Road Not Taken）里说的，"I took the one less traveled by, and that has made all the difference（我选择了一条与众不同的道路，而这对我此生意义非凡）"。

人生其实就是由这一个又一个选择组成的，每一个路口选择的方向，决定了你带着什么样的心情上路，最终看到什么样的风景。亲爱的师弟师妹们，衷心恭喜你们四年前就做了一个极其明智的选择，加入人大，成为"中国好校友"的一员。（掌声）离开学校的日子越久，我相信你们越能感受到这个词的力量。

在人生的道路上，选择与谁同行，比要去哪里更重要。今年毕业的七千多人，你们现在就好好看看身边的人吧。他们或许是你的老师、好友，或许是你的挚爱，（笑声）或许你们之间交集并不多，甚至互不相识。也许你们以后会经常见面，也许从此天各一方，再会无期。但无论任何时候，无论你们身在何方，"人大"这个名字永远会是将你们紧密联系在一起的一条纽带。我很幸运，通过这条纽带认识了很多靠谱的人，和他们一起做了很多有意思的事情。

珍惜你身边的人，因为你不知道什么时候会说再见。但是你们一块儿走过的知行路，看过的教二草坪，一起犯过的傻，一块儿流过的泪，都将成为你人生最宝贵的财富之一。

第三点，我希望大家选择做时间的朋友。作为投资人，我自己的感触是用长远的眼光看问题做选择，时间自然会成为你的朋友。2011年我在人大捐建高礼研究院，在那里我对大家说，这个世界不变的只有变化本身。有句话叫"风物长宜放眼量"，就是让我们从远处、大处着眼，要看未来，看全局。我常常向创业者建议，要学朱元璋"广积粮，高筑墙，缓称王"。这个战略在创业中有效，也同样适用于你我的生活。

做时间的朋友，需要极强的自我约束力和发自内心的责任感。在多数人都醉心于"即时满足"（instant gratification）的世界里，懂得"滞后满足"（delayed gratification）道理的人，早已先胜一筹。我把这称为选择延期享受成功。

希望大家都能坚持自己内心的选择，不骄不躁，好故事都来自有挑战的生活；持之以恒，时间终将会成为你的朋友。在这里与同学们共勉。

除了选择的几个问题，作为人大的校友，我觉得还有一点很重要，那就是我们不仅要掌握科学思辨的能力，还要心中长存人文精神的火种。当今时代，伴随基因技术和人工智能技术的发展，科技爆炸、奇点临近，人类将进入新纪元，我们的生活也会迎来巨大的挑战。而大家在人大的学习生活，恰恰赋予了我们广博的视野和人文情怀，这将帮助我们处乱不惊，面对纷繁复杂的世界，不断去追问问题的本质。我本科是学国际金融的，没有编过程，也没有技术背景，但是我后来照样投资了一批科技企业，它们现在在各自领域内引领世界潮流。我感谢咱们人大的人文教育，相信同学们也会从中获益无穷。

作为投资人，我常说起我的三个投资哲学："守正用奇""弱水三千，但取一瓢""桃李不言，下自成蹊"，这三句话分别源自《道德经》《论语》《史记》。虽然现代金融投资的工具和方法大多源于西方，但如何使用好这些工具，我还是更推崇我们优秀的中国哲学思想和传统民族文化。我们要有充分的文化自信，要珍惜人大给我们的人文土壤，好好汲取营养。过去未去，未来已来。我希望我们人大学子，以后不管进入哪个行业从事什么工作，都能保持乐观和激情，用人文的情怀去雕琢自己，美化身边。赠人玫瑰，手有余香。

今天毕业典礼之后，我将与学校签署捐赠协议，捐赠3亿元人民币。（掌声雷动）

这是为了长期支持创新型交叉学科的探索和发展，也是我送给母校80周年校庆的一份心意。（掌声雷动）

愿你出走半生，归来仍是少年。（掌声雷动）

从今天开始，你们会被学弟学妹们称为"校友"；从今天开始，人大的时光就将变成我们心中一处温暖的存在，这处存在有着一个共同的名字："母校"。在这里衷心祝福大家，用舍我其谁的魄力去勇敢拥抱变化；用第一性原理去不断探究世界的价值原点；用人文精神去点亮心中的灯塔，think big, think long！（掌声雷动）

谢谢大家。

点评：2017年6月23日，在中国人民大学世纪馆召开的2017届学生毕业典礼上，高瓴资本创始人张磊受邀作为校友代表出席并致辞。面对7 000余名本科、硕士、博士毕业生，张磊奉献了这篇充满智慧、饱含深情、发人深省的演讲词。在其中张磊分享了自己的感悟和体会，并鼓励学弟学妹们，在"过去未去，未来已来"之际，诚实面对自己的内心，选择做时间的朋友，think big, think long。

"愿你出走半生，归来仍是少年。"张磊无愧"中国好校友"，其秉持人文精神的火种，不负韶光，砥砺前行。

实践训练

1.阅读材料讨论

（1）请阅读韩复榘的这篇演讲，然后回答问题。

韩复榘，民国时期的一名大军阀，他给后人留下了许多笑料。此人是个大老粗，大字不识一箩筐，却偏偏喜欢冒充斯文，到处演讲。据说他留下的经典笑料，是他在担任山东省主席时在齐鲁大学的一篇演讲。原文照抄如下：

"诸位、各位、在齐位：今天是什么天气，今天是演讲的天气。来宾十分茂盛，敝人也十分感冒。今天来的人也不少咧，看样子有五分之八吧。来的不说，没来的请举手吧！

今天兄弟召集大家来训一训。兄弟有说得不对的，请大家互相原谅。你们都是文化人，都是大学生、中学生、留洋生，你们这些乌合之众是科学科的，化学科的，都懂得七八国英文，兄弟我是大老粗，连中国的英文也不懂。你们大家都是笔杆子里爬出来的，我是炮筒子里钻出来的。今到此讲话，真使我蓬荜生辉，感恩戴德。其实，我没有资格给你们讲话，讲出来也是对牛弹琴，也可以说是鹤立鸡群了。

今天也不准备多讲，先讲三个题目。

蒋委员长的新生活运动，兄弟我举双手赞成。就一条，行人靠右走着实不妥，实在太糊涂了。大家想一想，行人都靠右走，那左边留给谁呢？

还有一件事，兄弟我也想不通。外国人在北京东交民巷都建了大使馆，我们中国为什么不在那儿也建一个呢？说来说去都是我们中国太软弱了。

第三个纲目，学生篮球赛，肯定是总务长贪污了。我们学校就这么穷酸？让学生穿着裤衩，十来个人抢一个篮球，像什么样子？多不雅观。明天到我公馆里去，领一笔钱，多买几个球，一人发一个，省得再你争我抢的。"

……

任务3　演讲词欣赏

问题：①韩复榘演讲失败的原因是什么？请分析说明。

②这则反面案例给我们什么启示？

（2）请阅读以下"演讲稿"（在一次产品推荐会上，某营业代表的演讲），然后谈谈你的想法。

各位来宾：

大家好！我今天给大家讲讲家里的"服饰怎样安度黄梅天"。

眼前天气进入黄梅多雨季节，空气相对湿度高。羊绒、毛呢料及毛皮制品吸附潮湿能力很强，回潮率达到16%，加上成分蛋白质、纤维较易招引虫蛀、霉变，导致好端端的衣物受损。从科学观点出发，防霉防蛀更有效的方法是保持环境干燥，在多雨的季节里，建议家庭主妇不开或少开衣橱、箱柜。

目前市场各大超市、商厦有一种新颖的吸潮、防虫、防蛀商品，名叫"吸潮大王"，它由塑料盒内的吸潮剂和封口的吸潮膜制成，能将空气中的水分子吸进盒内。规格分为250ml、300ml、600ml三种，产品齐全，是由上海某公司采用国际全新技术制作的，其吸潮剂无害、无异味，具有强有力的吸潮功能。

为了服饰能安度黄梅天，请您迅速前往商店购买此产品。

资料来源　佚名. 演讲的语言艺术［EB/OL］.［2010-05-25］. http://wenku.baidu.com/view/ec62ad868762caaedd33d4ee.html.

（3）以下是一则竞选"班长"的演讲，请阅读后谈谈你的想法。

我本来不想做班长，因为我相信别人能把班级搞好。但是现在，我自信：我能把班级搞得更好。因此，我竞选班长。

在我的任期内，我保证做到以下几点：

第一，使我们班成为一个坚强的集体、团结的集体。班风是团结、活泼、求实、进取。

前一阵儿，物管班的一位朋友对我说："你们工管班就是这样，争争斗斗太激烈了，没意思！"我想这位同学的话不无道理。我们工管班从始到今，几任班长上上下下，没有人能在班长的"宝座"上坐长，原因是：你"掌权"时，不管你的成绩如何，不整你下来，我就不舒服！多少年来，这样的事情还少吗？我们受到的损失还不严重吗？中国人有句古话，叫"和为贵"，团结就是力量。因此，我上任后的第一件事就是使我们班成为一个坚强、团结的集体。

第二，营造全班的学习氛围，使学习成绩普遍提高，争取学年平均成绩列全系第一。同时，我组建的班委会成员的学习成绩至少在中上水平，起模范带头作用。

第三，鉴于我们是学工业管理的，为使每个人都有机会得到锻炼，学会"管理"，每两周一次的班会将由各寝室轮流主持。同时，本人将充分发挥每个人的特长，做到人尽其才。

第四，我组建的班委会将与团支部很好地合作。与外系、外校的一些班级结成友好班级，并共同组织活动，如野餐、郊游、联欢、球赛等。

第五，在搞好学习的基础上，班委将组织几次勤工俭学，将收入作为班费和一些活动的经费。

第六，全班所有同学享有充分的民主权。在任何时候，如有同学对班级状态表示不满，我将自动辞职。

第七，本人重视女同学在班级中的作用。尼采曾经说过："去找女人吗？请带上你的鞭子！"我看可以改成："去找女人吗！请带上你的微笑和尊敬！"我班女生占十分之一，但从性别上看，她代表人类的一半！

也许有的同学认为进校以来我没有担任过班级干部，没有经验。对此，我不想否认。但是，大家都知道"旁观者清"这一俗语。正因为我是普通一员，我才更清楚地看到班级里存在的问题。我自信：我能和在座的各位很好地合作，以争取第一。

最后，我要说：请投我一票，我将是你们最好的班长！

2.综合训练

（1）准备个人经历演讲。准备一个2~3分钟的个人经历（叙述性）演讲。想想你过往的幽默、有悬念或富有戏剧性的经历，选择一段你认为你的听众会喜欢的经历。

首先，思考一下，你此次演讲的目标是什么？你将为此次演讲做哪些准备？并用文字说明你的演讲提纲。

其次，列举场景分析清单：听众人数将有多少？什么时候做演讲？演讲安排在整项活动的哪个部分？演讲的时间限制是什么？对演讲的期望是什么？演讲将在哪里举行？做演讲必需的设备是什么？

最后，根据你此次演讲的具体目标，你能提供哪些相关信息？你准备如何运用？

（2）根据开头续接演讲。请根据以下题为"生命之树常青"的演讲开头，进行构思，续接演讲的主体部分：

伟大的诗人歌德曾有一句著名的诗句："生命之树常青。"是的，生命是阳光带来的，应该像阳光一样，不要浪费它，让它去照耀人间。

（3）演讲稿撰写。以"我的大学"为题，参照演讲稿撰写的方法，为自己撰写一篇演讲稿。教师可选取有代表性的演讲稿在全班朗读。

（4）设计开场白。你的母校——某大学（学院）校庆50周年，你作为校友代表被邀请在校庆典礼上演讲。请为你这次演讲分别设计3个开场白。

要求：切合现场气氛，每个开场白不超过100个字，分别讲出来并加以比较。

（5）克服口头禅。有些人在初次上台，甚至是多次上台之后，仍然会使用口头禅，从而影响演讲的效果，可以采用如下三种方法进行克服演练：

记住演讲稿，一字不差，形成语言定式；

在语音停顿处，用空白去代替口头禅的出现；

用录音机录下演讲内容，反复听，一出现口头禅就给自己一个刺激，让自己对口头禅充满厌恶感。

（6）"卡壳"的处理。人在紧张的时候大脑会空白，什么都想不起来。演讲过程中出现"卡壳"应该怎么办？可以从以下五个方面降低"卡壳"的负面影响，进而引导演讲的顺利进行：假装倒水、喝水，让听众休息，重复讲过的内容，稍作停顿，提问并回答。

（7）辅助媒体的使用。在现代演讲中，要学会使用媒体，如何进行幻灯片演示（PPT），如何正确使用辅助媒体，则需要专门的技巧。紧扣以下方面进行使用演练：①要让所有的观众都能看到，特别是前边两侧和后边的观众；②站立时不要挡住屏幕和白板；③进行演示，要先打开幻灯片，再进行演讲；④演讲内容和媒体展示内容要一致；⑤写板书时，人要站在一边。

（8）模仿演练。有一次，美国前总统里根在白宫钢琴演奏会上讲话时，其夫人南希不小心连人带椅跌落到台下的地毯上，观众发出惊叫，但南希却灵活地爬起来，并在宾客的热烈掌声中回到自己的座位上。正在讲话的里根打趣地说："亲爱的，我告诉过你，只有在我没有获得掌声的时候，你才应该这样表演。"一句话，使全场响起热烈的掌声和笑声。

假如你在演讲，主持人或者前排的一名听众发生了像南希一样跌落的情景，请你模仿里根说话的方式说一句话，把听众的注意力重新吸引到你的演讲中来。

（9）控场演练。一对新人的婚礼仪式完毕，主持人领着新郎新娘从婚礼台上走下来，正准备举杯给来宾敬酒，不料，突然停电了，全场一片漆黑。正在这时，只听主持人朗声说："……"全场随即由一片喧闹转为一阵欢笑。

请根据这种情况，把婚礼主持人的话续说出来。现场情况是：两分钟以后才来电，所以至少要说两分钟。

（10）全面控制训练。演讲前的情绪波动，常常表现为气息不匀或压抑滞缓，情绪低落或呼吸加快，情绪激动。

练习方法：缓缓地长吸一口气，然后重重地像叹气似的呼出去，反复几次，可以促使情绪积极活跃，进入亢奋状态；然后吸一口气再缓缓地呼出，可以平息急躁、克制紧张，这样练习有助于情绪自然放松。

（11）环境抗干扰训练。演讲中常有某些"意外"事情发生，干扰演讲者的情绪，往往会使演讲功亏一篑。练习抗干扰，应贯穿于演讲准备的全过程。

训练时，可在公众场合（如教室、办公室、楼道、操场）进行，不管周围人们如何穿梭往来，谈天说地，不管有无旁人围观；更不因自己动作、表情不成熟而有为难感。做到视若无睹，充耳不闻，"情有独钟"。这种练习开始时难度较大，很容易走神忘词，忘记动作，但只要坚持下去，定会取得成效。如能在练习中逐步把周围的人都吸引过来聆听演讲，那就说明有了效果，这将会极大地鼓舞演讲者，给予其信心，取得事半功倍的效果。

（12）分小组演讲演练。以小组为单位，选择一个演讲题目，由学生自己讨论并拟定大纲、撰写演讲稿、制作演讲PPT，并由小组成员进行小组内同题演讲，选择最佳的一人上台演讲。其他小组的学生对演讲者进行评价。学生都完成演讲后，教师一一点评。以下是备选题目，仅供参考：①我爱我的专业；②面对金融危机，我能做什么；③扬起生命的风帆；④做文明的城市主人；⑤我爱家乡美；⑥永远不要说放弃；⑦推销你自己。

（13）应变训练。对演讲者来说，应变能力是演讲中必不可少的能力，而这种能力需要在日常生活中不断地练习才能有所提高。

①偶发事件应变。陈毅任外交部长时访问亚洲某国，这个国家的宗教领袖代表僧众向陈毅赠送佛像。大家都知道共产党员不信宗教，都盯着陈毅，看他如何应对这件事。陈毅高高兴兴地接过佛像，大声说："靠佛祖保佑，从此我再也不怕帝国主义了。"在20世纪60年代亚非拉各国兴起反帝反殖民运动时说这样的话，自然引来如雷鸣般的掌声。

②反对意见应变。我们说话时当然愿意对方同意自己的观点，这无疑会鼓励我们继续讲下去。但事实上，常会有不同意见，或是遭到激烈反对。这时我们先要弄清他们反对的是不是有道理。如果我们的确错了，就应持诚恳的态度，实事求是地表示接受对方的反对意见，还应该感谢对方的批评指正，顽固地坚持错误是不明智的；如果问题属于有争议、无定论的范围，各家说法均可站得住脚，这时应与对方以平等的地位辩论，实在不易说清楚可以存疑，没必要争个是非曲直；如果对方与自己所说的只是角度不同，结论相似，我们更要把握好情绪，耐心听取对方的意见，从中还可以吸收一些对自己有益的东西，补充自己的叙述。

训练时要注意：

第一，讲述某个重要问题时，尽量广泛地查阅资料，弄清楚理论界在这一问题上有哪些主要观点，自己倾向于哪一种，以便在讲述时有所侧重，也易于与他人的思路接轨。

第二，交谈时常提出一些问题与他人讨论，细心听取个中意见，尤其关注与自己不同的意见，想想该如何反应。

第三，常读理论书刊，常做逻辑练习，常写驳论文章。

③互问、互答训练。请自己的朋友设计一组常识性问题，然后向你快速提问，你作快速流畅的回答，看看在100秒钟内能正确地回答出多少个问题。请试着快速回答下列各题，并计时："雷鸣电闪"和"电闪雷鸣"哪种说法更合理？什么动物代表澳大利亚？处于困境又遇生路可用什么成语表达？我们看到的什么影子最大？1只猫5分钟抓1只耗子，100分钟内抓100只耗子，需要几只猫？什么马不能跑？话不投机、投机取巧，两个"投机"的意思相同吗？10条金鱼在鱼缸，死了1条还有几条？大人挽着小孩，小孩是大人的儿子，大人不是小孩的父亲，这人是谁？两个爸爸和两个儿子上山打猎，每人打了一只野兔，一共却只有3只，什么原因？

④快答训练。请一位朋友向你提问，你作直接快速的回答，提出问句时间不计在内，看答话用了多少时间。问题如下：你的优点是什么？你的缺点是什么？你的爱好是什么？这个爱好是怎么形成的？这个爱好给你带来了什么好处？这个爱好为什么至今没有转移？你的烦恼是什么？你最珍惜的是什么？你最讨厌的是什么？你最崇尚什么？你最喜欢的格言是什么？你最大的乐趣是什么？你平时经常想的是什么？你做人的信条是什么？你最大的愿望是什么？你怎样评价自己？听到闲言碎语你如何对待？你是喜欢春天还是冬天？你是不是开始觉得金钱并非微不足道了？你现在是不是打消了出国的念头？

快答训练提示：

第一，问句的角度要求避免单调和程式化，要富于变化。答语的观点要求旗帜鲜明，坦率从容，也可以含蓄风趣一点，有一些哲理色彩。

第二，简单明了，多用短语，尽可能一两句话就把自己的意思说得明明白白。多用直言句式直截了当地应对，不要模棱两可，不痛不痒；也要力求避免运用简单的肯定、否定（如"是"或"不是"）方式作答。

第三，少说空话、套话，内涵力求丰富充实，要敢于亮出自己的想法，不要遮遮掩掩，要显示出自己鲜明的个性。

第四，要留意复杂问句。所谓复杂问句，是指隐含某种假定前提的问句。如"你还想去北戴河旅游吗？"隐含前提是"曾经或一直想去北戴河旅游"。其实你可能从来就没有"想"过，所以回答要针对"想没想"，而不是"去不去"。对这类问句要留心前提，做出有针对性的回答。训练题中有些是复杂问句，如最后两句。

课后练习

1.什么是命题演讲？命题演讲有哪些特征和类型？

2.进行命题演讲应作哪些准备？

3.请分析以下演讲者在材料选择上存在的问题。

（1）讴歌一位警察——"非典"时期，父亲突发脑溢血，见到身为警察的儿子来探望便动员他回到岗位上去，儿子听着生命垂危的父亲坚定有力、命令般的斥责，"咚"的一声跪下，含泪磕了三个响头，大呼："爸，不孝儿回去了！"

（2）褒扬筑路工人——年幼的儿子问妈妈："为什么我们到省城比爷爷和爸爸那个年代快多了？"妈妈微笑着说："那是因为修路的叔叔本领大，让大山都低头了。"儿子表态："长大后，我也要成为能让大山低头的人！"

（3）关于"忠诚铸就卓越"的演讲——炎热的七月，正当扩容工程进行到割接的紧要关头，张秀平突然接到老家的电话：父亲病重，望她速速回家。一边是割舍不了的骨肉亲情，一边是挚爱工作的紧要关头，即便选择放弃工作也完全可以理解。但是，她还是强忍着自己的内疚，选择留在工作岗位。当交换机的割接任务顺利完成后，她急匆匆地赶回老家，却再也没有机会见到父亲慈爱的面容！

4.请选择以下题目撰写1~2篇演讲稿，也可根据你的兴趣另外选题撰写演讲稿。

青春无悔	红花需要绿叶衬
毕业断想	拒绝平庸
感恩的心	君子爱财，取之有道
学会放弃	莫当"手机控"
生活告诉我	再议"眼见为实"
一句格言的启示	别让英雄流血再流泪
人生处处是考场	成熟的标志
"沉默是金"之我见	喜欢……的n个理由
勤俭与发展	顺境与逆境
从"胯下之辱"看人生选择	君子一言，驷马难追

蚂蚁的力量　　　　　　　　　　　　感恩的日子

书中自有黄金屋　　　　　　　　　　自由与纪律

5.为什么要重视演讲稿的结构安排？有人说比较理想的演讲稿结构应当是"凤头、猪肚、豹尾"，这种说法对吗，为什么？

6.谈谈你对以下开场白的看法：

"大家让我来讲几句，本来我不想讲，一定要讲就讲吧。"

"同志们，我没什么准备，实在说不出什么。既然让我来讲，那就随便讲点，说错了请大家原谅。"

"同志们，这几天实在太忙，始终抽不出时间，加上身体欠安，恐怕讲不好，请大家原谅。"

7.下面是两个不同演讲的结尾，各自运用了什么手法？取得了怎样的效果？

（1）浩云《论"男子汉"》的结尾

所以，真正的男子汉，不仅须博大、精深，有理性的头脑，能开创一番事业；不仅须刚毅、坚强，有无畏的精神，敢蔑视一切困难，他也须宽容，具善意，有爱心。正所谓"无情未必真豪杰，怜子如何不丈夫"也。但愿我们的世界，因为会有更多的男子汉的出现，而充满了男性的美，男性的力度，男性的清醒与坚定，也充满了男子汉深厚宽广的爱。

（2）徐宁《叶的事业》的结尾

伟大诗人泰戈尔有这样一段名言："花儿的事业是甜蜜的，果的事业是珍贵的，让我们干叶的事业吧，因为叶总是谦逊地垂着她的绿荫。"幼教事业又何尝不是叶的事业呢？每一个幼儿教师，都像是一片绿叶，在党的阳光下进行光合作用，孕育着花，孕育着果，孕育着神州大地的万千桃李。

让所有年轻的爸爸、妈妈都放心地把孩子交给我们吧！我要把我的爱、我的智慧和我的整个生命都奉献给他们。假如命运允许我再选择一次，我还是选择幼教事业！

我也愿所有的年轻朋友，都尽自己的力量，干好叶的事业，花的事业，果的事业，共同为我们欣欣向荣的祖国增一分明媚的春光，添一片绚丽的色彩。

8.命题演讲中如何使用直观教具？在这方面你有什么经验？

9.走上讲台，简单讲几句话，然后走下讲台。在这一过程中尝试进行环视、注视、虚视，体味其中的区别。

10.怎样在演讲中给听众留下良好的第一印象？

11.第一次参加演讲时你感到紧张吗？你是怎样克服紧张情绪的？

12.应如何提升自己的演讲临场应变能力？

13.美国前总统罗斯福在分析演讲者怯场的原因时指出："每一个新手，常常都有一种心慌病。心慌并不是胆小，乃是一种过度的精神刺激。"你认为罗斯福的分析是否正确？为什么？

14.案例分析

易中天华中师范大学演讲片段

我们今天要讲的题目是《中国文化与中国人》。我们为什么要讲这样一个题目，是因为文化和我们的建设发展是有密切关系的。这是一位校长给我出的题目，他说，你能不能到我们大学来讲一讲文化与发展。我就想文化与发展有关系吗？20年前我认为是没有关系的。20世纪70年代末我在武汉大学，那时我们流行一种服装叫"喇叭裤"，喇叭裤就是臀部很紧，然后在膝盖的地方开始扩张，当时这是"问题青年"的标准着装。20世纪70年代末80年代初，青年穿什么衣服呢？戴蛤蟆镜，穿T恤衫、喇叭裤，手拿收录机在街上招摇过市。逐渐地这个风就吹到校园来了，然后当时的武汉大学学生也开始穿喇叭裤，校方就说："我们新时代的大学生怎么能穿得跟混混一样?!"当时的团委和党委确实也真的是以人为本，人性地来做这个思想工作，它们没有开批斗会，没有把学生叫来训话，而是贴出一条标语："喇叭裤能吹响向四个现代化进军的号角吗？"我们的学生就在这条标语下贴了一条小标语："请问，什么裤能吹响？"当然结论是什么裤也吹不响。我们知道服饰是一种文化，那么服饰与发展有关系没有呢？但10年以后我的观念变了，因为我发现改革开放头10年最先富起来的那个地方的人们最先穿喇叭裤，那个地方叫广东。

思考题：

（1）易中天教授在演讲中采用了什么方式表达其观念？

（2）请在网上观看易中天的演讲视频，体会其演讲风格。

白岩松在耶鲁大学的演讲

演讲开头："我要讲5个年份，第一个要讲的年份是1968年，那一年我出生了。但是那一年世界非常乱，在法国有巨大的街头骚乱，在美国也有，然后美国当时的总统肯尼迪遇刺了，但是，这一切的原因都与我无关。那一年，我们更应该记住的是马丁·路德·金先生遇刺，虽然那一年他倒下了，但'我有一个梦想'这句话却真正地站了起来，不仅在美国站了起来，在全世界也站了起来。"

演讲结尾："40年前，当马丁·路德·金先生倒下的时候，他的那句话'我有一个梦想'传遍了全世界。但是，一定要知道，不仅仅有一个英文版的'我有一个梦想'。在遥远的东方，有着几千年文明的中国，也有一个梦想。它不是宏大的口号，并不仅仅在政府那里存在，它属于每一个非常普通的中国人，而它用中文写成就是：我有一个梦想！谢谢各位！"

任务3案例分析

思考题：

（1）白岩松在耶鲁大学的演讲结尾有何特点？

（2）请在网上观看白岩松的演讲视频，体会其演讲风格。

任务4

即兴演讲

演说者与听众间建立的和谐关系，是一切演说成功的关键。向一群人作即席演说，其实不过是在自己客厅对朋友即席谈话的扩大而已。

——［美］戴尔·卡耐基

所有伟大的演说家在开始的时候都不擅长演讲。

——［美］拉尔夫·沃尔多·爱默生

课程思政要求

进行社会主义核心价值观教育；开展道德意识教育和法律意识教育；塑造良好的职业形象，不断提高职业素养；热爱祖国的语言，加强中华文化认同，增强民族自豪感；培养积极乐观的生活态度和审美情趣；促进大学生的全面发展。

学习目标

了解即兴演讲的特点、要求；把握即兴演讲的语言特色和要素；把握即兴演讲如果出错，应如何补救；把握即兴演讲的成功要诀。

随着人们交际范围的日益扩大和演讲水平的不断提高，即兴演讲已被更广泛地应用于答记者问、观后感、来宾介绍、欢迎致辞、婚事贺词、丧事悼念、宴会祝酒、赛场辩论、自由发言等场合。本章就与读者探讨一下即兴演讲的有关问题。

4.1 即兴演讲概述

小训练4-1

请与同学讨论：如何成功地进行即兴演讲？

即兴演讲是一种广义的演讲，是演讲者在无准备情况下临场构思"讲几句话"，故被人称为"脱口而出的艺术"。在纷繁复杂的日常交际活动中，凡集会、讨论、访问、会谈、参观甚至致贺等，都要用到它。各种即兴演讲的发生，不外乎两种情况：一种是演讲者身临其境，有所见、有所感、有所想，产生强烈兴致而做的演讲，这是主动的即兴演讲；另一种是演讲者受邀请、遭"突袭"而被迫发表的演讲，这是被动的即兴演讲。

1）即兴演讲的特点

较之一般的演讲，即兴演讲有其特殊性，这主要表现在如下四个方面：

第一，话题明确，针对性强。由于即兴演讲一般是对近期或眼前情况的"有感而发"，这就使话题的内容有一定的范围，显示其鲜明的针对性。所以选题宜小，内容比较集中，议论求准、求精。

第二，态度明朗，直陈己见。即兴演讲是在有限时间内对现实话题所做的迅速的反应，所以一般是直截了当地表明自己的看法，褒贬分明，毫不含糊，很少山高水远地绕弯子。

第三，有感染力，有说服力。即兴演讲注重临场发挥，但临场发挥并不是信口开河，要力求说在点子上，以内容的深刻精辟以及演讲者无懈可击的逻辑力量令听众信服，同时力求贴近生活实际，以饱满的热情感染听众。

第四，短小精悍，生动活泼。即兴演讲常以简明扼要显其力度，并以亲切生动的表述给听众留下深刻的印象。但短小并不是空洞无物，恰恰相反，它要言之有物，信息密度要大，应当实现思想性、知识性和趣味性的统一，显示出一种"磁性"。

小案例4-1　　　　　　　　　　　　　　**俞敏洪的一次即兴演讲**

人的生活方式有两种，第一种是像草一样活着。你尽管活着，每年还在成长，但是你毕竟是一棵草；你吸收雨露阳光，但是长不大。人们可以踩过你，人们不会因为你的痛苦而产生痛苦。

人们不会因为你被踩了，而来怜悯你，因为人们本身就没看到你。所以，我们每一个人都应该像树一样成长。即使我们现在什么都不是，但是只要你有树的种子，即使被人踩到泥土中间，你依然能够吸收泥土的养分，自己成长起来。也许两年、三年你长不大，但是八年、十年、二十年，你一定能长成参天大树。当你长成参天大树以后，从遥远的地方，人们就能看到你；走近你，你能给人一片绿色、一片阴凉，你能帮助别人。即使人们离开你以后，回头一看，你依然是地平线上一道美丽的风景线。树，活着是美丽的风景，死了依然是栋梁之材。活着死了都有用，这就是我们每一个同学做人的标准和成长的标准。

……

当你是地平线上的一棵小草的时候，你有什么理由要求别人在遥远的地方就看见你？即使走近你了，别人也可能会不看你，甚至会无意中一脚把你这棵草踩在脚底下。当你想要别人注意的时候，你就必须变成地平线上的一棵大树。人是可以由草变成树的，因为人的心灵就是种子。你的心灵如果是草的种子，你就永远是一棵被人践踏的小草。如果你的心灵是一棵树的种子，就算被人踩到了泥土里，只要你的心灵是一棵树的种子，你早晚有一天会长成参天大树。不管你是白杨树还是松树，人们在遥远的地方都能看见在地平线上成长的你。当人们从你身边经过的时候，你能送他们一片绿色、一片阴凉，他们能在树下休息。因此做人的要求是你自己首先要成为地平线上的一棵大树。当你是草的时候，你没有理由让别人注意到你。而如果你变成了一棵树，即使在很远的地方，别人也会看到你，并且欣赏你，远处看来你是一道风景，死后又是个栋梁。

以上是新东方创始人及总裁俞敏洪在中央电视台《赢在中国》节目中做的即兴演讲，这篇演讲成为无数青年人的励志文章。

2）即兴演讲的要求

即兴演讲要取得成功，关键在于运用言语思考能力在头脑中进行快速构思。其基本要求体现在以下方面：

（1）要有明确的目的。由于场合、气氛、主题各不相同，当演讲者站起来说话时，要紧扣主题，并尽可能与场上的气氛和谐一致。在喜庆的场合，不要说丧气话；在庄严的场合，少说玩笑话。最好围绕主题，有一说一，切忌东拉西扯。

小故事4-1　　　　　　　　　　**鲁迅成功的即兴演讲**

鲁迅很善于随机应变、即兴演讲。他在厦门大学研究院任教时，校长林文庆常克扣办学经费，刁难师生。

一次，林把研究院负责人和教授找来开会，提出要将经费再减掉一半。大家听后纷纷反对，可是又说服不了林。林怪声怪调地说："关于这件事，不能听你们的，学校的经费是有钱人拿出来的，只有有钱人，才有发言权！"说完，林洋洋得意地双手一摊。

在场的人都怔住了，面面相觑，无话反驳。突然，鲁迅"唰"地站了起来，从口袋里摸出两个银币，"啪"的一声放在桌上，铿锵有力地说："我有钱，我也有发言权！"

鲁迅借林的话随机应变，冷不防的反驳使林措手不及。接着鲁迅慷慨陈词，大谈经费只能增不能减的道理，一款一项，有理有据，林文庆被驳得哑口无言。

鲁迅先生"拍钱而起"，紧扣主题，做了一次有的放矢的即兴演讲。

（2）要有敏捷的思维。自己要讲的内容应经过迅速筛选，挑选与之有关的内容来讲，其他的"忍痛割爱"。对在场听众的反应也不可等闲视之，即便在讲的过程中也要通过"察言观色"体察听众的反应和场上的气氛，并对要讲的内容、语气、节奏等做出相应的调整。

（3）要快速组合材料。在中心和材料确定以后，先讲什么，后讲什么，要做到心中有数。一边讲，一边还要用语言去充实，使之条理清楚，内容充实。一般来说，是先有思维，后有语言，二者之间有那么一点点时滞，反应迅速就能心到口到，使演讲一气呵成。罗斯的《如何快速组织即兴演讲的材料》（演讲与口才，2015年第6期）就快速组合即兴演讲材料提出可运用如下方法：

小故事4-2

续范亭巧言
"三大熔炉"

①破竹展开法，是以话题为中心逐层展开，将要说的材料如竹节般联系而统一。例如，记者让评论家杨于泽谈谈内蒙古的"呼格冤案"，杨于泽讲道：

这是典型的陈年冤假错案。它不仅让凶手逍遥法外多年，还让人蒙冤致死，给一个家庭带来巨大的伤害。正义虽然迟到，但现在毕竟是来了。企业、车间与流水线上的工人各司其职、各负其责，司法同样如此。要防止冤假错案，国家、领导与办案人员只有各尽其责，才能使结果符合社会期待。错案的发生，国家自然要承担应当承担的责任。但办案人员的个体责任不容推卸，必须严查，坚决给公众一个交代。当然，防止冤假错案，不是事后追究这么简单。良法与好制度总是必要的，甚至舆论监督也是纠错机制之一，我们需要穷尽一切可能的手段，避免类似悲剧再次发生。

这里，杨于泽以"呼格冤案"的话题为中心，将冤假错案的危害、原因和如何防止等几方面按其内在逻辑连接起来，层层破竹，逐步推进，由此引出完善法制的必要性。这样组材，就使演讲整体有序。

②正反例运用法，是围绕话题先选用一到两个正面事例，然后再选一到两个反面事例，正反交错组材。例如，美国教育家布鲁姆在讨论影响小孩成长的因素时讲道：

美国有两个繁衍了8代人的家庭。一是爱德华家庭，其始祖爱德华是一位治学严谨、成就卓著的哲学家，他本人不仅勤奋好学，而且以良好的德行培养后代，他的8代子孙中，出了13位大学校长，100多位教授，60多位医生，80多位文学家，20多位议员，1位大使，1位副总统；另一个家庭的始祖叫珠克，他是臭名昭著的酒鬼、赌徒，无法无天，他的后代中有300多个叫花子，7个强奸犯，60多个盗窃犯，还有40多人死于伤残或酗酒。由此，我们可以看出，家庭的整体状况和精神风貌才能影响孩子，而无关孩子的肤色。

这里，布鲁姆在演讲时，选择了一正一反两个事例，好家教教出优秀子孙，不良的家教毁了子孙。例子正反分明，震撼人心，从而让听众有了领悟，最终在家庭教育方面得到启发。

③关联词组合法，是运用关联词把一些松散的材料组合起来以展开演讲。例如，茅于轼在一次经济论坛上讲道："现在国有企业改革初显成效，一方面我要说几句感谢的话，另一方面我要说几句以表达我内心的隐忧。首先，由于国家的重视与调整，国有企业的产业链得到了明显升级，同时效益也越来越好。"

这里，茅于轼先是用"一方面……另一方面……"将要讲的材料划分为两方面，整体统摄；随后用"由于……同时……"分划表达了现在的经济现状，将问题层层导出，使材料聚而不散。这样的演讲，通俗易懂，简单明了。

（4）要讲出有见地的内容。即兴演讲要求讲话人反应迅速，不论是主动演讲，还是被动演讲，都能随时就地产生思想，找到话题、资料和语言，并有机地将其组合起来，用合适的语言表达出来，所以即兴发言者注意力往往高度集中，其睿智常在此时迸发，其深邃敏捷的思考能给听众以极大的启迪。即兴演讲虽然没有过多时间让演讲者做充分准备，但不等于说其可以草率处之。其实，就是一两分钟的讲话，也应有独到的见解，争取引人入胜。因此，在别人说话时要留心听，对别人的意见或观点要认真思考。到自己发言时，或补充发挥人家的观点，或另辟蹊径提出新的观点。千万不要重复别人的讲话内容，若真那样，听者会反应冷淡，自己也自讨没趣。

小故事4-3　　　　　　　　　　　　　　名嘴的即兴演讲能力

　　央视《越战越勇》节目的主持人杨帆，在主持人专场给两名评委李文静和方琼分别出了一个图片作为演讲的题目，让她俩即兴发挥，各自展开一段内容丰富的诠释。

　　《越战越勇》的大屏幕上展示出一张环卫工人打扫卫生的照片，只见评委李文静面对屏幕从容不迫地演讲道：

　　"今天我们的新闻人物，此刻就在我身后的大屏幕上。其实这个身影每个人见到都不会陌生，对于我来讲尤其熟悉。我曾经做过9年的早间节目，每天凌晨四点钟，我奔跑在从家到单位的路上，赶去上班，而那时恰好也是环卫工人开始工作的时间，所以这样的身影，对于我来讲再熟悉不过了。虽然他们只出现了一下子，却可以温暖我们一辈子，因为他们叫马路天使，又叫城市美容师。当这样的身影出现在我们身边的时候，请大家给他们一个温暖的微笑；如果没有出现在我们的身边，请爱护我们身边的环境，这是我们对他们最温暖也是最友好的尊重！谢谢。"

　　当大屏幕上展示出一个小伙子在浅海跳跃的照片时，评委方琼即兴演讲，只听方琼侃侃而谈道：

　　"观众朋友们，《新闻杂志》继续播报。我们先来看一张照片，这张照片中有个玩得非常高兴的小伙子。没错，长假期间全国出行的人数，一直在不断攀升，这两年随着人们出行意识的提高，文明之行的宣传已经让很多游客在不同的景区能够做到爱护环境、保护文物。当然还有一些游客，依然管不好自己，以至于不文明的事情时有发生。就像我们图上看到的这位小伙子，他自诩这张照片的名字叫作'神猴出世'。拍摄当天，这位小伙子不顾海边工作人员的阻拦，私自闯入一片禁入海域，和他的同伴分别拍下了自认为非常有个性的搞怪照片，对海边景区的安全以及他本人的安全造成了很大的影响，当然他已经被列入不受旅游景区欢迎的游客名单，从此以后，在各个旅游景点，大家将不会看到他的身影。综上所述，文明出游，不要让'神猴出世'，一不留神就变成了'神猴出事'。"

　　点评：李文静学识丰富，在短暂的准备时间内从脑海中找到环卫工人的工作时间和工作情景，并用富有感情的词汇讲述环卫工人的生活，呼吁大家尊重他们，这为她的即兴演讲增添了无穷的魅力。李文静的即兴演讲，有悲悯意识和尊重情怀，让人深受触动。方琼有对照片的分析认识能力，她对照片能从宏观方面进行把握，通过浅海跳跃的这个表层现象，迅速深入到环保本质上去认识，批判他们所谓的"神猴出世"实际上是私自闯入禁区，这就突出了文明出游的主题，显得思想深刻。从中可以看出李文静和方琼两位名嘴都达到了成功进行即兴演讲的基本要求。

　　资料来源：武渊.即兴演讲两要素［J］.公务员文萃.2019(9)：10.

　　要做到以上几点，演讲者凡参加集会或活动之前，一是要有所准备，问问自己该讲些什么。事先打个腹稿，到时就能沉着镇定、侃侃而谈了。有时为避免先发言的人把你已准备好的内容"抢走"，你最好多准备几个话题。二是平时注意积累各方面的知识。即兴演讲是上什么山唱什么歌，入乡随俗。没有思想，缺少知识，要想做出漂亮的即兴演讲，一鸣惊人，是不可能的。所以，要丰富自己的知识，博闻强识，这样无论什么场合都会有话可说。

3）即兴演讲的语言特色

即兴演讲独特的时境状态和交际氛围，决定了它必然具有区别于备稿演讲的语言特色。这种语言特色主要体现在以下四个方面：

（1）符合情境。众所周知，即兴演讲是演讲者在特定场合、有感而发所做的演讲。因此，激起兴致的情境，就成了产生即兴演讲的一个不可缺少的重要因素。这种客观情境，不仅能对演讲者的心理予以刺激，促使其说欲的产生和思维的进展，而且会对演讲者的语言产生影响，使其口头表达呈现鲜明的情境特色。例如：

同学们，我们每天看到的都是白墙黑板灰泥地，我们应该去饱览一下那透着生命活力的绿色，去欣赏一下那蓝天下的红花绿柳、赭石褐土、青山绿水，去领略一下大自然的风采，去谛听一下激石泉水的泠泠作响和嘤嘤成韵的百鸟争鸣！不然，高考的硝烟就快要把我们烤焦了，单调的"作息时间表"快要把我们驯化成"机器人"了。明天，就是清明，山明水秀、地清天明，让我们到水光潋滟的姥山去度过令人心醉的一天——出发！

这是一个教师在参加春游的学生整队待发时即兴演讲的一段话。演讲者置身校园这个让人感到枯燥单调的现实环境中，面对充满期待的年轻人，心中禁不住涌出一股激情。这激情开拓了广阔的精神世界，在想象的情境中，他生动地描述了春天的大自然那美丽迷人的风采。应当说，正是这一段极富情境色彩的形象化语言，一下子激发了同学们对大自然的热切向往和美好憧憬，产生了强烈的心灵感召力。

（2）口语表达。演讲是一种口语表达活动。在备稿演讲中，演讲者无须过于注重口语色彩。同备稿演讲相比，即兴演讲具有更鲜明的口语特色。实践经验表明，演讲者只有运用通俗明快、朴实自然的口语表情达意，才能在即兴演讲中创造一种令观众喜闻乐见的现场气氛。例如：

对一个人，不同的人有不同的感觉。我的下属看见我就觉得害怕。他们想到的就不是魅力，而可能是恐惧。有句话，叫空谈误国，实干兴邦。我每天工作到午夜，不是我勤快，是事情赶到这份儿上了。我对干部说，我一天工作十几个小时，你们干8小时能干好？现在讲潇洒，讲休息，我就不信这话。我说不把干部们累死我不甘心，不过这两年先别累死，还得让他们干活呢。

这是一位市长听了记者称赞他给人的"感觉非常好""很有魅力"之后的一段即兴演讲。由此可见，这位政府官员讲话既不带官腔，也不事雕琢。他善于运用浅显的词语、灵活的句式和变化的语气坦诚直言，给人以朴实亲切的感觉。正是这通俗易懂、切实感人的口语，体现了一个勤政为民的领导干部平易近人的性格和求真务实的精神。

（3）简洁鲜明。即兴演讲是在特定的场景中进行的。一个明智的演讲者，不会毫无顾忌地喋喋不休。因为这种饶舌，不仅会给人以啰唆之感，令人讨厌，而且由于准备不充分，说多了也难免出现口误。倒不如讲得少而精，多讲些见解，表达效果反倒会好些。例如：

你们好！此时，面对大家，我真的有些紧张。我在想，你们能接受我吗？

我是一名医学硕士研究生。传统观念里，人们常常把研究生和书呆子联系在一起。在这里，我要用自己的实际行动告诉大家：研究生同样有美的理想、美的追求，同样热爱美的生活。

作为一名未来的医生，我从未后悔过对救死扶伤这一崇高职业的选择；作为一名现代女性，我更渴望能够拥有充实多彩的人生。

在此，我要以勇敢参与的实际行动来证明：春城的礼仪小姐不是花瓶，而我们女硕士研究生也不是书呆子。

这是一位女研究生在礼仪小姐决赛场上的即兴演讲。演讲者走上台来，并不奢谈本次竞赛活动的重要意义，也不畅叙本人求学成功的曲折经历。短短几句话，中心明确，层次清晰。不仅陈述了自己现场的真实心境、参赛的独特动机，而且表达了自己崇高的职业理想、远大的人生追求，给听众以强烈的感染和深刻的启发。如此精粹的即兴演讲，突出体现了演讲者语言简洁鲜明的特色。

（4）幽默风趣。幽默感是演讲者人格魅力的生动体现。演讲心理学研究表明，在即兴演讲中，激发演讲者产生说欲的"兴"，不仅可以成为幽默语言的心理触媒，而且能够增强语言幽默的现场效应。因此，演讲者应当根据现场实际需要，运用多种艺术手段，表现出语言的幽默特色，使即兴演讲充满情趣和感染力。例如：

唱爱情歌曲？这我倒是没有准备。不过，假如我唱上一段"这就是爱，稀里糊涂……"岂不是对我一辈子严肃认真执着专一爱情的亵渎吗？老伴听了，岂不是要抗议吗？（掌声，笑声）假如我喊上一嗓子"你悄悄蒙上我的眼睛，让我猜猜你是谁"，不得把在座的少男少女们吓趴下吗？（掌声，笑声）假如我唱上一段"让我一次爱个够，给你我所有……"诸君岂不要将我送进疯人院……（掌声，笑声）对于这些爱情歌曲，我既无相适应的年轻与潇洒，也缺少那软绵绵、甜丝丝的嗓音儿，是不能也，亦是不为也。为此，美好的爱情歌曲，还是留给风华正茂的年轻朋友们唱吧。

这是一位老同志在某市新闻界举办的新春联欢会上即兴演讲的一段话。面对观众"欢迎老汉唱段现代'爱情'歌曲"的热情呼喊，他不是用生硬粗俗的语言严词拒绝，而是以幽默风趣的话语婉言谢绝，既含蓄地表达了对某些"爱情"歌曲的批评，又巧妙地避免了自己顺应要求而勉为其难的尴尬。如此富有幽默感的讲话，显然强化了联欢会的喜悦气氛，突出了即兴演讲语言幽默的特色。

小贴士4-1　　　　　　　　　　凌峰的自我介绍

在下凌峰，我和文章（中国台湾地区歌星）不一样，虽然我们都得过金钟奖和最佳男影星称号，但是，我是以长得难看出名的（掌声）。两年多来，我们大江南北走了一趟——拍摄《八千里路云和月》，所到之处呢，观众给予我们很大的支持，尤其是男观众对我印象特别好，因为他们觉得我的长相像中国（掌声笑声），中国五千年的沧桑和苦难全都写在我的脸上（掌声笑声）。一般说来，女观众对我印象不太良好：有的女观众对我的长相已经到了忍无可忍的地步（笑声），他们认为我是人比黄花瘦，脸比煤球黑。但是我要特别声明：这不是本人的过错，实在是家父母的错误，当初并没有征得我的同意把我生成这个样子。但是，时代在变，潮流在变，审美的观念在变。如果仔细归纳一下，你会发现，现在的男人基本分为三种：第一种——你看上去很漂亮，看久了也就那么回事，这一种就像我的好朋友刘文正这种；第二种——你看上去很难看，看久了以后越看越难看，这种就像我的好朋友陈佩斯这种；第三种——你看上去很难看，看久了以后你会发现，他另有一种男人的味道，这种就是在下我这种（掌声笑声）。鼓掌的都表示同意了！鼓掌的都是一些长得和我差不多的（笑），这是物以类聚啊！接下来按规矩迎接挑战，带来一首歌曲《小丑》。以我的人生观看来，我认为每个人都在扮演许多次的小丑：有的时候在爱人面前；有的时候在领导面前；有的时候在孩子面前；有的时候在父母面前。我是在鼓掌面前，给大家带来一首《小丑》——掌声有没有就无所谓啦（笑声掌声）！

点评：这是我国台湾地区著名主持人凌峰在1990年春节联欢晚会上的独白。有些人在交往中，因为自身条件的缺陷，总是怕别人的轻视和拒绝，有自卑感的人往往过分自尊，为了维护自尊而表现得非常强硬，让人难以接近，在人际交往中显得格格不入。而凌峰敢于拿自己的缺陷开玩笑，在自嘲中自我抬举，大大增加了人格魅力。

小训练4-2

面对一把"尺子"（情景物品），触景生情，表达"怀念学生时代"的主题，进行一分钟即兴演讲。

要求：条理清晰，立意高远，情感丰富，耐人寻味。

4）即兴演讲的要素

即兴演讲是事先无准备、临场发挥的演讲，它要求演讲人既能快速构思，又能流利表达。怎样才能达到这样的境界，取得即兴演讲的成功呢？必须把握以下三个要素：

（1）储备材料。作为即兴演讲，临时构思必须有素材，现场表达必须有内容。倘若脑袋空洞无物，即使嘴皮子再灵，也免不了犯"无米之炊"之难，受"思路枯竭"之苦。可见，储备材料是关键所在。材料不是天上掉下来的，而是从平时的学习（也包括向生活学习、向社会学习）中积累起来的。一个人的知识面越宽、阅历越多，他的素材就越丰富，思路也就越开阔。当然，"积累"必须以"观察""多思"为基础。如果看书走马观花、听广播看电视过而不留、生活现象熟视无睹、社会新闻充耳不闻，讲话构思还是免不了"搜肠刮肚"。积累，就是把所察所思储存起来。积累的东西方方面面，但归结起来不外两大类：一是典型事例；二是理性思辨。前者使我们说话有"凭据"，后者使我们分析有"道理"。需要时，可顺手拈来，使其为某一论题服务。当你用一根思想的红线把材料的珍珠穿起来时，一篇有理有据的"腹稿"就形成了。

谈论：为了提高即兴演讲能力，作为一名大学生平时应该怎么做？

（2）构筑框架。材料有了，怎样迅速构筑起演讲的框架呢？请熟练掌握以下一些构架方式：

①开头部分。"好的开头往往是成功的一半。"即兴演讲一般时间都不会太长，精彩而有力的开头就显得更为重要。下面介绍的即兴演讲开场艺术对演讲者的快速构思是大有裨益的。

●自我介绍。自我介绍适合于演讲者与听众初次相交，后者对前者的身份、工作和生活经历不很熟悉的情况。演讲者介绍的情况应是听众想了解的或是与会议主题相关的。某乡党委书记一到任就深入某村搞调研，正值村里召开青年大会，进行形势教育，于是乡党委书记就作即兴讲话，他是这样开头的：

大家可能对我不是很熟悉，因为我到这里工作的时间不长。我姓余，当然我不希望我今天的讲话对大家是多余的。我参加工作五年，一直在农村度过，打交道的对象主要是像你们一样的农村青年。我的老家距这里只有几十里远，在座的大多数同志可能都到过那里，因为驰名中外的屈子祠就坐落在我家的门前。

接着，他便从屈子祠讲起，转入了爱国主义教育的正题。

●综合归纳。综合归纳是指演讲者对其他人已经发言的内容进行综合，分析其特点，进而表明自己的观点或态度的一种演讲方法。一位领导应邀去参加一个"领导干部与市场经济"的研讨会，在听取大多数同志的发言之后，他这样开始他的讲话：

以上很多同志做了发言，有的从宏观的角度谈了领导干部怎样去适应市场经济，有的结合工作实际从微观的角度论证了领导干部在市场经济中如何去搞好服务。前者具有较强的理论性；后者具有较强的针对性和操作性。我认为都讲得很好，至少可以说明，在"领导干部与市场经济"这个新的课题中，确实有很多新问题值得我们去思考、去探讨。今天，我要讲的是……

●提出问题。演讲者根据活动的主题思想有针对性地提出一些问题，进而进行解答。使用这种方法的关键在于所提出的问题是否与主题思想相关，是否带有倾向性或争议性，解答问题时，要有明确的立场、观点和充分的理由。在一次对大学生进行就业观教育的会议上，一位演讲者是这样发言的：

为什么一些年轻人总想着进大城市、进大机关而不愿去企业工作？为什么一些年轻人不发挥自己的一技之长去创业而甘愿闲居家中眼睁睁地盯着父母那几个血汗钱？我认为，这主要是我们的年轻人，包括一些年轻人的父母们还没有破除旧的就业观念。

●故事启发。演讲者首先讲了一个故事，然后从中启发性地提出问题，进而亮出自己的观点。于丹在其题为《教师的角色》的演讲中先讲了这样一个小故事——

"有一个学生，送我一个礼物。是她自己绣的十字绣，上面绣着一个很优雅的女人，弯着腰拿着一根针，底下有一个脏兮兮的小孩，举着胳膊，女人抓着小孩的胳膊。开始我不知道这是什么意思，后来看到了这个学生给我写的字条。她说，其实每个孩子都是掉到地上的天使，他们来到地上是因为翅膀断了，在他们还没有忘记天空的时候，他们一直在寻找为他们缝补翅膀的人。这就需要成人世界里没有人嘲笑这些孩子的青涩、莽撞、唐突，能够包容他们，能够爱他们，能够鼓励他们缝起翅膀，重新记起天空。这是我觉得迄今为止对老师这个角色最好的解释。"

为了阐释教师角色，于丹并没有直奔主题，跟大家讲无私奉献的大道理，而是从一个学生送自己礼物的小故事入手，由自己产生疑惑到解惑的过程，在娓娓动听的故事中把听众的注意力引到演讲的主题上来：教师不仅仅是传道授业解惑者，更重要的是要学会呵护、关爱孩子，帮助他们健康成长。这样的故事一下子就启发了听众，抓住了听众，引出的主题让人印象深刻。

● 借物寓意。借物寓意，即在事物寓于象征的意义上借"兴"而发。有的演讲者在开场白中采用以物证事的方法，借用某种具体事物，达到暗示事理的目的。在上海市"钻石表杯"业余书评授奖会上，在众人的即兴演讲中，《书讯报》主编贾伟同志的演讲独具一格，他的开场白尤为精彩：

今天，我参加"钻石表杯"业余书评授奖会，我想说的是一句话："钻石代表坚忍，手表意味着时间，时间显示效率。坚忍与效率的结合，这是一个人读书的成功所在，一个人的希望所在。"

贾伟同志的开场白跳出了恭维话的俗套，以"钻石"象征"坚忍"，以"手表"象征"时间"的修辞手法，给人的是力量、启迪与深思。语义深刻、言简意赅地提出了读书求知、读书成才的道理，令人回味无穷。

● 话题承转。话题转承，即在演讲主旨上借"兴"而发。演讲者巧借会议司仪的某个话题，转入演讲的主旨，提出自己的观点。抗日战争时期，陈毅率领抗日游击队打日寇。有一次，部队在浙江开化县华埠镇休整，有一抗日组织请陈毅讲话，开场介绍时说："今天请一位将军给大家讲话。"陈毅同志这样开场：

我姓陈，耳东陈的陈；名毅，毅力的毅。称我将军，我不敢当，现在我还不是将军。但称我将军也可以，我是受全国老百姓的委托去将日本鬼子的军。这一将，一直到把他们将死为止。

话音刚落，台下发出雷鸣般的掌声。陈毅同志这段十分精彩的开场白，在演讲主旨上做了发挥，洋洋洒洒、气势磅礴，为深化演讲主旨做了铺垫，有力地鼓舞了抗日群众的斗志。

● 借题发挥。群众性演讲有特定的地点、特定的内容以及各不相同的气氛。演讲者即兴演讲的开头可以当场捕捉住这种特殊的气氛，借题发挥，烘托气氛。上海市新闻工作者协会主席，原《解放日报》总编辑王维同志，一次出席上海市企业报新闻工作者协会成立大会，这次会议是在上钢三厂新建的俱乐部会议厅召开的。他在即兴演讲的开头说道：

我来参加会议，没有想到有这么好的会场，不要说是市企业报记者协会成立大会，就是市记协成立大会也可以在这里召开。没想到有这么多的企业报的记者、编辑参加这个大会，它说明企业报的同仁是热爱自己的组织、支持这个组织的。没有想到今天摆在主席台上的杜鹃花这么美丽。鲜花盛开，这标志着企业报记者协会也会像杜鹃花一样兴旺、发达……

他的演讲激起阵阵掌声。王维同志的开场白在会场、工作人员和鲜花上做文章，把三者巧妙地联系起来，提示了企业报齐心协力即可拥有雄厚的经济实力，表达了对其协会的美好祝愿。

• 直入论题。演讲开头直接进入论题，亮出观点。这样的开头干净利落，醒人耳目，而且无须费时费心去找寻其他的"引子"。使用这种方法，切忌含含糊糊，要求观点明确、态度明朗。例如，列宁同志于1918年8月23日在阿列克谢也夫民众文化馆群众大会上的讲话是这样开头的：

今天，我们党召开群众大会来谈谈这样一个题目：我们共产党人为什么而奋斗。对于这个问题，可以作一个最简短的回答，为了停止帝国主义战争，为了社会主义。

• 借境而发。这是指演讲者利用当时当地的环境特点来渲染会议气氛、激发听众热情的一种演讲方法。这种方法灵活生动，富于情感，但描绘的环境特点必须与主题思想相吻合，切不可牵强附会，卖弄风骚。鲁迅先生曾在厦门中山中学作过一次演讲，他开头时说：

今天我能够到你们这所学校来，实在很荣幸。你们的学校，名叫中山中学，顾名思义，是为了纪念孙中山。中山先生致力国民革命40年，结果创造了"中华民国"。但是现在军阀跋扈、民生凋敝，只有"民国"的名目，没"民国"的实际。

鲁迅先生从自然环境中的学校名称讲起，一针见血地指出了名与实之间的巨大反差，从而激发出中山中学的师生们为完成中山先生未竟事业而奋斗的革命热情。

• 东拉西扯。演讲固然可以开门见山，但有时候太早切入主题会让人觉得刻板。我们不妨像拉家常一样，先和听众东拉西扯地说一些和自己有关的琐事，拉近和听众的距离，活跃现场气氛，在轻松幽默的氛围中切入演讲的主题，效果会更好。例如，王蒙应邀到上海一所大学演讲，他的开场白是这样说的：

"由于我这几天身体不太好，感冒咳嗽，不太能说话，还请大家谅解。不过，我想这也不一定是坏事，这是在时刻提醒我——多做事少说话！"

幽默的开场白立刻引起了台下的笑声和掌声。王蒙先讲了自己的身体状况，就像拉家常一样，丝毫没有高高在上的感觉，让人觉得亲切。接着，他再由此引到自己要表达的主题，幽默风趣，自然顺畅，令人拍案。

无独有偶，有一次，联合国五大常任理事国就伊拉克问题进行磋商，各国代表都要进行演讲，说服别人支持自己的观点。轮到时任中国外交部国际司司长李保东演讲时，他说道：

"我记得小时候晚上翻来覆去睡不着觉时，奶奶就叫我将枕头换个方向试试，结果还真灵，很快就睡着了。今天，我们磋商的目的，就是换个角度来讨论一下如何解开伊拉克问题这个'死扣'。"

幽默机巧的开场白将常任理事国同行的心扉打开了。大家促膝交谈，最后终于达成了共识。如此重大的国际问题，李保东却讲到了自己睡不着觉给枕头换方向这样鸡毛蒜皮的事。然而，他却以小见大，用生活中的琐事，将一件国际大事说得生动形象，赢得了大家的认同。

小贴士 4-2 　　　　　　　　　开场白忌讳这样说……

以下不自信的开场白，是演讲者应该绝对不可使用的：

（1）"但愿大家听我的演讲不至于是浪费时间，但是我的确没有准备充分……"

（2）"对这个主题我感到力不从心……"

（3）"其实我本来不想讲，因为主办方一再要求，不得不讲两句！"

（4）"很抱歉，我将只能简单地为大家讲几句，因为我的时间很紧。"

小贴士 4-3 　　　　　　　　　当代大师上课的精彩开场白

清华国学四大导师之一的梁启超，上课的第一句话是："兄弟我是没什么学问的。"然后，稍微顿了顿，等大家的议论声小了点，眼睛往天花板上看着，又慢悠悠地补充一句："兄弟我还是有些学问的。"头一句话谦虚得很，后一句话又极自负，他用的是先抑后扬法。对学生以兄弟相称，真是亲切啊。

西南联大中文系教授刘文典，与梁启超的开场白有异曲同工之妙，他是《庄子》研究专家，学问大，脾气也大，他上课的第一句话是："《庄子》嘿，我是不懂的喽，也没有人懂。"讲到得意处，他一边吸旱烟，一边解说文章精义，下课铃响也不理会。

沈从文的小说写得好，在世界上都有影响，差一点得诺贝尔奖，可他的授课技巧却很一般。他也颇有自知之明，开头就会说："我的课讲得不精彩，你们要睡觉，我不反对，但请不要打呼噜，以免影响别人。"这么谦虚地一说，反倒赢得满堂彩。

启功先生的开场白也很有意思。他是个幽默风趣的人，平时爱开玩笑，上课也不例外，他的第一句话常常是："本人是满族，过去叫胡人，因此在下所讲，全是胡言。"引起笑声一片。

著名作家、翻译家胡愈之先生，也偶尔到大学客串讲课，开场白就说："我姓胡，虽然写过一些书，但都是胡写；出版过不少书，那是胡出；至于翻译的外国书，更是胡翻。"在看似轻松的玩笑中，介绍了自己的成就和职业，十分巧妙而贴切。

②主体部分。它是用来展开演讲内容，充分阐释自己观点、见解的部分。它的构架方式多种多样，最基本的有如下几种：

一是并列式。把讲话的主体分为几个部分分别加以阐述，这几部分的关系是并列的。例如，指导教师在"儿童口才培训班"结业汇报会上的讲话就采用了这种方式：

领导的支持坚定了我们搞儿童口才培训事业的决心——向领导致意；

家长的信赖与配合给予我们无穷的精神力量——向家长致谢；

小朋友们在培训班这个集体中刻苦练习、切磋琢磨，充分展示了自己——向小朋友祝贺；

希望大家随时随地练口才，将来做一个口才棒棒的栋梁之材——喜候小朋友进步佳音。

二是连贯式。按事情发展经过和时空顺序来安排讲话的层次，各层次间的关系是连贯的。例如，以"家乡变奏曲"为题作即兴演讲就可采用这种构架方式：

昨天，这里是一片荒凉；

今天，一片新绿在眼前；

明天，从这里走向辉煌。

三是递进式。把讲话主体分为几个层次，层次与层次之间是层层深入的关系。例如，对"商业贿赂"问题发表意见就可以这样构架：

"商业贿赂"的现状；

"商业贿赂"的实质与危害；

"商业贿赂"问题的根本治理。

四是正反式。主体部分是由正、反两方面的内容构成的，即一方面围绕着正面阐述，另一方面围绕着反面论述。例如，论证必须给企业"放权"的问题：

企业没有自主权时，举步维艰；

企业有了自主权后，效益可观。

以上介绍的是几种最基本的组合方式，实际运用时，可综合交叉使用。

③结尾部分。好的结尾犹如撞钟，响亮而有余音。以下几种方式可根据需要选择：

一是祈愿式，表达（可用借境、作比等方法）良好的祝愿。如"祝中尼（尼泊尔）两国人民的友谊像联结我们两国的喜马拉雅山那样巍峨永存"。

二是感召式。或抒发真挚激越的情感，或展望光明美好的前景，或发出鼓动性的号召。如"让我们用创造性的劳动去迎接新世纪的到来吧"。

三是理喻式。用寓意深刻的道理（可引用哲言警句等）启发听众去深思、探索。例如："'世有伯乐，然后有千里马。'人才辈出的时代首先应该是'伯乐'辈出的时代。"

四是总结式。用简洁的语句总结全篇、点明题意。例如："说一千道一万，归根结底还是这句话：扭转社会风气，要人人从'我'做起。"

切忌"泄劲"式的结尾。例如："我讲得不好，耽误大家时间了，请原谅。"

小故事4-4　　　　　　　　　　威尔伯的即兴演讲结束语

美国的莱特兄弟在成功地驾驶动力飞机飞上蓝天后，人们在法国的一次欢迎酒会上再三邀请哥哥威尔伯讲话。他简短讲了几句，最后说道：

"……据我们所知，鸟类中会说话的只有鹦鹉，而鹦鹉是飞不高的。"

威尔伯的结束语可谓要言不烦，含义深远。他拿鸟类来说事，且扣合其壮举——飞行。又说鹦鹉会说话但飞不高，暗示人不要多说废话，而要去付诸实践，才能获得成功，诚如他们兄弟一样。这一句言简意赅而又富含哲理的结束语，博得了与会者长时间的热烈鼓掌，至今还一直为世人所称道。

资料来源　佚名.教师口语表达分类实践［EB/OL］.［2011-12-01］. https://www.docin.com/p-298525941.html.

（3）完美展说。对即兴演讲来说，选材料、立框架，这一切都是在瞬间完成的，因而只是将一些片断的、轮廓式的、提纲大意的内部语言形式储存在头脑里。要把这样的内部语言转化为连贯的、具体的、有血有肉的外部语言，演讲者还必须具备一种"展说"能力，即把提纲大意"展说"成一篇内容具体、前后连贯的演讲词的能力。怎样来"展说"呢？

首先，要把"框架"中的每一个层次，都看作一个"意核"或一个"中心句"，心中把握住几个意核的顺序及内在联系。然后，不慌不忙先从第一个意核开始，围绕着它，或举例、引用，或回忆、联想，或比兴、引申，或补充、发挥……把意核这个"中心句"扩展为"句群"。待这个意核得到充分发挥后，再进入第二个意核，也把它扩展为句群。这样仿效"扩展"下去，一篇内容具体、逻辑严密的即兴演讲就顺理成章地完成了。如果某个意核的含量太大，还可以把它分解为几个"小意核"，按顺序把它们逐个展开。这种"扩句成群"的"展说"能力是即兴演讲的必备能力。很多人在心中打好了"腹稿"的前提下，说出来却吭吭哧哧，前言搭不上后语，就是因为缺乏这种"展说"能力。没有或缺乏这种能力，内部语言就很难顺利、迅速地转化为外部语言。因而，我们平时就应有意培养这种"展说"能力。

其次，要善于选用例子阐明自己的观点。郎小洁在其《即兴演讲不妨以"例"服人》（应用写作，2006年第10期）一文中进行了总结：一是可以选用名人之例，让你的演讲更有可信力；二是用亲身之例，让你的演讲更有亲和力；三是用感人之例，让你的演讲更有感染力；四是用典型之例，让你的演讲更有震撼力；五是用哲理之例，让你的演讲更有启发力。

就拿演讲者用典型之例，让演讲更有震撼力来说，演讲者引用典型之例，都是用来证明自己的观点的，所以运用的事例，都要有代表性、说服性，要能确实击中问题要害才好。这样一个好例子，往往会给听众带来震撼，令听众信服。例如，某单位组织大家讨论树立正确荣辱观的重要性和迫切性。为了能"抛砖引玉"，一位负责人做了这样的即兴演讲：

不久前，曾看到一条新华社的消息，标题是"有多少人拥有腐败的'领地'"。这条消息报道的是江门市新会区人民医院，在这个不足200人的医院里，竟然有140多人陷入了"回扣陷阱"。正、副院长带头搞腐败，各科室主任组织搞腐败，医生护士积极搞腐败，药房更是专心搞腐败。而其他人呢，也是"各显其能"，司机在增耗上搞腐败，厨师在减量上搞腐败，就连只是操作电脑的打字员，靠"卖单子"给药商，一年也会受贿10多万元。这简直就是耸人听闻。可更令人不可接受的是这些人畸形的荣辱观：他们竟认为受贿不是贪，而是"多劳多得"。这是多么可怕的荣辱观啊！可以说，正是由于荣辱观的缺失和错位才导致了上述现象的发生。所以，树立正确的荣辱观真的是迫在眉睫啊！

听到这样一个让人感到触目惊心的事例，大家会感到不可思议和震惊，但它却真实地存在于我们的生活中。应该说，这样典型的事例对听众无疑是极有震撼力的。

以上三个方面，第一步储备材料和第二步构筑框架立足于"快速构思"，第三步完美展说着眼于"流利表达"。既能快速构思，又能流利表达，你就是一位成功的演说家了。

小训练4-4

以"我爱（喜欢，赞美）我的……（亲人、老师、同学、同事、朋友）"进行即兴演讲，介绍他们。注意即兴演讲的结构完整。

4.2　即兴演讲出错补救

即兴演讲中语言出错是一种常见现象。解决这个问题的途径：一方面，通过长期的实践锻炼，不断提高自己即兴演讲的心理素质和表达水平，尽可能减少这种失误；另一方面，要掌握和运用一些必要的应变方法，以及时避免或消除因语言出错而可能造成的消极影响。

（1）将错就错。即兴演讲是在某种特定的现实场景中进行的，它的现场效果要受演讲者和听众两个方面的制约。无论是主观因素还是客观条件，一旦发生干扰，就可能造成演讲者无法预料的语言差错，而使自己陷入尴尬的境地。倘若出现这种情况，演讲者不妨将错就错，来一番即兴发挥，就会消除窘困，获得意想不到的现场效果。例如，一位节目主持人参加海南省狮子楼京剧团建团庆典，当她用充满激情的语言介绍京剧、剧团、来宾的时候，由于事先不了解情况，错把原本已花白头发的老汉——海南师范学院党委书记南新燕介绍成"小姐"，面对"全场哗然"的意外，她先向被介绍人真诚地道歉，然后侃侃而谈：

您的名字实在是太有诗意了。我一见这三个字，立即想起了两句古诗："旧时王谢堂前燕，飞入寻常百姓家。"这是一幅多么美丽的图画。今天，这里出现了类似的情景，京剧一度是流行在北方的戏曲，而现在，京剧从北到南，跨过琼州海峡，飞到了海南，而且在这里安家落户，这又是一幅多么美好的图画啊！

这位主持人的应变能力实在让人叹服。她在表示"对不起，我望文生义了"的歉意之后，语意一转，就即兴发挥起来，由自己的语言失误引出活动的主题，并进行了富有诗意的生动描述。这一将错就错的补救方式，赢得了全场观众异乎寻常的热烈喝彩。

（2）巧妙辨析。实践表明，在即兴演讲中，演讲者有时会因为过于紧张或过于激动而造成一时的口误。在这种情况下，演讲者既不可能为了面子而置之不理，也不可能因为自尊而掩饰错误。"最好的办法是按正确的讲法再讲一遍"（我国著名的演讲理论家和演讲活动家邵守义语），也就是把错误改正过来。倘若能够根据现场的实际情况，有针对性地将正误对照起来巧作辨析，给听众的印象反而会更加深刻。例如，一位师范学校的班主任在新生入学后的第一次班会上即兴演讲，他说：

"同学们，大家好！你们从四面八方来到这所师范学校，开始了新的学习和生活，我相信同学们一定会刻苦学习，不断进步。将来希望每一位同学都能成为合格的小学教师。不，应当这样说——希望将来每一个同学都能成为合格的小学教师。因为这希望是现实的，它表达的是我此刻的真实心情；而你们将来才会真正走上讲台，开始从事太阳底下最光辉的职业……"

这位老师在即兴演讲中凭敏锐的语感发觉了一句话的语序错误，并在迅速改正过来之后，进行了巧妙的辨析。这样，既表明了语言的毛病，又解释了改正的原因。不仅没有造成语言失误的尴尬，反而强化了表达的效果，实在是一种高明的补救方法。

（3）自圆其说。在即兴演讲中，演讲者一旦察觉自己的语言错误，往往会因为心理紧张而产生思维障碍，以至于无法讲下去。倘若出现这种情况，演讲者应立即针对自己的失误，进行一番合乎情理的阐释，只要能够自圆其说，也不失为一种化错为正的补救方法。例如，在一次婚礼上，主持人热情地邀请来宾讲话，一位职业中学的教师上台即兴致辞，他说：

今天，是职业中学的夏明先生和经贸公司的叶红小姐喜结良缘的好日子……也许有人以为我说错了，夏先生和叶小姐不是同在一个公司上班吗？是的，夏明从商了，但一个月前，他还是职中一名优秀的青年教师。在我们心目中，他永远是我们的好同事。我愿借此机会，代表职中全体教职工，向一对新人表示最诚挚的祝福！

显然，这位来宾由于一时激动，把新郎现在供职的单位介绍错了。也许他从听众异样的表情上察觉了自己的口误，于是，稍稍停顿之后，巧妙地进行了阐释。听了此番入情入理的言辞，谁还会责备他语言上的差错？演讲者这一化错为正的表白，不仅可以自圆其说，而且增强了抒情的真切感，产生了独特的现场表达效果。

（4）随机应变。进行即兴演讲，有时会出现这样的情况：演讲者不知为什么，竟说出一句错话，而且，自己马上意识到了。怎么办呢？倘若遇上这种失误，演讲者不妨采用调整语意、改换语气等接续方式予以补救。只要反应敏捷，应变及时，就可以收到不露痕迹的纠错效果。例如，一位公司经理在开业庆典上发表即兴演讲，他这样强调纪律的重要性：

公司是统一的整体，它有严格的规章制度，这是铁的纪律，每一个员工都必须自觉遵守。上班迟到、早退、闲聊、乱逛、办事推诿、拖沓、消极、懈怠，都是违反纪律的行为。我们允许这种现象的存在——就等于允许有人拆公司的台，我们能够这样做吗？

这位经理的反应能力和应变能力是很强的。当他意识到自己把本来想说的"我们绝不允许这些现象的存在"一句话中的"绝不"二字漏掉之后，马上循着语言表达的逻辑思路，续补了一句揭示其后果的话，同时用一个反问句结束，增强了演讲的启发性和警示力。这样的续接补救，真可谓顺理成章，天衣无缝。

小训练4-5

你的父母等亲人或你同学、朋友过生日时，请以主持人的身份做即兴演讲，为其祝福。

4.3　即兴演讲成功要诀

1) 实例引导

即兴演讲的开始便先举例，有三个好处：第一，你可以从苦苦思索下一句需要讲什么中解脱出来。第二，可使初始的紧张感飞逝无踪，有机会使自己的题材逐渐温热起来，渐渐进入演讲的情景。第三，可以立即获得听众的注意，因为实例是立刻摄取听众注意力万无一失的方法。

听众凝神谛听你所举出的饶富人情趣味的实例，可使你在最迫切需要时——演讲开始后极短时间里，对自己的能力进行重新肯定。沟通是一个双向的过程，能抓住听众注意力的演讲者马上就会感知到这一点，当他注意到那种接纳的力量，并感受到那种期盼的目光时，他就会感到有种挑战，要他继续讲下去。演讲者与听众之间建立和谐关系，是一切演说能够成功的关键所在，没有它，真正的沟通即不可能发生。这就是要以实例进行演说的原因，尤其是在别人请你说上几句话时，举例最为管用。

2) 充满生机

演讲者若拿出力量和劲头来，外在的蓬勃生气便会对其内在的心理过程产生极有益的影响。身体的活动与心理的活动，关系极为密切，身心交流，即可使演讲产生最佳效果。演讲者慷慨激昂、侃侃而谈，一旦使身体充起"电"来，就会充满蓬勃的生气，正如威廉·詹姆士所说：我们就能很快地使心灵快速展开活动。

3) 联系现场

即兴演讲时，首先，向主持人致意，说上两句，可以有个喘息的机会，然后最好发表与听众有密切关系的言论，因为听众只对自己和自己正在做的事情感兴趣。有三个来源可供演讲者摘取意念，作为即兴演讲之用：

一是听众本身。为使演讲轻松易行，千万要记住这一点：谈论自己的听众，说说他们是谁，正在做什么，特别是他们对社会和人类做了什么贡献，使用一个明确的实例来证明。

二是场合。当然也可以讲讲造成这次聚会的情况缘由，是研讨会，表彰大会，年度聚会，还是政治集会？

三是前面人的演讲。善于演讲者往往也善于倾听，在听的过程中受到提示和启发，以此激发自己的演讲灵感。对前面的演讲话题，后面的演讲者或者可以拾遗补漏，或者可以转换角度，甚至可以因某个词、某句话的启发，构思另一篇精彩的演讲。例如：

某大学中文系一次毕业生茶话会上，首先是系总支书记讲话，3分钟的即兴演讲主要是向毕业生们表示祝贺。然后是彭教授讲话，他讲话的主题是希望同学们继续努力学习，还引用了列宁的名言。第三个讲话的潘教授朗诵了高尔基的《海燕》片断，以此勉励同学们学习海燕的精神。第四个讲话的系主任希望同学们永远记住母校和老师们。紧接着，毕业生们欢迎王教授讲话。王教授一字一顿地说："我最喜欢说被人说过的话（笑声）。第一，我要祝同学们顺利毕业（笑声）！第二，我希望同学们'学习、学习、再学习'（笑声）！第三，我希望同学们像海燕一样勇敢地搏击生活的风浪（笑声）！第四，我希望同学们不要忘记母校，不要忘记辛勤培育你们的老师（大笑、热烈掌声）！"王教授通过对前面四人演讲主题的简练概括，完成了一次机智、风趣且具有个性特点的演讲。

小贴士4-4

里根总统现场借景

4）围绕中心

即兴演讲不是即席乱说，手中无稿并非心中无谱，不着边际地胡扯瞎说，既不合逻辑，也不会成功。因此，必须围绕一个主题来对自己的思想进行合理归纳，而这个主题就是演讲者要说明的，演讲者所举的事例要与这个主题一致。同时再强调一次，若能抱着至诚来演讲，演讲者一定会发现自己所表现出的充沛活力和无穷效力是有准备演讲所不能企及的。

5）必要准备

著名的演讲大师卡耐基曾经说过：无任何准备的演讲只是信口开河，根本不是真正的演讲。因此，即兴演讲虽不像一般演讲那样有充足的时间来进行准备，但也应在尽可能的条件下进行准备。

（1）心理准备。在参加一个会议或活动之前，可以先设想一下：自己是否有可能需要讲话？如果讲，讲什么？怎么讲？在心理上做好准备。有了这种心理准备，可避免突然被"点将"后的那种吃惊、慌乱、尴尬或恐惧心理，能够迅速实现角色转换：由配角转为主角，由听者转为讲者，快速进入演讲状态。

（2）材料准备。如果事先已经知道会议或活动的主题，可以简单地翻阅一下相关资料，临时扩大知识储备量以充实自己的大脑。这样，在被突然"点将"发言时，就能对某一问题旁征博引，讲得头头是道，从而使听众对演讲者刮目相看。

（3）酝酿腹稿。如果时间和情况都允许的话，演讲者还可以酝酿一下腹稿，形成一个大体框架，如迅速概括演讲的主题，组织安排演讲的结构等，明白自己要讲一个什么问题，如何讲清楚，先讲什么，后讲什么，如何结尾，把要讲的内容有条理、有层次地组织起来。值得注意的是，这个腹稿并不是一成不变的，随着演讲内容的逐步深入，可能在讲话过程中会随时改变或打乱原先的设计。

（4）临场准备。有时，演讲者也可能在毫无思想准备和心理准备的情况下被突然"点将"，这时就要尽量争取临场准备时间。临场准备的时间虽短暂，却能为演讲者提供宝贵的思考空间。临场准备是以拖延时间为目的的，主要有以下两种：

①动作拖延。利用某种动作来拖延时间，在施展动作的同时，让大脑快速进行工作，然后再开始讲话。比如，端起茶杯喝口茶水，拉拉椅子，向听众点头或招手致意

等。这些动作延宕的时间虽然很短，却给了演讲者一个喘息的机会，让大脑进行紧张快速的思考，同时调整自己的心理状态。

②语言拖延。语言延宕就是先说些与主题关系不大的、无须深入思考且易于表达的题外话，以便大脑迅速组织材料，确立讲话的主旨、中心等，然后再慢慢切入主题。这样，就可避免演讲中冷场的尴尬。比如，在一次演讲当中，忽然有人向演讲者提出一个刁钻的问题，这位演讲者用语言延宕的方法解围："这位听众问了一个很好的问题，我想大家也像他一样，很想知道我对这个问题的看法。那我就给大家作一下解答……"在说这段话的同时，演讲者就可以使自己的大脑迅速活动和思考，等这段话说完了，他的答案也就组织得差不多了。

小训练4-6

如果你就要毕业了，将告别熟悉的校园、亲爱的老师和朝夕相处的同学。请运用本章所学内容，在告别会上作即兴演讲，表达对这一切的依依惜别之情。

4.4　即兴演讲欣赏

在美国度圣诞节的即兴演讲
（1944年12月）
丘吉尔

各位为自由而奋斗的劳动者和将士：

我的朋友，伟大而卓越的罗斯福总统刚才已经发表了圣诞前夕的演说，已经向全美国的家庭致友爱的献词。我现在能追随骥尾讲几句话，内心感觉无限的荣幸。

我今天虽然远离家庭和祖国，在这里过节，但我一点也没有异乡的感觉。我不知道，这是由于本人的母系血统和你们相同；抑或由于本人多年来在此地所得的友谊；抑或由于这两个文字相同、信仰相同、理想相同的国家，在共同奋斗中所产生出来的同志感觉；抑或由于上述三种关系的综合。总之我在美国的政治中心——华盛顿过节，完全没感到自己是一个异乡之客。我和各位之间，本来就是手足之情，再加上各位欢迎的盛意，我觉得很应该和各位共坐炉边，同享这圣诞之乐。

但今年的圣诞前夕，却是一个奇怪的圣诞前夕。因为整个世界都卷入一场生死的搏斗中，正在使用科学所能设计的恐怖武器来互相屠杀。假若我们不是深信自己对于别国领土和财富没有贪图的恶念，没有攫取物资的野心，没有卑鄙的念头，那么我们在今年的圣诞节，一定很难过。

战争的狂潮虽然在各地奔腾，使我们心惊胆战，但在今天，一个个家庭都在宁静的、肃穆的气氛里过节。今天晚上，我们可以暂时把恐惧和忧虑抛开、忘记，而为那些可爱的孩子们布置一个快乐的晚会。全世界说英语的家庭，今晚都应该变成光明和平的小天地，使孩子们尽量享受这个良宵，使他们因为得到父母的礼物而高兴，同时使我们自己也能享受这种无牵无挂的乐趣，然后我们再担起明年艰苦的任务，以各种代价，使我们的孩子所应继承的产业，不致被人掠夺；使他们在文明的世界中所应有的自由生活，不致被人破坏。因此，在上帝庇佑之下，我谨祝各位圣诞快乐。

点评：丘吉尔（1874—1965年），英国著名政治家、文学家，曾就读于桑赫斯特军事学院。他多才多艺，生活经历十分丰富，历任政府要职，曾两度出任英国首相。第二次世界大战期间，他领导英国对德作战，做出卓越贡献。他因撰写《第二次世界大战回忆录》等著述而获诺贝尔文学奖。丘吉尔也是一位极负盛名的演讲大师。1944年12月，他在美国欢度圣诞节时，即兴发表演讲，轰动一时，并且成为历史的一个注脚。在演讲中，他成功地把政治议论与节日祝愿融为一体，既表现出对侵略战争的谴责及对和平的关注，又尽量避免冲淡节日气氛，而又能做到语言优美、意旨深远，真是演讲的典范之作。

在女儿婚礼上的讲话

贾平凹

任务4即兴演讲欣赏1

我27岁有了女儿，多少个艰辛和忙乱的日子里，总盼望着孩子长大，她就是长不大，但突然间长大了，有了漂亮、有了健康、有了知识，今天又做了幸福的新娘！我的前半生，写下了百十余部作品，而让我最温暖也最牵肠挂肚和最有压力的作品就是贾浅。她诞生于爱，成长于爱中，是我的淘气，是我的贴心小棉袄，也是我的朋友。我没有男孩，一直把她当男孩看，贾氏家族也一直把她当作希望之花。我是从困苦境遇里一步步走过来的，我发誓不让我的孩子像我过去那样贫穷和坎坷，但要在"长安居大不易"，我要求她自强不息，又必须善良、宽容。二十多年里，我或许对她粗暴呵斥，或许对她无为而治，贾浅无疑是做到了这一点。当年我的父亲为我而欣慰，今天，贾浅也让我有了做父亲的欣慰。因此，我祝福我的孩子，也感谢我的孩子。

女大当嫁，这几年里，随着孩子年龄的增长，我和她的母亲对孩子越发感情复杂，一方面是她将要离开我们；另一方面迎接她的又是怎样的一个未来。我们祈祷着她能受到爱神的光顾，觅寻到她的意中人，获得她应该有的幸福。终于，在今天，她寻到了，也是我们把她交给了一个优秀的俊郎贾少龙！我们两家大人都是从乡下来到城里，虽然一个原籍在陕北，一个原籍在陕南，偏偏都姓贾，这就是神的旨意，是天定的良缘。两个孩子虽生活在富裕的年代，但他们没有染上浮华习气，成长于社会变形时期，他们依然纯真清明，他们是阳光的、进步的青年，他们的结合，以后日子会快乐、灿烂！

在这庄严而热烈的婚礼上，作为父母，我们向两个孩子说三句话。第一句话，是一副老对联：一等人忠臣孝子，两件事读书耕田。做对国家有用的人，做对家庭有责任的人。好读书能受用一生，好好工作就一辈子有饭吃。第二句话，仍是一句老话："浴不必江海，要之去垢；马不必骐骥，要之善走。"做普通人，干正经事，可以爱小零钱，但必须有大胸怀。第三句话，还是老话："心系一处。"在往后的岁月里，要创造、培养、磨合、建设、维护、完善你们自己的婚姻。

今天，我万分感激爱神的来临。它在天空星界，在江河大地，也在这大厅里，我祈

162

求它永远地关照着这两个孩子！我也万分感激从四面八方赶来参加婚礼的各行各业的亲戚朋友，在十几年、几十年的岁月中，你们曾经关心、支持、帮助过我的写作、身体和生活，你们是我最尊重和铭记的人，我也希望你们在以后的岁月里关照、爱护两个孩子，我拜托大家，向大家鞠躬！

点评：这篇演讲词，语言鲜活而规范，精粹而深刻，散发着泥土的芬芳，闪烁着智慧的光芒。他形容爱女，全然没有什么"宝贝""公主""掌上明珠"之类的陈词俗套，而把女儿比作"最牵肠挂肚和最有压力的作品""我的淘气，我的贴心小棉袄""希望之花"，这些新鲜的比喻，让人耳目一新。他祝福女儿、女婿新婚之喜，全然没有那些"心心相印""百年好合""白头偕老"之类的空话套话，而是祝福他们"创造、培养、磨合、建设、维护、完善自己的婚姻"，连用六个动词，把一位慈父的美好祝愿表达得多么完美、高雅！全文读起来音韵和谐、朗朗上口、雅俗共赏。贾平凹不愧为大作家，不愧为语言高手！

男大当婚，女大当嫁。女儿要出嫁了，贾平凹的心情是非常复杂的。一方面，他为女儿寻觅到了幸福的爱情而喜悦；另一方面，他又为女儿即将离开自己而依依不舍，还有对女儿开始一种崭新生活的期盼和担忧。贾平凹把这种复杂的感情表达得淋漓尽致。无论是对女儿成长历程的回顾，还是对女儿女婿未来的祝福和勉励，以及对参加婚礼者的感谢，都让人感受到一位父亲那颗温暖、诚挚、关爱的心，字里行间，蕴含着慈父对女儿炽热的爱，洋溢着纯真的情感。

任务4即兴演讲欣赏2

■ 实践训练

1.阅读材料讨论

美国著名演说家理查德的即兴演讲"四部曲"

即兴演讲通常是在一定的场合下，演讲者事先未作准备，只是根据需要而作的临时发言。因此，即兴演讲在思维的敏捷性、语言的逻辑性和口头的雄辩性方面都有更高的要求。如何做好即兴演讲，避免因措手不及而陷入难堪的境地呢？美国演讲专家理查德总结了一个即兴演讲的"四部曲"，这四步是：①喂，喂！②为什么要费这个口舌？③举例。④怎么办？

第一步"喂，喂"提示我们必须首先"呼唤"起听众的兴趣。理查德说："不要平铺直叙地开始演讲：'今天，我要讲的内容是保障行人生命安全……'你最好这样开头：'在上星期四，特购的450具晶莹闪亮的棺材已运到了我们的城市……'"理查德设计的这一开头语虽然不符合我们中国人的忌讳心理，但它无疑具有一种先声夺人的气势，它能激发听众之疑，使他们很想弄清事情的究竟。

"为什么要费这个口舌"是第二步。理查德说，接下来你应向听众讲明为什么应当听你演讲。若谈交通安全问题，可这样讲："不讲交通安全，那订购的450具棺材也许在等待着我，等待着你，等待着我们的亲人。"理查德所讲述的"为什么"既联系着"我"（演讲者），又联系着"你"（听讲者），还联系着场外跟你我有关系的千千万万的

"亲人"，这就使所有的与会者不知不觉地成了他的"俘虏"，在心理上与他产生了共鸣。

紧接着的第三步为"举例"。理查德指出，比如谈交通安全问题，你若用活生生的事例来说明那些会使人们送命的潜在因素，远比只讲那些干巴巴的条文要好得多。事实上，演讲的传播媒介主要是口语，辅之以体态语。与书面语相比，口语和体态语在传达事例方面比传达条文更具有优势。特别是即兴演讲，我们更要注意在这方面扬长避短。

"怎么办"是最后一步。理查德要求演讲者注意的是，这一步一定要告诉听众你谈了老半天是想让人家做些什么，最好能讲得生动一点、具体一点、实际一点。从根本上说，"怎么办"是演讲者的目的所在，如果演讲者忘记了这一步，或者这一步处理不好，就会给听众留下无的放矢或不知所云的感觉。

理查德还认为，"为什么要费这个口舌"和"举例"这两部分如同馅饼里的馅，味道全在这里面。但是，这两部分要与引人注意的"喂，喂"和结尾的"怎么办"相呼应。掌握理查德的"四部曲"，能使我们在大庭广众之下泰然自若、有条不紊地陈述自己的观点，而不会陷入张口结舌、东扯西拉的窘境。

讨论思考题：

（1）美国演讲专家理查德总结的即兴演讲的"四部曲"对你有什么帮助？

（2）请按照此方法进行一次即兴演讲。

2.综合训练

即兴演讲实训

（1）任务名称：即兴演讲。

（2）任务目的：通过训练提高学生综合表达能力、语言的综合运用能力。测试学生普通话水平、态势语言运用、现场语言生成、语言技巧等综合口才能力。

（3）任务要求：每个同学轮流进行，现场随机抽题，20秒钟准备，每人演讲3～5分钟。训练指导老师在训练前要进行比较详细的安排：评审委员会的确定，工作人员的安排，最重要的是要准备即兴演讲试题集，训练过程中不能重复或者将重复的可能性降到最低。训练指导老师要注意维持训练课堂的教学秩序，已完成训练的同学不能离场。

（4）任务实施：训练对象顺序是随机抽取的，演讲话题也是现场抽题号来确定的，然后进行短暂准备。正式演讲时间为3～5分钟，现场计时员会给提示，超时要扣分。

（5）任务考核：成立专门的评价小组，从学生中选取口才相对好一点、公正、公平的5人或者7人。依据评分表逐个评分，安排工作人员进行统计。具体评分办法见附件1和附件2，即兴演讲评分表见表6-1，即兴演讲话题集见表6-2。

附件1

即兴演讲评分标准

评分采取100分制，评委当场评分，去掉一个最高分和一个最低分后的平均得分为参赛人员最后得分。具体说明如下：

1.演讲内容。切合主题，中心突出，观点正确、鲜明、深刻，格调积极向上，富有真情实感。

2.仪表风采。要求衣着整洁，仪态端庄大方，举止自然、得体，体现朝气蓬勃的精神风貌；上下场致意，答谢；表现力强，整体印象好。

3.语言表达。态势语言：运用肢体、头部动作以及面部表情等并与所讲内容相吻合；口头语言：普通话标准，声音洪亮，语言流利，现场语言组织能力强；语言技巧：运用幽默、模糊、委婉、诡辩、发问等使演讲更加生动和富有表现力。

附件2

评分项目和分值标准（总分100分）

一、演讲内容（占总分的比重为40%）

【优等】（90～100分）主题突出，内容充实，结构严谨。

【良等】（75～90分）主题明确，内容具体，结构完整。

【中等】（60～75分）主题一般，内容集中，结构齐全。

【差等】（60分以下）主题偏离，内容空泛，结构混乱。

二、语言表达（占总分的比重为40%）

【优等】（90～100分）语言生动，表情灵活，反响热烈。

【良等】（75～90分）语言如常，表情自然，反响积极。

【中等】（60～75分）语言一般，表情迟滞，反响一般。

【差等】（60分以下）语言生硬，表情造作，反响冷淡。

三、仪表风采（占总分的比重为20%）

【优等】（90～100分）举止大方，精神饱满，装扮得体，表现力强。

【良等】（75～90分）举止得体，神采奕奕，装扮正式，表现力不错。

【中等】（60～75分）举止正常，精神集中，装扮一般，表现力一般。

【差等】（60分以下）举止紧张，精神恍惚，装扮夸张，缺乏表现力。

表4-1　　　　　　　　　　　　　即兴演讲评分表

学号	姓名	仪表风采20分	语言表达40分			演讲内容40分			总分100分
			态势语言10分	口头语言10分	语言技巧20分	内容结构10分	内容层次10分	内容价值20分	
1									
2									
3									
4									
5									
6									

表4-2   即兴演讲话题集

题目	题目	题目	题目
我的父亲	假如我是班长	春天的雨露	感悟小镇
我的母亲	假如我是校长	理解万岁	路
童年趣事	假如我是市长	人无完人	校园的路灯
我的大学	韩剧的优与劣	平凡与伟大	我宿舍的兄弟(姐妹)
我的家乡	名与利	工作的意义	我的专业
我的理想	假如我是义工	生命的宝贵	我的母校
我的祖国	反腐倡廉	QQ农场带来的	灯塔
成功背后	珠江	文凭的价值	姚明与中国篮球
失败的意义	广州	回头看	刘翔与中国田径
勤能补拙	北京	梅花香自苦寒来	我与中国
春华秋实	阴霾的都市天空	滴水之恩当涌泉相报	实习感言
战争与和平	长城	人无远虑必有近忧	龙
红花与绿叶	黄河	感悟失去	我最尊敬的人
生活的真谛	"授人以渔而非鱼"之我见	我的未来不是梦	财与才
善意的谎言	我所在的集体	人生处处是考场	我喜欢的明星
毋以善小而不为	船到江心补漏迟	处处留心皆学问	从饭后打包说起
迷信与崇拜	拒绝平庸	悠悠那一缕父子情	时尚之我见
当你被人误解时	妈妈的眼睛	师恩难忘	风中那一缕白发
感恩父母			

说明:

1.演讲内容:切合主题,中心突出,观点正确,格调积极。

2.仪表风采:衣着整齐,仪表大方,表情自然,体态语言适当。

3.语言表达:语言准确生动,口齿清晰,表达流畅,有感染力,能处理好各种情况。

资料来源 彭义文.口才训练教程〔M〕.北京:北京师范大学出版社,2011.

课后练习

1.夏夜的星空是那么美,那么遥远。触景生情,我们会产生种种思索。请你展开联想,以"遥远的星空"为题作即兴演讲。

2.假如你的企业作为东道主组织以下活动:洽谈会、记者招待会、客户联欢会、开业典礼、宴会,你作为企业代表作即兴讲话,你想讲些什么?

3.学校准备采取竞选的方式产生新一届学生会,你希望通过这个机会成为校学生会主席,那么请你做简短的竞选演说。假如你当选校学生会主席,那么,请你再向同学和老师们发表就职演说。

4.案例分析

林语堂的即兴演讲

林语堂是我国现代著名的语言学家，也是著名的幽默大师。有一次，他到一所大学去参观。参观后校长请他到餐厅和学生们共进午餐。校长认为这是一次难得的机会，就临时请他和学生们讲几句话。林语堂很为难，无奈之下，就讲了一个笑话。

林语堂说，罗马时代，皇帝残害人民，时常把人投到斗兽场中，给猛兽吃掉。这实在是一件惨不忍睹的事！可是，有一次皇帝又把一个人丢进斗兽场里，让狮子去吃。这个人胆子很大，看到狮子并不怎么害怕，径直走到狮子身旁，在狮子耳边讲了几句话，那狮子掉头就走，不吃他了。皇帝觉得很奇怪，狮子为什么不吃他呢？于是又让一个人放了一只老虎进去，那人还是毫无惧色，又走到老虎身旁，也和它耳语一番。说也奇怪，老虎也悄悄地走了，同样没有吃他。皇帝诧异极了！怎么回事？便把那个人叫出来，盘问道："你究竟向狮子和老虎说了些什么，竟使它们不吃你？"那人答道："陛下，很简单，我只是提醒它们，吃我很容易，可吃了以后，你们得演讲一番！"林语堂说罢就坐下了，"哗"，顿时全场雷动，林语堂的故事得了一个满堂彩，校长啼笑皆非。

思考题：

（1）林语堂的演讲为什么能使全场雷动？

（2）本事例对你有何启示？

小洛克菲勒的即兴演讲

1915年，科罗拉多州煤铁公司的矿工为了要求改善待遇，进行了罢工，因为公司方面处置不善，这次罢工又演变成了流血的惨剧，劳资双方都走向了极端。这次罢工持续了两年之久，成为美国工业史上一次有名的大罢工。那时管理矿务的人，就是美国石油大王洛克菲勒的儿子。这位小洛克菲勒，最初使用高压手段，请出军队来镇压，闹成了流血惨剧，不仅没有解决问题，反而使罢工的时间延长，使他的财产受到了更大的损失。

后来，小洛克菲勒改变方法，用了柔和的手段，把罢工的事情暂时放下不谈，特地去和工人为友，到各个工人的家中去慰问，对罢工运动代表们做了一次十分中肯的现场即兴演讲。他说："在我的有生之年，今天恐怕是一个最值得纪念的日子。我十分荣幸，因为我能够和诸位相识，如果我们今天的聚会是在两个星期之前，那么，我站在这里就会是一个陌生人了；因为对于诸位，我认识的还只是极少数。我有机会到南煤家庭，会见了诸位的妻儿老幼，大家对我都十分客气，完全把我看作自己人。所以，今天我们在这里相见，我们已经不是陌生人而是朋友了。现在，我们不妨本着相互的友谊，共同来讨论一下我们大家的利益，这是使人感到十分高兴的。参加这个会的，是厂方的职员和工人的代表，现在蒙诸位的厚爱，我才能在这里和诸位相见并努力化解一切矛盾，彼此成为好友，这种伟大的友谊，我是终生不会忘掉的。我们大家的事业和前途，从此更是变得无限光明。我个人，今天虽然代表着公司方面的董事会，可是，我和诸位并不处于对立的地位，我觉得我们大家都是有着密切的关系和友谊的。和我们彼此有关的生活问题，现在我很愿意提出来和大家讨论一下，让我们一起从长计议，获得一个双方都能兼顾的圆满的解决办法，因为这是对大家有利的事……"

小洛克菲勒的讲话，虽然没有华丽的辞藻，但话语中肯，引起了矿工广泛的共鸣，使其很快摆脱了困境。

思考题：

（1）小洛克菲勒的演讲经历说明了什么？

（2）本事例对你有何启示？

任务 5

社交口才

如果你是对的，就要试着温和地、有技巧地让对方同意你的观点；如果你错了，就要迅速而热诚地承认。这要比为自己争辩有效和有趣得多。

——［美］卡耐基

课程思政要求

进行社会主义核心价值观教育；开展道德意识教育和法律意识教育；塑造良好的职业形象，不断提高职业素养；热爱祖国的语言，加强中华文化认同，增强民族自豪感；培养积极乐观的生活态度和审美情趣；促进大学生的全面发展。

学习目标

掌握介绍、交谈、提问、回答、赞美、说服和拒绝的语言艺术。

5.1　介绍的语言艺术

介绍语是社交中为接近对方而常用的表达方法之一。通过相互介绍，达到相互接近的目的。社交场合主要有两种介绍语：一是自我介绍；二是介绍别人。

1）自我介绍

自我介绍是最常用的口语形式。当我们处于比较正规的场合，面对陌生的公众时，首先别忘了把自己介绍给对方。自我介绍时，要及时、清楚地报出自己的姓名和身份，大方自然地进行自我介绍。可以先面带微笑，温和地看着对方说声："您好！"以引起对方的注意，然后报出自己的姓名、身份，并简要表明想结识对方的愿望或缘由。进行自我介绍一定要力求简洁，尽可能地节省时间，介绍时间以半分钟为佳。

自我介绍一般视对象而选择介绍语。把自己介绍给领导、长辈、名人时，语言要谦恭有礼，但不可点头哈腰，卑躬屈膝，出言酸腐。一位营销部经理在一次社交集会中这么自我介绍："我是××公司跑供销的，我叫王××，今后希望各位经理多加指教。"话毕面带微笑，向周围的人双手送上自己的名片。这番自我介绍很简单，却很有艺术性。自然语言与体态语言巧妙配合，口头上非常谦虚地说自己是跑供销的，具体职务、官衔让名片替他补充。这比"我是营销经理"这种直露的介绍更巧妙，更易给人留下谦恭得体的好印象；反之，也不要居高临下、恃势傲人、出言不逊。

进行自我介绍，态度务必自然、友善、亲切、随和。要充满信心和勇气，敢于正视对方的双眼，显得胸有成竹。介绍时语气要自然，语速要正常，语音要清晰、响亮，对一些容易听错读错的字要特别加以说明，以免造成误会。例如：有位先生名叫单弘（shàn hóng），他在自我介绍时特别指出："我的名字很容易读错，有次药房的护士叫我单弦（dān xián），我成一件乐器了。"这样介绍后，相信听众就不会念错他的名字了。

小贴士 5-1　　　　　　　　　　　　　**王景愚的自我介绍**

著名的戏剧表演家王景愚是这样做自我介绍的："我就是王景愚，表演《吃鸡》的那个王景愚，愚公移山的愚。人称我是多愁善感的戏剧家，实在是愧不敢当，我只不过是一个'走火入魔的哑剧迷'罢了。你看我40多公斤的瘦小身材，却经常负荷许多忧虑与烦恼，又多半是自找的。我不善于向自己敬爱的人表述敬与爱，却善于向自己憎恶的人表述憎与恶，然而胆子并不大。我虽然很执拗，却又常常否定自己，否定自己既痛苦又快乐，我就生活在这痛苦与快乐交织的网里，总也冲不出去。在事业上，人家说我是敢于拼搏的强者；而在复杂的人际关系面前，我又是一个心无灵犀、半点不通的弱者。因此，在生活中，我是交替扮演强者与弱者的角色……"

【点评】表演艺术家王景愚的自我介绍机智巧妙，同时又不乏谦虚、诚恳。自我介绍不一定要口吐莲花，人们更推崇自信自谦、分寸恰当的介绍。

2）介绍别人

社会活动中，如果处于主持人地位或充当中介人时，别忘了给互不相识的客人作介绍。例如：

我来介绍一下：这位是××先生，目前就职于广告公司，美学爱好者。这位是大学美学教授金××。

这是最常见的介绍语，介绍了双方姓名、特长、工作单位等。介绍别人时要注意以下几点：

（1）注意先后顺序。为双方作介绍时，要确立"先把谁介绍给谁"的观念。应牢记"受尊敬的一方有优先了解权"这一介绍基本准则。把职位低者先介绍给职位高者（商务场合尤其如此），把年轻的先介绍给年长的，把男士先介绍给女士，把未婚女子先介绍给已婚女子，把家庭成员先介绍给客人。如果双方年龄、身份都相差无几，则应当把自己较熟悉的一方先介绍给对方。违反这一顺序则有失礼仪。

（2）信息量要适中。请看下面两例：

我来介绍一下，这位是张先生，这位是××房屋开发公司副总经理王××，他可是实权派，路子宽，朋友多，谁需要帮忙可以找他。

前者信息量太少，通过介绍，双方只能了解对方一个姓，无法从介绍语中找到继续交谈的共同话题。后者信息量太多，介绍的后半段属多余信息，而且庸俗化了，往往会使被介绍者感到尴尬。所谓信息量适中，是指通过介绍使双方互相了解尊姓大名、工作单位、职务或特长。只要能为双方的进一步交谈引出共同话题即可，千万不可草率介绍，亦不可画蛇添足。

（3）介绍语要规范。所谓介绍语要规范，是指介绍语要热情、文雅并配以恰当的体态语。为双方介绍或者把某人向全体介绍都是为了建立关系、联络感情、融洽气氛，因此介绍语必须热情洋溢。尤其将某人介绍给全体成员时，要尽可能将此人的主要成绩、荣誉等一一加以热情介绍，切忌不冷不热，毫无生气。美国著名成人教育家戴尔·卡耐基曾谈起这么一件事：约翰·梅森·布朗是一位作家兼演说家。一次他应邀去某地演讲。演讲开始前，会议主持人将布朗先生介绍给公众，下面是主持人的介绍语：

先生们，请注意了。今天晚上我给你们带来了不好的消息。我们本想邀请伊塞卡·F.马科森来给我们讲话，但他病了来不了（嘘声）。后来我们要求参议员布莱德里奇前来，可他太忙了（嘘声）。最后，我们试图请堪萨斯城的罗伊·格罗根博士来，也没有成功（嘘声）。所以，结果我们请到了——约翰·梅森·布朗。

这样的介绍语不仅是报流水账，毫无热情，而且有损被介绍者的自尊心，这是介绍语的大忌。

（4）介绍语要礼貌。言语交际必须遵循礼貌、合作的交际原则。介绍语要文雅、有礼，切忌随便、粗俗。例如：

我给各位介绍一下：这小子是我的铁哥们，开小车的，我们管他叫"黑蛋"。

这段介绍中"小子""铁哥们""开小车的""黑蛋"，这类词语显然与社交场合格格不入，太粗俗，不文雅，又把绰号当大名来介绍更显随便、不严肃。

此外，介绍语常用一些敬语、客套话、赞美语作为其表述语，在实践中应规范使用。如"我非常荣幸地向各位介绍×××""我们有幸请来了大名鼎鼎的×××""能聆听他的讲话我们感到由衷的高兴"等。这些介绍语中的"荣幸""有幸""由衷"等都是敬辞，"大名鼎鼎""请"是客套语。这类文雅的语言再配上优雅得体的体态语就更显介绍者的语言魅力了。介绍时一般介绍者起立，面带微笑，伸出一只手，掌心向上，边说边示意。

小训练 5-1

（1）请面向全班同学进行自我介绍。

（2）假设你的好朋友来你家做客，你要介绍你的家人和朋友认识。你将如何进行介绍？

（3）试把一位你所熟悉的人（如父亲、母亲、同学、老师……）得体地介绍给大家。

（4）某电脑公司培训部经理刘某到某职业院校与校长王某洽谈联合办学事宜。假如你是校办公室主任，你怎样为双方介绍？

5.2　交谈的语言艺术

美国哈佛大学前校长伊立特曾说："在造就一个有修养的人的教育中，有一种训练必不可少，那就是优美、高雅的谈吐。"交谈是交流思想和表达感情最直接、快捷的途径。在人际交往中，因为不注意交谈的语言艺术，或用错了一个词，或多说了一句话，或不注意词语的色彩，或选错话题等，而导致交往失败或影响人际关系的事，时有发生。因此，在交谈中必须遵守一定的规范，才能达到双方交流信息、沟通思想的目的。语言作为人类的主要交际工具，是沟通不同个体思想的桥梁。交谈的语言艺术包括以下几个方面：

1）准确流畅

小案例5-1

咸菜请香肠酱瓜

在交谈时如果词不达意、前言不搭后语，很容易被人误解，达不到交际的目的。因此在表达思想感情时，应做到口音标准、吐字清楚，说出的语句应符合规范，避免使用似是而非的语言。应去掉过多的口头语，以免语句被割断；语句停顿要准确，思路要清晰，谈话要缓急有度，从而使交流活动畅通无阻。

语言准确流畅还表现在要让人听懂上。言谈时尽量不用书面语或专业术语，因为这样的谈吐让人感觉太正规，受拘束或是理解困难。

小故事5-1　　　　　　　　　　　　　　　　　　自作自受

古时有一笑话说的是有一书生，突然被蝎子蜇了，便对其妻子喊道："贤妻，速燃银烛，你夫为虫所袭！"他的妻子没有听明白，书生更着急了："身如琵琶，尾似钢锥，叫声贤妻，打个亮来，看看是什么东西！"其妻仍然没有领会他的意思，书生疼痛难熬，不得不大声吼道："快点灯，我被蝎子蜇了！"真乃自作自受。

2）清晰明了

口头传播的一大特点是传播速度快，稍纵即逝。据有关专家考证，口头语言留在人们记忆里的时间一般不超过七秒钟，十秒钟以后，记忆就会逐渐模糊，直至残缺不全。这就要求人们在讲话时尽量使用明确精练、通俗易懂的语言，避免使用那些模棱两可、似是而非、晦涩难懂的语言。

说话要力求简单明了。生活中常有这样的情形，有的人不顾场合地点，说起话来口若悬河，滔滔不绝；有的人车轱辘话来回说，生怕别人不解其意；有的人在说话中插入一些不必要的交代，节外生枝，不着边际。这些都会导致主要的信息被大量的次要信息淹没，使听者如堕入五里雾中，不知所云。

说话中应当特别注意同音异义词的使用，以免发生误会。在汉语中，容易引起歧义的词语并不少见。例如"全部（不）及格""治（致）癌物质"等。遇到这类容易引起误解的词语时，说话人可以换一种表达方式，将其交代清楚，如"全都及格""治疗癌症的物质"。这样对方就不会有疑问了。

此外，我们平常说话有很多潜台词，就是双方你来我往互相交流，有时会产生歧义，相互不理解，甚至误解。所以要想把话说清楚，必须明确前提，把握潜在的语义和逻辑。下面这个小故事就是一个极好的说明。

小故事 5-2

该来的不来

3）委婉表达

交谈是一种复杂的心理交往，人的微妙心理、自尊心往往在里面起着重要的控制作用，触及它，就有可能产生不愉快。因此，对一些只可意会不可言传的事情、人们回避忌讳的事情、可能引起对方不愉快的事情，不能直接陈述，只能用委婉、含蓄、动听的话去说。常见的委婉说话方式有：

（1）避免使用主观武断的词语，如"只有""一定""唯一""就要"等不带余地的词语，要尽量采用商量的口气。

（2）先肯定后否定，学会使用"是的……但是……"这个句式。把批评的话语放在表扬之后，就显得委婉一些。

（3）间接地提醒他人的错误或拒绝他人。

4）把握分寸

谈话要有放有抑有收，不过头，不嘲弄，把握"度"；谈话时不要唱"独角戏"，夸夸其谈，忘乎所以，不让别人有说话的机会；说话要察言观色，注意对方情绪，对方不爱听的话少讲，一时接受不了的话不急于讲。开玩笑要看对象、性格、心情、场合，一般来讲，不随便开女性、长辈、领导的玩笑，一般不与性格内向、多疑敏感的人开玩笑，当对方情绪低落、心情不快时不开玩笑，在严肃的场合、用餐时不开玩笑。

5）幽默风趣

交谈本身是一个寻求一致的过程，在这个过程中常常会出现不和谐的地方而产生争论或分歧。这就需要交谈者随机应变，凭借机智化解或消除障碍。幽默可以化解尴尬局面或增强语言的感染力。它建立在说话者高尚的情趣、较深的涵养、丰富的想象力、乐观的心境、对自我智慧和能力自信的基础上。它不是要小聪明或"卖嘴皮子"，它应使语言表达既诙谐又入情入理，体现说话者一定的修养和素质。

小故事 5-3　　　　　　　　　　　"还没插秧呢！"

有一次，梁实秋的幼女文蔷自美回国探望父亲，他们便邀请了几位亲友，到饭店欢宴。酒菜齐全，唯独白米饭久等不来。经再三催促之后，仍不见白米饭踪影。梁实秋无奈，待服务员入室上菜之际，戏问曰："怎么饭还不来，是不是稻子还没收割？"服务员眼都没眨一下，答称："还没插秧呢！"本是一个不愉快的场面，经服务员这一妙答，举座俱欢。

6）注重礼貌

注重礼貌要求交谈中使用礼貌用语，这是人类文明的标志，也是全世界共同的心声。使用礼貌用语不仅会得到别人的尊重，提高自身的信誉和形象，而且还会对自己的事业起到良好的辅助作用。我国政府有关部门曾向市民普及 "请""谢谢""你好""对不起""再见"十字文明礼貌用语。在社交中，日常礼貌用语远不止这十个字。归结起来，主要可划分为如下几个大类，见表5-1。

表 5-1　　　　　　　　　　　礼貌用语一览表[①]

序号	礼貌用语类型	举例
1	问候用语	您好！各位好！小姐好！××先生好！××主任好！早上好！中午好！下午好！晚安！各位下午好！××经理早上好
2	欢迎用语	欢迎！欢迎光临！见到您很高兴！恭候光临！××先生，欢迎光临！欢迎再次光临！欢迎您又一次光临本店
3	送别用语	再见！回头见！慢走！走好！欢迎再来！保重！一路平安！旅途顺利
4	请托用语	请稍候！请让一下！劳驾！拜托！打扰！请关照！请您帮我一个忙！劳驾您替我看一下这件东西！拜托您为这位女士让一个座位
5	致谢用语	谢谢！××先生，谢谢！谢谢，××小姐！谢谢您！十分感谢！万分感谢！多谢！有劳您了！让您替我们费心了！上次给您添了不少麻烦
6	征询用语	您需要帮助吗？我能为您做点什么？您需要点什么？您需要哪一种？您觉得这件工艺品怎么样？您不来一杯咖啡吗？您是不是很喜欢这种方式啊？您是不是先来试一试？您不介意我来帮助您吧？您打算预订雅座，还是散座？这三种颜色您更倾向于哪种
7	应答用语	是的。好。很高兴能为您服务。好的，我明白您的意思。请不必客气。这是我们应该做的。请多多指教。过奖了。不要紧。没关系。不必，不必。我不会介意
8	赞赏用语	太好了！真不错！对极了！相当棒！非常出色！您真有眼光！还是您懂行！您的观点非常正确，看来您一定是一位内行。哪里，哪里，我做得还很不够。承蒙夸奖，真是不敢当。得到您的肯定，的确让我们很开心
9	祝贺用语	祝您成功！一帆风顺！心想事成！身体健康！生意兴隆！全家平安！节日快乐！活动顺利！新年好！春节快乐！生日快乐！旗开得胜，马到成功
10	推脱用语	您可以到对面的商场去看一看。我可以为您向其他专卖店询问一下。下班后我还有其他安排，很抱歉不能接受您的邀请
11	道歉用语	抱歉。对不起。请原谅。失礼了。失言了。失陪了。失敬了。有失远迎。不好意思，多多包涵。很惭愧。真的很过意不去

---

① 杜明汉. 营销礼仪［M］. 北京：电子工业出版社，2011.

7) 有效选择话题

所谓话题，是指人们在交谈中所涉及的题目范围和谈资内容。换言之，话题是一些由相对集中的同类知识、信息构成的谈话资料及其相应的语体方式、表述语汇和语气风格的总和。在人际交往中，学会选择话题，能使谈话有个良好的开端。

（1）宜选的话题。在交际中，第一，应选既定的话题，即交谈双方业已约定，或者一方先期准备好的话题，如征求意见、传递信息、研究工作等。第二，选择内容文明、格调高雅的话题，如文学、艺术、哲学、历史、地理、建筑等。这类话题适合各类人群交谈，但忌不懂装懂。第三，选择轻松的话题，这类话题令人轻松愉快、身心放松，适用于非正式交谈，允许各抒己见，任意发挥。主要包括文艺演出、流行、时装、美容美发、体育比赛、电影电视、休闲娱乐、旅游观光、名胜古迹、风土人情、名人轶事、烹饪小吃、天气状况等。第四，选择时尚的话题，即以此时此刻正在流行的事物作为谈论的中心，这类话题变化较快，应注意把握。第五，选择擅长的话题，尤其是交谈对象有研究、有兴趣的话题。比如，青年人对于足球、流行歌曲、电影电视的话题比较关注，而老年人对于健身运动、饮食文化之类的话题较为熟悉。

在交谈时，要注意话题的选择禁忌。若双方是初交，则有关对方年龄、收入、婚恋、家庭、健康、经历这一类涉及个人隐私的话题，切勿加以谈论。

（2）增加话题储备。由于人们的经历、职业、兴趣、学习状况不同，每个人所掌握的知识各不相同，都有一定的局限性，因此必须尽量增加话题储备。对于掌握话题的广度影响最大的是自身的学习状况和进取精神。一个人如果有理想、有追求，思想境界高，而且肯下功夫学习，爱读书看报，并关注社会现实生活，有较多的朋友，把看到、听到的东西有意识地加以记忆和积累，就会变得学识渊博；对时事政治、天文地理、人文外交、文艺体育、花鸟鱼虫都有所了解，由于视野开阔，其谈资和知识面自然比别人宽得多。

8) 注意交谈禁忌

人与人之间的交谈是一种双向的沟通。交谈的内容，交谈者的姿态、表情以及许许多多并不为人所察觉的交谈因素，都有阻碍交谈的可能。而许多不正确的交谈方式，常常是使交谈无法维持的一个根本原因。

（1）忌居高临下。不管自己身份有多高、背景有多硬、资历有多深，都应该放下架子，平等地与人交谈，切不可给人以"高高在上"的感觉。

（2）忌自我炫耀。交谈中，不要炫耀自己的长处、成绩，更不要或明或暗拐弯抹角地为自己吹嘘，以免使人反感。

（3）忌心不在焉。当你听到别人讲话时，思想要集中，不要左顾右盼，或面带倦容，或连声呵欠，或神情木然，或玩弄手机、钥匙等，让人觉得扫兴。

（4）忌节外生枝。要扣紧话题，不要节外生枝。如当大家正在兴致勃勃地谈论音乐时，你突然把足球赛的话题塞进来，显然不识"火候"。

（5）忌搔首弄姿。与人交谈时，姿态要自然得体，手势要恰如其分。切不可指指点点，挤眉弄眼，更不要挖鼻掏耳，给人以轻浮或缺乏教养的印象。

（6）忌打断对方。双方交谈时，不要轻易打断对方谈话。如果有紧急事件发生，或确实有必要打断对方，要在对方说话的间歇，以婉转的口气，很自然得体地将自己的话简短说出，如"你讲得有道理，不过请允许我打断一下"，或"请让我提个问题好吗？"这样就不会让人感到你轻视他或不耐烦了。

（7）忌质疑对方。对别人说的话不随便表示怀疑。所谓防人之心不可无，质疑对方并非不行，但最好不要写在脸上，这点很重要；否则，就容易带来麻烦。质疑对方，实际是对其尊严的挑衅，是一种不理智的行为。交际中，这样的问题值得高度关注。

（8）忌纠正对方。"十里不同风，百里不同俗。"不同国家、不同地区、不同文化背景的人考虑同一问题，得出的结论未必一致。一个真正有教养的人，是懂得尊重别人的人。尊重别人就是要尊重对方的选择。除了大是大非的问题必须旗帜鲜明地回答外，人际交往中的一般性问题，不随便与对方争论是或不是，不要随便去判断。

（9）忌补充对方。有些人好为人师，总想显示自己知道得比对方多，比对方技高一筹。出现这一问题，实际上是没有摆正自身位置，因为人们站在不同角度，对同一问题的看法会产生很大的差异。

小训练 5-2

（1）你去拜访一位名人，进屋之后发现其养了一只小猫。请以此为话题，设计一段对话。

（2）一天，你逛商场时发现一位业务员好像是当年的校友，在学校时没机会交谈，她好像也觉得你面熟，你主动和她打招呼。你们会谈些什么？

（3）放暑假了，你坐火车回家，周围坐着几位年龄、身份、性别不同的陌生人，为消除路途寂寞，你先和他们寒暄几句，使大家都有谈兴。你会怎样寻找话题呢？

5.3 提问的语言艺术

在社交活动中，提问往往是交谈的起点，是把话题引向深入的方式之一。因此，会不会问，该怎么问，问什么，都直接影响着交际的效果。

1）提问的作用

中医讲究的望、闻、问、切四种诊法，在人际交往过程中，同样适用。提问者必须掌握察言观色的技巧，学会根据具体的环境特点和谈话者的不同特点进行有效的提问。提问有以下三个作用：

（1）有利于把握回答者的需求。通过恰当的提问，提问者可以从回答者那里得到更充分的信息，从而对回答者的实际需求有准确的把握。

（2）有利于保持沟通过程中双方的良好关系。当提问者针对回答者的需求进行提问时，回答者会感到自己是对方注意的中心，他（她）会在感到受关注、被尊重的同时，更积极地参与到谈话中来。

（3）有利于掌控沟通进程。主动发出提问可以使提问者更好地控制沟通的进度，以及今后与回答者进行沟通的总体方向。一些经验丰富的提问者总是能够利用有针对性的提问来逐步实现自己的询问目的和沟通目标，并且还可以通过巧妙的提问来保持友好的关系。

小贴士5-2　　　　　　　　　　　　　　　提问的方式

人际沟通的最终目标是达成一个共同的协议。要想充分了解并确认对方的需求、目的，通常要通过提问得知。常见的提问方法有两种，见表5-2[①]。

表5-2　　　　　常见的提问方法

提问的方法	开放式问题提问	封闭式问题提问
特点	回答没有框架，可以让对方自由发挥；答案是多样的，是没有限制的	提问时给对方一个框架，让对方只能在框架的范围内作答；答案是唯一的，是有限制的
举例	你午餐吃的什么？您什么时候有时间？你的订购计划是怎样的？你为什么喜欢这样的工作	你吃午餐了吗？您是上午有时间，还是下午有时间？你订购一套还是两套？你喜欢你的工作吗
优势	收集信息全面，得到更多的反馈信息，谈话的气氛轻松	可以引导对方直接给出自己想要的结论，容易控制谈话的时间
劣势	占用一定的沟通时间，谈话内容容易跑偏，不便于控制沟通节奏	收集信息不全面，不利于了解对方的真实意思，只能是确认信息。另外，封闭式问题有时会让对方产生紧张或戒备的感觉
应用	时间充裕，需要收集信息，想让对方充分参与、充分主导时用开放式问题	时间有限，需要尽快得出结论，想自己控制局面时用封闭式问题

2）提问的原则

（1）提问对象的辨识。提问应因人而异，即从对方的年龄、身份、职业、性格以及不同的民族文化背景出发，选择不同的提问方式和技巧。

（2）提问场合的敏感性。提问要注意场合，比如在厕所里不适合高谈阔论；在办公室里，当对方很忙或正在处理一些急事时，不宜提琐碎无聊的问题；当对方伤心或失意时，不宜提太复杂、太生硬或者可能引起对方不愉快的问题。提问还要注意场合，考虑对方的回答，比如一位中学生很想去游泳，但

小案例5-2
不会提问的实习记者

① 秦保红. 职场礼仪教程［M］. 北京：中国人民大学出版社，2016.

他父母不让去，如果当着他父母的面，你问他："去游泳吗？"这位中学生可能因为怕他父母而给你一个虚假的回答"不去"；如果换个场合提问，其回答可能是"去"。

（3）提问目的的鲜明性。在提出疑问的时候，要带着鲜明的目的性。或者为了寻找答案，或者为了引导对方进一步说明问题，或者作为问题的假设和可能……这些都是提问的目的。鲜明的目的，能够让提问变得有效。然而，鲜明并不等于完全的直接，在某些情况下，通过旁敲侧击或者"曲线救国"反倒会比直接询问更有效果。此外，还应注意在旁敲侧击、"曲线救国"的时候，一定要紧扣提问的目的，不能迷失于连环的询问中，而失去根本。

（4）提问方式的多样性。在提问过程中，不要拘泥于一种提问方式，单一的提问与回答的形式会使沟通变得不自然、不活跃，会影响回答者的思考模式。提问的方式要多样，要根据不同的沟通内容、不同的沟通目的、不同的环境，使用不同的提问方式。如提前给出问题，让回答者进行准备，有利于获得相对完整和系统的回答；在现场沟通中进行提问，则可以得到直接而相对真实的回答。连环式的提问具有引导作用；跳跃式的提问则可以开拓思维；设问式的提问可以以问为答；反问式的提问则显得具有权威性。

（5）提问语言的简明性。提问的语言不宜过长，要通俗、干净利索，不要拖泥带水、含糊其词，但应具有启发性和诱导性。提问中的语言必须能为对方所理解，同时要注意不要提一些"是不是""对不对"等不需要动脑也能脱口而出的问题，因为这样得不到正确的或者提问者想要的答案。

（6）提问难度的适度性。提出的问题要与沟通的内容相关，不要出现风马牛不相及的"提问"，也不要出现重复的"错问"。同时，提出问题的难度要具有适度性，必须考虑到沟通对象的年龄特征、知识水平和接受能力。一般说来，难度低的问题是针对较为具体的特殊的事例，中等难度的问题则可以是一些抽象的带有一般规律性的问题，难度高的问题则是以开放式为特征，考量回答者的综合素质。在对群体提问时，难度应控制在中等水平，以大多数的回答者经过思考能够回答为前提，既不要过于简单，也不要过于繁难。

（7）提问留余地的艺术。提问一定要留有余地，以免伤害别人。美国明尼苏达大学拉尔夫·尼科斯基博士对此做了四点概括：一是忌提明知对方不能或不愿作答的问题；二是用对方较适应的"交际传媒"提问，切不可故作高深，卖弄学识；三是不要随意搅扰对方的思路；四是尽量避免你的发问或问题引起对方"对抗性选择"，即要么避而不答，要么拂袖而去。

小训练 5-3

一位传教士在做祷告时烟瘾犯了，问上司："我祷告时可以吸烟吗？"结果上司狠狠瞪了他一眼。另一位传教士祷告时也犯了烟瘾，问上司，结果上司给予肯定的答复。请分析第二个传教士是怎么问的。

3）提问的方式技巧

（1）直接提问法。提问者从正面直接提问，开诚布公、干脆利落、直截了当地讲明询问目的，开门见山地提出问题。

在运用直接提问法时，要注意情感的铺垫，便于对方接受的同时，其也会更合作。同时，防止过于直白的提问，以免显得生硬，造成询问对象的心理排斥，不仅难以获得有价值的信息和材料，而且还会给人一种笨嘴拙舌的感觉。

小案例5-3   "你是否对别人的批评很敏感？"

有人问美国华尔街40号国际公司前总裁马修·布拉："你是否对别人的批评很敏感？"他说："早年，我对这种事情非常敏感。我急于要使公司里的每一个人都认为我非常完美。要是他们不这样想，就会使我感到忧虑。只要一个人对我有一些怨言，我就会想法子取悦他。可是，我做的讨好他的事，总会让另外一个人生气。等我想要补偿这个人的时候，又会惹恼其他的人。最后我发现，我越想讨好别人，就越会使我的敌人增加。所以，我对自己说：只要超群出众，你就一定会受到批评，还是趁早习惯。这一点对我大有帮助。以后，我决定尽自己的最大能力去做，而把我那把破伞收起来，让批评我的雨水从我身上流下去，而不是滴在我的脖子上。"

（2）限定提问法。人们有一种共同的心理——认为说"不"比说"是"更容易和更安全。所以，在沟通过程中，提问者向回答者提问时，应尽量设法不让对方说出"不"字来。提问者在问题中给出两个或多个可供选择的答案，此时可采用限定提问法，即两个或多个的答案都是肯定的。如与别人订约会，有经验的提问者从来不会问对方"我可以在今天下午来见您吗？"因为这是只能在"是"或"不"中选择答案的问题。如果将提问方式改为限定型，即改问："您看我是今天下午2点钟来见您，还是3点钟来？""3点钟来比较好"，当他说这句话时，提问的目的就已经达到了。

小案例5-4   提问技巧

北京远郊有个山村的群众吃水很困难。后来，在当地政府的关怀下，村民都用上了自来水。记者采访一位老大娘时问道："大娘，您吃上自来水了，高兴吧？"大娘回答说："高兴！高兴！"这次采访，记者就提了这一个问题，大娘也就连着说了两个"高兴"，心里有话却因记者的直白而没能说出来。如果问："大娘，原先您想到过吃自来水吗？"或者"大娘，听说你们过去吃水好困难？"大娘心里的话就能痛快地说出来了。

（3）迂回提问法。它是指从侧面入手，采用聊天攀谈的形式，然后逐步将问答引上正题。这种提问方式一般时间性不太强，谈话也不受特定场合与报道方式的限制。当沟通对象感到紧张拘束，或者思想有所顾虑不大愿意交谈，或者虽然愿意谈，却又一时不知该怎么谈时，提问者可以采取侧面迂回的提问方式，逐渐将谈话引上正题。应当明确的是，旁敲侧击只是一种手段，而不是目的。因此，聊天的内容应当是有目的、有选择的，表面上似乎和采访无关，实质上应该是有关联的。

小案例 5-5　　　　　　　　　　　　　　采访郭秀莲

原山西电视台记者高丽萍，1987年在采制专题片《重访大寨录》时，她先和郭凤莲聊天。郭凤莲一听说要采访当年大寨的模范人物，就急切地说："采访别人我没意见，我是不愿意接受采访，我再也不想上电视上报纸了。"记者问她为什么，她说："前几次有的记者找我，我正好有急事要办不在家，就说我拒绝采访，躲着不见，还有人说我对三中全会的政策不满。其实我根本没意见，大寨人现在不就是靠三中全会的富民政策富起来的吗？一听他们那样说我，我就生气。"

高丽萍看对方说到这里，还是一副气鼓鼓的样子，就对她说："我理解你的心情。可我觉得要让人们真正了解你和大寨人今天的情况，就得你们自己出面说话，大家才信。现在你又不接受我的电视采访，观众怎么能知道你是如何看待三中全会的政策呢，更不知道你的近况如何了，你说呢？"果然，这入情入理的一激很有效，郭凤莲马上就说："那好，你就采访吧。可我从哪说起呢？"当下，记者就给她出了主意，对方也爽快地接受了采访。

（4）诱导提问法。当遇到询问对象了解许多信息，却因谦虚不大愿意说，或者由于性格内向不会说，或者要谈的事情需要一番回忆，或者对方想说又不便自己主动说等情况时，都可以采取诱导提问法。采用启发诱导的方式，可以引导对方的思路，又可以诱发对方的情感，进一步引导对方明确沟通的范围和内容，渐渐打开对方的"话匣子"，也可以激活对方的思路，引起对方的联想，从而有针对性地把沟通对象掌握的信息引导出来。

小故事 5-4　　　　　　　　　　　　　孟子的诱导提问

孟子在劝谏齐宣王时，曾经提出一个问题："假定有一个人向大王报告：我的膂力能举起三千斤的重物，却拿不起一根羽毛；我的目力能把秋天鸟的细毛看得分明，但一车柴火摆在眼前却瞧不见。你相信吗？"齐宣王说："不，我不相信。"孟子马上接着说："这样看来，那个力士连一根羽毛都拿不起，是不肯用力的缘故；那位明察秋毫的人，连一车柴火都瞧不见，是不肯用眼睛的缘故。如果老百姓得不到安定的生活，是不肯干，不是不能干。"孟子开始的问话就是诱导提问法。

（5）追踪提问法。它是指提问者把握事物的矛盾法则，抓住重点，循着某种思路、某种逻辑，进行连珠炮式的提问。这种提问既要按照事物的内在联系，把基本情况和事实真相了解清楚，又要抓住重点，深入挖掘，达到应有的深度。一般来说，提问者对于触及事物本质的关键性材料，以及对方谈话中的疑点，或者有价值的新情况、新线索，都会抓住不放，打破砂锅问到底，直至水落石出。但是追问，既要使对方开动脑筋，又要让对方越谈越有兴趣，态度、语气都要与谈话的气氛协调一致，不要把追问搞成逼问，更不要变成变相"审问"。

（6）假设提问法。它是指提问者通过假设的方式提出一些假设性的问题，是一种"试探而进"的提问方法。这种提问方法采用"如果""假如"一类的设问方式，不但可以了解采访对象的观点、看法和见解，而且能深入了解对方的内心世界。

假设提问法往往用来启发沟通对象的思路，引导对方谈出对某个问题、某种事情的真实想法，或者设身处地为对方着想，积极帮助对方回忆某种情景，或者用来调节对方的情绪，促使对方谈出一些不大想说、不大好说的事情或想法，或者由提问者对人物或事物进行合乎规律的推断、预测，促使对方产生联想和想象，或者提问者已经有了一定的认识，再提出一些假设性问题，同沟通对象开展讨论，促使自己认识的深化。

（7）激将提问法。它是指以比较尖锐的问题，适当地刺激对方一下，促使对方的心态由"要我说"变为"我要说"，从而不能不说，甚至欲罢不能。运用激将提问法时，提问者要考虑自己的身份是否得当，刺激的强度是否适中，还要考虑谈话的气氛怎样。有些时候，尖锐、刁钻、奇特，甚至古怪的提问，是"兵行险招"，成则大成，败则大败。例如某些西方政治家，也爱接待善于用"激将提问法"的记者，他们通过巧妙地回答记者的刁钻刻薄的提问，在公众面前显示自己的才能。

小案例5-6

采访

（8）转借提问法。转借提问法就是提问者假借他人之口向提问对象提出自己想提的问题，既可以借助第三方提出一些不宜面对面提出或不太好直说的问题，也可以说明所提问题的客观性，增加提问的力度。例如：

一个青年教师向一位老教授这样提问："刘教授，我听张主任说，您刚刚发表了一篇关于××问题的学术论文。据说这篇论文很有影响力，方便借我拜读一下吗？"借他人来说事，问中有赞，会让对方倍感欣慰。

（9）限定提问法。限定提问法就是提问者在向提问对象提出问题时，为了避免对方在"是"与"否"的简单回答中可能给出提问者不想得到的否定性的回答，进而在提问时先给出两个或多个可供对方选择的肯定性答案，让对方回答时不自觉地选择其中的一个答案，进而达到提问的目的。例如：

你想约一个人见面。你如果这样问："您看什么时候您有时间"或"您看周六上午可以吗"，那么对方很可能会这样回答："不好意思，我最近没时间"或"周六上午不行"。

而你如果这样问："您看是周六上午还是周六下午我来见您？"对方可能这样回答："周六下午吧，上午我还有点别的事情要办。"

提问的方法多种多样，提问者可以根据沟通中的具体情况，灵活地加以运用。同时，这些方法既是相对独立，又是互相联系的。它们可以单独使用，也可以交替或交叉使用。掌握了每种方法的要领，就可以在沟通的过程中运用自如，获取最佳沟通效果。

5.4 回答的语言艺术

1）回答的作用

回答问题是沟通过程中的重要环节之一，有效的回答建立在对提问者的观察、了解的基础之上，具有以下三个作用：

（1）能够使提问者的疑问得到解答。当提问者提出问题时，或许期待了解关于沟通话题的更多内容，或许希望与回答者就某些问题展开讨论。回答者的任务就是要解答提问者的疑问，通过成功解答问题，可以增强回答者讲话的说服力，使对方不但获得信息，而且心悦诚服。

（2）能够使回答者获得进一步的展示。回答者在回答问题时，要使自己立于讲话者的角度，他（她）拥有提问者所不具备的优势，通过回答的系统性与连贯性，使回答者自身的能力与学识获得进一步的展示，以获得沟通对象的认可。

（3）有利于减少与沟通者之间的误会。在与提问者沟通的过程中，很多回答者都会遇到误解提问者意图的境况，不管造成这种问题的原因是什么，最终都会对整个沟通进程造成非常不利的影响。因此，回答者应该根据实际情况进一步了解，弄清提问者的真正意图，然后根据具体情况采取合适的方式进行解答，以减少沟通中的误会。

小贴士 5-3　　　　　　　　　　　　　　　**刘吉答青年学生问**

刘吉教授是我国著名的演讲家，擅长与青年对话，下面是他任中国科技大学党委书记时与青年学生的对话。

问：您是怎样一下子成了党委书记的？

答：我是先成为共产党员，然后才成为党委书记的，不是一下子，而是两下子。

问：因为我看透了别人，所以我现在只考虑自己，您说我这样做对吗？

答：不对。就因为您只考虑自己，所以才看透了别人。

问：有人说跳迪斯科、扭屁股是颓废，您同意吗？

答：我不同意。中国新疆舞可以扭脖子，蒙古舞可以扭肩膀，为什么迪斯科不可以扭屁股呢？不都是扭身上的一部分吗？

问：您怎样看待那些以"短平快"手法赚大钱的人？

答：可以"高点强攻"，也可以"短平快"，我看只要不犯规就行。

问：现代化大生产运用的是高等知识，为什么还要我们补习初中课程呢？

答：有一个笑话说，一个人在吃第五个烧饼时饱了，他说，早知如此，何必吃前四个呢？

问：实行厂长责任制以后，在你们厂是厂长大，还是书记大？

答：您最好回家问问，在你们家是您的爸爸大，还是您的妈妈大。

问：您怎样对待老大难问题？

答：老大难，老大难，老大去抓就不难。

问：您喜欢青年留什么样的发型？

答：发型要因各人的头的大小、脸形的方圆长短，以及男女性别而异，绝不可以"千头一律"。

问：您对您的顶头上司是什么态度？

答：不阿谀奉承，不溜须拍马，也不背后说他的坏话，我是"三不主义"。

问：有的青年穿着非常入时，可说话非常脏，怎么解释？

答：这叫形式与内容不统一。

【点评】刘吉的回答，运用了多种回答问题的方式和策略，有巧妙回避，有坦诚相对，有溯因解释等，针对不同的问题用了不同的表达方式，或严肃，或轻松，或精确，或模糊，或抽象，或具体，或坦率，或委婉，大都恰到好处。这是一次较为成功的问答。

2）回答的原则

正如在讲话过程中要把握住要点一样，在问答过程中把握要点同样重要。如果无法做到，说话者就会失去说服听众、主导话题的重要机会。因此，在问答过程中，尤其是回答问题的过程中，要始终坚持三条原则，从而把握住话语的主动权：

（1）始终保持回答者的信用。确保自己在回答每个问题时都能保持严肃认真、谦虚礼貌的态度，正确的态度会带来鲜明的回答内容，从而使回答者保持自信。如果回答者在提问者的心目中失去信用，那么在整个沟通的过程中其都将处于被动的局面。如果在回答问题的过程中情绪失控或者对听众心存戒备，都将导致回答者的主导地位受到质疑。

（2）用回答来满足听众。面对众多的提问，回答者不必回答所有问题，也不要在一个提问者身上花费太多时间。有些回答问题的人希望能从提问者那里看到满意和赞许的眼神，于是将时间花在一个问题或一个提问者身上，从而失去了对其他人、其他问题的解答机会。因此，回答者在面临很多个问题需要解答的时候，要学会用一种可以平衡所有对象的方式来解决，眼神不要在一处停留太长时间，而是要保持对整个会场的关注。对问题太多的人可以说："你问了许多非常有深度的问题。可是因为我们许多听众都有需要解答的问题，我回答问题的时间又非常有限，所以可不可以把机会让给别人？"这样，既不失礼貌，又能使正常的问答进程得以继续。

（3）力求获得其他听众的支持。让提问者获得尊重，并给予回答者一定的时间和耐心。如果一次被问到过多的问题，比如，"我怎样才能解决人员不足、空间不足、老板也没有给予我足够信任的问题？"回答者可以这样回答，"你问了3个非常好的问题，可是因为还有其他的听众要提问，就让我先回答一个吧，如果我们还有时间的话，再来解决剩下的问题，好吗？"以这种方式，即使你只回答了其中部分问题，仍然能够使听众满意。并且，听众将会对回答者产生敬意，因为没有让一个人独占大家有限的时间。

如果回答者被问到一个偏离主题的问题，那么回答者可以停顿一下，然后问："在座的其他人还有类似的问题吗？"如果没有的话，就简要地回答一下这个问题，并且告诉提问者自己很愿意在讲话结束后留下来同他进一步探讨这个话题。这个办法在回答那些不怀好意的提问者时也很有效。

3）回答的三种技巧

回答的技巧有很多，我们介绍以下几种：

（1）针对性回答。有时问题的字面意思和问话人的本意不是一回事，我们回答时，就不仅要注意问话的表面意义是什么，更要认清提问者的动机、态度、前提，使回答具有针对性。

小案例5-7　　　　　　　　　　　　　　　　　　　　　　　对答

一次，某院校期末考试。有一学生违反考试纪律夹带小抄，被监考老师抓住。其班主任前来求情。于是就有了这样一段对话："他反正又没看，你高抬贵手饶他这一回吧。"监考老师回答："国家明文规定，私自拥有藏匿枪支，属于违法行为。如果有人私自藏匿枪支却并未杀人，算不算犯罪呢？"班主任哑口无言。

无独有偶。一次，英国大戏剧家萧伯纳结识了一个肥头大耳的神父。神父仔细打量着瘦骨嶙峋的剧作家，揶揄道："看着你的模样，真让人以为英国人都在挨饿。"萧伯纳马上接过话说道："但是，看看你的模样，人们一下子就清楚了，这苦难的根源就在你们这种人身上！"

（2）艺术性回答。这里所说的艺术性包括避答、错答、断答和迂回。

①避答，这种方式用于对付那些冒昧的提问者所提的问题。有时，某些问题自己不宜回答，但对方已经把问题提到面前了，保持沉默显然被动，就可以避而不答。

小案例5-8　　　　　　　　　　　　　　　　　　　　　避答两例

（1）日本影星中野良子来到上海，有人问她："你准备什么时候结婚？"中野良子笑着说："如果我结婚，就到中国度蜜月。"婚期是个人隐私，中野良子自然不愿吐露。她虽然没有告诉婚期，却说结婚到中国度蜜月，既遮掩过去，又表现了她对中国的向往之意。

（2）王光英当初赴香港地区创办光大实业公司时，一下飞机，记者们便蜂拥而至。一位女记者挤到他面前，问道："先生，请您这次到香港带了多少钱？"王光英见对方是个女记者，急中生智，这样应答道："对女士不能问岁数，对男士不能问钱数，小姐，你说对吗？"既达到了目的，又很有幽默感。

小案例5-9

美丽姑娘的错答

②错答，是一种机警的口语表达技巧，既可用于严肃的交际场合，也可以用于轻松的日常交际场合。它的主要特点是回答者不正面回答问话，也不反唇相讥，而是用话岔开问话人所问的问题，做出与问话者意见错位的回答。

上面的例子是很典型的错答，是用来排斥对方和躲闪真实意思的交际手段，用得很成功。运用错答的语言技巧包括：一是要注意对象和场合；二是要使对方明白，既是回答又不是回答，潜台词是不欢迎对方的问话；三是有时要利用问话的含混意思，答话模棱两可，似是而非，对方也无法理解。

③断答，就是截断对方的问话，在他还没有说出，或者还没有说完某个意思时，即做出错答的口语交际技巧。它与错答相同之处是答与问都存在人为的错位，即答非所问；它们的不同点是，错答是在听完话之后做的回答，断答是没有听完问话就抢着进行

回答。为什么不等对方问清楚，就要抢先回答？有以下两种原因：一是等对方把问话全说出，就会泄露某种秘密，难以收拾；二是待听全问话再回答，就会比较被动，不好应付。因此，考虑对方要问什么，在他的问话未说完时，就迅速按另外的思路回答：一是可以转移其他听众的注意力；二是可以使问者领悟，改换话题，免于因说破造成尴尬局面和其他不良后果。

小案例5-10　　　　　　　　　　　女青年三次断答

一对青年男女在一起工作，男方对女方产生了爱慕之情，男方急于要向女方表白心意，女方却不愿将友情向爱情方向发展，女方认为还是不要说破，保持一种纯真的朋友情谊为好。于是，出现了下面的断答。

男青年：我想问问你，你是不是喜欢……

女青年：我喜欢你给我借的那本公关书，我都看了两遍了。

男青年：你看不出来我喜欢……

女青年：我知道你也喜欢公共关系学，以后咱们一起交换学习心得？

男青年：你有没有……

女青年：有哇！互相切磋，向你学习，我早就有这个想法。

男青年：……

这位女青年三次断答，使得男青年明白了她的想法，于是就不再问了，这比让男青年直接问出来，女青年当面予以拒绝，效果要好得多。

④迂回。

娱乐圈里传扬着这样一件事，有一次，张卫健去横店拍戏，拍摄结束后，他问剧组老师："我们剧组总共有多少人？"剧组老师说："有60多人吧！"张卫健："送剧组每人一张我的剧照，家人也要送，你告诉我需要多少钱，这钱我自己掏。"然后，在从横店去机场的路上，张卫健强忍着疲劳，愣是将300多张照片一一签了名，最后还叮嘱剧组工作人员一定要将这些照片送到每个人的手中。最近，作为"我是演说家"的导师，有选手提起了这件事，问他是不是真的，张卫健反问道："你还知道这位老师的电话吗？"当这位选手说"不知道"时，张卫健笑着说："太遗憾了，如果有的话，我要告诉他以后多讲我这样的事。"说完，掌声雷动。

这里，面对选手的提问，张卫健没有去做正面回答，而是巧妙地"迂回"——"我要告诉他以后多讲我这样的事"。既然是"我这样的事"，那这件事肯定就是真的了。这种语言上的迂回应答，于含蓄幽默中透着一股睿智，堪称一绝。

（3）智慧性回答。它包括否定预设回答和认清语义诱导回答两种。

①否定预设回答。预设是语句中隐含着使语句可理解、有意义的先决条件。在正常情况下，这种先决条件的存在是不言而喻的，如"鲁迅先生是哪一年去世的？"这个问话包含如下预设：鲁迅先生已经去世。预设有真假之别，符合实际的预设是真预设，反之就是假预设。就问话而言，其预设的真假关系到对问话的不同回答。黑格尔在《哲学史讲演录》中谈到古希腊诡辩学派时曾讲过这么一个例子：有一位诡辩学派的哲学家问

梅内德谟："你是否已经停止打你的父亲？"这位哲学家提此问题的目的是要迫使从未打过自己父亲的哲学家陷入困境，因为无论梅内德谟做出"停止了"还是"没有停止"的回答，其结果都是承认自己打过父亲的虚假的预设。可见，利用虚假预设可以设置语言陷阱。有些智力测试题提问陷阱的设置也是如此。

小案例5-11　　　　　　　　　　　　　　　　"秦始皇为什么不爱吃胡萝卜？"

在中央电视台"天地之间"节目"乐百氏智慧迷宫"里曾有道智力测试题为："秦始皇为什么不爱吃胡萝卜？"选手们都答不上来。

此问预设了"秦朝时有胡萝卜""秦始皇吃过胡萝卜"这两点，将思考点定在"为什么不爱"上。

其实秦朝时还没有胡萝卜。

应这样回答：秦朝还没有胡萝卜，秦始皇当然说不上爱吃胡萝卜了。

②认清语义诱导回答。人们理解语言会受到已有经验的影响，自然而然地会产生某种语义联想。例如，由"春天"会想到桃红柳绿、万紫千红；由"冬天"又会想到寒风凛冽、白雪皑皑；见"晚霞"能想到色彩的绚丽；看"群山"能想到山势的起伏……既然普遍存在着语义联想，那么就可以利用语义联想来设置陷阱，诱导目标进入思维定式的困境。例如，当没有星星、看不见月亮的时候，有一个盲人身着黑衣，步行在公路上。在他的后方，一辆坏了车前灯的汽车奔驰而来，奇怪的是，司机在未按喇叭的情况下，竟安全地将车停在了盲人的身后。这是怎么回事呢？见到"星星"或"月亮"这些词语，我们一般都会联想到晚上。现在出现了"星星""月亮""黑""灯"等字眼，我们就很容易与"黑夜"联系起来，而这正是本题的陷阱。它通过这些词语诱导你的思维走向"黑夜"，那样的话，你就会水尽山穷，百思亦难得其解了。答案应是：这是白天，毫不奇怪。

语义诱导这种陷阱在智力测试提问中可以说随处可见，知道这种陷阱的特征，有些问题就很容易解答了。

小故事5-5　　　　　　　　　　　　　　　　顾维钧巧答美国小姐

顾维钧是中国著名外交家，25岁就获美国哥伦比亚大学法学博士学位。他在担任驻美公使时，有一次参加国际舞会，与他共舞的美国小姐突然向其发问："请问，你喜欢美国小姐，还是中国小姐呢？"这个问题看似简单，其实不易回答。如果说喜欢中国小姐，就得罪了美国小姐；若说喜欢美国小姐，不仅有违心意，且会导致麻烦。顾维钧略加思索后笑道："无论是中国小姐，还是美国小姐，只要喜欢我的，我都喜欢。"

【思考】顾维钧的回答妙在何处？

（4）形象性回答。形象性应答是指当提问者提出一个带有一定"理论"色彩的问题时，如果回答者泛泛地讲一些空洞的大道理，往往得不到听者的认同，这时不妨用形象化的方法如讲故事、打比方等，将枯燥的道理具象化，让听者品味并深刻理解。

小案例 5-12　　　　　　　　　　　韩寒巧妙回答

在香港书展读者见面会上，有读者问韩寒："你是如何看待你成长之路上遇到的种种困难挫折的？"韩寒沉思片刻后回答说："一个农夫的驴子不小心掉进了枯井里，农夫绞尽脑汁都没法救出驴子，为免除驴子等死的痛苦，他决定将泥土铲进枯井中把驴子埋了。刚开始驴子叫得很凄惨，后来却渐渐安静了下来。农夫好奇地探头往井底一看：原来，当泥土落在驴子的背部时，驴子便将泥土抖落在一旁，然后站到铲进的泥土堆上面！就这样，驴子很快便上升到了井口！我们在成长之路上难免会陷入'泥土'中，换个角度看，它们也是一块块的垫脚石，而想要从'枯井'脱困的秘诀就是将'泥土'抖落掉，然后站到上面去！只要我们锲而不舍地将它们抖落掉，站上去，那么即使是掉落到最深的井里，我们也能安然地脱困。"韩寒通过即兴讲述一个"驴子落枯井"的小故事，生动有趣地谈及了成长路上的"枯井"和"泥土"的现实意义，深刻地道出了自己独特的人生观——把困难化作动力，给人以智慧的启迪。

（5）借用性回答。借用性回答就是在回答提问者提出的问题时，巧妙地借用对方问话中的语气和词句等，以一种出人意料又在情理之中的借题发挥式的方法来回应对方，实现一种在特定情境下的理想应答效果。

小故事 5-6　　　　　　　　　　　基辛格的回答

1972年，基辛格随同尼克松访问莫斯科，途中在维也纳就美苏首脑会谈问题举行了一次记者招待会。这时《纽约时报》记者提问了一个所谓的"程序问题"："到时你是打算点点滴滴地宣布呢，还是来个倾盆大雨，成批地发表声明呢？"从不放过任何机会讥讽《纽约时报》的基辛格，一板一眼地说："我明白了，这位记者先生要我们在倾盆大雨和点点滴滴之间任选一种，这很困难，无论怎样，都是很糟糕的，这样吧，我们点点滴滴地发表成批声明。"

（6）无效性回答。无效性回答是指当提问者提出的问题很难回答时，如果不予理睬或一律说"无可奉告"，既显得对对方不礼貌，又可能使自己当场受窘，所以这时可以做出绝对正确而毫无实质意义的无效回答。

小案例 5-13

王蒙的
"大实话"

小训练 5-4

请分析以下情境中的"回答"好在何处。

情境1：一次，某记者问杨澜："你想拥有什么样的后半生？"杨澜说："我连前半生还没过完呢，怎么就后半生了啊？"

情境2：我国香港地区作家陈浩泉的长篇小说《选美前后》描写"香港小姐"准决赛时，为了测试参赛选手谈吐应对的技巧，司仪问参赛的杨小姐："杨小姐，请听着，假如要你在下面的两个人中选择一个作为你的终身伴侣，你会选谁呢？这两个人一个是肖邦，一个是希特勒！"回答肖邦，会落入俗套；回答希特勒，人家会说她神经有毛病，怎么可以选择一个以人民为敌的魔鬼做终身伴侣呢？可是，在这两个人中必须选一个。这样就把杨小姐逼入困境。只见杨小姐说："我会选择希特勒的。"台下观众顿时骚动起来，司仪追问她："你为什么选择希特勒？"她回答可谓绝妙："我希望自己能感化希特勒。如果我能嫁给希特勒，肯定第二次世界大战不会发生，也不会死那么多的人了。"

5.5　赞美的语言艺术

美国管理学家玛丽·凯说："赞美是一种有效而且不可思议的力量。"的确如此，在社会交往中，绝大多数人都期望别人欣赏、赞美自己，希望自身的价值得到社会的肯定。恰当地运用赞美的方式，会激发人们的积极性，产生巨大的精神力量。

1）赞美的类型

小故事 5-7　　　　　　　　　　　　　受到赞美的保洁员

一天晚上，韩国一家大公司发生了被盗事件，但盗窃者并没有得逞。该公司的一位保洁员不顾生命危险，与盗窃者进行了一场惊险的搏斗。

在这样一个大公司里，论地位、工资，这位保洁员都难以引起重视；论责任，防火防盗这些事情与一个小小的保洁员也没有直接的关系。然而，是什么让这位保洁员产生了如此强烈的正义感呢？

后来，有人从这位保洁员的口中得知，他之所以会这样做，是因为公司总经理每次看到他在辛勤工作时，总是微笑着表扬他把地板打扫得很干净。因此他心存感激，并以此作为回报。

赞美，是社交语言中一种常见的言语交际形式。从不同角度，可对赞美作不同的分类。

（1）从赞美的场合上分类。从赞美的场合上，可以把赞美分为当众赞美和个别赞美。当众赞美是指面对特定的组织、团体、群体等，对某人或某事的赞美，如表彰会、庆功会、总结大会等。这种形式能充分调动全体人员的积极性，鼓动性强，宣传面广，影响面大，能产生一定的轰动效应，营造热烈、向上的气氛，但它受时间、场所限制，运用不好，容易流于形式和沦为走过场。个别赞美是指在私下针对个别人谈话时对其予以表扬的形式。这种形式使用方便，自如灵活，针对性强，适于做思想工作的情况，能解决一些具体问题，效果比较好，时间、地点不受限制。

（2）从赞美的方式上分类。从赞美的方式上，可以把赞美分为直接赞美和间接赞美。直接赞美是指直接面对好人或好事予以赞美，以告世人皆知，这是一种常用的表扬方式。在一个社会组织内，出现好人好事，单位领导或管理人员应及时予以表扬，或者通过会议的形式，或者通过某种媒介，表扬先进，带动后进，这样能形成良好的风气。这种形式直截了当，不拐弯抹角，使人们听到后得到鼓励。间接赞美是指通过第三者来赞美某人或某事的形式。使用这种形式，应注意分寸，讲究策略，往往是当面不便直接开口，或者是找不到合适的时机去说，而借用他人之口表达自己赞美对方的话语。这样，会使对方听到后感到心情舒畅。这种形式通过对方传达佳话，能消除隔阂，增强团结，融洽气氛，创造和维系良好的人际关系。

（3）从赞美的用语上分类。从赞美的用语上，可以把赞美分为直接赞美和反语赞美。直接赞美是指对好人好事用正面言语加以赞美的形式。这种赞美开门见山，直截了当，使用灵活，形式多样，应用范围广泛。反语赞美是指用反语来赞美某人或某事的形式。这种形式在特定的言语环境和背景下使用，幽默含蓄，别致风趣，比一般的赞美有更好的表达效果。例如：某制药厂厂长，赞美一位药剂师大胆实验、大公无私的献身精神时说："为了减少药物的副作用，在正式投产前，你长期泡在实验室里，对新药不择手段，抢吃抢喝，多吃多占，在自己身上反复实验，我这个厂长真是拿你没有办法。"这种反语赞美的形式，令人感到新奇巧妙，别有情致。

小贴士5-4　　　　　　　　　　　　**两个有趣的实验**

实验1：日本科学家做了一个实验，在两个相同的鱼缸里放了相同的水和两条相同的鱼，一边播放的是赞美和舒缓的音乐，一边播放的是咒骂和嘈杂的声音。结果发现，赞美的那边，仪器上显示的波纹是舒缓的，水也很清澈；而另一边，波纹很乱，水也变得浑浊。

实验2：日本有个专家做了一个实验，实验结果证明：人们对水的结晶体用不同方言说"谢谢""你很可爱"之类的赞美语时，它会在显微镜下呈现一种像冰花一样的漂亮形态；而当用不同方言对它说"王八蛋"之类的骂人语时，它则会呈现一塌糊涂的形态，这说明水的形态会随着人的心情和情绪而变化。

【点评】赞美不仅对人类有巨大的影响，它甚至对自然界中的动植物同样有着巨大的影响。

2）赞美的语言艺术

一般来说，赞美是一种能引起对方好感的交往方式。赞同我们的人与不赞同我们的人相比，我们更喜爱前者，这符合人际交往的酬赏理论。但令人遗憾的是，不少人把赞美当作取悦他人的简单公式，不分时间、地点、条件对他人一味地加以赞美，实际上，这一做法是很不足取的。我们知道，人借助语言进行交往，语言具有影响对方的心理反应，进而影响双方人际关系的效能，任何一种语言材料、语言风格和交往方式对人际关系产生何种影响，常因人、因时、因地而异。赞美这一交往方式也不例外，它的效能也具有相对性和条件性。

美国心理学家阿伦森曾举例说：假设工程师南希出色地设计了一套图纸，上司说："南希，干得好！"毋庸置疑，听了这话，南希一定会增加对上司的好感。但如果南希草率地设计了一套图纸（她自己也知道图纸没设计好），这时，上司走过来用同样的声调说出同一句话，这句话还能使她产生好感吗？南希可能得出上司挖苦人、戏弄人、不诚实、不懂得好坏、勾引异性等结论，其中任何一项都使南希对上司的尊重有所减少。

因此，赞美的效果要受各种条件制约。能引起好感的赞美要借助以下条件：

（1）热情真诚的赞美。每个人都珍视真心诚意，它是人际交往中最重要的尺度。能引起好感的赞美，首先必须是发自内心、热情洋溢的，否则就是恭维。"赞美和恭维到底有什么区别呢？很简单，一个是真诚的，另一个是不真诚的；一个出自内心，另一个出自牙缝；一个为天下人所欣赏，另一个为天下人所不齿。"（卡耐基语）大音乐家勃拉姆斯是农民的儿子，生于汉堡的贫民窟，得不到受教育的机会，更无从系统学习音乐，所以，他对自己未来能否在音乐事业上取得成功缺乏信心。然而，在他第一次敲开舒曼家大门的时候，根本没有想到他一生的命运在这一刻决定了。当他取出他最早创作的一首《C大调钢琴奏鸣曲》草稿，手指无比灵巧地在琴键上滑动，弹完一曲站起来时，舒曼热情地张开双臂拥抱了他，兴奋地喊着："天才啊！年轻人，天才……"正是这发自内心的赞美，使勃拉姆斯的自卑消失得无影无踪，也赋予了他从事音乐艺术的坚定信心。从那以后，他便如同换了一个人，不断地把心底的才智和激情流泻到五线谱上，最终成为音乐史上一位卓越的艺术家。正是这一句真诚的赞美，造就了一位音乐大师。

（2）令人愉悦的赞美。赞美应该是对方喜欢听的言语，能够达到使人愉悦的目的，我们称它为愉悦性原则。在交际活动中，遵守愉悦性原则，就是要多说对方喜欢听的话语，不说对方讨厌的言辞。这样，往往能收到较好的表达效果。民间有一个关于朱元璋的故事：朱元璋有两个一块儿长大的穷朋友。朱元璋后来做了皇帝，这两位朋友仍过着苦日子。一天，一位朋友从乡下赶到南京，拜见了朱元璋。他对朱元璋说："我主万岁！当年微臣随驾扫荡庐州府，打破罐州城，汤元帅在逃，拿住豆将军，红孩儿当关，多亏菜将军。"朱元璋听到他讲得很动听，十分高兴，也隐约记起他所说的一些事情，立刻封他做了御林军总管。事情一传出，另外一个朋友也去了南京，拜见朱元璋，也说了那件事："我主万岁！从前，你我都替人家看牛，一天我们在芦苇荡里，把偷来的豆子放在瓦罐里煮着，还没煮熟，大家就抢着吃，把罐子打破了，撒了一地豆子，汤都泼在泥地里。你只顾从地上满把地抓豆子吃，却不小心连红草叶也送进嘴去。叶子卡在喉咙口，苦得你哭笑不得。还是我出的主意，叫你用青菜叶子带下肚子里去了……"朱元璋见他不顾体面，没等他说完，就命令："推出去斩了！"从上例可见，第一位朋友将放牛娃偷吃豆子的趣事，赞美为叱咤疆场的赫赫战绩，巧妙比喻，高雅别致，使人愉悦。第二位朋友直话直说，粗俗低劣，有伤皇帝尊严，自然当斩。

（3）具体明确的赞美。空泛、含混的赞美因没有明确的评价，常使人觉得不可接受，并怀疑你的辨别力和鉴赏力，甚至怀疑你的动机、意图，所以具体明确的赞美才能引起人们的好感。对他人总以"你工作得很好""你是一个出色的领导"来赞美，只能引起人家反感。

小故事 5-8　　　　　　　　　　　**罗斯福总统的赞美**

克莱斯勒公司为罗斯福总统制造了一辆汽车，因为他下肢瘫痪，不能使用普通的小汽车。工程师把汽车送到了白宫，总统立刻对它表现出极大的兴趣。他说："我觉得不可思议，你只要按按钮，车子就能开起来，驾驶毫不费力，真妙。"他的朋友和同事们也在一旁欣赏汽车。总统当着大家的面夸奖："我真心感谢你们花费时间和精力研制了这辆车，这是件了不起的事。"总统接着欣赏了散热器、特制后视镜、钟、车灯等，换句话说，他注意并提到了每一个细节，他知道工人为这些细节花费了不少心思。总统坚持让他的夫人、劳工部长和他的秘书注意这些装置。这种具体化的赞美让人感觉到真心实意。

（4）符合实际的赞美。在赞美别人时，应尽量符合实际，虽然有时可以略微夸张一些，但是应注意不可太过分。如某个人就某领域或某个方面提出了一些很好的意见，或者有了一点成果，你可以说"你在这方面可真有研究"，甚至可以说"你是这方面的专家"；假设你说"你真不愧是个著名的专家""你真是这方面的泰斗"等，对方会感到不舒服，旁观者会觉得你是在阿谀奉承，另有企图。

（5）无意的赞美。赞美者不是有意说给被赞美者听的赞美叫无意的赞美。这种赞美会被人认为是出自内心，不带私人动机的。如《红楼梦》中一次贾宝玉针对薛宝钗劝他要做官为宦、仕途经济的话，对史湘云和袭人赞美黛玉道："林姑娘从未说过这些混账话！要是她说这些混账话，我早和她生分了。"凑巧这时黛玉正好来到窗外，无意中听见这些话，使她"不觉又惊又喜，又悲又叹"。结果宝黛二人推心置腹，感情大增。

（6）不断增加的赞美。阿伦森研究表明：人们喜欢那些不断增加对自己赞美的人，并且对于自始至终都赞美自己的人与最初贬低逐渐发展到赞美的人，人们更喜欢后者。因为相对来说，前者容易使人产生他可能是个对谁都说好的"好好先生"的感觉；但人们对开始持否定态度的后者会留下这样一种印象：说我不好，一定是经过考虑、分析的，可能有他一定的道理，从而认为对方可能更有判断力，进而更喜欢他。

（7）出人意料的赞美。若赞美的内容出乎对方意料，易引起好感。卡耐基在《人性的优点》中讲过他曾经历的一件事：一天，他去邮局寄挂号信，从事着年复一年的单调工作的邮局办事员显得很不耐烦，服务质量很差。当他给卡耐基的信件称重时，卡耐基称赞他说："真希望我也有你这样的头发！"闻听此言，办事员惊讶地看着卡耐基，接着脸上泛出微笑，热情周到地为卡耐基服务。显然，这是因为他接受了出乎意料的赞美。

（8）适可而止的赞美。对学生、下属、晚辈等表示赞美，如过分使用溢美之词则可能会助长对方骄傲、自满、浮躁的情绪，不利于对方学习、工作、做人等的进一步发展。这就要求我们在赞美这一类人时应当把握好分寸，适可而止，以含蓄的语气表示赞扬，少一些华丽的溢美之词，多一些实实在在的引导、肯定和鼓励，既满足对方自我价值实现的心理，又令其感受到肩上的责任和期冀，从而更加懂得上进。

小故事5-9　　　　　　　　　　　　　　　大师的赞美

丰子恺考入浙一师后，李叔同教他图画课。在教木炭模型写生时，李叔同先给大家示范，画好后，把画贴在黑板上，多数学生都照着黑板上的范画临摹起来，只有丰子恺和少数几个同学依照李叔同的做法直接从石膏上写生。李叔同注意到了丰子恺的颖悟。一次，李叔同以和气的口吻对丰子恺说："你的图画进步很快，我在南京和杭州两处教课，没有见过像你这样进步快速的学生。你以后，可以……"李叔同没有紧接着说下去，观察了一下丰子恺的反应。此时，丰子恺不只为老师的赞扬感到欢欣鼓舞，更意识到在老师没有说出的话当中包含着对他前程的殷切希望。于是，丰子恺说："谢谢！谢谢先生！我一定不辜负先生的期望！"那天晚上，李叔同对丰子恺的赞扬，激励他走上了艺术生涯。丰子恺后来回忆道："当晚李先生的几句话，决定了我的一生……这一晚，是我一生中的一个重要关口，因为从这晚起，我打定主意，专门学画，把一生献给艺术。几十年一直没有改变。"

这里，李叔同尽管注意到了丰子恺在绘画方面的天赋，他自己也为此而颇感激动，但他在赞扬丰子恺时仍然努力保持平和的心态和语气，只用朴实、含蓄的语句表示了对丰子恺画艺进步的肯定，同时欲言又止，让他自己去领会其中浓浓的期冀之情。这样的赞美方式，既让丰子恺感到满足，同时也给予了他极大的激励。

（9）先抑后扬的赞美。先抑后扬，是指赞美一个人之前，先批评他，这样能起到尺水兴波的效果。在谈话中适时运用，可以起到"直抵人心"的效果。好事留在后面做，好话留在后面说。人际交往中，先抑后扬式赞美，易得人好感，是人际交往的润滑剂。

乔布斯曾经因为手术离开苹果公司两个月，库克代为管理公司。其间，库克对苹果公司的管理方式进行了革新，因为一些高层人员严格按照乔布斯的模式工作，库克调整了部分人员的岗位。很多人等着看他出丑。乔布斯回到公司后，在高层会议上说："我创建苹果公司很多年了，这次离开时间虽然不长，但感觉到了很多变化。库克，你的胆子可真不小，连我的一些规定都公开更改。"所有的人都沉默了。乔布斯说："可是我的一些规定也很可能过时了，有些方法我来用就有效，库克来用可能就会出错。作为一个优秀的管理者，就需要有这种胆量，敢于破除陈旧的规定和约束，才能让新的模式产生，促进公司的更新换代。库克，就是这样一个优秀的管理者。"

现场响起了一片热烈的掌声。

乔布斯暂时离开苹果公司，库克对公司做了大量的调整。乔布斯在公司会议上，首先说"你的胆子可真不小"，貌似批评库克更改自己的规定。但是随后话锋一转，由此及彼，指出自己的方法也会过时，称赞库克是一个优秀的管理者。这样先抑后扬，不仅封住了很多高层的嘴，维护了库克，又为后面的赞美做好了铺垫，让赞美掷地有声，产生更好的效果。

总之，赞美是人的一种心理需要，是对他人尊重的表现，是一剂理想的黏合剂，它给人以舒适感，使我们拥有更多的朋友。但"赞美引起好感"并不是绝对的、无条件的，它要受赞美动机、事实根据、交往环境等诸多因素的制约和影响。因此，我们在与人交谈时，必须记住——"一味地赞美不足取"。

小训练 5-5

随机对班上的五位同学进行赞美，然后请被赞美者谈谈感受，再由师生对赞美人语言进行点评。

5.6 说服的语言艺术

说服就是改变或者强化态度、信念或行为的过程。说服是以求得对方的理解和行为为目的的谈话活动，是使自己的想法变成他人的行动的过程。说服的过程是思想、观点的交锋，也是沟通的重要方面。说服是以人为对象，进而达到共同的认识。人们常说："人生，就是从不间断的说服。"尤其在商务领域，那里聚集着各种性格的人，为了达到共同的目标，大家必须同心协力，因此说服的场面更是常见。只有善于说服的人才能够获得他人的尊重和信赖。

1) 说服的基本条件

要想取得良好的说服效果，必须具备以下条件：

（1）说服者具有较好的信誉。说服进行的基础，是取得对方的信任。而信任，来自说服者的信誉。信誉包括两大因素：可信度与吸引力。可信度高、吸引力大的人，说服效果明显超过可信度低、吸引力小的人。可信度由说服者的权威性、可靠性以及动机的纯正性组成，是说服者内在品格的体现。吸引力主要指说服者外在形象的塑造。说服者的年龄、职业、文化程度、专业技能、社会资历、社会背景等构成的权力、地位、声望就是权威性。俗话说："人微言轻，人贵言重。"一般来说，一个人的权威越大，对别人的影响力也就越大。如果说服者在被说服者心目中形成了某种权威性的形象，那么他说服别人转变态度的可能性也就越大。要提高说服者的信誉，首先要提高说服者自身各方面的素质，使之具有合理的智能结构，具有高尚的道德修养，具备权威性和可靠性，说服才有分量，才能赢得听者的尊重和信赖。此外，还需重视对外在形象的整饰，一个外貌、气质、穿着打扮能给人好感的人，才具有吸引力；一个言谈举止、口音等方面能与对方体现出共性的人，才具有吸引力。一个恰当的印象，会产生首因效应，帮助说服者成功说服他人。

（2）对说服对象有相当的了解。"知己知彼，百战不殆。"在说服他人之前，必须了解说服对象，捕捉对方思想、态度方面流露出的点滴信息，摸清对方思想问题症结所在，了解对方的心理需求，根据不同情况区别对待，因人而异，有针对性地开启对方的心扉，才能真正实现感情和心灵的共鸣，避免或减少盲目说服造成的错位反应。

首先，要了解对方的性格。苏洵在《谏论》中举了一个有趣的例子：有三个人，一个勇敢，一个胆量中等，一个胆小。将这三个人带到深沟边，对他们说："跳过去便称得上勇敢，否则就是胆小鬼。"那个勇敢的必定毫不犹豫地一跃而过，另外两个则不会跳。如果对他们说，跳过去就奖给两千两黄金，这时那个胆量中等的就敢跳了，而那个胆小的人却仍然不敢跳。突然来了一头猛虎，咆哮着猛扑过来，这时不待你出任何许诺，胆小的人就会一步腾身而起，就像跨过平地一样跃过深沟。从这个例子我们可以看出，不同性格的人，接受他人意见的方式和敏感程度是不一样的，有针对性地采取不同的方法去说服对方，更容易达到我们的目的。

其次，要了解对方的优点或爱好。有经验的推销员，一进入顾客家中总会立刻找到客户感兴趣的话题进行交谈。例如，看到地毯，马上会说："好漂亮的地毯，我也很喜欢这种样式……"通过各种话题创造进入主题的契机。因为从对方的长处或最感兴趣的事物入手，一方面能让对方比较容易地接受你的观点，另一方面在对方所擅长的领域里更容易说服他。

最后，要了解对方的看法和态度。有一位歌星特别爱摆架子，一次要参加一个大型义演的现场节目，时间是晚上九点。可是到了七点，这位歌星忽然打电话给唱片公司的总监，说她身体不舒服，喉咙很痛，要临时取消当天的演出。唱片公司的总监没有破口大骂，而用惋惜的口吻说："咳！真可惜，这次演出最大牌的歌星才有机会亮相，如果你现在取消，公司里还有很多小牌歌星挤破头在等哩！可是如果换了人，电视台一定会不满。有那么多后起之秀想取而代之，你这样做恐怕不妥吧？"歌星听后小声地说："那好吧！要不你八点来接我，我想那时我身体应该会好一点吧。"这位唱片公司的总监很了解这位歌星，根本就没什么毛病，只是喜欢摆摆架子，找准了对方拒绝的真实原因，进而有针对性地进行说服。

（3）能够把握住说服的最佳时机。说服还要能够抓住最佳时机。同样一番道理，彼时说可能不如此时说，现在说不如以后说。时机把握得好，对方才会愿意听，才会用心听，才能听得进。否则，说服过早，会被对方认为神经过敏或无中生有；说服过迟，已时过境迁，对方认为你是"事后诸葛亮"，你即便有再好的口才、再好的意见，都不可能收到预期的效果。掌握时机，要将说服对象与时、境、理联系起来考虑，配合起来运用。可利用特定场合，造成境、理相衬，进行深入说服；可利用景中道情、情中说理，进行委婉说服；还可借助眼前实物，进行暗示说服等。例如：

童童有点儿害羞，爷爷却偏偏喜欢在别人面前"展示"孙子。可是一旦遇到孙子没有按自己的意愿和别人打招呼或者背唐诗时，他就会很生气地数落孙子。结果导致小童童更加害羞和怕见生人。童童妈妈几次看见这样的场景，一直想找个机会告诉公公：如果不勉强童童，让他在旁边看一会儿的话，孩子反而会主动地和别人打招呼。

一次爷爷多年未见的老战友来访，爷爷太兴奋了，只顾得和战友聊天，忘记"展示"孙子了。童童呢，则在熟悉了客人和现场气氛后，主动地拿起一个大苹果送到客人手里，还跟客人有问有答。客人一再夸童童有礼貌，童童很兴奋，爷爷也觉得格外有面子。等送走了客人，趁着爷爷还处在兴奋状态的时候，童童妈妈赶紧把早想说的话和公公沟通了一番，并且以刚才的情况做了实证。爷爷欣然接受了童童妈妈的提议。

（4）必须营造良好的说服氛围。说服，总是在一定的语言环境中进行的。环境制约语言，因此，说服效果的好坏一定程度上也取决于环境。一个宽松、温和、优雅的环境较之肃穆、压抑、逼人的环境，其说服的效果自然会好得多；在一个自己熟悉的地点环境中施行说服，较之陌生的环境，自然也会有利得多。营造一个恰当的说服氛围，不仅是必要的，而且是必需的。例如：

一家餐馆的经理对某啤酒生产厂不满，就改换销售另一品牌。在直接和负责人谈判无效的情况下，啤酒生产厂销售人员天天晚上去这家餐馆里帮忙搬运货物，甚至包括竞争对手生产的啤酒。他总是说："你是我的老顾客了，我要为你服务，即使你不销售我们公司生产的啤酒。"他的诚意终于打动了经理，最后争取到了独家销售权。可见充分体验对方的感受，能营造出融洽的感情，在此基础上再委婉地提出自己的观点，怎么可能不赢得对方的认可呢？

小训练 5-6

试着说服你的一位同学去做你认为对其有意义的事情（如改变不良的饮食习惯、开始锻炼身体或者学习一些额外的课程等）。

2）说服的技巧

为了使说服取得效果，可运用如下技巧：

（1）影射法。当两种意见对立的时候，往往需要一种缓冲的说法来调和，影射就是一种很好的方式。通过一些小故事，或生活中一目了然的道理，先与对方取得相同的立场，这既为下一步提出自己的意见埋下伏笔，又维护了对方的自尊心，比较容易奏效。我国古代史籍记载中，有许多贤臣劝谏君主的著名故事，其都是以影射的办法让君主相信某个道理。

春秋末期，吴王夫差决心攻打楚国，朝中大臣多数反对，但他一意孤行，将直言进谏的伍子胥赐死，还下令"敢谏阻伐楚者死"。

这一天，夫差的舍人友来见他，夫差见友瘸着腿就问他是怎么弄的，友回答说："我早晨见一只大螳螂欲捕蝉，而一只黄雀正准备把这只螳螂作为美食，我用弹弓打黄雀，却不小心掉进了一个大坑中。"夫差听完，大笑友愚笨。友于是说道："我只顾眼前利益，没有想到身后的祸患，所以才弄成这个样子，可天下还有比我更愚笨的人呢！"夫差问："那是谁？"

友说："那蝉、螳螂、黄雀都只图眼前之物，忘却身后之忧，是贪而愚的。我只顾打黄雀而坠入深坑，也是贪而愚的，但我失去的仅是一只黄雀。吴王攻打齐国，也是贪而愚的，失去的却是国家！吴王只想到称霸诸侯、扩大疆土；只想到征服齐国的利益而劳民伤财，疲师伐远。然而吴王却完全忘了越王勾践会趁机来攻打我们，所以说吴王比友更愚笨！吴王既不听大臣劝阻，还下了死令。现在友说完了，请吴王处置吧！"

夫差听了，觉得有些道理，就没有处罚友，并重新考虑伐楚之事。

友没有拼死直谏，只用了生活中的一件小事就使吴王重新考虑伐楚，充分说明采用影射的劝说方法更能让人动心。

（2）举例法。优秀的劝说者都清楚，个别的、具体的实例和经验比概括的论证和一般原则更有说服力。在劝说他人时，举出一些实例，把你亲眼看到的人和事说出来，对方会自然而然地得出结论。

有一天，太宗问魏征："你看近来政治怎么样？"魏征见如今天下太平，太宗思想上有些松懈，就回答说："贞观初年，陛下主动地引导人们进谏；过了三年，遇到有人进谏，还能愉快地接受。这一两年来，勉勉强强接受一些意见，可是心里总觉得不舒服了。"太宗闻言，吃了一惊，问："你有什么根据？"魏征说："陛下刚即位的时候，判元律死罪，孙伏伽进谏，认为按法律不应该判死罪。陛下就把价值百万的兰陵公主的园子赏给他。有人觉得赏得太丰厚了，您却说：'即位以来，他是第一个向我进谏的，所以要厚赏！'这是您主动地引导进谏。后来，柳雄对其在隋朝做官的资历做了手脚，被人揭发后要判他死罪。戴胄奏请只判徒刑，经过他再三申述，您终于赦免了柳雄的死罪，还对戴胄说：如果都像你这样坚持律法，就不愁有人会滥用刑罚了。'这是您能够愉快地接受意见。最近皇甫德参上书，说修洛阳宫是劳民伤财，收地租是剥削老百姓等，您听了很不满意，后来虽然赏了他绸缎，心里却老大不愿意。这就是难于接受意见。"

太宗听了，觉得很有道理，对魏征说："若不是你，谁能说出这样的话来？一个人苦于不知道自己的缺点啊！"自此以后，唐太宗更加虚心。

（3）善意威胁法。威胁似乎不是一个好的词汇，但是有时我们也应该学会用它。相信大家都能体会到用威胁的方法可以增强说服力，这就是用善意的威胁使对方产生恐惧，从而达到说服的目的。例如：

在一次集体活动中，当大家风尘仆仆地赶到事先预订的旅馆时，却被告知当晚因旅馆工作失误，原来订好的套房（有单独浴室）中竟没有热水。为了此事，领队约见了旅馆经理。

领队："对不起，这么晚还把您从家里请来。但大家满身是汗，不洗洗澡怎么行呢？何况我们预订时说好供应热水的呀！这事儿只有请您来解决了。"

经理："这事我也没有办法。锅炉工回家去了，他忘了放水，我已叫他们开了集体浴室，你们可以去洗。"

领队："是的，我们大家可以到集体浴室去洗澡，不过话要讲清，套房一人50元一晚是有单独浴室的。现在到集体浴室洗澡，那就等于降低水平，我们只能照普通房间标准，一人降到15元付费了。"

经理："那不行，那不行的！"

领队："那只有供应套房浴室热水。"

经理："我没有办法。"

领队："您有办法！"

经理："你说有什么办法？"

领队："您有两个办法：一是把失职的锅炉工召回来；二是您可以给每个房间拎两桶热水。当然我会配合您劝大家耐心等待。"

这次交涉的结果是经理派人找回了锅炉工，40分钟后每间套房的浴室都有了热水。

上例中的领队不是对对方不礼貌，而是有时我们必须这么做，才能维护自己的权益。但是，在具体运用时要注意：态度要友善；讲清后果，说明道理；威胁程度不能过分，否则会弄巧成拙。

（4）换位思考法。要站在对方的立场考虑问题，理解并同情对方的思想感情，从对方的角度说明问题，使其体验你的思想感情，进而使他改变自己的看法，达到理想的说服效果。

小案例5-14 最后通牒

1977年8月，劫机者劫持了美国环球公司从纽约拉瓜地机场到芝加哥奥黑尔的一架班机，在劫持者与机组人员僵持不下之时，飞机兜了一个大圈，越过蒙特利尔、纽芬兰、伦敦，最终降落在巴黎市郊的戴高乐机场。在这里，法国警察打瘪了飞机轮胎。飞机停了3天，劫机者同警方僵持不下，法国警方向劫机者发出最后通牒："喂，伙计们！你们能够做你们想做的任何事情，但美国警察已经到了。如果你们放下武器同他们一块回美国去，你们将被判处2至4年的徒刑。这也意味着你们也许在24个月左右之后被释放。"法国警察停顿片刻，目的是让劫机者将这些话听进去，接着又喊："但是，如果我们不得不逮捕你们的话，按我们的法律，你们将被判死刑。那么你们愿意走哪条路呢？"劫机者被迫投降了。

【点评】本例中法国警察在劝说中帮助劫机者冷静地分析客观形势，明确向对方指出两条道路：投降或者顽抗，投降的结果是被判2至4年的徒刑；而顽抗的结果只可能是被判死刑。面对这两条迥异的道路，早已心慌意乱的劫机者识相地选择了弃械投降，做出了符合自己利益的选择。

（5）巧言点拨法。巧言点拨也是一种说服的手段。在白宫一次讨论削减政府经费开支的会议上，时任总统里根幽默地对大家说："有人告诉我，紫色的软糖是有毒的。"说着，他随手拾起一粒紫色的软糖塞进嘴里，以此表明不管别人怎样反对，他都要大大削减政府经费开支的态度和决心。经他这一警告式的点拨暗示之后，本来不同意削减政府经费开支的官员，其态度也开始动摇了。

在日常生活中，人与人之间常常会因说不清、道不明的原因而产生误解，影响人们之间的正常交往。然而，倘若你能巧言点拨、以理服人、以情动人、能言善辩面对被说服者，误解就会消除，感情便能融洽，则可达到"口服"而且"心服"的效果。

小案例5-15

巧言点拨二则

（6）多说"是"法。让人多说"是"的方法，是劝说他人的一个重要技巧，其全部内容就是：开头先让对方连连说"是"，如果有可能，务必不要使对方说"不"。据说这是2 000多年前古希腊哲学家苏格拉底常用的手法，故称苏格拉底问答法。

心理学研究表明，多说"是"，能使整个身心趋向于肯定状态，身体组织呈开放状态；而说"不"时，全身的组织——神经与肌肉都聚集在一起，呈拒绝状态。英国心理学家欧弗斯托指出：一个"不"字的反应是最难克服的障碍。"不"字出口之后，人格尊严就会驱使他坚持到底，即使他自觉错了。因此和一个人谈话时，开头就不要让他反对，实在是要紧不过的事。生活中许多人忽略了这一点，一开口就使人发怒，做出蠢事。要劝说别人，就要运用理智，只有不惜做出忍耐和牺牲，才有可能将对方的否定意见改为肯定意见。有一位推销员说："我费了很多年时间，才懂得争辩是最不划算的。从别人的观点看事物，设法让人多说'是'字，才最有利、最有趣。"这的确是经验之谈。例如：

某公司有做网站的服务项目，小孙帮客户设计的网页是红色的，客户看过后却说想要蓝色的，请看小孙是怎样劝说客户的。

客户：怎么是红色的？我想要蓝色的！

小孙：是吗？为什么不要红色的？

客户：红色的不好看，太显眼。

小孙：您做网站的目的是宣传你们公司的产品，是不是？

客户：是的。

小孙：那您是想让客户容易记住，还是记不住呢？

客户：当然要容易记住啦。

小孙：请问人在看东西时是兴奋的时候容易记住，还是平淡的时候容易记住？

客户：当然是兴奋的时候容易记住。

小孙：请问红色是不是给人兴奋的感觉？

客户：是的。

小孙：所以用红色更能达到宣传的效果，是不是？

客户：好像是的。

（7）引起关注法。在说服时，要选择能够引起对方关注和兴趣的方式表达意见，要运用富有吸引力的内容支撑观点，从而引导说服对象关注设定的话题，让对方充分了解说服的内容。

第二次世界大战期间，国际金融家萨克斯（Sachs）想使罗斯福（F. D. Roosevelt）政府批准试制原子弹。第一次他使用了很多罗斯福听不懂的专业术语，全面介绍了原子弹可能产生的影响，但是罗斯福被冗长的谈话弄得很疲倦，他的反应是想推掉这件事；萨克斯第二次面对罗斯福时，改变了说话的方式，他对罗斯福说："我想向您讲一段历史。早在拿破仑（Napoleon Bonaparte）当权的时候，法国正准备对英国发动进攻，一个年轻的美国发明家富尔顿（Fulton）来到这位法国皇帝面前，他建议建立一支由蒸汽机舰艇组成的舰队，拿破仑带领这支舰队无论在什么天气情况下，都能在英国登陆。军舰没有帆能航行吗？这对于那个伟大的科西嘉人来说，简直是不可思议的。他把富尔顿赶了出去。根据英国历史学家阿克顿（Acton）爵士的意见，这是由于敌人缺乏见识而英国得到幸免的一个例子。如果当时拿破仑稍稍多动一些脑筋，再慎重考虑一下，那么19世纪的历史进程也许会完全是另一个样子。"罗斯福听完萨克斯的话后，立即同意采取行动。

由此可见，选择了能引起说服对象关注的内容和方式，就会取得不同的效果。

（8）启发诱导法。当对方对某些问题比较敏感，有所忌讳，不便直言相劝时，说服者就需要采用迂回曲折、故意向对方发问的方式，启发诱导对方，来达到说服的目的。

小案例 5-16　　　　　　　　　　　启发诱导式的提问

在一家餐厅里，一位顾客坐下之后，就把餐巾系在脖子上。在餐厅用餐的顾客看到他这种不文雅的举动后，都很反感。这时，餐厅经理叫来一位侍者，对她说："你告诉那位顾客，在我们餐馆里，那样做是不允许的，但是要把话说得委婉动听一些，不要惹顾客生气。"

既要不得罪顾客，又要提醒他，那么到底怎么做才合适呢？侍者想了想，走过去很有礼貌地问："先生，您是要刮胡子呢，还是要理发？"话音刚落，那位顾客立即意识到自己的失礼，赶快取下了餐巾。

小训练5-7

请根据你对"说服"的理解分析以下材料：

①我有一个妹妹，她是一个很开朗的女孩子，但是自从她上了高中之后，不知道为什么变了好多。有一次放暑假，她和我谈心的时候就说，她不想上高中了，她想上中专，找一个管得比较严的学校，那样学习就能学得进去。现在在这个高中上学什么都学不进去，什么都不想学，就只想玩，一点学习的心思都没有，问我的意见。

我就和她说："如果你的心态真的改变了，只要你想学，不管在什么样的环境下，你都可以学得进去。其实换个环境只是你想离开这个学校的借口，并不一定说，你换了环境就一定能学得进去，关键在于你的心，你心里真正的想法是什么，不一定就是你和我说的这个想法。只要你真的想明白了，想学习了，再换学校也是可以的。不是说如果你换一个管得比较严的学校，你就一定能学得进去，也不是说那个学校里面就没有和你有一样想法的人，所以，关键在于你自己的心，况且你现在年龄还很小，一个人出去还不能让家长放心。等你高中毕业了，再想这些问题也不晚。"从那之后，知道她是真的认真想过我和她说的话了，她也明白我是怎么想的了，我感觉我成功了。

②她在做兼职的银行出纳员时，一个帅气的小伙子几乎每天都到她的窗口来。小伙子不是存款，就是取钱。直到把一张纸条连同银行存折一起交给她时，她才明白小伙子是为了她才这样做的："亲爱的吉：我一直在储蓄这个想法，期望能得到利息。如果星期五有空，你能把自己存在电影院里我边上的那个座位上吗？我把你可能另有约会的猜测记在账上了。如果真是这样，我将取出我的要求，把它安排在星期六。不论贴现率如何，做你的伴侣都将是十分愉快的。我想你不会认为这个要求太过分吧？以后再同你核对。真诚的彼。"她无法抵制这诱人、新颖的接近方法。

任务5材料分析

5.7 拒绝的语言艺术

拒绝，是对他人意愿、行为的一种直接或间接的否定。实际上拒绝就是不接受，包括不接受对方希望你接受的观点（意见）、礼物和要（请）求等。工作和生活中，人们总是互有所求，而且要求方往往是被要求方的亲朋好友，甚至是恩人、领导。俗话说"上山擒虎易，开口求人难"，我们应设身处地，应当尽量地接受别人提出的各种要求。但是，也有许多要求是不能接受的。如果不能拒绝那些不能接受的要求，就一定会给自己（也终将给对方）带来无尽的烦恼。生活反复证明，"当断不断，必受其乱"，我们必须学会拒绝。面对对方提出的问题，如果很直接地说"这种事情恕难照办""我实在没有钱借给你""我们每天都一样地工作，凭什么要我来帮你的忙"……可以想象对方一定会恼羞成怒。因此，我们必须学会根据不同情况运用不同的拒绝艺术。

1) 拒绝的基本要求

（1）认真听。认真倾听对方的请求，并简短地复述对方的要求，以表示确实了解对方的需求。拒绝的话不要脱口而出，即使当对方说了一半，我们已明白此事非拒绝不可时，也必须凝神听完他的话，这样可以让对方了解我们的拒绝不是草率做出的，是在认真考虑之后才不得已而为之的。尤其要避免在对方刚开口时就断然拒绝，不容分辩地拒绝最易引起对方的反感。

（2）看情势。拒绝同其他交际一样，要审时度势，要看是否有拒绝的必要和可能。从必要的角度看，自己的道德准则不能接受的，没有能力接受的，接受后会给自己带来不愿承受或无法承受的损失的，接受后可能给对方带来麻烦或损失的，都应当拒绝；如不至于如此，或对对方有利而自己受一些能够承受的损失的，则应当接受。从可能的角度看，要考虑自己拒绝的能力，如无法拒绝，或拒绝后会带来更严重的后果，则只好接受。

（3）下决心。如情势需要拒绝又可能拒绝，就应当下定拒绝的决心，着力克服三大心理障碍：一是抹不开情面，碍于对方的面子，总觉得不好意思拒绝。二是怕对方怪罪，怕因为对方怪罪而影响双方今后的交往，甚至影响自己的利益（如不能得到对方的帮助等）。三是怕旁人议论，怕别人说自己不够朋友、不够意思等。如果必须拒绝的话，这些考虑都是不必要和有害的。

（4）态度好。不要在他人刚开口时就断然拒绝，不要对他人的请求流露出不快的神色，更不要蔑视和忽略对方，这些都会让对方觉得你的拒绝是对他没有诚意的表现，从而对你的拒绝产生逆反心理。无论是听对方陈述要求和理由，还是拒绝对方并说明缘由，都要始终保持和蔼亲切的态度，让对方了解自己的拒绝实在是认真考虑后不得已而为之的。

（5）措辞柔。感谢对方在需要帮助时想到你，并略表歉意。对于他人的请求，表现出无能为力，或迫于情势而不得不拒绝时，一定要记得加上"真对不起""实在抱歉""不好意思""请多包涵""请您原谅"等致歉语。这样一来，便能不同程度地减轻对方因遭拒绝而受的打击，并减轻对方的挫折感和对立情绪。但是不要过分地表示歉意，这样会留下不诚实的印象，因为如果你真的感到非常抱歉的话，就应该接受对方的请求。

（6）直言"不"。对于明显不能办到的事，应该明白直接地说出"不"字。"说得多不如说得少"，言简意赅、要言不烦是最有效的方法。模棱两可的说法易使对方抱有幻想，引发误解，当其最终无法实现时，对方会觉得受到了欺骗，由此引起的不满和对立情绪往往更加强烈。"当断不断"，其结果只能是害人又害己。

（7）理由明。不要只用一个"不"就让对方"打道回府"，而应给"不"加上合情合理的注解，让对方明白，自己的拒绝不是毫无来由，更不是找借口搪塞，而是确有无可奈何的原因或难以诉说的苦衷。讲明自己的处境，最好具体说出理由及原委，那么，在将心比心之后，对方自然就能体谅你了。说明理由是为了让对方明白你的拒绝是确有难以说出的苦衷的。当你说明理由后，如对方试图反驳，你千万不可与之争辩，只要重申拒绝就行了。不过，如果你觉得拒绝的理由不充分，也可以直接拒绝不说明理由，或者只用一些"哎呀，这咋办呢""真伤脑筋"之类的话给予回答，但是千万不可编造理由，因为谎言终究会被揭穿。

（8）择他途。可以在拒绝对方这一方面要求的同时，以尽量满足对方其他方面的合理要求来作为补偿，或是积极地替对方出谋划策，建议其选择或寻求更好的途径和办法。这样，可减弱对方因我们的拒绝而产生的瞬时不快情绪，缓解对方的被动局面，也可以表明我们的诚意，让对方体会到你的热心肠、殷切期待，则更易得到他人的谅解、友谊与好感。例如："要是明天的话，我大概可以去一趟。现在实在不行""真对不起，这件事我实在爱莫能助，不过我可以帮你做另一件事""我只能借给你1 000元，也许你可以去找找别人想想办法"等。

2）拒绝的语言艺术

在社交场合中，同样表达一个拒绝的意思，有不同的说法。拒绝的语言艺术体现在以下方面：

（1）直接拒绝。直接拒绝就是将拒绝之意当场讲明。采取此法时，重要的是应当避免态度生硬，并需要把拒绝的原因讲明白，有时还可以向对方致歉。例如，"对不起，谢谢，这样做对我不合适""对不起，这次我真的无法帮忙"。

直接拒绝有时可能逆耳，不能收到预期的效果。在这种情况下，要拒绝、制止或反对对方的某些要求、行为时，把拒绝的责任转嫁给对方所尊敬的或具有权威的人、组织以及某种制度等，把非个人的原因（利用第三者说"不"）作为借口，即使对方明知是借口，也较为容易接受，起码面子上过得去。

小案例5-17　　　　　　　　　《三国演义》中的巧妙拒绝

《三国演义》中，刘备借东吴荆州不还，东吴派诸葛瑾（诸葛亮的哥哥）来游说讨地。诸葛亮主动假意哭请刘备还荆州，刘备决意不肯听从，而又不肯背言而无信的名声，于是假意把关羽所辖的"三郡"还给东吴。当诸葛瑾向关羽讨地时，关羽道："荆州本大汉疆土，岂得妄以尺寸与人？"断然加以拒绝。这里，诸葛亮巧借刘备拒绝，刘备又巧借关羽来说"不"，真是巧妙之极。

（2）婉言拒绝。婉言拒绝就是运用委婉的语言，暗示对方自己无法完成请求。比如：有一位朋友不请自到，而此时你正忙于工作无法接待，可以在见面之初，一面真诚地对其表示欢迎，一面婉言相告："我本来要去参加公司的例会，可您这位稀客驾到，我岂敢怠慢。所以专门告假5分钟，特来跟您叙一叙。"这句话的"话外音"就是暗示对方"只能谈5分钟"。

（3）诱导拒绝。诱导拒绝就是采用诱引的方法，让对方自己感悟到或者直接说出拒绝的理由。例如：

1944年富兰克林·罗斯福第三次连任美国总统。《先锋论坛报》的一位记者采访他，请他谈谈这次连任的感想。罗斯福没有回答，而是很客气地请这位记者吃了一块

"三明治"（夹馅面包）。记者觉得这是殊荣，便十分高兴地吃了下去。总统微笑着又请他吃第二块"三明治"。他觉得是总统的恩赐，情不可却，又吃了下去，不料总统又请他吃第三块。他简直受宠若惊，虽然肚子里已不再需要，但还是勉强吃了下去。哪知道罗斯福在他吃完之后又说："请再吃一块吧。"记者一听啼笑皆非，因为他实在吃不下去了。罗斯福微笑着说："现在，你不需要再问我对于第三次连任的感想了吧，因为你自己已经感觉到了。"

（4）幽默拒绝。在对方提出问题后，机智地以诙谐幽默的语言作遮掩，避开实质性问题的回答，从而传达出自己否定拒绝的态度，这就是幽默拒绝。例如：

有一个人爱占小便宜。一天，他到一个同事家做客，看到茶几上有一个精巧的小烟缸，说："这小烟缸精巧是精巧，但颜色不太适合，不如给我配我家的茶几。"主人道："你不如连茶几一块儿扛走，因为是为了放这小烟缸我才买的这个小茶几。"他听了后，只好作罢。

这里，主人没说"不给"，却扩大原话题，请对方连茶几也扛走，对方不可能要茶几，自然也就不好再要小烟缸。又如：

在联欢会上，大家热情地请王某当众演唱，王某说："大家看，我的嗓子比我的腰还粗9毫米，让我唱歌不是赶鸭子上架吗？为防止震坏大家的耳膜，保护大家的身体健康，我还是念一首抒情诗吧！"大家在笑声中同意了王某的要求。

（5）回避拒绝。回避拒绝就是答非所问，就是表面上看是在回答问题，但实际上说的都是空话，没有任何实质信息，当遇上他人过分的要求或难答的问题时，可使用这种方法。例如：

有人问你，在××问题上，你支持老王还是老李？你回答："谁正确，我就支持谁。"对方又问："那谁是正确的一方？"你回答："谁坚持真理，谁就是正确的一方。"到底支持谁？你并没有进行正面的回答。

（6）模糊拒绝。模糊拒绝就是不直接拒绝，而是通过与对方请求相关的话题表明自己的态度。例如：

钱锺书先生是我国著名作家，他的作品《围城》享誉海内外。有一位英国女士特别喜欢钱锺书。当这位英国女士来到中国时，就给钱锺书先生打电话，说想拜见他。钱先生在电话中说："假如你吃了一个鸡蛋觉得不错，又何必要亲自去看那只下蛋的母鸡呢？"

钱锺书用生动的比喻做了模糊的回答，委婉地拒绝了英国女士想见面的要求。

（7）拖延拒绝。当对方提出请求后，为避免当场直接拒绝可能带来的尴尬或不快，所以不当场拒绝，而是采取拖延的方法来达到拒绝的目的。

某单位一名职工找到车间主任要求调换工种，车间主任心里明白调不了，但他没有马上说"不可能"，而是说："这个问题涉及好几个人，我个人决定不了。我把你的要求带上去，让厂部讨论一下，过几天答复你，好吗？"

这样回答的目的，就是让对方明白：调工种不是件简单的事，存在着种种可能，使对方在思想上有所准备，这比当场回绝效果要好得多。又如：

有一次庄子向监河侯借贷，监河侯敷衍他。说道："好！再过一段时间，等我去收租，收齐了，就借你三百两金子。"

监河侯不说不借，也不说马上就借，而是说过一段时间收租后再借。这话含有多层意思：一是目前没有，现在不能借；二是我也不富有；三是过一段时间不是确指，到时借不借再说。庄子听后已经很明白了，但他不怨恨什么，因为监河侯并没有说不借给他，只是过一段时间再说而已，给了他希望。

（8）附加条件拒绝。附加条件拒绝就是先顺承对方的意思，然后附加一个事实上不可能的或主观无法达到的条件。例如：

有一次，意大利音乐家帕格尼尼为了赶到一家大剧院演出，急急忙忙跨上一辆马车，他一边催车夫快点，一边向车夫问价。"先生，你要付我10法郎。"马车夫知道他是大名鼎鼎的音乐家，便有意讹他。"你这是开玩笑吧？"帕格尼尼吃惊地问道。"我想不是。今天人们去听你一根琴弦拉琴，可是每人收10法郎啊！我这个价格不算高。""那好吧，我付你10法郎，不过你得用一个轮子把我送到剧院。"音乐家帕格尼尼要求车夫用一个轮子把他送到剧院，这是根本不可能做到的，因此客观上便起到了拒绝勒索的作用。

（9）自我解嘲拒绝。当对方提出一些自己不能或不想答应的要求时，通过自我解嘲的方式，即自己贬低自己来达到拒绝的目的，这样不仅可以拒绝对方的请求，还可以避免回答"为什么不行"的难题。例如：

有一次，中央电视台《东方之子》栏目想采访启功先生。与先生联系时说："我们采访的都是知名的专家、学者、社会精英，故名东方之子。"启功先生听了说："我不够你们的档次，我最多是个'东方之孙'。"以此拒绝了这次采访约请。

小训练5-8

小品《有事您说话》中，郭冬临扮演的郭子为人热心，但他有个毛病，就是自己办不了的事也不好意思说"不"，只得打肿脸充胖子，答应下来。为了替老刘买卧铺票，他连夜卷着铺盖去火车站排队，排不上甚至自己搭钱买高价票。最后，随着答应的事情越来越多，也越来越难办，最终造成了家庭的不和谐。

假如你是小品中的郭子，你怎样拒绝？

实践训练

1.阅读材料讨论

以下是几位名人的个性化自我介绍，请分析其语言艺术。

郑渊洁

1955年出生于河北石家庄一个下级军官家庭。读到小学四年级，被学校开除。服过5年兵役。在工厂看过5年水泵。最高学历证书为汽车驾驶执照（大货）。无党派。1977年选择用母语写作作为谋生手段。不轻视名利。性格自闭。心胸不开阔。易怒。爱听鼓励话。闻过不喜。宠辱都惊。喜走独木桥。患有强迫症，临床表现为像对待父母和领导那样对待孩子。成功

任务5阅读材料讨论

秘诀：只听鼓励话，远离其他话。近期做法：删除博客上一切不喜欢听的话，只保留鼓励话。他顽固地认为鼓励能将白痴变成天才。生活禁忌：吸二手烟时过敏。

叶倾城

叶倾城，女，27岁，大机关的小公务员。生于东北小城丹东，长于中南城镇武汉，长江的水涤过我的发，也濯过我的足。现移居北京，每天按时上下班的我，是一朵依时开放的睡莲，开开谢谢都在池中。幸而心灵有翅，可以自由翱翔，稿纸便是我无边的天空，如果一只恐龙能够变成一只鸟，那么，谁说一片绿叶不可以倾城？

文学对我，不可抗拒也无法拥有，仿佛爱情。

因而，我写。

资料来源 格言杂志社. 话·口技［M］. 南京：凤凰出版社，2009.

2.综合训练

（1）自我介绍游戏

项目名称："我是谁"

实训目标：通过个人选择代表自己的某一物件进行自我介绍，达到相互认识的目的。

实训准备：每个人代表自己的某一物件。

实训方法：每位学员课前找一个能够代表自己个性特征或表达自己身份的物件（必须是可以拿得到的），并把它带到课堂上。让每一位成员展示自己所选的物件并解释其表达的含义（例如："我选择了一块石头，因为它坚硬、光滑、色彩丰富等"）。如果人数较多，可以在小组内进行，然后再挑选代表上台展示。

实训思考：

①你从其他成员身上学到了什么？

②通过这个游戏，你对其他参加者的了解达到何种程度？

（2）交谈演练

学生A扮演某交电公司营业部经理，学生B扮演某品牌燃气热水器推销员。两人所在公司原来并无业务往来，两人也是首次因业务打交道。当此品牌产品在市场上供大于求之时，B到A处了解情况并推销B方的产品，并且希望今后建立长期业务往来。

要求：运用所学的社交语言技巧，灵活巧妙地与对方交谈，并尽可能地寻求最佳的社交效益。

（3）问与答互动训练

训练目的：通过训练，认识提问技巧在口语交流中的作用，提高言语交流中提问的技巧；通过训练，培养良好的倾听习惯，分析语言、词汇的功能，提高语言的理解能力。

训练要求：分组进行，不要准备，随意性提问。可以涉及隐私、人身攻击等，但要控制、把握好度。问与答角色可以互换，不严格规定。

训练实施：学生两人一组，一个扮演提问者，另一个扮演回答者；训练指导老师要求提问者就想问对方的问题可以随意提问，然后回答者回答，这样一问一答进行，可以反问；训练指导老师要对提问者所提问题进行分析，一方面了解提问者的目的和期望，另一方面分析回答者对所提问题的理解情况，然后辨析所提问题能不能实现提问者的目的；训练指导老师还要分析提问者对回答者的回答是否满意，是否符合自己的要求，是答非所问还是问题理解有偏差。

有条件的可以进行录音，然后对照录音与训练对象一同分析。

训练考核：训练双方互评，解决这些问题：你提这个问题的目的是什么？对方的回答有没有达到提问的目的？是问题提得不好，还是答非所问？

训练指导老师依据问和答的具体情况给定评价分数。

资料来源　彭义文. 口才训练教程［M］. 北京：北京师范大学出版社，2011.

（4）赞美情境演练

①你能说出多少赞美的语言。分小组活动，以小组为单位，小组成员在规定的时间内，说出赞美他人的语言，赞美的内容包括外表、内在、精神层面、肢体、感觉等。评选出说得最多、范围最广的小组。

②同学间互相赞美。随机对班上五位同学进行赞美，然后请被赞美者谈谈感受，再由师生对赞美者的语言进行点评。

③运用赞美进行成功推销。一个推销员走进一家银行的经理办公室推销伪钞识别器。女经理正在埋头写一份东西，从其表情可以看出女经理情绪很糟；从桌上的混乱程度，可以判断女经理一定忙了很久。同时，推销员也发现女经理有一头乌黑发亮的长发。

● 请一位同学扮演推销员，一位同学扮演女经理。

● 推销员怎样才能使女经理放下手中的活计，高兴地接待推销员呢？请做情景演示。

资料来源　周璇璇，张彦. 人际沟通［M］. 厦门：厦门大学出版社，2015.

（5）说服、拒绝实训项目

【任务目标】

①能够了解说服与拒绝在沟通中的重要性。

②能够在沟通中准确把握说服与拒绝技巧，提高人际沟通能力。

③能够正确运用说服与拒绝的技巧。

④能够形成良好的说服与拒绝技巧，提高人际沟通能力。

【建议学时】

3学时。

【任务实施过程】

①任务导入。观看小品《卖拐》并进行模拟表演，谈谈小品中的主人公是如何进行游说的。

②说服技巧训练。

● 热身准备。分析以下案例中主人公运用了怎样的说服技巧。

据说著名作家李准有"三句话叫人掉泪"的本领，电影艺术家谢添有点不太相信。

在著名豫剧表演艺术家常香玉的"舞台生活50周年庆祝会"上，谢添与李准不期而遇，谢添抓住机会想证实一下。

"李准，我想当众考考你。你说几句话，能叫常香玉哭一场，我才服你。要不，你签字认输也行。"

李准皱皱眉，摊摊手，对常香玉说："你看看老谢，今天是你的大喜日子，他偏要让你哭。这不是为难人吗？"

常香玉痛快地说："你今天能让我掉泪，算你真有本事。"把李准的退路给堵死了。

面对着宴会上喜庆的气氛，李准款款道来："香玉，咱们能有今天真是不容易啊！你还是我的救命恩人呢！我10岁那年，跟着逃荒的难民群到了西安，眼看人们都要饿死了，忽听有人喊：'常香玉放饭了！河南人都去吧！'哗——人们一下子都拥出去了。我捧着粥，泪往心里流。心想：日后见了这个救命恩人，我得给她叩个头。哪里想到，'文化大革命'时，你被押在大卡车上游街。我站在一边，心里又在落泪——我真想喊一声：让我替她吧，她是俺的救命恩人啊！""老李，你别说了！"常香玉捂着脸转过身，满眼泪水滚落了下来。整个大厅没一点声息，人们都沉浸在伤感的情绪中，就连谢添也轻轻地吸了吸鼻子，他的表情说明他已经忘记了这是在和李准打赌——分明是信服了。

- 实地大演练。将全班同学分成若干组；每组10人左右。教师出示情景材料，学生根据教师所提供的情景分组进行说服技巧演练。各组在全班表演，其他同学进行点评，教师做出小结，针对学生表演的优缺点给予指导。

③拒绝技巧训练。

- 热身准备。每人讲一件印象深刻的关于拒绝的典型事例，成功的或失败的均可，然后互相点评。

- 实地大演练。将全班分成若干组，每组10人左右，教师出示情景模拟材料，学生根据教师所提供的情景分组进行拒绝技巧演练。各组在全班表演，其他同学进行点评，教师做出小结，针对学生演练的优缺点给予指导。

【任务完成】

①评出最佳说服者、最佳拒绝者各1名。

②针对某些同学上网成癖的现象进行说服。

资料来源　赵京立. 演讲与沟通实训［M］. 北京：高等教育出版社，2010.

课后练习

1.自我介绍练习

（1）开学伊始，新生举行以"趣说自己"为主题的班会活动，请你作自我介绍。

（2）如果你被邀请参加一次联谊活动，并表演节目，你将如何自我介绍？

（3）假设你是新员工，在该单位举行的小型欢迎会上向大家做一次自我介绍。

2.交谈练习

（1）1986年10月25日，邓小平会见英国女王伊丽莎白二世和她的丈夫菲利普亲王。邓小平同志说:"这几天北京的天气很好,这也是对贵宾的欢迎。当然北京的天气比较干燥,要是能借一点伦敦的雾那就更好了。我小时候就听说伦敦有雾,在巴黎时,听说登上巴黎铁塔就能看见伦敦的雾。"菲利普亲王说:"伦敦的雾是工业革命的产物,现在没有了。"邓小平风趣地说:"那借你们的雾就更困难了。"亲王说:"可以借点雨给你们,雨比雾好,你们可以借点阳光给我们。"

请问他们在表达怎样的意思。从交谈的角度分析这段谈话,看看有哪些值得借鉴的地方。

(2)模仿精彩的讲话:在生活中找一位口语表达能力强的人,请他讲几段精彩的话,录下来,供你进行模仿。你也可以把你喜欢的播音员、演员的声音录下来,然后进行模仿。

3.问答练习

(1)在一家经营咖啡和牛奶的茶室,刚开始营业员总是问顾客:"先生,喝咖啡吗?"或者是:"先生,喝牛奶吗?"其回答往往是否定的。后来,营业员经过培训换了一种问法:"先生,喝咖啡还是喝牛奶?"结果其销售额大增。无独有偶。两家卖粥的小店,产品、装修、服务没什么两样,但A店总是比B店多卖一倍的鸡蛋,原因在哪?B店客人进门,服务员会问一句:"要不要鸡蛋?"有一半要一半不要。而A店客人进门,听到的问题是:"要一个鸡蛋还是两个?"客人有的要一个,有的要两个,不要的很少。这样,A店的鸡蛋就总是卖得多一点。同样一句话,前后一对调或者做点不起眼的变化,就会出现不同的结局,其实质在于说话人掌握了对方的心理。请分析其中的原因是什么。

(2)美国前总统卡特有一次举行记者招待会。一位记者提出刁难的问题:"如果你女儿与人发生桃色事件,总统先生,你有什么感觉?"

这一问题突如其来,使卡特感到惊讶和棘手。如果拒绝回答,将有损他的公众形象,同时也会引起猜测;如果直接否认这种事情的发生,也未免过于自信和武断,同样是不利的。但是卡特总统到底是卡特总统,他镇定下来,略加思索,巧妙地说:"……"

你知道卡特总统对这位记者说了什么吗?

4.赞美练习

(1)设想你到一个新的环境,面对初次见面的同事,请找出同事的三个特点加以赞美。

(2)分析下列实例中赞美的失误点[①]:

①小陈去拜见某教授。小陈一见面就说:"久闻您老的大名,您老真是才高八斗、学富五车。"教授笑眯眯地反问:"你说说看,我有哪八斗才、哪五车学?"小陈答不出,闹了个大红脸。

②小刘在出席一位青年作家作品研讨会时,出于对作家妻子甘当"贤内助"的由衷佩服,不禁赞美道:"你俩真像诸葛亮夫妻一样,男的才华横溢,女的相夫教子,天生

---

① 卢海燕. 演讲与口才实训[M]. 大连:大连理工大学出版社,2013.

的一对啊!"丈夫听后倒没什么,夫人却是一脸的尴尬。

③一天,小王在散步时碰到了李副局长的妻子和另一个女士一起带着孩子玩耍。小王连忙夸奖李副局长的小孩聪明,又是逗他玩,又给他买玩具,对另一个孩子却不理睬。过了几天,小王才了解到,和李副局长的妻子一块散步的女士竟然是新来的郭局长的妻子。几天后,小王看到郭局长的妻子带着孩子单独散步,忙上前夸奖孩子是如何的可爱,不料,郭局长的妻子冷冷地对小王说:"不用你费心夸奖他,他一点儿也不可爱。"说完,拉着小孩就走了,让小王碰了一鼻子灰。

5.说服练习

(1)与你的同桌(2人一组)自拟情景进行说服训练。

(2)请根据你对"说服"的理解分析以下材料:

杰克说服承包商

谋求双赢,是当今商务交往的最高境界,也是现代商务谈判所追求的最佳目标。而把握对手的心理特点,洞察对手的核心利益,不失时机地引导谈判向着双方互惠互利的方向发展,才是实现双赢的有效途径。杰克是一个俱乐部的经理,他想新建一个规模较大的舞场。于是,他找到了一个正想进入建筑行业的承包商,这个承包商承诺以低价为他提供一个优质的舞场。同时其也提出,在舞场建成之后允许他的客户前来参观,并为他宣传工程质量,以便为自己拉更多的生意。杰克当即答应了对方提出的条件。但是,舞场建成以后,杰克又进一步要求承包商承担装饰工程,承包商很生气,当即拒绝了这一要求。

杰克既没有指责和怪罪对方,也没有放弃说服对方的努力,他友善而颇有远见地提出:"舞场的美观有助于宣传工程质量,相当于给贵公司打了'实体广告',我坚信一定会给你们带来更多的生意!"建筑承包商眼睛顿时一亮,毫不犹豫地答应了杰克的新要求,且当即表示要不惜工本地装饰好这个舞场。结果,杰克以优惠的价格得到了一个漂亮的舞场,承包商不仅借此扬了名,而且获得了好几笔生意。

资料来源 陈文静. 国际商务谈判中说服技巧的应用 [J]. 对外经贸实务,2015(1).

6.拒绝练习

(1)面对以下情景,应该怎样拒绝①?

情景1:罗斯福任海军要职的时候,一名记者问他关于在加勒比小岛上建立潜艇基地的问题。罗斯福本可以正面拒绝,因为这是军事秘密。然而正面拒绝会使交际过程呆板而无趣,所以罗斯福没有正面拒绝。请你说一说罗斯福是怎么回答记者的。

情景2:吴经理与王经理是大学的同窗好友,有着十几年的友情,关系非常亲密,经常在一起打球,生意上也有合作。一天,王经理来到吴经理办公室,兴致勃勃地说要好好聊聊,可吴经理已答应陪同台商汪先生去打保龄球,这使吴经理很为难。请演示吴经理拒绝王经理的情景。

(2)与你的同桌(2人一组)自拟情景进行拒绝训练。

---

① 傅春丹. 演讲与口才案例教程 [M]. 北京:中国水利水电出版社,2011.

任务6

面试口才

天生我材必有用。

—— [唐] 李白

莫愁前路无知己，天下谁人不识君。

—— [唐] 高适

课程思政要求

进行社会主义核心价值观教育；开展道德意识教育和法律意识教育；塑造良好的职业形象，不断提高职业素养；热爱祖国的语言，加强中华文化认同，增强民族自豪感；培养积极乐观的生活态度和审美情趣；促进大学生的全面发展。

学习目标

了解面试口才的原则和技巧；面试中成功地进行自我介绍；面试中得体地进行"问"与"答"；面试讲究语言艺术。

6.1 面试口才的原则与技巧

1) 面试口才的原则

（1）尊重对方。求职面试时，第一，要尊重对方，不能因为自己有着优越的学历、职称、年龄或资历，而轻视对方。尊重对方、赏识对方，可以使招聘者增加对你的好感。第二，要善解人意，无论对方提出什么问题，你都应该从积极的角度去理解，而不是一味地产生对立情绪，认为是在故意刁难你。例如：

某科学院一名博士毕业时向北京一所高校发出了求职信，并接到了面试的通知书。这位博士读博士前就已被评为讲师，只是家属工作单位在外地。面试前，高校的人事干部做了大量的工作，初步办好了接收工作。可是面试时，这位博士发现坐在自己面前的是一位不足30岁的小伙子，于是他不仅流露出了不尊重对方的神情，还刨根问底地询问对方，处处显示出优于对方、待价而沽的优越感，这给对方留下了不好的印象，结果毁了一桩好事。这位博士抱着"此处不养爷,自有留爷处"的自信转了十几个单位,可是,不是因为名额已满,就是因不能解决夫妻两地分居的问题而告吹。当他再次找到这所高校时,对方已录用了另外一名硕士毕业生,他只好收拾行李回老家。其实那位和他面谈的年轻人正是决定是否录用他的关键人物。他虽然看上去年轻,却已是海外归国博士,并且是某个国家重点项目的负责人。人事部门有意安排他来负责招聘,主要是从将来开展博士后研究工作的角度考虑的。事后,这位年轻人说:"这位求职者不仅仅是外语水平不符合要求,关键是他妄自尊大,目空一切,好像不是他在求职,反倒是我在求职,这种态度不容易找到合适的工作。而我们现在录用的这个硕士研究生,不但专业水平和外语水平较高,关键是人很谦虚,很有发展前途。"

(2)充满自信。求职之人既要自知,更要自信。求职过程中的自信表现,是在自大与自卑之间选择合适的一个度,既不过分张扬,也不过分卑下。既要围绕着求职、面试的主题进行自我介绍并回答面试考官的问题,也要在适当的时候,借题发挥,进一步展示自己的能力与才华。在自信的基础上加以训练,能够使求职者在真正的面试舞台上超水平发挥。

小案例6-1　　　　　　　　　　　　　　自信的回答

2016年,宁波某房地产公司在面试时提出这样的问题:"请你给我10个进入本公司的理由。"多数应聘者都硬着头皮搜肠刮肚找理由,有的给不到10个理由,有的一个理由重复好几遍,有的支支吾吾下不来台。只有一个应聘者回答:"不好意思,我实在没有10个理由,我只有一个进入贵公司的理由。"问:"说来听听。"回答:"我的理由就是,我自信我能够胜任应聘的职位。"然后,该应聘者从自己的专业及特长展开讲述,来支持她这个唯一的理由。毫无疑问,她充满自信,争取主动,赢得了面试官的"青睐",获得了想要的职位。

(3)双向交流。富兰克林在其自传中说,"说话和事业的发展有很大的关系,你出言不慎,将不可能获得别人的同情、别人的合作、别人的帮助"。在求职过程中,正确使用语言进行表达,无论是描述自己的情况、成绩或意向,还是回答面试考官的问题,都是非常重要的。同样,通过求职交流,也会使求职者获得招聘公司的相关信息,只会答、不会问的求职者正在慢慢被淘汰。因为无法发问就无法进行双向的交流,这就意味着一名求职者因为没有自我思考的能力而无法达到面试考官的要求。

小案例6-2　　　　　　　　　　　　　李小姐的求职兵法

在一次面试过程中,总经理对已打算淘汰掉的求职者李小姐说:"李小姐,你的各方面素质都不错,只是你已成家有孩子,这点公司还要考虑一下。"

李小姐:"我认为总经理的意见有一定的道理。如果我是总经理,可能也会这样想。"

总经理听了这句不卑不亢的回答,有点意外,也心生些许好感,微笑着点点头。

李小姐立即顺水推舟地说:"公司的任务重,工作忙,谁都希望员工能够轻松上阵，而不是拖儿带女、东牵西挂地来上班。"总经理听到这开始哈哈大笑，有种被理解和认同的好感，又有点心底的想法被识破的尴尬。他本来想照顾求职者的面子，找一个托词委婉地拒绝求职者，没想到对方不但没有半点怨言，反而十分理解，故多了一份体谅之情。

李小姐看到面试考官的表情，赶紧乘胜追击话锋一转，说道："但是，我想事情还有另一面，也许我的想法不一定对，不过，我还是想说出来请总经理指正。因为对公司来说，最重要的是员工要有责任心。但是，不当家不知柴米贵，不养儿不知父母恩，在生活中没有经过责任心训练的人，工作中能有很强的责任心吗？我想，一个母亲对生活、工作责任心的理解是更深入的。况且，我家里有老人照料家务，我绝不会因家庭琐事而影响工作，这一点我想请总经理放心。"听到这里，总经理不禁为之动容，连连微笑颔首。

这微笑中，既有被说服的愉悦，也有对求职者才思敏捷、口齿伶俐的赞赏。于是便当即拍板，决定录用。

【点评】在这次面试过程中，求职者就是通过她精彩的求职口才化被动为主动，由一个淘汰候选人一跃成为求职成功者。在这一案例中，良好的求职口才就是这位李小姐应聘成功的重要法宝。

2）面试的语言艺术

（1）仔细聆听。面试的实质就是与主试者进行信息交流从而获得全面评价的过程，形式上充分体现在"说"和"听"上。因此，倾听是面试中的重要环节。应试者注意听，不仅可显示出对主试者的尊重，而且因为要回答主试者的问题，所以必须注意听，只有专心致志地听，才能抓住问题的实质，否则，就可能不得要领，答非所问。因此，在面试中应试者应注意以下几点：一是目光要专注，要有礼貌地注视主试者，并且要不时地与主试者进行眼神交流，视线范围大致在鼻子以下胸口以上，千万不要东张西望；二是尽量微笑，适时发出爽朗的笑声可以使气氛活跃，但绝不可开怀大笑；三是用点头对主试者的谈话做出反应，并适时说些简短而肯定对方的话语；四是身体要稍稍向前倾斜，手脚不要有太多的动作。

小贴士6-1　　　　　　　　应试者怎样观察主试者

首先，应密切注意主试者的面部表情。如对方听了你的介绍，双眉上扬，双目上张，则是惊奇、惊讶的表现，可能表明，你就是他们理想的人选，有相识恨晚的感觉。这时你可能成功了一半，但一定要锲而不舍。如果对方听了你的介绍后皱眉，则表示不高兴或遇到麻烦无能为力等；也可能表明你不是他们的意中人，你则可以采取其他途径进一步努力。

其次，要密切观察主试者的目光。对方听你自我介绍时，双目直视前方，旁若无人，则他的眼睛是在无声地告诉你：他是一个高傲的人，"了不起的人"，那么你说话时就要力争满足他的自尊心理。如果对方的眼睛眨个不停，则他的眼睛告诉你：他在表示怀疑，那么你就要力争把问题解释清楚。如果对方眯着眼看你，则表示他比较高兴，那么你的介绍可能打动了对方，再继续下去，就可能成功。如果对方白了你一眼，则表示他对你或你的某句话反感，这时你就要特别注意。总之，只要你认真观察，就会通过心灵的窗户——眼睛，把握对方的内心世界，力争主动权。

最后，注意主试者的反应所传达的信息。如果听者心不在焉，可能表示他对你这段话没有兴趣，你得设法转移话题；如果听者侧耳倾听，可能说明由于自己音量过小，对方难以听清；如果听者摆头，可能表示自己言语有不当之处。根据对方的这些反应，就要适时地调整自己的语言、语调、语气、音量、修辞，包括陈述内容。这样才能取得良好的面试效果。

（2）谦虚诚恳。在面试中，应试者如果能谦虚诚恳，则可立于不败之地，从而成功地叩响就业之门。因此，在求职过程中，求职者的真实与诚恳是成功应聘的首要条件，在真实诚恳的基础上，还要力求使自己的就业意向与应聘行业的职业要求相一致，在面试中尽量回避对自己不利的话题。例如：

某设计院是国家甲级设计院，任务多，待遇好，不少应聘者竞相应聘，期望获得一职之位。其中，一名出自该市一所高职院校的毕业生前来应聘。他先自报所学的是机械制造专业，然后非常认真地询问对方有什么样的要求。设计院的一位老工程师告诉他，应聘者将来主要从事的是绘图工作。这位青年马上说："这是我最拿手的，我课余就帮人家绘图，三天一份，您可以当场试我。"老工程师露出了笑容。因为绘图虽然不难，但也并非易事，这种工作单调、枯燥、乏味，年轻人如果肯干，看来不是个眼高手低者。老工程师又问："你搞过设计吗？""搞过4个设计，都获得了优秀奖，还有1个被实习工厂看中了。"他拿出了获奖证书和图纸。

老工程师饶有兴趣地边看边聊："搞设计要下现场，有时需要'连轴转'，你行吗？"小伙子拍着厚实的胸脯说："没问题，让干什么就干什么，只是希望有机会再读个本科。"

"没问题！"这回是老工程师拍着胸脯了。

这位非名牌大学的毕业生之所以能顺利进入"名牌"设计院，关键在于他语言朴实但又不过分谦虚，表现出诚实稳重的品质。他当然知道自己应聘的岗位要求是擅长绘图、吃苦耐劳，就将自己在绘图方面的经验、成果以及身体强壮、不怕辛苦等优势加以强调，至于自己是来自高职院校，甚至专业并不对口的事实就避而不谈了。

（3）毛遂自荐。在求职过程中，如何在众多的竞争对手中脱颖而出很重要，哪怕只是引起招聘者的注意。当我们在运用求职语言艺术时，"单刀直入、毛遂自荐"也不失为一种方式。我们可以开门见山，对招聘者直截了当地表明自己的选择意向。如果对方针对你的能力或学历提出任何异议，别担心，这恰恰给了你一个说明和展示的机会。例如：

在某市的大学生供需见面会上，市公安局某研究所的招聘桌前，围满了前来求职的大学生，大部分是男生。一位女学生硬是挤到招聘桌前，向招聘人员表明自己渴望从事刑事检验分析研究的工作。

212

　　招聘人员面露难色，因为这个研究所从来没招过女工作人员，只有清一色的男同志。可是，面对姑娘恳求的目光，招聘人员决定破例给这位姑娘一个机会。他说："工作人员需要下案件现场，遇到的净是血淋淋的场面，姑娘家哪敢去呢！"

　　"我就敢去！"这个姑娘快言直陈，毫不含糊："让我抬死人，我也不怕！"

　　"你可别说大话，干这行没黑夜没白天，得随叫随到。"

　　"嘿，我假期打工就是给人家开车，跑起路来没点胆儿行吗？"说着她掏出了驾驶证。人事干部与研究所的干部当场拍板，并与之签订了聘用合同。

　　这个例子中的女大学生就是借用对方的"发难"，适时地用行动和语言展示了自己的优点和长处，反败为胜。

小案例6-3
自我推销

　　（4）巧用反问。在面试过程中，有些招聘者会针对应聘者的薄弱环节发问，其目的有两点：一是确实发现应聘者有不足之处，想得到其解释；二是想看看应聘者的应变能力和回答技巧。这时，应聘者一定要沉着冷静，迎难而上，用反问的形式巧妙地回答问题。反问句是语言中的"盐"，它能比较强烈地表达说话者的心声和感情，面试中若恰当运用，也能使语言出彩。例如：

　　小丁到一家轿车维修中心求职，论学历，该中心要求大学本科毕业，而小丁只是个职业中专毕业生；论技术，该中心要求会维修小轿车，而小丁只修过摩托车，并且是业余的，可他却凭着自己出彩的语言，打动了经理，获得了成功。在面试中，经理最后对小丁还有些不放心，又提出了一个问题："那你学会修轿车以后，是不是又要'跳槽'呢？"小丁一听，灵机一动，答道："咱们这个企业效益这么好，我为什么要'跳槽'呢？我去哪里不是为了生活？我没有奢望，只要出师后，能维持一个普通人的生活就行了。当然，如果有一天，咱们的企业也像我原先所在的单位，连每月3 000元的工资都发不下来，经理，您到时候会让我永远在这儿待下去吗？我希望咱们的企业能永远兴旺发达，对这一点，您不是也在苦苦追求吗？"一席话，彻底把经理打动了。

　　在这里，小丁用第一个反问句变被动为主动，非常巧妙地讲明了自己"跳槽"实属无奈之举，并非"朝秦暮楚"。接着又用第二个反问句，既充分地表达了对经理领导能力的信任，又表明了自己"心系企业"的心情，入情入理，亲切感人。

　　（5）少用"我"字。由于面试的过程是一个对"我"进行考察的过程，因此，无论是在自我介绍还是在面试谈话过程中，求职者的语言和意识往往会以"我"为中心。例如，"我"的学历、"我"的理想、"我"的才华以及"我"的要求……殊不知，这样做对方会认为你"以自我为中心""自我标榜""自以为是""自我推销"……尽管事实并非如此。例如：

　　袁女士，35岁，应聘某公司的机械检验员。招聘者问她："这个工作经常要出差，到湖南、湖北、四川等地，条件会比较艰苦，你行吗？"袁女士答道："我是不是看上去比较娇气了一点？我从前在矿山当机械工的时候，可是常在管道里面爬上爬下的，而且我还在装配车间做过检查工作，我想工作再苦都没问题。别看我是女的，我在装配车间干过一年，在铆焊车间干过半年，我在试验场还做过现场施工。当时我在甘肃，现在想起来我真的不想回去，因为机械管道里的味儿很难闻，100米长的管道，我就在里面爬上爬下……"

要不是被招聘者及时打断，袁女士还不知要说出多少个"我"字来。在这个案例中，袁女士的回答本来就不够简洁，再加上"我"字不离口，有强迫性的自我推销之嫌，使得招聘者顿生反感，面试结果可想而知。

（6）灵活应变。最后一条原则，就是"没规则"，不要有那么多的条条框框。请记住：在任何情况下，招聘单位都会垂青那些有较强角色意识和应变能力的人。而这种能力多半是书本上不教的，要在实践中不断地锻炼，这就是有些招聘单位很看重工作经验的原因。例如，国外一家旅馆老板测试三名应聘侍者的男子：

问："假如你无意中推开房门，看见女房客正在淋浴，而她也看见你了，这时你该怎么办？"

甲答："说声'对不起'，然后关门退出。"

乙答："说声'对不起，小姐'，然后关门退出。"

丙答："说声'对不起，先生'，然后关门退出。"

结果，丙被录用了。

为什么呢？因为他的这种故意误会的说法，维护了女房客的尊严，他用非常得体的语言表现出一名侍者应该具备的职业素质。

小故事6-1　　　　　　　　　　　　　　**冯玉祥的"面试题"**

有一位大学生到冯玉祥那里应聘秘书。他满怀信心地走进冯玉祥的办公室，准备把自己的资料交给冯玉祥，并回答冯玉祥各种有关秘书方面的提问。可他万万没有想到冯玉祥提出了一个他料所不及的问题。

"你刚才所上的楼梯共有多少个台阶？"冯玉祥问。

大学生一时瞠目结舌。可他急中生智，果断地反问道："您能一准儿说出'冯玉祥'三个字的笔画是多少吗？"

冯玉祥哈哈大笑，决定聘用这位大学生为他的秘书。

冯玉祥看中的正是这位大学生敢于挑战的勇气和随机应变的超快反应能力。

（7）另辟蹊径。求职中遭到拒绝是常有的事，但如果找到新的突破口，也许会"柳暗花明又一村"。当然这里最重要的条件是：你能在与对方的交谈中，得到潜在的人才需求信息。也就是把求职的过程同时作为收集信息的过程，看看对方还有哪些岗位有空缺，这样就可以此路不通，另辟蹊径。如果还有另外的岗位适合你，你就再推销自己一次，如果理由充足，对方重新考虑，录用你也是完全可能的。善于应变、有勇气、有胆量，就可能找到新的机会。例如：

师大政治系毕业的小叶，去一所重点中学求职。教务主任翻开他的简历：大学里担任学生会主席，成绩很不错，多次获得奖学金。教务主任告诉他："你很优秀，但我们学校现在不缺政治老师，以后有机会一定重点考虑你。"虽然肯定了他的优秀，但因专业不对口拒绝了他。

小叶并不气馁，他灵机一动，便巧妙地向教务主任询问师资配置情况。交谈中得知现在学校正缺历史老师，于是提出自己在历史方面也有专长，愿意改教历史。教务主任让他找主管人事的副校长谈谈。

小叶又找到人事副校长，副校长明确地告诉他专业不对口。小叶说："政史不分家，我自幼偏爱历史，虽然不是历史系毕业的，但自学和选修了许多历史专业的课程，而且还有一定的研究，在校报上还发表过历史专业的论文。我相信我能胜任贵校的历史老师工作，需要的话，我还可以兼任政治老师。您只聘一名老师，却能教两门课，不是很划算吗？"

于是，副校长答应让他试讲，结果顺利通过。

（8）将错就错。面试时难免出现差错、疏漏，造成尴尬、遗憾，这时要想方设法打圆场，引出相关的对自己有利的话题，使失误得到有效的补偿，化劣势为优势。例如：

一位刚毕业的大学生去某合资公司求职，负责接待的先生递给他名片。大学生神情紧张，匆匆一瞥，赞扬道："滕野木石先生，您身为日本人，抛家别舍，来华创业，令人佩服。"那人微微一笑："我姓滕，名野柘，地道的中国人。"大学生面红耳赤，无地自容。

片刻后，他诚恳地说道："对不起，您的名字使我想起了鲁迅先生的日本老师——藤野先生。他教给鲁迅许多治学的道理，让鲁迅受益终身。今天我在这里也学到了难忘的一课，那就是'凡事要认真'，希望滕先生日后也能时常指教我。"滕先生面带惊奇，点头微笑，最终录用了他。

这位大学生将错就错，即兴发挥，不但扭转了一时大意给招聘者留下的不良印象，而且打造了自己虚心好学的形象。

小案例6-4　　　　　　　　　　　善于反驳的求职者

有一个初出茅庐的女孩子去应聘，顺利地通过了初试和复试，在决定能否被聘用的面试中，招聘方总经理当面告知她未被聘用，理由是她的形象不适合她所应聘的公关职位。原来，该女孩当天穿了一身平常的衣服，素面朝天，使她看起来相貌平平。听到这样的话，女孩只能转身离去，但她又觉得很伤自尊、很憋气。本来那扇门已经在她身后关闭了，她却头脑一热，突然转身又推开了那扇门，对主持面试的总经理说："主动权掌握在您手里，我没有讨价还价的资格。本来，您不需要任何理由就可以淘汰我，但您给了，而且给我的恰恰是一个不能让我接受的理由。我可以用一分钟换一套衣服，用两分钟换一种发型，但我的学识和内涵才是真正可贵的，我头脑冷静、随机应变的特质，才是公关职位真正需要的东西，而这是我多年来磨炼的结果，是无法用服装、发型等外在因素改变的。"

本来，这个女孩想，既然已被宣布落聘，何不放下顾虑去反驳一下，直抒胸臆呢？结果，第二天，公司与女孩联系，告诉她被录用了。

【点评】在这个真实的故事中，女孩很不同意公司总经理关于公关职位只注重外表形象而不注重内在素质的观点，但她已经落聘。由于不服气，她可谓另辟蹊径，杀了个回马枪，直抒胸臆，进行反驳，用精彩的语言打动了总经理。

这个女孩面试语言的出彩之处表现在两个方面：一是敢于反驳，勇气可嘉。在面试中，一般情况下，求职者总是说话谨慎，尽量藏起锋芒，顺着考官的话说，不敢反驳，而考官的理由和观点也非全部正确可行，那么在这种情况下，你敢不敢反驳呢？尽管这个女孩是在无所顾忌的情况下进行了反驳，但这也是一种勇敢的表现，也非一般人所能做到。二是她反驳的理由正确。确实一个人的外表可以在短时间内修饰、弥补和改变，但更主要的、起关键作用的还是其长期修炼提升的内在素质。这也是利用反驳使面试语言出彩的关键一点，否则，她是不能通过反驳赢得面试成功的。此外，这个女孩的反驳产生的反常效应也有利于她脱颖而出。

小训练6-1

日本的一些大公司在招聘人才进行面试时，专门就说话能力规定了若干不予录用的条文。其中有："应聘者声若蚊子者，不予录用；说话没有抑扬顿挫者，不予录用；交谈时不得要领者，不予录用；交谈时不能干脆利落回答问题者，不予录用；说话无生气者，不予录用；说话颠三倒四、不知所云者，不予录用。"

对于日本大公司招聘人才的这些规定你有何看法？

6.2 面试中的自我介绍

求职者自我介绍的根本目的，是便于面试考官对自己有个初步的、大概的了解，并且尽可能给对方留下好的印象，以使面试能够深入进行下去，最终赢得面试的成功。求职面试的自我介绍必须讲究技巧。成功的自我介绍往往会给面试考官留下深刻的印象，使求职成功了一半。在人的思想意识中，往往存在这样的误区，即认为最了解自己的人一定是自己，把介绍自己当成一件很容易的事。其实不然，说人易，说己难。在求职面试中，介绍自己是最难的部分，要成功地进行自我介绍，要从以下四个方面着手：

（1）礼貌问候。在进行自我介绍之前，求职者首先要跟主面试考官打个招呼，道声谢，这是最起码的礼貌。比如："经理，您好，谢谢您给我这个机会。现在，我向您作个简单的自我介绍……"。介绍完毕以后，要注意向主面试考官致谢，并且还要向在场的其他面试人员致谢。

（2）主题鲜明。求职面试中的自我介绍一般包括这些基本要素：姓名、年龄、籍贯、学历学业情况、性格、特长、爱好、工作能力和工作经验等。因此，不必面面俱到，而是一定要做到主题鲜明，直截了当，切入正题，不拖泥带水。对于材料的组织要合理，做到详略得当，重点突出。一般来说，应按招聘方的要求来组织介绍材料，围绕中心说话。假如招聘单位对应聘人的工作能力和工作经验很重视，那么求职者就得从自己的工作能力及经验出发做详细的叙述，而且整个介绍都以这个重点为中心。下面是某家工艺品总公司面试考官招聘业务员时与其的一则对话：

面试考官：我公司主要经营有地方特色或民族特色的工艺品，如北京的景泰蓝、景德镇的陶瓷、湖州的抽纱等。这次招聘的对象主要是能开拓海内外湖州抽纱业务的业务员。现在，请你介绍一下自己的情况。

求职者：我叫李伟，今年24岁，是湖州市人。今年毕业于湖州市商业学校，读市场营销专业。我一直生活在湖州，小时候就经常帮妈妈和奶奶做抽纱，对于传统的抽纱工艺可以说是比较了解的。在商校学习的两年中，我掌握了营销方面的专业知识，这是我将来搞好业务的资本。我的口才较好，曾参加省属中专学校的求职口才竞赛，得了二等奖，并且还具备一定的英语口语能力。我这个人的特点是头脑灵活、反应快，平时喜欢看报纸，对国内外的经济发展动态很感兴趣，喜欢从事具有挑战性的工作。

应聘的求职者一般应从最高学历讲起，只要面试考官不问，完全没有必要谈及小学、中学。谈所学的专业、课程时，不必说明成绩。谈求职的经历时，不要漫无边际、东拉西扯，最好在1~3分钟之内完成自我介绍，简洁、明快、干脆、有力。

（3）让事实说话。在面试时，有的人为了能给面试考官留下深刻的印象，往往喜欢夸大自己的成绩，动辄就"我的业务水平是很高的""我的成绩是全年级最好的"，其实，这样反倒会给面试考官留下不好的印象。现在的用人单位往往更注重应聘者有无真本事。"事实胜于雄辩"，虽然面试的时间很有限，不可能完全展示出求职者的才能，但是，求职者可以通过实际的事例来证明能力，把才华展示给面试考官。例如，某大学中文系学生小刘，毕业后到报社应聘记者工作，面对上百个新闻专业出身的竞争者，可以说小刘并没有什么优势。但小刘对此早有准备。她对面试考官介绍自己时是这样说的：

"我叫刘晓明，山西人，毕业于××大学中文系。虽然我不是新闻专业的，但我对记者这个行业十分感兴趣。在读大学期间，我是学校校报的记者，4年间，进行了许多次较为重大的校内外采访，积累了一定的采访经验，再加上我的中文功底，我相信我可以胜任贵报的记者工作。这是我在大学期间发表过的报道稿，请各位编辑老师批评指正。"

面试考官们看过小刘的报道材料后，觉得其眼光独到、语言深刻，都很满意。结果小刘击败了众多的竞争者，不久就收到了录用通知。

（4）给自己留条退路。面试中的自我介绍既要坦诚，又要有所保留；要介绍自己的能力，但不要把自己介绍成事事皆能，使自己进退维谷。在进行自我介绍时，求职者要尽可能客观地展示自己的实力，但同时应尽可能地避免使用保证式或绝对式的语言，如"我非常熟悉这项业务""我保证让部门改变面貌"，这些话往往没有具体内容，反倒会引起面试考官的反感。如果遇到较为平和、内敛的面试考官，也许不会为难你；但是如果遇到个性较强的面试考官进行追问，求职者会因无法回答而张口结舌、尴尬万分。例如：

小赵去面试一家国际旅行社的导游。他自我介绍说："我这个人喜欢旅游，熟悉各处的名胜古迹，全国的风景名胜几乎都去过。"面试考官很感兴趣，就问："那你去过云南大理吗？"因为面试考官就是大理人，对自己的家乡再熟悉不过了。可惜小赵根本就没去过大理，心想若说没去过这么有名的地方，刚才的话不就成了吹牛了吗？于是硬着头皮说："去过。"面试考官又问："你住的是哪家宾馆？"小张再也回答不上来，只好说："那时我是住在一个朋友家里。"面试考官又问："你的这位朋友家在大理的什么地方啊？"小赵这下没词儿

小贴士6-2

成功的自我介绍范例

了，东拉西扯答非所问，结果自然可想而知。

请根据给出的招聘要求进行1分钟的自我介绍。

招聘公司：北京九阳实业公司。

招聘岗位：驻东北区销售业务主管。

岗位要求：大专以上学历，市场营销等相关专业毕业（有资源、丰富经验的不限学历）。3年以上销售工作经验，有光热行业、光电行业、暖通、电力、建材等销售经验或大客户销售经验的优先考虑。吃苦耐劳，乐观向上，具有团队精神。语言流畅，沟通能力强，具有一定的管理能力。适应能力强，能常驻东北地区。

6.3 面试中的问答

在求职面试的过程中，能否与面试考官进行良好沟通，是求职者能否求职成功的重要环节。因此，在面试过程中，要注意以答为基础、以问为辅助的沟通技巧。尽管不同的公司面试的程序和模式有所不同，面试考官的风格各异，但是有些问题是面试考官们比较喜欢问的。应聘者一定要对这些问题有所准备，知己知彼才能百战不殆。那么面试考官喜欢问哪些问题，又有哪些回答的技巧呢？具体而言，可以从以下案例分析中得到答案。

一般来说，招聘方提出的问题可分为两类：一类是规定性提问，也就是招聘方事先准备好的，对每一位招聘者都要发问的问题；另一类是自由性提问，亦即招聘方随意穿插的问题，这些问题往往千变万化，涵盖宽泛，招聘方可以从应聘者不经意的对答中发现其闪光点或缺点。无论是哪类问题，应聘者在回答时都应当掌握以下基本技巧：①不要遗漏表现自己才能的重要资料；②保持高度敏锐和灵活的思维状态；③回答既要表现自己的个性气质，又要表现出对招聘方的尊重与服从；④认真倾听对方的提问，并注意对方的反应，以便及时调整自己不恰当的回答；⑤避免提到"倒霉""晦气""不幸""疾病"之类可能招致对方忌讳的字眼。以下是面试中主要问题的问与答：

（1）你为什么来应聘这份工作？可以这样回答：我来应聘这份工作，是因为我相信我能为贵公司的发展做出贡献，同时我也相信贵公司会为我提供实现个人价值的舞台。我在这个领域具有一些经验，而且我的适应能力使我确信我能把这份工作做好。

（2）你在这类工作岗位上有何种经历？这是展示才能的黄金时间。但在行动之前，必须搞清楚对于面试考官来说什么是最重要的。如果求职者不知道自己在工作中起初6个月时间里的工作内容，那么必须向面试考官询问。求职者使用得到的信息，自然能更加贴切地回答问题。但在描述所取得的成绩时，要谦虚，切不可夸夸其谈。

（3）你觉得本公司如何？这个问题很可能在你应聘某个工作，进行到第三四次面试时被问到。听起来不是什么问题，但你千万要小心应对。保守地回答这个问题就要用点计谋。你可以告诉面试考官，到目前为止你还没有机会做出一个具体的结论，但从你现在的观察所得，已留下了深刻的印象——这个地方会让你感到非常愉快。如果你确实发现有些地方需要改革，而且你也能提供建议，把你的意见提出来，倒不失为一个好方法。但你在说这些话时千万要小心，不管你是一位多强的应聘者或公司多么需要你这位人才，如果你表现得像一位"乱世英雄"，那很可能就是在"自掘坟墓"。

（4）你想过要自己创业吗？这是一个很难回答的问题，如果回答"想过"，那么千万小心，下一个问题可能就是："那为什么你不这样做呢？"要做好继续回答问题的准备。

（5）对这份工作你最感兴趣的是什么？你也许对什么工作都提不起劲来，但没有人会期望听到这种答复。面试考官所需要的，就是值得你下功夫的地方。你可以谈谈你非常欣赏公司的营销理念或其他方面，并且解释为什么欣赏它。

（6）你能承担压力吗？别急着回答说"没问题"，也许这个压力确实太大了，也许这个压力根本不必加在你身上。不管怎样，先别做答复，别说你多么善于面对压力；你可以说压力从未给你带来麻烦，或是你很喜欢压力给工作带来的动力。

（7）你的长处是什么？如果你知道自己的长处是什么，以及它们与这个工作的关系，那么这个问题不难回答。但要记住，一定要有具体例证来支持。切记要强调与工作有关的长处。

（8）你的缺点是什么？你不是在参加团体治疗，也不是在进行感情交流，因此回答这个问题时，可以做适度的调整。每个人都有缺点，但并不意味着这些缺点一定会严重地影响你做好工作，甚至有些缺点即使提出来或经过适度的转化，根本不会影响到面试考官对你的评分。

（9）你能和别人相处得很好吗？这个问题常出现在一些小公司的面试场合，通常这家公司老板独裁，不太好相处，面试考官希望知道你的反应。因此一个较好、较安全的回答是："让我说的话，我从未碰到过不能相处的人。"

（10）你要求的薪水是多少？遇到这类问题最好先问面试考官一个问题："我觉得先让我弄清楚在薪水之中包含了哪些项目，这样谈起来会更有意义。"如果面试考官坚持你先说出要求，则可以告诉他你现在的薪水，不要欺骗。

（11）在学校里，你都参加了哪些课外活动？这些活动中你最喜欢哪一个？面试考官是想通过这个问题来考察你是不是一个勤奋的、充满激情的人。你的学习成绩他可能已经在你的简历或应聘材料中看到了，他现在想了解的是你是否是一个"一心只读圣贤书"的书呆子。

但也要记住，你不能拿这个问题开玩笑。如果你说："我有许多爱好，但我最爱的是在周末的晚上抱着吉他在女生宿舍楼下唱歌。"当然，这也可能是实话，但这样的回答很可能会降低考官对你的评价。

（12）你在哪门课程上得了最低分？为什么？你认为这会对你的工作表现产生影响吗？对于面试考官来讲，在面试你以前，他可能已经看过你的成绩单，但有些人可能并非如此。这时，如果他问起这个问题，你可千万不要自毁前程。

如果你学的是计算机专业，那你就没有理由说在计算机上得了最低分，即使你能证明自己是"高分低能"的最好反证,那也可能使你的面试分数打折扣。而如果你应聘的职位就是操作计算机,那就更值得怀疑了,不是吗?

但如果你是学汉语言文学的,高等数学得了最低分,这恐怕情有可原,因为你可能为搞懂文学史上的一个悬案而花费了大量的时间和精力。

(13)你认为工作中哪些方面是最重要的?对这个问题的错误回答将使你丧失就职机会。这个问题的设计是要考察你的时间分配能力、分辨轻重缓急的能力以及是否有逃避工作任务的倾向,因此应结合你要应聘的职位做出比较妥帖的回答。

(14)你怎样和未来的上司相处?"我重视的是工作和成果。我能屈能伸,可以和任何人打交道。"回答的主旨在于表现求职者交际能力较强,心胸开阔,在处理与上司的关系时,以服从公司利益需要为原则,绝不会陷入个人的恩怨问题中去。

(15)如果公司安排一个与你应聘岗位不同的职位,你将怎么办?"我会感到遗憾,不过我还是乐意服从分配。我是基于对贵公司业务发展与工作作风的充分了解,才欣然前来应聘的,所以无论在哪个部门都会努力工作,况且我可以学到更多新东西。当然,如果今后有合适的机会仍可从事我所期望的工作,我将很高兴。"

(16)依你现在的水平,恐怕能找到比我们企业更好的公司吧?"不可一概而论。或许我能找到比贵公司更好的企业,但别的企业或许在人才培养方面不如贵公司重视,机会也不如贵公司多;或许我找不到更好的企业,我想珍惜现有的最为重要。"

这类问题的特点是面试考官设定一个特定的背景条件,让应试者做出回答,有时任何一种答案都不是很理想,这时就需要用模糊语言回答。

(17)如果本公司与另外一家公司同时录用你,你将如何选择?"当然还是希望到贵公司工作。对贵公司我已向往很久,若能给我一个机会我是绝不会放弃的。"在未确定最后的归属时,回答这个问题是比较困难的,这时不能有丝毫的犹豫,还是应该强调自己希望进入现在应聘的这家公司工作,并且要充满热情和希望。

小贴士6-3　　　　　　　　　　　求职面试中的语言禁忌

1.忌问"你们要不要外地人?""你们要不要女性?""你们要招聘多少人?""你们对学历的要求有没有余地?"等。

2.忌说"我与××相熟""我与你们单位的××认识""我和××是同学,关系很不错"等。

3.忌急问"你们的待遇怎么样?"

4.忌直说"我不同意""我不赞成"。

5.忌直说"我适合……,不适合……",如"我适合做管理人员,而不适合去一线工作"。

6.忌怕说"我不懂""我不知道",诚恳坦率地承认自己的不足之处,反倒会赢得面试考官的信任和好感。

7.忌不敢说"您问的是不是这样一个问题?"将问题复述一遍,确认其内容,才会有的放矢,不致南辕北辙,答非所问。

8.忌说"我从没失败过""我可以胜任一切",这种说法是自诩,令人生厌。

小训练6-3   **从《当幸福来敲门》中学面试技巧**

《当幸福来敲门》是由加布里尔·穆奇诺执导,威尔·史密斯等主演的美国电影。影片取材自真实故事,主角是美国黑人投资专家克里斯·加德纳。影片中,克里斯致力于创造直接面对考官的机会,经过重重考验、种种艰辛,最终赢得了面试机会。

在面试对话中,处处体现了克里斯对一切事物透过表面的一种深刻思考,且其完全驾驭了事物的本质,他最终获得了实习的机会,为他成为投资家迈出了坚实的一步。

请观看电影《当幸福来敲门》,然后谈谈你从中学习到哪些求职面试技巧。

实践训练

1.阅读材料讨论

阅读以下材料,然后谈谈你的看法:

(1)某大学生毕业后到一家公司求职,公司经理照例同他进行面试谈话。开始,一切谈得都很顺利,由于对他的第一印象很好,经理随后就拉家常式地谈起了自己在休假期间的一些经历,这位大学生走神了,没有认真听取经理后来的谈话内容。临走时,经理问他有何感想,这位大学生说:"您的假期过得不错,好极了!"经理盯了他好一会儿,最后冷冷地说:"好极了?我生病住进了医院,整个假期都待在医院里!"

(2)周先生曾去报社应征业务主管一职。主持面试的负责人问他平常都有什么爱好,周先生回答说"爱看书"。招聘者问:"主要是哪方面的书?"周先生说自己爱读西方哲学著作。当招聘者要求周先生推荐一部西方哲学著作的时候,周先生搜肠刮肚偏偏一部都想不起来。实际上,他的确接触过几部哲学名著,但都没怎么精读,加之年时已久,已经忘得差不多了。周先生本以为,这样的回答可以把自己塑造成一个爱读书、学识渊博、有能力胜任报社主管一职的人。没想到,聪明反被聪明误,在招聘者眼中,周先生不够诚实,不够谦虚,言过其实,甚至有爱吹牛、弄虚作假之嫌。面试结果可想而知。

(3)一位大学毕业生走进一家报社,问道:"你们需要一位好编辑吗?"言下之意自己就是"好编辑",是那么的自信。

"不。"拒绝却是那么的干脆。

"那么,印刷工如何呢?"

"不!我们现在什么空缺也没有。"全部都封死了,看来没戏!

"那么,你们一定需要这个东西。"这位大学生从公文包里拿出一个精美的小牌子,上面写着:"额满,暂不雇用。"

报社主任笑了,他开始用一种全新的眼光来审视面前的这位年轻人了。最后这位年轻人被录用到报社销售部。

2.综合训练

训练1:模拟面试

下面是一家贸易公司到某院校面试的情景。

招聘方：某贸易公司人事部经理，简称 A。

应聘方：某院校应届毕业生，简称 B。

A：请问你叫什么名字？

B：

A：B 同学，请问你为何要来本公司求职？

B：

A：贸易的范围很广，如果你被分派到仓库工作，那是既需要体力又无法很好发挥专长的岗位，你是如何看待的？

B：

A：为什么呢？

B：

A：从你的履历得知，你在读书时经常迟到。在本公司上班是绝对不允许迟到的，你有没有问题？

B：

A：你有没有应征其他公司？

B：

A：如果本公司录用你，你会怎么办？

B：

训练2：模拟面试

请阅读下面短文，然后组织几个同学，3人一组模拟松下幸之助的面试场景。

松下幸之助的求职经历

松下幸之助被称为"经营之神"，当他还只是一个9岁的小学四年级的学生时，因为家里贫穷，不得不告别母亲，和父亲一起到大阪去打工，过着自己养活自己的生活。十四五岁的时候，他到大阪的一家电器公司去应聘，当公司的总经理看到站在他面前的是一个衣着破烂、又有些瘦弱的孩子时，总经理从心里不想要他，但又不好意思让这个少年太伤心，就随口说了一句："我们现在不缺人手，你过两个月再来吧。"

过了两个月，松下果然来了，总经理又推辞说："我们需要的是一个懂电器知识的人，你懂吗？"松下老实地告诉他说自己不懂。

回到家里，松下买了几本关于电器知识的书，看了两个月后，又来到了这家公司，并告诉那位总经理说："我已经学会了许多电器知识，并且以后我一边工作还可以一边学习。"谁知听了这话，那位经理继续推辞说："小伙子，出入我们这家公司的都是有点绅士派头的人物，你看你这身脏兮兮的衣服，我们怎么能要你呢？"松下听后，笑了笑说："这好办！"

回家后，他就让爸爸拿出所有的积蓄，给他买了一身漂亮的制服，又一次来到这家电器公司。这下那位总经理可算真服了松下，他一边用欣赏的目光看着松下，一边笑着说："像你这样有韧劲的求职者，我可是第一次遇到啊，就凭你的这股韧劲，我也不能不要你啊！"

从不向困难低头，这正是松下幸之助最后走向成功的秘诀！

资料来源　佚名．心灵的韧度［EB/OL］．［2012-04-23］．http://www.360doc.com/content/12/0423/01/5079158_205782203.shtml.

课后练习

1.设想你对做一位宾馆公关部经理向往已久，现在有了这样的一个机会，但你的竞争对手如林，在面试时你如何推销自己？

2.以下是一则面试对话，请分析应聘者面试失败的原因。

面试考官：从你的简历得知，你的英语已达到国家六级水平，真是不简单呀！

面试者：你过奖了。其实我周围很多同学都达到了这个水平，我也是一般而已。况且，我还有很多不足，比如，我的电脑水平老是跟不上，很多同学都过了二级，我还是停留在初级水平上；还有一些专业课也掌握得很不好，让我头痛得很。有时，我也觉得自己很没用。

面试考官：原来你对自己很没信心。

3.请分析下面几句面试应答语中的错误。

(1)"我原来那个单位的人际环境太差了，小人太多，没法与他们相处。"

(2)"现在已有多家公司表示要我，所以请你们务必于这个月月底之前答复我。"

(3)"我毕业于名牌大学，学的又是热门专业，我是一个杰出的人才，我想实现我远大的理想和宏伟的抱负。"

(4)"我很想知道如果我到你们公司，每个月能挣多少钱？"

4.面试考官问："关于工资，你的期望值是多少？"应试者反问："你们打算出多少？"如果是你，会这样反问面试考官吗？为什么？

5.根据面试考官的提问，分析哪一种应答更能获得赞许。

(1)没有工作经验，你认为自己符合我们的要求吗？

应聘者1：可是你们就是来招聘应届大学生的啊。

应聘者2：听说有一只幼虎因为没有狩猎经验，而被拒绝在狩猎圈之外，你认为它还有成长的可能吗？

(2)为什么你读哲学专业，却来申请做审计？

应聘者1：你们已经说明"不限专业"，所以我想来试试。

应聘者2：据说外行的灵感往往超过内行，因为他们没有思维定式，没有条条框框。

应聘者3：我之所以跨专业谋职，是为了给自己提供这样一种动力，终生学习才不会被社会淘汰。

(3)你穿的西装好像质地不怎么样啊！

应聘者1：穿着并不影响我的表现，何况我还没工作，买不起更好的。

应聘者2：昨天我怀揣买西装的钱路过书店，发现两套对我来说至关重要的书，可能会为今天的面试提供帮助，于是我花掉了凑来买西装的钱。

（4）假如明天你就要死了，你希望在自己的墓碑上刻上一句什么话？

（考官实际是想问，这一生你希望自己能达到怎样的成就？）

应聘者1：找了份好工作，找了个好老公等"老婆孩子热炕头"式的"人生理想"，或者请安息吧，我是个好人之类不着边际的空话。

应聘者2：我这一生在很多不同行业工作过，这让我很满足。

（5）你不认为你做这项工作太年轻了吗？

应聘者1：我虽然年轻，但我有干劲，敢于接受挑战，相信我一定能做得很好。

应聘者2：事实上下个月我就满23周岁了，尽管我没有相关的工作经历，但我有整整两年领导学校学生会工作的经验。您可以想象，负责管理全校3 000多名学生并非易事，没有一定的管理才能和领导艺术，是无法胜任的。所以，我认为，年龄固然能说明一定的问题，但个人素质和能力更为重要。因为这是一个部门经理所不可缺少的。

6.针对以下情境回答问题。

（1）Sunny下午5点多在报摊上买了份招聘类报纸，查阅到了一个心仪的职位。为在第一时间与招聘方联系，就立刻拨通了对方电话："喂，请问是××公司吗？我看了报纸，想来应聘……"还没等她说完，对方就表示人力资源部负责人正在开会，且下班时间快到了，没空细聊，但还是记下了她的手机号码，表示第二天会联系她。

问题：从上述案例可以看出，Sunny没有在合适的时间找到合适的人，主动致电变为了被动等候，这是一次很失败的电话应聘。请你帮助她分析一下正确的电话应聘应注意哪些礼仪要点。

（2）廖远正逛街，突然接到某公司的电话面试。此时周围有商场背景音乐和人群的嘈杂声，对面试不利。于是廖远非常礼貌地告诉对方："不好意思，我正在外面，环境比较吵闹，是否能过10分钟给您打回去？"对方应允，并留下电话。

问题：很多企业在收到简历后，为节约时间，首先通过电话面试做初步筛选。电话面试会准备几个目的性问题，用以核实求职者的背景，考察求职者的语言表达能力等。请你分析对于上述的电话面试环节，为提高成功率，我们应预先做好哪些准备工作？

（3）李明自认第一轮面试回答顺利，应该能收到复试通知。然而3天后仍未接到电话。焦急的他按捺不住致电对方："喂，您好，我是李明，我想请问一下你们第二轮复试是否已经开始？""对不起，我们的复试已经开始，若你没有接到通知，说明没有进入第二轮面试。"公司方简单地回绝了李明。

问题：若没有接到再次参加面试的通知，表示此次应聘失败，即使打电话询问也无可挽回。但是，李明自认为第一次面试给对方留下了非常深刻的印象，且双方交流愉快，想了解应聘失败的真正理由，请你帮助李明想一想下一步应该怎么办。

7.案例分析。

对话

面试考官：你带简历了吗？

求职者（男生）：之前我在网上投过了，不用再带了吧？

面试考官：你能做什么呢？

求职者：我喜欢的我都能做好，我不喜欢的我就不会去做。

面试考官：你以前做过什么工作吗？

求职者：什么都没做过，我是个应届毕业生，我是来找工作的。

面试考官：那你凭什么觉得你能把工作做好呢？

求职者：我觉得只要有信心就能把工作做好。

面试考官：你的信心来自哪里？

求职者：来自我的能力，来自我的信念。

面试考官：你的人生目标是什么？

求职者：做第二个马云。

面试考官：你为什么觉得你能像马云那样成功呢？

求职者：因为他长得那么别致都可以成功，我觉得我更有能力超过他。

面试考官：这跟他的长相无关吧？

求职者：开个玩笑啦！我觉得每个人做事都是靠信心完成的！马云能有这样的志向，我也有志向完成我的人生目标。

面试考官：你对工资待遇有什么要求？

求职者：试用期你们可以随便给，如果正式录用，我要求每月4 000元以上。

面试考官：我们公司的薪酬达不到这个要求，你为什么要求这么高呢？

求职者：因为到时候你们会看到我的能力，你们会觉得物超所值。

面试考官：你对工作还有什么要求？

求职者：我要求自由的上班时间，每天只要我完成了公司布置的任务就可以下班了；我还要求用QQ与外界联系，方便我调用各方资源；我还希望不要让我与外面的客户面对面打交道，因为我不喜欢。

面试考官：你之前去其他公司应聘也是这样吗？

求职者：是的，我这个人就是这样的。

思考题：

（1）看完这个案例，你的第一感觉怎么样？

（2）案例中这位男生应答的语言有什么特点？体现出这位男生什么样的性格特征？

（3）如果你是面试考官，你对这位男生有何评价？你会给他工作的机会吗？为什么？

成功的面试

江丽萍待人彬彬有礼，很讲究面试礼仪，她最终如愿以偿当上了某公司销售部经理秘书，请看江丽萍参加面试的全过程：

上午10时20分，江丽萍迈着轻盈的步子准时走进了销售部经理张吉的办公室。此时的江小姐身着银灰色西装套裙，内衬红白碎花衬衣，显得格外端庄、典雅、职业。她是前来接受面试的。在此之前，她已经递交了个人简历和推荐信，并填写了求职申请书，她拟求的职位是销售部经理秘书。

张先生（点头微笑并示意江小姐坐下）："江丽萍小姐，你好！"

225

江小姐（微笑回应）："你好！张先生。"（然后缓缓地坐下，并把手提包轻轻放在椅子边。）

张先生（以下简称张）："江小姐，我们这儿不难找吧！"

江小姐（以下简称江）："没问题。您知道我对这儿很熟。"

张："不错，（翻着江小姐的《求职申请书》）我们这有你的《求职申请书》。看来，你的各方面条件都不错，尤其是外语。你在审计局能用上你的英语和……（看江的《求职申请书》）日语吗？"

江："用得很少，这也是我来这儿应聘的原因之一。我希望能更多地用上我的外语。"

张："噢，好！你有速记和打字的结业证书，而且你的打字速度很不错。"

江："张先生，您知道那都是我一年前的成绩。事实上我现在的速度快多了。"

张："嗯。江小姐你为什么想来这儿工作呢？"

江："主要想用上我的外语专长。当然我从秘书做起的另一个原因，是想逐步地积累一些做贸易的经验，以便将来能独当一面地从事贸易工作。"

张："噢！（这时电话铃声响起，张对江）对不起。（接着对话筒）对不起，这会儿很忙，我一会儿给你打过去。（放下话筒，对江）实在抱歉，嗯，你对计算机很感兴趣。上面说……（张查看江的《求职申请书》）。"

江："是的。事实上，我哥哥在一家大的外贸公司里从事无纸贸易。我对此很有兴趣，在家哥哥也经常帮助我。"

张："那很有趣！好！江小姐你有什么问题要问我吗？"

江："主要是工资问题。广告上说'待遇优厚'……张先生，您能给我具体讲一下吗？"

张："噢，是这样。我们职员的待遇在外企中属中等偏上。例如，一个新入公司的秘书每月工资4 600元人民币。因此如果你入职公司我也想从4 600元给你起薪，你看怎么样？"

江："张先生，我希望你们对像我这样具有专业背景、实际经验及外语水平的人能给予恰当的评估及合适的月薪。顺便说一下，我在审计局的月工资包括奖金近4 800元。"

张："一周之后你会得到我们的消息。到时候我们再具体谈谈。"

江："好的，谢谢您，张先生。"

张："再见，江小姐。"

江："再见，张先生。"

一周后，换了一身装束的江小姐又神态自若地走进了张经理的办公室。这一次，他们具体地谈了工作、待遇及其他。

大约10天后，江丽萍兴致勃勃地开始了她的秘书生涯，月薪4 800元人民币。

思考题：

（1）江丽萍面试成功的秘诀何在？

（2）本实例对你有何启发？

小林成功应聘

应届毕业生小林到一家外资公司应聘，他顺利地通过了笔试和前两轮面试，这一天是最后一轮面试了。小林前面已经有5名面试者，他们先后沮丧地走出面试室，从他们的面部表情可以得知，面试情况不大理想。

小林进入面试室前敲了敲门，得到允许进门后坐在人事经理老邓对面。老邓不动声色地问了几个问题，突然，他将小林的简历递过来说："你的专业与所申请的职位不对口。"

小林一愣，招聘启事上明明写了"专业不限"，而且自己的简历也通过了筛选。他接过简历，认真地望着老邓的眼睛，回答说："公司有很多专业人员，如果进入公司，我会学得很快。同时，21世纪最抢手的就是复合型人才，而外行的灵感也许能超过内行，因为他们没有思维定式，没有条条框框。"

老邓的眉头拧紧了，紧接着他一连指出小林身上好几处不足，如工作经验不够丰富、性格内向、不善于与人沟通。老邓的说法相当准确，他几乎一眼看穿了小林。面对老邓表示面试就此结束的冷漠表情，小林不卑不亢地说："您说得很对，我身上有很多缺点，但也有很多优点。我相信，即便不能得到这份工作，在以后的日子里，我也会在发扬自己优点的同时，努力去弥补自己的不足！当然，我还是非常期待能在贵公司谋得一个职位。"

说完，小林准备起身离开，不料老邓却热情地伸出了手："恭喜你，年轻人，你用你的自信通过了我们最关键的一次面试。"原来老邓的步步紧逼是他面试的一种方式。前面5名应聘者就是因为禁不住接二连三的否定，情绪陷入低落沮丧而被淘汰。

资料来源 刘志敏. 演讲与口才实用教程［M］. 北京：人民邮电出版社，2017.

思考题：

（1）老邓为什么要采用这样咄咄逼人的面试方式？他的目的是什么？

（2）小林为什么能应聘成功？他成功的关键因素是什么？

（3）本案例给你哪些启示？

任务6案例
分析2

任务7

谈判口才

谈判是一种能力、风尚和智慧。

——杨继红《隐谈判：后台交易》

每一个要求满足的愿望、每一项寻求满足的需要，至少都是诱发人们展开谈判过程的潜因。只要人们是为了改变相互关系而变换观点，只要人们是为了取得一致而磋商协议，他们就是在进行谈判。

——［美］杰伦德·尼尔伦伯格

■ 课程思政要求

进行社会主义核心价值观教育；开展道德意识教育和法律意识教育；塑造良好的职业形象，不断提高职业素养；热爱祖国的语言，加强中华文化认同，增强民族自豪感；培养积极乐观的生活态度和审美情趣；促进大学生的全面发展。

■ 学习目标

做好谈判的各项准备工作；使谈判各阶段符合规范；讲究谈判策略，取得良好的谈判效果；灵活运用谈判的语言技巧，提高谈判艺术性。

我们生活的世界到处都充满矛盾，没有矛盾就没有世界。不同国家之间、民族之间、地区之间、组织之间和个人之间都存在着各种各样的矛盾。有的涉及名誉与尊严，有的涉及利益分配。历史上国家、地区间解决矛盾的方法主要有两种：一种是通过武力解决。双方或多方大动干戈，你争我夺，你死我活，其结果是造成社会动荡、民不聊生、弱肉强食。另一种就是通过和平的方式解决。冲突的双方或多方坐在谈判桌前，通过讨论协商解决相互间的矛盾，避免暴力和流血。这也是人们推崇的一种解决矛盾的方法。今天，只要我们打开电脑、电视机、收音机，翻开报纸、杂志，各种各样的谈判信息便出现在我们的面前，国家间双边谈判、首脑会晤、科技文化交流、停战协议、斡旋活动……正是这些数不清的政治、经济、军事、科技、文化、外交、宗教等的谈判，使我们这个纷繁复杂的世界变得更加和谐，使我们这个"小小的"地球变得热闹非凡。

谈判作为一种人际沟通方式应用非常广泛，它已经成为人们必须掌握的一项基本功。这里着重介绍一下谈判策略及语言艺术等方面的基本知识。

7.1 何为谈判?

什么是谈判呢?从广义上讲,只要人们为某事进行交谈、协商,都可视为谈判。曾任美国谈判学会会长的尼尔伦伯格认为:"只要人们为了改变相互关系而交换观点,只要人们为了达成一致而磋商协议,这就是谈判。"谈判是一种协调人们行为的基本手段。严格说来,所谓谈判就是指面临共同问题的双方或多方在谋求合作的基础上,通过讨论协商,为实现利益均沾的目标而进行的信息沟通与交流活动。

从定义中我们看出,谈判包括以下几个特点:①谈判是在两个或两个以上的组织或个人之间进行的;②谈判是一项合作的事业,是一个合作的过程;③谈判双方或多方面临着共同的利益需求;④谈判是一种信息的沟通与交流活动。

谈与判是两个紧密联系的过程。谈,就是各方充分地阐述其追求的目标、利益需求,应有的权利和应承担的义务,所持的建议、意见等;判,则是对各方共同认可的事项的确认。谈是判的基础,判是谈的结果。

谈判是一门高深的科学,是一门复杂的技术,是一门语言的艺术。谈判是谈判者知识、信息、修养、口才、风度的综合较量。任何社会组织都希望通过谈判满足自己的利益要求,又不损害与公众对象之间的关系。对一场成功的谈判来说,双方都应该是赢家。

7.2 谈判的主要阶段

谈判是一场知识、信息、心理的较量,也是礼仪修养的竞赛。对于一场事关组织发展前途的谈判,谈判人员在谈判的任何阶段都需注意礼仪,以留给对方良好的印象。

(1)导入阶段。谈判的导入阶段时间不长,主要是通过介绍相互认识,自始至终保持轻松愉快的合作气氛。在介绍时,个人进行自我介绍最为适宜;团体则可由团长或司仪进行介绍,把参加谈判的每一位成员的姓名、身份、职务简要介绍给对方。一般先由职务高的开始介绍,然后按程序介绍下去,介绍到谁时可起立,也可坐在原来的位置上,面带微笑点头示意。在一方介绍时,另一方要认真倾听,注意力集中,切不可东张西望,心不在焉。

小案例 7-1　　　　　　　　　和谐融洽的谈判气氛

1972年2月,美国总统尼克松访华,中美双方将要展开一场具有重大历史意义的国际谈判。为了创造一种融洽和谐的谈判环境和气氛,中国方面在周恩来总理的亲自领导下,对谈判过程中的各个环节都做了精心而又周密的准备和安排,甚至对宴会上要演奏的中美两国民间乐曲都进行了精心的挑选。在欢迎尼克松一行的国宴上,当军乐队熟练地演奏起由周总理亲自选定的《美丽的亚美利加》时,尼克松总统简直听呆了,他绝没有想到能在中国的北京听到他如此熟悉的乐曲,因为,这是他最喜爱的并且指定在他的就职典礼上演奏的家乡乐曲。敬酒时，他特地到乐队前表示感谢。此时，国宴达到了高潮，一种融洽而热烈的气氛感染了美国客人。一个小小的精心安排，赢得了和谐融洽的谈判气氛，这不能不说是一种高超的谈判艺术。美国总统杰斐逊曾经针对谈判环境说过这样一句意味深长的话："在不舒适的环境下，人们可能会违背本意，言不由衷。"英国政界领袖欧内斯特·贝文则说，根据他平生参加的各种会谈的经验，他发现，在舒适明朗、色彩悦目的房间内举行的会谈，大多比较成功。

（2）概说阶段。这一阶段的目的是让对方了解自己的期望目标和谈判设想，同时隐藏不想让对方知道的其他资料、信息。这个阶段只需要单纯地说出基本想法、意图与目的，而不宜过早地把谈判意图全部提出。因此，概说阶段要注意以下两个要求：

一是保持愉快的气氛。发言的内容要简短，要能把握重点及表示情感。比如："很高兴来这里开会，今天有关引进设备的讨论，希望能有圆满的结果，使双方都满意。"发言时要面带笑容，以示诚恳，在得到对方首肯以后，也要以目光配合点头致意，表示彼此意见相投，成功的可能性很大。

二是倾听对方的发言。在谈判的概说阶段，应留出时间让对方发表看法，待认真听完对方的意见后，进一步思考分析，找出双方目的的差别。

（3）明示阶段。在该阶段，谈判双方不再隐瞒自己的真实意图，而把自己的谈判目的和盘托出，使对方明了自己的需求，为交锋阶段做好准备。例如：我国某出口公司在同东南亚某国商人洽谈大米出口交易时有这样一个片段，这就是谈判明示阶段常出现的情形：

我方："我们对这笔出口买卖比较感兴趣，我们希望贵方能以现汇支付。不瞒贵方说，我们已收到了贵国其他几位买主的递盘，因此现在的问题只是时间，我们希望贵方以最快的速度决定这笔买卖的取舍……"

对方："我们的想法和您一样，都想把这笔买卖做下来。我们认为最好的支付方式是用我们的橡胶交换，这在贵国也很需要。当然了，如果贵方大米的价格很有竞争力，我们也愿意考虑用现汇支付……"

这样，双方都将自己的要求和意见如实地摆了出来。一个想卖，一个想买，在彼此意见一致的基础上，双方就支付方式问题充分发表了自己的意见。

在明示时要注意分寸，把握谈判内容的"度"，绝不要流露出自己迫切需要解决问题的心情，否则，就会被对方利用，成为其施加压力的砝码。同时，对自己的真实实力，包括谈判"底线"等，应给予保密，否则在交锋时会使自己处于被动地位。

（4）交锋阶段。该阶段就是谈判各方为了获取利益、争取优势而处于对立状态的阶段。交锋阶段的表现方式一般有两种，即"以我为主"和"各说各的"。

① "以我为主"的交锋方式。这种交锋方式就是在双方的交锋过程中，先由一方对某个具体问题加以陈述，对方如有不同看法则提出反驳和攻击。下面的例子可以说明这种交锋方式：

卖方："我方这种产品的报价是每吨500美元。"

买方："500美元？太高了！这大大地超过了我方的支付能力。你们怎么能要这样高的价格？"

卖方："这是市场价格。我们一直按这个价格出售。"

买方："据我们所知，市场价格是每吨420美元。你们应当降价！"

②"各说各的"的交锋方式。这种交锋方式就是一方在设法弄清对方陈述的意图之后，再进行自己的陈述。下面举例说明：

卖方："我方这种产品的报价是每吨500美元。"

买方："是否包括运费和关税？贵方开价500美元不包括运费和关税，是吗？"

卖方："是的，不包括。"

卖方："那么，我们希望每吨的价格降到420美元。"

谈判就是为了获得自己想得到的利益。谈判双方的对立状态是从交锋开始的。由于双方都想说服对方以获得更大的利益，因此，彼此都充满信心，运用计谋，斗智斗勇，使争论相当激烈。在交锋阶段要有应对各种困难的思想准备，随时准备回答对方的质询，并表现出适当的强硬态度。但是高明的谈判者，又不是有勇无谋的人，因为交锋并不是为了证明一方强于另一方，而只是寻求双方利益一致的妥协范围，否则，将导致谈判破裂。因此，谈判者的态度应"硬中有软"，适时地"软硬兼施"。

（5）妥协阶段。妥协是交锋的结果，在相互僵持过程中总有一方主动做出让步，使另一方也相应退让，若双方都不让步就无法达成协议。让步要选择时间，把握让步的尺度，讲究让步的艺术。谈判中不恰当的让步会让己方难以实现最终愿望。正确的让步是使双方都得益，互为补偿，如果只是单方面的让步，就不是成功的谈判。这里要注意两点：

一是在谈判中要慎用妥协。妥协不是目的，而是手段。妥协，就其实质而言，是不得已而为之，因此要慎用。一般在谈判前就应设想自己的妥协范围，并在谈判过程中依据双方情况的变化，寻找理想的妥协时机。妥协不是无限度地一味退让，而是有限度、有范围的，以不损害自己的根本利益为尺度，也使对方能接受，从而达成互利互惠的协议。

二是让步要讲究方式。在开始阶段，谈判人员代表组织可做较大的让步，然后在长时间内再缓慢地一点一点地做小的让步。这样，一开始大的让步能取悦对方，建立好感，再逐步做点小的让步，也就比较顺理成章，容易被对方所接受。当然，具体如何让步，还要视对方情况而定。

小案例7-2

打破谈判僵局
两例

（6）协议阶段。谈判双方认为已基本上达到自己的谈判目标，共同以签订协议宣告谈判的结束。签订协议是很重要的仪式，双方除了谈判的代表出席外，还可请组织和政府的领导人出席，以示重视。谈判的双方代表在协议上签字后，要交换协议书，并握手祝贺。协议书签订的会场、服务、接待等各项工作都要由专人负责。最后，双方还要发表简短的祝词，并拍照留念。协议签订的仪式结束后，还可组织招待会、新闻发布会、宴会、舞会等庆祝活动。

小训练 7-1

（1）请结合自身体会，具体说明谈判在我们生活中的作用。

（2）一天，一位打扮入时的年轻女子牵着一条宠物狗走进一家餐馆，她自己坐下后把小狗放在对面的座位上，引起旁边顾客的不快，有人向老板抱怨。请一位同学扮演这家餐馆的老板，试着与年轻女子（另一位同学扮演）谈判。要求：注意礼貌、风度，使用相应技巧，力求取得理想的效果。

7.3 谈判的语言艺术

谈判，离不开一个"谈"字，不管是和风细雨的劝说，还是理直气壮的唇枪舌剑，时时刻刻都离不开语言表达，谈判中最重要的工具就是语言，谈判双方必须利用语言来传播信息、交流情感、表达自己的意图。没有语言，谈判根本无法进行。因此，必须讲究谈判的语言艺术。

1）谈判语言的特征

谈判是智慧的较量，而语言又是谈判者思想与智慧的表达方式。谈判语言关系到谈判的成败，其原因就在于谈判语言不同于一般生活中的语言，它需要在紧张、激烈对抗中，始终把握己方的目标，同时运用各种语言技巧来突破对方的防线。谈判语言的主要特征有以下几点：

（1）鲜明的利益性。谈判语言是一种目的性非常明确的语言，不管是谈判中的陈述、说服，还是提问、回答，都是为了自己的利益需要而进行的。不带有任何功利目的，也无求于对方的谈判是不存在的。20世纪70年代初，中美建交谈判时，美国总统特使基辛格在与邓小平对话时曾说："我们的谈判是建立在健全基础之上的，因为我们都无求于对方。"第二天，毛泽东主席接见基辛格时，对其前一天的谈话进行了反驳。毛泽东说："如果双方都无求于对方，你到北京来干什么？如果双方都无求于对方的话，那么，我们为什么要接待你和你们的总统？"毛泽东一针见血地指出，谈判是一种双向的需要，谈判带有明确的目的性。谈判的目的性决定了谈判语言必然具有鲜明的利益性。

小案例 7-3 价格分析

在某年秋季广交会上，我国的外贸人员在一个清雅的接待室里与外商谈判。中方人员讲："由于国际、国内铅价猛涨，这次出口的蓄电池，我们准备适当提高价格。"听到新的价格，外商连连摇头。再谈下去，对方却说："还是以前的报价就谈，否则谈判就结束。"眼看谈判陷入僵局。外贸人员找到北京电池厂负责人，要求他们压一压出厂价。王副厂长等人一算账，认为压价肯定赔钱，无法接受这个建议。怎么办？经过充分的准备，王副厂长等人开始与外商直接谈判。在两天半的时间里，厂方详细谈到国际市场铅价及蓄电池价格上涨的幅度，原料价格上涨对产品成本的影响，本厂产品与外国同类产品价格的对比情况，如果双方成交的话各自可获取的盈利情况。厂方摆出的事实和数据清晰明确，具有无可辩驳的说服力，外商不得不叹服，"你们对市场行情真是一清二楚"。买卖最后终于谈成了。

（2）灵活的随机性。谈判是一个动态过程，瞬息之间变化万千。尽管一般情况下，谈判双方事前都做了充分的准备，对谈判的内容、己方的条件、可能做出让步的幅度、对方的立场、对方可能采取的策略等都进行了研究，并对谈判过程进行了筹划，但是，谈判过程常常是风云变幻、复杂无常的，任何一方都不可能事前设计好谈判中的每一句话，具体的言语应对仍然需要谈判者临场组织，随机应变。

谈判中，谈判者要密切注意信息的输出和反馈情况，根据不同内容和阶段，针对谈判对象、主客观情况变化，及时、灵活地调整谈判语言。尤其是在双方就关键问题短兵相接时，一问一答，一述一辩，都要根据当时谈判场上局势的变化而变化，这就是灵活的随机性。如果谈判中发生意料之外的变化，而谈判者仍然拘泥于既定的对策，思想僵化，方式呆板，语言不能机智应变，则必然在谈判中失去优势，导致被动失利。

（3）巧妙的策略性。因为谈判是一种智慧的较量，所以在谈判中，一方为了获得尽可能多的利益，往往采取各种策略，诱使对方按照己方的条件达成协议。因而成功的谈判者常常在谈判双方的利益冲突和利益协调中，从合作的立场出发，以其特有的机警和敏锐，不放过有利于自己的任何一个机会。同时，运用各种计策、恰到好处的言谈，使谈判朝着有利于己方的方向发展。谈判语言的策略性表现在：一样的话，可以有几种说法；同样的意见，用不同的说法表达，可产生不同的效果。

小案例7-4　　　　　　　　　　　　　**日本人的谈判策略**

有一次，日本一家公司与美国一家公司进行一场许可证贸易谈判。谈判伊始，美方代表便滔滔不绝地向日方介绍情况，日方代表则一言不发，认真倾听，埋头记录；美方代表讲完后，征求日方代表的意见，日方代表却迷惘地表示"听不明白"，只要求"回去研究一下"。几星期后，日方出现在第二轮谈判桌前的已是全新的阵容，由于他们声称"不了解情况"，美方代表只好重新说明了一次，日方代表以"还不明白"为由使谈判不得不暂告休会。到了第三轮谈判，日方代表团再次易将换兵并故伎重演，只告诉对方，回去后，一旦有结果便会立即通知美方。半年多过去了，正当美国代表团因得不到日方任何回音而烦躁不安、埋怨日方没有诚意时，日本突然派了一个由董事长亲率的代表团飞抵美国，在美国人毫无准备的情况下要求立即谈判，并抛出最后方案，以迅雷不及掩耳之势催逼美国人讨论全部细节。措手不及的美方代表终于不得不同日本人达成了明显有利于日方的协议。事后，美方首席代表感慨地说："这次谈判，是日本在偷袭珍珠港之后的又一重大胜利。"

（4）迅捷的反馈性。谈判中的双方斗智斗勇，往往会出现许多稍纵即逝的机会。谈判者不仅要反应敏捷，而且要立即做出判断和回答。抓住了机会，也就抓住了成功。所以谈判时，一方面要使己方的谈判条件得到最大的满足；另一方面要迅速捕捉对方谈话中的矛盾之处或者漏洞，不失时机地加以利用，这就是谈判语言迅捷的反馈性。

小案例7-5

快速反应

谈判对语言的要求是很严格的，其与平常的生活语言大不相同。谈判中双方的陈述、说明、提问、回答等都是紧张的智力较量，要求谈判者在极短的时间内对对方的发言做出反馈，或同意，或拒绝，或反驳，或提出新的建议。迟迟不予回答，或在谈判桌上说错了话又收回来，都会被认为是不礼貌的或者是不负责任的表现。

2）谈判的语言技巧

我们可以从下面这个经典的例子中看出语言技巧的重要作用。一个基督徒问牧师："我可以在祷告时间抽烟吗？"牧师斩钉截铁地拒绝并且严肃地批评了他。过了一会儿，另一个基督徒来问："我可以在抽烟的时候祷告吗？"牧师给予了完全不同的答复。由此可见，同样的事情，不同的表达方式，竟然获得了截然不同的结果。因此对谈判人员而言，必须要熟练掌握一些语言技巧，以争取谈判的胜利。

（1）积极倾听，用心理解。在许多人看来，谈判中要多发言，这样才能把自己的意图说清楚，使对方完全明白自己的观点、看法。其实，真正高明的谈判专家并不这样做。他们采用的办法是"多听少说"。尽量少发表自己的看法，多听对方的陈述，这种听是主动的，并非只是简单地用耳朵就行了，还需要用心去理解，探求对方的动机，积极做出各种反应。这不仅是出于礼貌，而且可以调节谈话内容和谈判气氛。

小案例 7-6   松下的教训

日本松下电器公司的创始人松下先生曾谈到自己初次交易谈判中的一个教训。他上东京找批发商谈判，意欲推销他的产品，批发商和蔼可亲地说："我们是第一次打交道吧？以前我好像没见过您。"这是明显的试探语，批发商想要知道面前的对手是生意老手还是新手。松下先生恭敬地回答："我是第一次来东京，什么都不懂，请多多关照。"这极平常的寒暄语却使批发商获得了重要信息：对手原来是一个初出茅庐的新手。批发商问："你打算以什么价格卖出你的产品？"松下又如实亮底说："产品成本20元，我准备卖25元。"按当时市场价格25元价格适中，产品质量又好，但由于松下无意间暴露了自己的弱点，因此批发商说："你首次来东京做生意，刚开张应当卖得更便宜些，20元卖不卖？"批发商了解对手人生地不熟，又有急于打开销路的愿望，因此趁机杀价。松下先生后来才悟到当初吃亏，正是由于自己缺少经验，没能感觉到对方的试探性语言。

①要耐心倾听。谈判中一般交谈内容并非总是包含许多信息的。有时，一些普通的话题，对你来说知道得已经够多了，可对方却谈兴很浓。这时，出于对谈判对方的尊重，应该保持耐心，不能表现出厌恶的神色，也不能表现出心不在焉的神情。越是耐心倾听他人意见的人，谈判成功的可能性越大。因为倾听是褒奖对方谈话的一种方式，能提高对方自尊心，加深彼此感情，为谈判成功创造和谐融洽的环境和气氛。

②要虚心倾听。谈判的一个主要目的是沟通信息、联络感情，而不是智力测验或演讲比赛，所以在听人谈话时，应该有虚心倾听的态度，不要中途打断对方的谈话。正确的做法是，听话者在谈判中应随时留心对方的"弦外之音"，回味对方谈话的观点、要求，并把对方的要求与自己的愿望做比较，预先想好自己要阐述的观点和依据的理由，

使谈判取得成功。

③要注意主动反馈。在对方说话时，听话者要不时发出表示倾听或赞同的声音，或以面部表情及动作向对方示意，或有意识地重复某句你认为很重要的话。若一时没有理解对方的话，不妨提出一些富有启发性和针对性的问题，这样对方会觉得你听得很专心，很重视他的话。

（2）善于提问，控制局面。俗话说："知己知彼，百战不殆。"了解谈判对手是保证谈判获得成功的必不可少的前提。要深入了解对方，除了仔细倾听对方发言，注意观察对方的举止、神情、仪态以捕捉对方的思想脉络、推测对方的动机之外，还要通过适当的语言手段，巧妙提问，随时控制谈话的方向，并鼓励对方说出自己的意见，这是获取必要信息的更为直接有效的方式。

①不要羞于提问。很多谈判者坐在谈判桌前时，羞于提问。虽然没听明白对方的意思，但是因为有众多的谈判人员在场，认为提问会暴露自己的无知，会让别人瞧不起，有碍面子，便不懂装懂、不提问题；或者担心自己提问太多，会引起对方反感，因而尽量少提问题。这些都是不正确的态度。谈判牵扯到双方的重要利益，而且谈判时双方都在使用各种策略以争取自己的利益。有时是故意说得复杂让对方听不懂，如果此时稀里糊涂地答应了条件，正合对方心意。因此，如果有疑问，就必须向对方提出，这不仅便于己方了解事实真相，而且在很大程度上有利于控制局势。我们可以想想在日常生活中，是提问题的人掌握主动权呢，还是回答问题的人掌握主动权？当然是提问题的人。因为他控制了对方的思维，而回答问题的人更多地是被牵着鼻子走。因此，在谈判过程中适时适度地提问，不仅不会让己方陷于被动，而且能在很大程度上占据主动权。

②注意提问的恰当时机，应该等对方发言完毕再问。日常生活中，我们都知道打断别人的谈话是不礼貌的，在谈判中更是如此。要注意听对方的谈话，不明白的地方可以先记下来，等对方陈述完后再问。这样有三个好处：首先，这是尊重他人的表现，不会因中途打断对方而引起不快；其次，听完了对方的谈话可以完整地了解对方的思路和意图，避免断章取义，错误地理解对方；最后，听完对方的陈述再提问，也为自己争取了思考的时间，可以思考怎样提问比较合适，以免出现漏洞。如果对方的话冗长，也可以适时地打断对方。在打断对方前，要注意当时的气氛和对方的情绪。我们知道在日常生活中如果要向某人提要求，一般选择对方比较高兴的时候，在谈判中也是如此。如果打断对方提问题，要选择对方说话的间歇，而且气氛融洽，对方认为形势有利于他们的时候，这时对方心理上往往较少设防，回答会比较详细、充分。如果在气氛紧张时提问，对方会很谨慎地回答，己方获得的信息则很有限。

③讲究提问方式。提问有不同的方式，在谈判中要注意提问方式的选择。为了保证谈判气氛的融洽，一般来说应较多地使用选择性问句，如"您认为我们应该先讨论交货方式的问题还是价钱的问题呢？"给对方一个选择的空间，以免引起对方的逆反心理，再配以得体的措辞、柔和的语调，对方比较容易接受。而且这种问法看起来是让对方选择，实际上己方已经设定了选择的范围"交货方式还是价钱"，表面看起来主动权给了

对方，实际是己方在掌握了主动权的基础上给了对方少许的自主权，而这"少许的自主权"往往使得对方心理得到满足。因此，在谈判中经常会使用选择性问句。在提问时，还应多使用比较委婉的词语，比如，"您觉得这样处理怎样""我们是不是还需要讨论一下供货方式的问题""麻烦您解释一下刚才的建议，我们还不是很清楚"等，再辅以诚恳的态度，一定会取得比较理想的效果。

另外，提问应该避免几个问题：①不要使用盘问、审问式的问句，避免几个问题连着问，因为对方不但不可能一一给予详细的回答，还会引起对方的反感，破坏了谈判的气氛。②提问题的态度要诚恳，避免给对方讽刺、威胁等感觉，对方才乐于回答。③要有疑而问，不要为了表现自己而问。有的人为了表现自己的口才或专业，故意卖弄，结果往往会弄巧成拙。④对方不愿回答的问题，不要一而再、再而三地追问，可以委婉地换种方式获得信息，不一定非得逼问对方。

小案例 7-7
连连发问

（3）巧妙回答，避实就虚。在谈判中，如何回答对方的问题很重要，如果回答得不好，往往会掉进对方设置的"陷阱"里，被对方牵着鼻子走。因此，在很多的政治谈判、军事谈判和商贸谈判中，"回答"比"提问"更重要。同提问一样，回答应为谈判效果服务，该说什么，不该说什么，应该怎么说，都要由是否"有利于谈判效果"来决定。回答问题时的总原则是"经过慎重思考，再三斟酌，能不答的就不答，能少答就不要多答，尽量少说"。

实际上，擅长回答的谈判高手，其回答技巧往往在于给对方提供的是一些等于没有答复的答复。潘肖珏在其所著的《公关语言艺术》中列举了如下实例来说明：

例一：在答复您的问题之前，我想先听听您的观点。

例二：很抱歉，对您所提及的问题，我并无第一手资料可作答复，但我所了解的粗略的情况是……

例三：我不太清楚您所说的是什么，是否请您把这个问题再说一下。

例四：我们的价格是高了点，但是我们的产品在关键部位使用了优质进口零件，增加了产品的使用寿命。

例一的应答技巧，在于用对方再次叙述的时间来争取自己的思考时间；例二一般属于模糊应答法，主要是为了避开实质性问题；例三是针对一些不值得回答的问题，让对方澄清他所提及的问题，或许当对方再说一次的时候，也就找到了答案；例四是用"是……但是……"的逆转式语句，让对方先觉得是尊重他的意见，然后话锋一转，提出自己的看法，这叫"退一步而进两步"。我们应当很熟练地掌握和运用这些回答技巧。

在谈判中，回答还要注意以下方面：

①尽量避免正面回答。对方提问的目的是想从我们的回答中获取信息，因此在回答时就要尽量避免正面回答，防止泄露太多的信息。如果对方知道得太多，我们就丧失了主动权。如对方上来就问："你们的报价是多少？"就不应直接回答是多少，可以回答："跟市场上其他同类产品的价格差不多，但是我们的产品比市场上的同类产品质量要好得多，相信价格方面你们会满意的。"多使用模糊性的词语，回答不要太确切。比如有

的谈判人员，想知道对方打算在什么时候结束谈判，以便运用限期策略迫使对方做出让步，于是在见到对方一开始就非常热情地询问："贵方打算什么时候离开呀？最近机票不好买，如果需要的话，我们可以帮忙预订。"这时，千万不能被对方的热情弄昏了头，说出"我们打算下周一走，那就麻烦你们帮忙订机票吧"之类的话，否则就掉进对方的"陷阱"里了，对方可能会在谈判时故意地拖延时间，迫使我们最后做出巨大让步，陷于被动。可以回答："我们不着急，难得来一趟，有时间我们还要四处玩玩。"这就委婉地向对方表明"时间不是问题，我们有足够的精力进行谈判"，对方也就不敢使用限期策略了。

小案例7-8　　　　　　　　　　　　　　刘伯温的妙答

明朝的刘伯温，是个堪与诸葛亮相比的智者。有一次，朱元璋问他："明朝的江山可坐多少年？"刘伯温寻思，无论怎么回答都可能招致杀身之祸，不由汗流浃背地伏地回答说："我皇万子万孙，何须问我。"他的回答用"万子万孙"的恭维话作为掩护，实际上却是以"何须问我"的托词做了回答，朱元璋抓不到刘伯温的任何把柄，自然也就无可奈何。

②不要一一作答。有时，对方的问题很多，如"我们想知道关于价格、数量、交款方式等问题，贵方是怎样考虑的"，不要一一给予答复，以防被对方控制思维。可以就其中己方考虑成熟的问题予以答复，如"我们先讨论一下对我们双方都很重要的问题，就先说说价格吧"。后面的问题，如果对方不追问，就没有必要一一作答了。否则有些像学生回答老师的提问，心理、气势都处于弱势，不利于谈判的平等进行。

最好能把问题"踢"给对方，让对方作答。前面已经说过，问者往往控制局势，所以要学会把问题"踢"给对方，把压力转移给对方。如对方问"贵方对价格是怎样考虑的？"可以这样回答："一般说来，价格通常跟货物的数量相关。如果贵方要的数量多，价格就稍微低些；如果贵方要的数量少，价格就相对高些。贵方打算要多少呢？"这样把问题再踢给对方，先让对方思考如何应答"要多少"的问题。己方可以根据对方的回答灵活应答价格问题，可以变被动为主动。

小案例7-9　　　　　　　　　　　　　　幽默语言

在中国加入世贸组织"关于旅游服务业谈判"的过程中，中方谈判代表要求欧共体承认中国厨师资格证书，允许中国厨师作为专家进入欧共体各成员国市场提供服务。中国驻日内瓦代表团杨维宏参赞用生动的语言向欧共体代表介绍了中国厨师的精湛厨艺和等级资质。有着法兰西、意大利烹调传统的欧洲人自然能够理解中国烹调技艺的非同寻常。欧共体主谈代表丹尼尔女士也不例外，她兴致盎然地点头同意在有商业存在的条件下，中国厨师可以作为专家进入欧共体市场。但是，丹尼尔女士毕竟是一位精明干练、头脑机敏、富有协调能力的贸易谈判专家，所以，她似乎又意识到让步之后应该索要点什么，于是问道："我们能够得到什么回报呢（What can we get in return）？"中方代表立刻回答："你们可以在国内享用中国菜呀（You can enjoy the Chinese food in your country)！”全场都笑了。

③遇到难以回答的问题，使用缓兵之计。在谈判中，如果遇到难以回答的问题，不要急于回答，可以含糊其词，拖延回答。

小案例 7-10   **嗯……我不知道**

美国的一位著名的谈判专家有一次替他邻居与保险公司交涉赔偿事宜。理赔员先发表了意见：“先生，我知道你是谈判专家，一向都是针对巨额款项谈判，恐怕我无法承受你的要价，我们公司若是只出100元的赔偿金，你觉得如何？”

专家表情严肃地沉默着。根据以往经验，不论对方提出的条件如何，都应表示出不满意，因为当对方提出第一个条件后，总是暗示着可以提出第二个，甚至第三个。

理赔员果然沉不住气了：“抱歉，请勿介意我刚才的提议，我再加一点，200元如何？”

“加一点，抱歉，无法接受。”

理赔员继续说：“好吧，那么300元如何？”

专家等了一会儿说道：“300？嗯……我不知道。”

理赔员显得有些惊慌，他说：“好吧，400元。”

“400？嗯……我不知道。”

“就赔500元吧！”

“500？嗯……我不知道。”

“这样吧，600元。”

专家无疑又用了“嗯……我不知道”，最后这件理赔案终于以950元达成协议，而邻居原本只希望要300元！

这位专家事后认为，“嗯……我不知道”这样的回答真是效力无穷。

（4）婉言拒绝，不伤情面。谈判过程中，不仅要说服对方，还要避免被对方说服，即拒绝对方的某些要求。拒绝对方也意味着己方在某个问题上不做承诺，因此，拒绝技巧在谈判中难度较大，谈判者需要认真练习，才能做到得心应手。

①委婉语言拒绝。谈判中在拒绝对方时尤其应该使用委婉的语言，如果觉得对方的要求太过分，己方难以承受，我们可以设想，下面两种方式哪种更有利于谈判的进行：一是不等对方把话说完，就怒火中烧，拍案而起，不惜用尖刻的语言回击对方，情绪失控；二是神情平静地听对方把话说完，然后微笑地看着对方说：“我们完全理解您的要求，也希望双方尽量达成一致意见，但是我方的确承受不了这种让步，还希望你们能够理解。”哪一种方式更有利于问题的解决呢？当然是第二种。委婉、真诚中透露着坚定的语气，不容对方置疑，效果远远好于前者。

委婉地拒绝对方还要注意一些词语和句式的选择，如“这件事情恐怕目前我们还难以做到”要比“这件事，我们做不到”更容易让对方接受；“这个建议也还可以，但我们能否想一个更好的解决办法呢”要比“这个建议不好”更有利于谈判的进行。这些说法，都从侧面否定对方的建议，不易激起对方的反感心理，也使己方的观点能够顺理成章。当然，委婉地拒绝对方并不等于不拒绝对方，虽然说法委婉，但一定要让对方清楚是拒绝了他，以免引起误会。

②幽默语言拒绝。直接地拒绝对方有时会难以说出口，如果能恰当地使用幽默等手法会使拒绝不尴尬，而且不失风度。例如，美国一家电视台在中国采访知青出身的作家梁晓声，现场拍摄电视采访节目，采访进行一段时间后，记者让摄像停下来对梁晓声说："下一个问题，希望您能坦诚地回答我。"梁点头认可。记者问："没有'文化大革命'，可能就不会产生你们这一代青年作家，那'文化大革命'在您看来是好还是坏？"梁晓声略微沉思一下，反问道："没有第二次世界大战，就没有以反映第二次世界大战而著名的作家，那么您认为第二次世界大战是好是坏呢？"美国记者哑口无言。这一回答可谓妙极了！它使梁晓声变被动为主动，而且有力回击了记者的故意刁难。

③模糊语言拒绝。巧妙地使用模糊语言也可以避免矛盾激化，变被动为主动。模糊的回答可以避开一些敏感话题，避免泄密，还可以为自己以后的行为留有余地。如当对方提出要参观我方的工厂时，己方不想让对方窥探一些行业信息，可以给出一个模糊的回答："我们也希望贵方在合适的时候参观我们的工厂，只是现在我方还没有招待参观者的经验，等我们各方面准备一下，到时候我们一定邀请贵方来参观。"这样的回答就巧妙地拒绝了对方，并将主动权握在了自己手里。

（5）摆脱窘境，反败为胜。谈判中，有时会出现一些意想不到的场面，此时缺乏经验者往往会一时语塞，无言应答，窘态百出。遇到紧急情况要冷静、沉着，充分运用语言调节谈判气氛，尽快摆脱窘境。

①引申转移法。谈判时遇到紧急情况，应尽力以新话题、新内容引申转移，把尴尬的情况引开，千万别拘泥一端，执着不放，导致双方僵持不下，甚至使谈判失败。

小案例7-11　　　　　　　　　　　　　　　　　　　　　　　**打破窘境**

我国一贸易代表团到美洲一个国家洽谈贸易，由于会谈十分成功，参加谈判的成员十分高兴。这时，对方一位年长的谈判者为表达兴奋之情，竟热烈地拥抱了我方的一位女士，并亲吻了她一下。该女士十分尴尬，不知所措。这时，我方代表团团长走上前来，用一句话打破了窘境。他说："尊敬的××先生，您刚才吻的不是她本人，而是我们代表团，对吧？"那位年长者马上说："对！对！我吻的是她，也是你们代表团，也就是你们中国！"尴尬的气氛顿时在笑声中烟消云散了。

②模糊应答法。模糊应答可以应付一些尴尬的乃至困难的场面，使一些难以回答、难以说清的问题变得容易起来。例如，在谈判中，对方提出了一个你既不好当即肯定，也不好当即否定的问题，怎么办？不妨这么回答："这个问题很重要，我们会注意研究。"这就是一种特定语境中的模糊应答。

③反思求解法。有时面对一些很难从正面回答的问题，可以换个角度，从话题的反面去思考，这样常可找到新颖的答案，使人脱离窘境。

小案例7-12   一句谚语来解围

我方与美方的一次谈判已进行到尾声阶段，双方只是就一些细节反复协商。这时，美方有人送来一封信，我方首席谈判者打开一看，信封内空空如也。原来送信人疏忽了，信没装入信封，美方送信人十分尴尬。这时我方代表为缓和气氛，使谈判顺利进行下去，微笑着说："没有消息就是最好的消息。"一句话，使美国送信人解脱了尴尬，缓和了紧张气氛。这句话是美国人常用的一句谚语，我方代表借此语"反思求解"，使气氛恢复正常。

小训练7-2

角色扮演，模拟以下谈判情景：

（1）小夏是一位销售人员，这一年他在公司表现出色，业绩良好，年底他找到部门经理提出增加工资的要求。小夏该如何和经理谈判？

（2）学校放暑假，小贾和小陆因为在一家公司打工，不能回家，便合计在校外合租一间房子。他们找到一家房东，说明了来意。因为学校放假，原先租出去的房子大都空着，房东一口答应了，但在租金上产生了分歧，经过讨价还价，房租定为每月600元。小贾和小陆只租住45天，便提出付租金900元。房东不同意，说只能按月付租金，没有按天算的先例。小贾和小陆因所要租住的房子离上班地点近而不想放弃，他们该如何与房东谈判呢？

实践训练

1.阅读材料讨论

（1）谈判策略

有一次，印度尼西亚在爪哇岛修建一座电站，要购买一台非常大的发电机。为此，政府举行了公开招标。世界上只有五六家公司能供应这样的电机。

印度尼西亚采购官员一开始想从德国购买，可一直不把德国制造商列入名单，又一直不接见他，德国制造商觉得失去了这笔生意。在其他国家的制造商提出报价后，这位印度尼西亚采购官员却邀请了德国制造商。这位官员在要他发誓保密后，把竞争对手的报价单给他看，并补充说，如果他提出一个比最低价还低10%的报价，就可能得到订单。

这样，印度尼西亚官员就在德国制造商心中建立了一个打了折扣的期望。如果一开始也邀请德国制造商参加投标，德国人一定会报出最高的价格。这个报价一经提出，就很难改变了。印度尼西亚官员不邀请他参加投标，使他觉得失去了这笔生意，然后用其他竞争者的报价迫使他报一个低价。德国制造商经过反复考虑，勉为其难地提出了一个符合印度尼西亚方面的报价表。

接着，印度尼西亚采购官员又什么也不做，既不见德国制造商本人，也不接他的电话。德国制造商又一次觉得要失去这桩买卖。这时，印度尼西亚采购官员接见了他。这位采购官员首先对拖延了这么长的时间表示歉意，然后解释说，根据政府的政策，必须等到最后一个报价出来，这个报价刚刚到。很不巧，这个报价比德国的报价低2.5%。因此，德国方若能把价格再降低3%，他们就能将合同交政府批准。当时国际市场上大型设备的销路不太好，德国人反复商量后，只好同意把价格继续降低3%。

那位采购官员非常高兴地向制造商表示祝贺，并提议第二天双方讨论支付条件。"还要讨论支付条件？"德方惊讶地问道。这个官员解释说，在高通货膨胀和高利率的情况下，德国公司必须同意印度尼西亚采用通常的分期付款方式。经过多次争论，制造商在德国政府贷款的帮助下同意提供整整18个月的信贷，这是一个相当大的让步。

资料来源　袁涤非. 现代礼仪［M］. 北京：高等教育出版社，2014.

讨论思考题：印度尼西亚采购官员在谈判中运用了什么谈判策略？请加以分析。

（2）索赔谈判

在《哈佛谈判技巧》一书中有这样一个著名的真实案例：杰克的汽车意外地被一部大卡车给整个撞毁了，幸亏他的汽车买了全保。为争取最大权益，他与保险公司调查员展开了以下谈判。

调查员：我们研究过当事人的案件，根据保单的条款，当事人可以得到3 300美元的赔偿。

杰克：我知道，但你是怎么算出这个数字的？

调查员：依据这部车的现有价值。

杰克：你是按照什么标准算的？你知道我现在要花多少钱才能买到同样的车子吗？

调查员：多少钱？

杰克：我找一部类似的二手车价钱是3 350美元，加上增值税与货物税后大概是4 000美元。

调查员：4 000美元太多了吧？

杰克：我所要求的不是某个数目，而是公平的赔偿。你不认为我买了全保而得到足够的钱来换一部车是公平的吗？

调查员：好，我们赔你3 500美元，这是我们可以付的最高价。公司政策是这样规定的。

杰克：你的公司是怎么算出这个数字的？

调查员：你知道3 500美元是类似情况所能得到的最高数，如果你不想要的话，我就爱莫能助了！

杰克：我可以理解你受公司政策约束，但你应该客观地说出我只能得到这个数目的理由，我想我们最好还是诉诸法律，然后再谈。

调查员：好吧。我今天在报上看到一部1978年的菲亚特汽车，出价是3 400美元。

杰克：喔，上面有没有提到行车里程数？

调查员：49 000公里，那又怎样？

杰克：我的车只跑了25 000公里，你认为我的车子可以多值多少钱？

调查员：让我想想……150美元。

杰克：假设 3 400 美元是合理的话，那么就是 3 550 美元了。广告上提到收音机没有？

调查员：没有。

杰克：你认为一部收音机值多少钱？

调查员：125 美元。

杰克：冷气呢？

2 个半小时以后，杰克拿到了 4 012 美元的支票。

资料来源　袁涤非. 现代礼仪［M］. 北京：高等教育出版社，2014.

讨论思考题：

（1）杰克是怎样展开与调查员的谈判的？

（2）杰克的谈判为什么能够获胜？

2.综合训练

训练1：模拟谈判训练

实训目标：培养学生了解谈判活动过程和基本技能；培养其语言表达能力和应变能力；通过活动，密切师生关系，增进相互了解，提高学习兴趣。

实训学时：2学时。

实训地点：教室、礼堂或室外。

实训准备：

（1）分组，每组4~6人，设1人为组长；

（2）教师提供模拟谈判资料，学生根据资料要求进行准备；

（3）抽签决定谈判中的甲乙双方和谈判顺序。按谈判要求布置谈判室。准备谈判桌、台布、花饰、水杯和欢迎标语等。双方谈判人员穿戴整齐，以渲染谈判气氛。

实训方法：

（1）按谈判过程展开模拟谈判。

（2）在谈判过程中，各成员要认真严肃，尽力扮演好自己的角色，言谈举止要符合谈判气氛要求。模拟谈判结束后，双方各选1名代表，揭秘己方的谈判方案，并谈谈模拟谈判的体会。

（3）指导教师最后讲评。

训练2：模拟实地谈判

实训目标：掌握谈判的基本技巧。

实训学时：1学时。

实训地点：教室。

实训方法：学生自设场景，分若干小组进行。每组内由同学分别扮演甲方和乙方就某一分歧问题进行谈判。本案例的模拟演示必须进入情景之中，注意谈判礼节中的细节，讲究语言艺术，注意体态语，把握好表情，要充分运用提问、应答、说服的语言技巧。

参考场景：

（1）宿舍的同学就睡觉时是开窗还是关窗进行谈判。

（2）员工向老板要求加薪的谈判。

（3）为了给学校的"礼仪大赛"筹备资金，学生与学校超市老板进行争取赞助费的谈判。

……

训练3：谈判能力测试

你的谈判能力如何？请回答下列问题测试一下自己的谈判能力：

（1）在买议价商品的时候，你是否觉得很为难？

A.一般不会　　　　　B.很难说　　　　　　C.是

（2）你觉得谈判就是让对方接受你的条件吗？

A.不是　　　　　　　B.很难说　　　　　　C.是

（3）在一次谈判没有取得预期效果的时候，你会尝试换一种方式再次努力吗？

A.会　　　　　　　　B.有时会　　　　　　C.不会

（4）你觉得和别人谈判之前是否必须尽量全面了解对方的情况呢？

A.是　　　　　　　　B.很难说　　　　　　C.不必

（5）在谈判的时候，你是否觉得充分考虑对方的利益自己就会吃亏？

A.不是　　　　　　　B.难说　　　　　　　C.是

（6）在谈判时，你是否觉得应该居高临下不给对方留面子？

A.不是　　　　　　　B.要视情况而定　　　C.是

（7）你觉得对方坚持自己的立场是"冷漠无情"吗？

A.不是　　　　　　　B.难说　　　　　　　C.是

（8）在谈判的时候，你喜欢用反问句式代替直接陈述吗？

A.非常喜欢　　　　　B.有时会用　　　　　C.几乎不用

（9）你觉得为了赢得一场谈判而失去一个朋友值得吗？

A.不值得　　　　　　B.难说　　　　　　　C.值得

（10）你是否认为只有达成"双赢"的谈判才是成功的谈判？

A.是　　　　　　　　B.难说　　　　　　　C.不是

得分指导：

（1）每个问题选择A得2分，选择B得1分，选择C得0分。

（2）总分在0～12分，说明你的谈判能力较差，必须加强这方面的学习；13～16分，说明你的谈判能力一般，需要继续学习和锻炼，不断提高自己；总分在17分及以上，说明你的谈判能力很强。

（3）这个评价并不是对你的谈判能力的一个准确衡量，而是一种定性的评估。你的得分表明你目前的水平，而不是表明你潜在的能力。只要不断学习，积极实践，你完全可以提高自己在这方面的能力。

课后练习

1.假如你与一位采购商进行价格谈判，他处于绝对优势地位，因此采取了轻视与傲慢的态度，那么你应如何与他谈判，你将采取何种策略？

2.举例说明哪些地方可以用作正式和非正式谈判场所。

3.注意观察市场上买卖双方讨价还价的技巧，并结合所学的谈判知识，写一篇观察报告。

4.瑞士一家著名钟表公司在法国"登陆"时，急需找一家法国代理商来为其销售产品，以弥补他们不了解法国市场的缺陷。当瑞士钟表公司准备与法国的代理公司就此问题进行谈判时，瑞士钟表公司的谈判代表因路上塞车迟到了。法国公司的代表紧紧抓住这件事不放，想要以此为突破口获取更多的优惠条件。谈判伊始，其就咄咄逼人地提出各种条件。面对这种非常被动的谈判形势，瑞士谈判代表将怎样改变局面使谈判进行下去，并达到最初的目的？请你为其设计一种策略，体现你高超的语言艺术。

5.分析下面的谈判对话，为什么谈判没有结果？

A：你们需要的卡车我们有。

B：吨位是多少？

A：四吨。

B：我们要两吨的。

A：四吨有什么不好？万一货物太多，不是很适宜吗？

B：我们算过经济账，那样浪费资金。这样吧，以后我们需要时再与你们联系。

（谈判不了了之，没有任何结果）

6.为了给学生的一次公关礼仪大赛筹集一点资金，将派两名学生到校内一家眼镜店争取赞助费。假如你就是学生代表，你将怎样去和眼镜店的老板谈判以取得他的支持？

任务 8

主 持 口 才

思辨的时代正呼唤着对答如流的人才。

——刘吉

牙齿有多硬，可一个个掉了，舌头有多软，可它永远与你同在。

——董卿

■ 课程思政要求

进行社会主义核心价值观教育；开展道德意识教育和法律意识教育；塑造良好的职业形象，不断提高职业素养；热爱祖国的语言，加强中华文化认同，增强民族自豪感；培养积极乐观的生活态度和审美情趣；促进大学生的全面发展。

■ 学习目标

把握主持人的素质要求；遵照主持人的语言规则开展主持；进行节目主持时体现语言艺术；进行会议、仪式主持时体现语言艺术；进行婚礼主持时体现语言艺术。

8.1　主持概述

1）主持人的含义

主持人是指那些以语言为主要工具，在台上统领、推动、引导活动进程的人。他们在社会生活中扮演着传递信息、引发议论、交流情感、组织娱乐、渲染气氛的重要角色。

主持人一般有节目主持人和现场主持人两类。节目主持人主要指广播电视节目主持人，其是当前广播电视节目传播中直接面对听众和观众的公众人物，担当着节目传播最后的也是最灵活的一个环节的主持任务，在文化、法制、科技、教育、艺术等各类节目中，无处不活跃着他们的身影，无处不回荡着他们的声音。广播电视节目主持人是受社会广泛关注的职业，他们直接面对观众，是节目形象的代表，节目的好坏都是由他们展现给观众的。所以，对于广播电视节目的主持人来说，要求是多方面的，如形象端庄、语言标准、表达准确、知识丰富、能力全面、思维敏捷、道德高尚等。

生活中除了广播电视节目之外，还有一类需要主持人参与并起主导作用的活动，比如：婚庆、新闻发布会、招商说明会、产品推广会、晚会以及各类庆典主持等。这一类主持面对的不是摄像机镜头或电波，而是热情感性的观众。因此，它是一种现场主持，更随意，也更贴近实际生活的需要。担任这类主持活动的人被称为现场主持人。

我国向来以礼仪之邦著称，很注重礼节，人生大事诸如节日庆典、婚丧嫁娶等都习惯于用一定的仪式来庆祝、哀悼或纪念，前来参与的嘉宾和客人也很繁杂。主持人对仪式的驾驭和掌握可以使整个活动井然有序，也有助于控制场面。而且，专业的广播电视节目主持人不是人人都能当的，但像会议、舞会、生日庆典这类现场主持却是我们生活和工作中都有可能碰到的，如学校里主持文艺演出，公司里临时让你主持商务会议，或者朋友的结婚庆典请你去客串婚宴主持等。

两类主持的特点见表8-1。

表8-1   两类主持的特点

	节目主持特点	现场主持特点
性质	节目大多事先录制，一旦出现问题可以事后剪辑更改，甚至重录	现场活动是一次性的活动，"成也今朝，败也今朝"。事先可能做了许多准备性的工作，但现场的突发情况是难以预料的
对象	节目面对的是全国甚至全世界的观众，语言具有广泛性和普遍性	现场活动有其特定的场合和观众，对象的范围也是事先预知的，主持人就可以选用相应的语用技巧，包括称呼、谈话方式和语言风格等
过程	广播电视节目有固定程序，但是可以为了吸引观众而出新、出奇，加以改变和调整	常规性的庆祝、哀悼或纪念活动都有固定程序，这是约定俗成的，其形式是大家默认的，过度改变，反而不能让人接受

2）主持人的素质要求

（1）良好的心理素质。首先，有无良好的心理素质直接关系到主持的质量和效果。尤其与观众"零距离"接触时，任何突发性情况都有可能出现，主持人只有具备了坦然自若的心理承受能力，才能力挽狂澜、化险为夷。因此，主持人首先要乐观自信，沉着镇定。只有这样才能临危不惧、遇乱不慌，才能从容应对主持时突发的各种意外情况。其次，主持人精神要振作，感情要真挚、投入。俗话说："感人心者，莫先乎情。"作为相关活动的主持人，要根据主持的内容自然地流露情感，这样才能给观众以自然亲切的感觉。

良好的心理素质并非与生俱来，它是一个人性格、知识水平、经验的综合体现，是完全可以培养和锻炼的。这就要求主持人有意识地对自己进行一些心理素质的训练，如可以多找机会当众发言，大胆阐明自己的观点，不断增强自信心和表达能力。

白岩松高超的语言表达

《东方之子》的主持人白岩松，曾以平和的语气讲述了一个感人的故事："几年前，有个北京大学的新生入学带了大量的行李，他看见路边有一个淳朴得像农民一样的老者，便以为是学校的工友。于是，他让这位老者替自己看行李长达半小时之久，这位老者欣然同意，并尽职尽责地完成了任务。过了几天，北京大学召开新生入学典礼，这位同学惊讶地发现，坐在主席台正中的北京大学副校长季羡林正是那天替自己看行李的老者。"这段话用白描的口语，看似平常，而勾勒出的画面及新生"惊讶"的细节，却在不经意中展现了这位渊博的学者可亲可敬的另一面。这些语言符号蕴藏的信息，具体又独特，有很强的吸引力，它是具体的，却可以因听众不同程度的感受而显得十分丰富。如果主持人报简历似的，只罗列季羡林的头衔和成就，肯定是一副"公事公办"的面孔，显得干瘪、生硬。白岩松的处理，产生了一种"先声夺人"的奇效，使季羡林的形象在听众面前立体化了，既生动又亲切感人，而且主持人对采访对象的崇敬之情也溢于言表，有效地唤起了听众收看节目的兴趣和愿望。

（2）丰富的知识储备。主持人主持的活动和节目的内容往往是多种多样的，经常涉及天文地理、政治军事、文学艺术、历史文化等知识，如果没有丰富的知识储备，在主持节目时就不可能得心应手。实践证明，知识的储备越丰富，主持就越得心应手。这要求主持人有良好的记忆力，要广泛阅读，并且善于留心周围发生的事情。只有在脑子里储存大量与主持活动有关的信息素材，在主持过程中，有关的资料、数据、典故等才能随时脱口而出，主持人的语言才富有知识性和趣味性。

小案例8-2

善于应变的
主持人

（3）全面的能力结构。首先，主持人要有丰富的想象力。知识是言语的材料，联想和想象力是对言语的加工能力。没有联想和想象力，就不可能发现和揭示出事物之间的联系，这样，即使拥有再多的知识，也很难得到应用。因此要想做一名优秀的主持人，就必须通过各种途径和形式来培养和强化自己的想象力，要富于联想。

其次，主持人要有即兴表达能力。主持人所使用的语言具有鲜明的"临场性"。只有口齿很伶俐，甚至能滔滔不绝地表达自己的看法和见解的人，才能在面对各种复杂情况时，敏锐地观察并迅速地做出反应，才能掌握主持的主动权。主持人即兴口语表达能力的强弱，对整个活动的成败起着举足轻重的作用。

众所周知，无论主持人事前的准备多么充分，都无法保证所有的节目或整个活动完全按照主持人的设计进行。任何一个节目或者任何一次活动都有不可预知的外因会导致一些变化出现。当不曾设计的情况出现时，主持人要临乱不慌、保持镇静，并能以恰当的表述化解意外。

小案例8-3   **杨澜赢得满场喝彩**

有一次，杨澜到广州主持一个娱乐节目，上台时不小心跌了一跤，场下顿时哗然。情急之中，杨澜嫣然一笑说："今天来到广州主持节目，意料之外跌了一跤，看来广州的舞台是不好上的。但我又很自信，有台下这么多热心的观众朋友，我相信今天的这台晚会一定会是最为精彩的。"简短的几句话赢得满场喝彩。

再次，要有良好的组织协调能力。主持人担负着掌控有关活动整个过程和进度的艰巨任务，必须具备良好的组织协调能力，要立足活动的最高点，主动把握活动的总脉络，尽量把自己的所思所感渗透到活动中，不断地丰富活动的内涵，渲染现场的氛围。

最后，主持人还要有得体的仪态，做到服饰整洁大方，坐、立、行姿态优美，微笑真诚朴实，眼神恰当自然，手势动作到位。

3）主持的语言规则

说到底，主持人就是依托有声语言这个媒介来实现其主持功能的，可以说主持人语言能力的强弱直接影响和决定着主持质量的高低和活动的成败。因此，对于主持人来说，必须把握以下语言规则。

（1）流畅。语言是线性的，有声语言是一个音节接着一个音节有序地表达语义的，语流就是指这一行进过程。有声语言与书面语言表达的不同之处，就在于内部语言和外部语言的转换时间长短不一。面对听众，这种转换有一定的时限性，它需要表达者的思维与表达能够同步，口语表达应像行云流水一样酣畅无阻并且完整、规范，给听众以舒畅的感觉。"流畅"并非靠背稿，真正意义上的"流畅"应靠敏锐的思维、机智的应变和流利的口齿来实现。

（2）悦耳。主持语言不仅要规范流畅，普通话标准，而且要声音圆润，悦耳动听，富有美感，能给听众以心理上的愉悦感。由于主持口语稍纵即逝，一说出来就是"最终"形式，没有反复推敲的机会，所以主持人必须"出口成章"，并要苦练发音技巧，口语表达要做到快而不乱，连而不黏，低而不虚，沉而不浊。主持人应能将人人"听惯的话"说得像音乐一样动听，像诗歌一样美妙，像散文一样流畅，令听众赏心悦"耳"。

（3）平易。主持人面对的是众多观众和听众，且在有限的时间里要传播尽可能多的信息。这就要求主持人使用生活用语，努力体现出平易性，使自己的语言大众化、平民化。诚如老舍先生所言："假如我们的语言不通俗、不平易，它就不可能成为具有民族风格并为人们喜爱的作品。"实践证明，主持人以平和、平等的心态，使用平易性的语言，能更快捷地把思想传达给受众，容易为受众所理解和接受。

小案例8-4   平易性的语言

广西电视台主持人张英杰在主持《新闻在线》时，用语就非常自然、亲切和大众化。一次他在播报某地"楼顶变成垃圾场"的新闻后，是这样评论的："……看来要搞好城乡清洁工程，必须提高全民的文明素质。你想想，楼顶满是垃圾，风吹灰尘、废塑料袋到处飞，下雨淤泥到处流，能卫生吗？我们希望那些把垃圾倒在楼顶的人不能只图自己省事，要知道大家好才是真的好。"

（4）鲜明。鲜明的语气、语调，独到的表达方式，加上强烈的节奏感，可以充分调动现场气氛，同时也能在观众脑海中留下深刻的印象。抽象的语言显得空泛，模糊不清的语言令人"丈二和尚摸不着头脑"，而鲜明的主持语言才会打动人、吸引人，并达到沟通心灵和获得审美体验的效果。

（5）准确。这要求主持人语言表达确切无误，符合客观实际，大到思想内容、表达形式，小到语法、逻辑、修辞、语音。一方面，要做到对事物有准确的认识，通过准确到位的语言来表达自己的思想，语意表达准确，避免误解的产生；另一方面，因为听众主要是从语音中接收主持人发出的信息，信息传递是否有误，与主持人能否读准每个词的音节关系相当密切，主持人一定要做到发音准确无误。

小案例8-5

鲜明的主持结束语

（6）逻辑。主持语言需要敏捷地表达思维，又不可出差错。要做到这一点，主持人必须语言逻辑清晰，有主次感，给听众明显的主要和次要的感觉；有次序感，给听众分明的先后次序的感觉；有递进感，给听众清晰的推进和发展的感觉；有转折感，给听众明白的逆势而行的感觉；有总分感，给听众清楚的分述和综合的感觉；有因果感，给听众明晰的起始和结果有必然的内在联系的感觉，使听众感受到主持人语言的严谨周密。

（7）简练。这要求主持时做到简约凝练，惜墨如金。说话讲求效率，要去除累赘与堆砌的辞藻，用最少的语言来表达最丰富的意思。句子修饰过多，会显得拖泥带水，不干净利落。要注意推敲用词，不粉饰、不做作、不卖弄。

小案例8-6　　　　　　　　　　　　　　　叶惠贤的妙答

在电视节目主持人"金话筒"颁奖晚会上，赵忠祥问："目前综艺晚会的通病是什么？"叶惠贤答道："节目老一套，掌声挺热闹。不看舍不得，看后全忘掉（台下爆发热烈的掌声）。刚才我说的这些通病，今天的晚会上一点也没有（台下一片会心的笑声，更热烈的掌声）。"叶惠贤所言其实都是大家的心里话，也是对客观现实的描述。只不过将众人的看法做了归纳性"化简"，而且言简意赅，合辙押韵。

（8）精彩。主持人语言要充满活力，出语迅捷、出口成趣、美妙生动，能感染和打动受众。在富于变化的节目语境中，往往需要主持人敏锐快捷地相时而动，其语言应该具备短、平、快的特色。

小案例8-7　　　　　　　　　　　　　　　崔永元的精彩话语

在《实话实说》节目中，一位下岗女工作为嘉宾，说到自己曾在家具城打工却分不清家具的材质，脸上现出尴尬表情。崔永元立刻插话说："是挺不好分的，一次我爱人让我买家具，我在店里问好了，是全木的，拉回家我爱人一看，说'你是全木的'。"全场哄堂大笑。崔永元的精彩话语在随意里露出善意和真诚，对弱势群体并不歧视，善解人意地解除了嘉宾的难堪，因而也赢得了广大观众的赞赏和青睐。

（9）幽默。这在轻松、非正式的主持活动中用得较多，它是思想、才学和灵感的结晶。幽默的语言，可以有效地融洽气氛，使活动达到轻松有趣、感悟哲理的效果。如一位体形很胖的美国女主持人曾夸张地说："我不敢穿上白色的游泳衣去海边游泳，否则，飞过上空的美国空军一定会大为紧张，以为他们发现了古巴。"这则谈话是主持人拿自己的肥胖逗乐，发挥想象力进行夸大渲染，使人听了这种生动而主观的夸张后，能从其充满调侃的自信中感受到她乐观的生活态度，产生了幽默效果。

8.2 主持人的语言艺术

1）节目主持的语言艺术

（1）说普通话，语言尽量口语化。主持人有推广普通话的义务。一些节目主持人本来能说一口流利、纯正的普通话，可主持节目时却硬要模仿港台腔，打乱语法表达方式，让人听了浑身起鸡皮疙瘩。节目主持人的语言应符合现代汉语规范化、标准化的要求，用词准确，避免用方言土语。另外，现在的观众越来越习惯于采用一种轻松的欣赏方式，所以主持人应该注意与观众的这种口头交流，串词当然应该精彩，尽量口语化，褪掉"书卷气"，使主持像是在谈话，而不是在背书或者朗诵。

（2）语言通俗易懂。主持人的语言需要加工提炼，力求准确、清楚，使各类受众一听就懂，易于接受。台湾华视新闻主持人李砚秋是中国台湾地区最佳主持人大奖的得主。1991年华东发水灾的时候，她到大陆采访，在一次新闻报道的结尾，她站在齐腰深的水里说："自从大禹治水以来，历经几千年中国人还在同洪水搏斗。老天爷在发怒的时候就要找这块土地泄愤，土地无知，洪水无情，但苍生何辜，面对这片疮痍，真让我们感到慨叹。"①

（3）调动观众参与。节目主持人要责无旁贷地用语言在节目表演者和观众之间架起一座桥梁，产生互动效应，使现场气氛更加浓郁。

小案例8-8   主持人与骨哨

余姚广播电台主持人李小萍在主持第六届中国塑料博览会"中东八国论坛"招待晚会时，其手拿河姆渡出土的骨哨的复制品来到观众席：

观众朋友，你们知道这是什么吗？（观众马上参与，"是骨头""是哨子"）

这个呀，是从距今有7 000多年历史的河姆渡遗址挖掘出来的——骨哨——的复制品（故意拖长音，引起观众兴趣），它是河姆渡先民用来诱捕猎物或娱乐时所用。

知道它用什么制作而成吗？（让观众传看，递上话筒让他们七嘴八舌地猜）

骨哨一般是用动物的肢骨制作的，而这支是用公鸡大腿骨做成的。刚才大家看到这支小哨子，上面只有三个小孔，能吹吗？（前排观众踊跃试吹）

向大家透露一个秘密，我们演奏员曾用它为江泽民主席进行演奏。（观众显得更有欲望，更加荣幸）

好，马上请出哨子的主人，国家一级演奏员倪乐辉为我们带来《河姆渡随想》。

在上面这段串词中，主持人巧妙运用演出道具，在与观众提问交流中介绍骨哨的来历、河姆渡文化以及这只哨子为江泽民主席演出的"光荣历史"，最后引出演奏者，为

① 高雅杰. 实用口才训练教程［M］. 北京：清华大学出版社，北京交通大学出版社，2008.

观众与节目架起了一座沟通的桥梁。其间观众始终参与，热烈互动，现场气氛非常活跃。

（4）拥有个性化的主持风格。有个性，才有特色，才有风格。不同的主持人，年龄不同，性别不同，主持节目的内容不同，这就要求主持人要说"自己"的话，即主持人的语言表达要与其身份相符，每一位主持人都应使用体现自己个性的语言。例如，一些著名节目主持人的主持风格各不相同，语言风格也各具特色，给我们留下的印象是：赵忠祥舒缓有序；倪萍亲切得体；刘纯燕活泼清纯；敬一丹稳重严谨；水均益大气儒雅；崔永元寓庄于谐；白岩松严肃尖锐……实际上，每个人都有自己的优势和局限性，都有自己的个性，而且主持的节目也都有其自身的特点。

小训练8-1

模拟主持农民工节目，学生分角色扮演主持人和农民工。可设计一个与农民工对话的片段，讲一讲"外出打工应注意的问题"。仔细揣摩在语言上应如何与农民工沟通，怎么讲才入耳动听。

主持人在谈话中要注意拉近与受众的距离，以增强可信度，引起共鸣。当谈话对象出现"卡壳"的时候，主持人可以垫话，及时让对方摆脱窘困和尴尬；当谈话对象的用词不准确时，主持人可以用简短的话语修正或完善；也可以用自问自答的方式引起受众的思考。

2）典礼仪式主持的语言艺术

典礼仪式是指在人际交往中，特别是在一些比较重大、庄严、隆重、热烈的正式场合，为了激起出席者的某种情感，或者为了引起重视，而郑重其事地参照合乎规范与管理的程序，按部就班地举行某种活动的具体形式。在现实生活里，我们可能接触到的仪式很多，诸如签字仪式、剪彩仪式、交接仪式、庆典仪式、开幕式、闭幕式等。

从根本上讲，典礼仪式是现代社会发展的产物。因为礼仪与仪式作为人们生活中的行为模式、行为规范，属于社会的上层建筑，是由社会经济基础决定的，并随着经济基础的变化而变化，随着社会实践的发展而不断地丰富发展。社会生产力水平决定了一个社会的经济基础，所以礼仪及仪式的产生和发展最终是由社会生产力水平所制约和决定的。随着现代社会生产力水平和人们物质文化水平的提高，社会所固有的仪式也在不断地发展并臻于完善。

当今社会，对组织而言仪式有着重要的作用，它有利于提高组织的知名度和美誉度，塑造组织形象；有利于鼓舞员工的士气，激发员工对本组织的热爱，培育组织员工的价值观念，增强组织的凝聚力；有利于传递组织的信息，使组织赢得更多的合作伙伴和成功机会；有利于沟通情感，传达意愿，增进友情。成功的典礼仪式对组织而言意义重大，而典礼仪式成功与否，主持人尤为关键。

（1）庄重的语言风格。典礼仪式主持人的语言风格一般都是比较正式庄重的，从宣布仪式开始，到介绍来宾和仪式的性质、目的、意义、程序，直到宣布仪式结束。主持人对于开场的陈述、进程的掌控、氛围的营造等，都要把握得恰到好处。

（2）规范的语言表达。庆典仪式主持人应做到用语规范、礼貌、庄重，符合大型场合的用语特点。首先，要语音标准，吐字清晰，不能发生读音错误或者读音不准的现象。其次，要词语规范，不生造词语，不错用成语，不滥用方言词汇、外来词汇，不使用粗俗词汇或滥用简称等，还要注意语法规范。

（3）非语言配合表达。在具体主持中，主持人应做到语速较慢，声音洪亮，全神贯注，表情庄重严肃，这样才能吸引广大听众，共同营造安静、庄重的会场氛围。如果仪式中安排了升国旗、奏国歌的程序，一定要依礼行事：起立、脱帽、立正、面向国旗或主席台行注目礼；还应注意仪态，切不可在起立或坐下时，把椅子弄得乱响，一边脱帽一边梳头，或是在此期间走动和与人交头接耳，这些都是严重损害形象的行为。

作为主持人，还要注意在主持前做好充分准备，了解仪式的性质，清楚仪式的程序，明确串词的内容等。这些问题都要在脑中做一个很好的梳理，不可漏掉每一个环节，否则整个活动会因为主持人的疏忽而留下遗憾。

3）婚礼主持的语言艺术

结婚典礼，是人们生活中最常见、最引人关注、最能激发人们兴致的一种庆典形式。结婚典礼成功与否，婚礼主持人起着至关重要的作用。一个好的婚礼主持人对整个婚礼现场起着组织、控制的作用，整个婚礼效果是主持人语言表达、临场发挥、随机应变、机智幽默、拾遗补阙等综合能力的反映。

（1）突出个性。一方面，现在越来越多的新人开始注重个性的展示，希望真正办成一个属于自己的婚礼。这就要求婚礼主持人根据新人的特色和个性，有针对性地设计出个性鲜明、风格各异的婚礼主持词，使婚礼在形式及内容上，突出新人的特色和个性。另一方面，要使新人在举行婚礼的同时，不仅体会到婚礼的喜庆和隆重，而且通过婚礼体味人生的意义，领悟爱情、婚姻、家庭等的意义。这就要求婚礼主持人打开视野，去挖掘、去思索，拓展自己的创作空间。

为了突出个性可以借名发挥。一个人的名字具有丰富的内涵和引申意义。在婚礼主持中借名释义，不仅会令人赏心悦目，给人带来欢乐，而且也会表现出主持人独到的语言魅力。

小案例8-9　　　　　　　　　　　　　主持人的"姓名分析"

有一对新人，新郎叫王勇，是一位大学教师，新娘叫周慧，是一名护士。在他们的婚礼上，主持人巧妙地借他们的名字做了一番发挥："勇，就是勇敢；慧，就是聪明伶俐。我们不论在工作上还是在生活中都不能缺少这两个方面的能力：一要有勇气，不怕任何艰难险阻；二要聪明伶俐。新郎新娘的名字告诉我们：他们正是这两方面的完美结合，因此，我敢肯定，在未来的日子里，他们不但是一对幸福美满的夫妻，而且会在'教书育人'的过程中取得非凡的成就。"主持人的这段"姓名分析"寓意深刻，令人耳目一新。

为了突出个性还可以借职业发挥。例如，有一对新郎新娘任职于通信公司。他们的婚礼主持词中就设计了一连串以当时热销的手机品牌为"串词"的甜言蜜语："新郎一定会一生'首信'爱的承诺，两人也会彼此'爱立信'，一同踏上幸福的'康佳'大道……"这样的主持词切合新人的身份，融爱情与事业于一体，令人耳目一新。

（2）巧借天时地利。特定的时间和地点，是婚礼的一个重要构成因素，这一特定的时间和地点必定具有某种特殊意义。婚礼主持人可以将此作为语言切入点，激发参加婚礼的各位宾朋的兴致，营造一种热烈、喜庆的氛围。例如，借时间切入："今天是一个特殊的日子，年是农历马年。新年伊始，我们的新郎、新娘就一马当先，给未婚的朋友们做出了表率，它昭示：这对新人在今后的岁月里，一定会发扬龙马精神，快马加鞭达到理想彼岸。我们一起祝福他们马到成功！"借地点切入："各位嘉宾，今天我们在福星酒楼为林先生和刘小姐举行新婚大典，福星酒楼是一块风水宝地，这预示着我们的新郎、新娘在今后的岁月里，一定会福星高照，幸福吉祥！"

（3）善于"救场"。婚礼上有时容易出现意外状况，导致现场秩序混乱，使新人难堪，此时婚礼主持人一定要审时度势，找准语言的切入点，借景应变，灵活处理。比如天气不好，新郎给新娘戴戒指时戒指掉在了地上，酒杯打碎了等，这时主持人要有应变能力。一个好的主持人在任何场景下都能把婚礼主持得有滋有味，将任何一种不良状况转换成对婚礼有益的衬托。比如："今天是××年的×月×日，天空因为今天的喜庆而向大地播撒着绵绵细雨，浇灌着这干渴的土地，而大地也因为雨水的滋润和年轻人一样充满生机和活力。今天是一个多么美好的日子、吉祥的日子、喜庆的日子，因为在我们这个星球上又有一对新人缔结了美好的姻缘，那就是……"当戒指掉在了地上时，主持人说："这枚戒指实在是太沉重了，因为它包含着太多的情太多的爱，像山一样的沉重，像海一样的深沉，怪不得新娘有点承受不住了。好，新郎鼓起勇气，给你的新娘再戴一次。"新郎的一次失手，竟将婚礼的神圣感推向一个小小的高潮，这样的主持人理所应当地赢得了现场的掌声。新郎、新娘刚喝完交杯酒时酒杯"咔嚓"一声碎了，现场气氛一下子变得紧张起来，主持人灵机一动说道："破旧立新，移风易俗，新郎、新娘给我们带了一个好头！"此语一出，摆脱了尴尬，恢复了喜庆的气氛。

小训练8-2

（1）在婚礼上，新娘为婆婆戴花时，不小心将花掉在了地上，作为这场婚礼的主持人，你将怎样为新娘解围？

（2）婚礼这一天，天空飘起了鹅毛大雪，作为婚礼的主持人，你将怎样与雪天结合，为婚礼说一段精彩的开场白？

4）会议主持的语言艺术

（1）做个精彩的开场白。精彩的开场白往往能像磁铁一样紧紧地吸引住听众，增强与会者对会议的兴趣。就像看一部电影一样，如果开始就引人入胜，那么人们就急于了解接下来的情节了。所以，有经验的主持人都非常注意会议的开场白，反复推敲、认真琢磨，力求给与会者一个好的开端。开场白的内容，包括会议的背景、主题、目的、意义、议程等，会议主持人要根据这些内容和要求设计开场白。

首先要介绍出席会议的领导、嘉宾及其他与会者，并用洪亮的声音对每个到会人员表示热烈的欢迎。然后说明会议的目的和议程。说明会议的目的时要注意使用团队口吻，而非领导或者上级的口吻，要拉近与大家的距离，让人们尽快进入会议的状态。有时候，还要强调一下会议的规则，如"请所有的人把手机关掉""不准吸烟，不要随便走动""每人发言时间不能超过5分钟"等。

总之，会议开场白要遵循"能安定公众情绪，恰当介绍会议内容，形式新颖"的原则，因地制宜，精心构思，尽量避免陈旧死板、千篇一律。

（2）让与会人员广泛参与。作为会议主持人，除了要注意会前沟通，使大家明白开会的用意外，还要注意在主持中尽量少说话，把说话的机会让给大家。主持人少说话，与会人士才能多说话。对多说废话的人要加以控制和制止；对有宝贵意见而未发言的人要请他发言，以提升会议的品质；听到相同的意见时不能喜形于色，对有不同意见的更不可立即加以批判，以免影响大家的发言。主持人不要亲自提出议案，免得大家碍于情面，做出不情愿的决定。主持人也不要以裁决者自居，任何人的意见都不必急于由自己来解答，应该隐藏自己的意见，让其他人有机会表达相同或不同的看法，以便集思广益。

遇到无人发言或某一部分人毫无反应的情况，会议主持人应分别对待，针对不习惯或害怕在人数众多的会议上发言的与会者，要鼓励他们发言，可以进行主动提问；针对阅历较深、处事比较严谨的与会者，主持人要善于请教，多给他们一些尊重。在对某个问题进行讨论时，与会者往往各持己见，据理力争。但在观点已趋向集中、明确时，主持人就应及时终止辩论。如果争议双方都已偏离议题，主持人就应及时以时间有限、暂不深入展开讨论为由加以间接地制止。

会议主持人还要学会调节会场气氛，善于转换话题，穿插逸闻趣事，使呆板的会场气氛活跃起来，将听众的注意力集中到会议内容上来。

小案例8-10　　　　　　　　　　　孙中山活跃会场气氛

孙中山先生曾在中山大学发表演讲，谈论"三民主义"。当时因为礼堂小，听讲的人多，通风不好，所以有些人显得疲倦。孙中山先生看到后，为了提起听众的精神，改善会场内的气氛，就讲了一个故事："我小时候在香港读书，见有一个搬运工人买了一张马票，因为没有地方可藏，便把号码牢记在心，而把马票藏在时刻不离手的竹竿里。后来马票开奖了，中头奖的正是他，他便欣喜若狂地把竹竿抛到大海里去，认为从今以后再也不用靠这支竹竿生活了。直到问及领奖手续，知道要凭票到指定银行取款时，他才想起马票放在竹竿里，便拼命跑到海边，可是连竹竿影子也见不到了……"听着故事，听众的注意力逐渐集中起来。故事讲完，孙中山先生抓住时机说："对于我们大家，民族主义这根竹竿，千万不要丢啊！"这样，就很自然地回到原有话题的轨道上来了。

（3）善于控制发言时间。当有人发言超出规定时间，越谈越离谱，可能影响别人的有效发言时，主持人可以直接告诉他"我们的时间有限"或者"我们还有其他的事等待解决"。为了避免尴尬，也可以采取委婉的方式，如当长谈者略作停顿时，可以向另一个人提起话题："老王，我觉得这个问题与你有关，你怎么看？"这样，不但保全了对方的面子，而且很自然地把发言权交给了另一个人，推动了会议进程。

（4）做好会议总结。会议达成决议之后，主持人还要在散会前做出总结，这才算是圆满地主持了一个会议。主持人要提纲挈领地将会议中提及的重点加以强调，提醒与会者不要忘记这些重点，并且明确下一步的行动内容、时间、负责人、时限和检查方法等。最后要感谢与会者对会议的贡献。

小训练8-3

（1）某公司的纸张浪费现象严重，给公司带来很大经济负担。部门经理为了消除浪费纸张的现象，召开了一次全体员工大会，希望通过制定具体的措施制止浪费行为。假设你就是这位部门经理，你要怎样开场？

（2）开座谈会时，有一位与会人总是不断地在座位上接电话，影响会议。作为主持人，你将怎样用婉转的语言加以制止？

实践训练

1.综合情景训练

【情景1】星盛商业集团庆"五四"文艺晚会。

开场：

（1）歌伴舞

女主持："各位领导，各位来宾。"

男主持："亲爱的观众朋友们。"

合："晚上好！"

女："我们的激情燃烧明天的希望，"男："小康的中国升华缤纷的理想。"

女："亲爱的观众朋友们，一首激情飞扬的《××××》拉开了我们今天晚会的序幕。"

男："再过几天啊，就是'五四'青年节了。五月四号，对于我们青年人来说可不比寻常。"

女："下面请允许我为大家介绍今天出席我们星盛商业集团'五四'晚会的各位领导和来宾，他们是……感谢你们的光临！"

男："同时，我们也要感谢现场的所有观众朋友们，欢迎你们的到来！"

（2）大合唱《万岁祖国》《共青团员之歌》

女："下面请大家欣赏由星盛大酒店员工表演的大合唱《万岁祖国》。指挥：××，钢琴伴奏：×××。"

（《万岁祖国》演唱毕，主持人幕后）

女："再请欣赏《共青团员之歌》，由星盛电脑公司员工表演。"

（3）健美操《青春飞扬》

男："让激情燃烧，让青春飞扬，在这个激扬的时代，当代青年始终是一股锐不可当的奋进力量。"

女："在新世纪崛起的洪流中，我们青年始终充满着蓬勃向上的青春气息。"

男："朋友们，下面请欣赏由星盛凯丽服装公司员工表演的健美操《青春飞扬》。"

（4）小品《相亲》

男："青年是主力军，青年是突击队。在社会主义事业的各条战线上，我们的青年人敬业爱岗、顾全大局，为经济的发展做着默默的奉献和无私的付出。由豪翔大酒店员工表演的小品《相亲》，讲述的就是这样一个发生在我们身边的故事，让我们一起来欣赏。"

（5）歌伴舞《世纪春雨》

女："清爽的春风送来了世纪的春雨，大地一片新绿。"

男："世纪的春雨润泽了神州的沃土，传递出崭新的人生创意。"

女："下面请大家欣赏由星盛商业广场员工表演的歌伴舞《世纪春雨》。"

（6）时装表演《青春放歌》

男："青春的旋律最优美动听，年轻的身影最自信动人。朋友们，下面让我们在轻柔的乐曲声中一起欣赏由凯丽时装表演队为我们带来的时装表演《青春放歌》。"

（7）现代舞《创造者之路》

男："青年是决定未来和影响当前的重要力量，青年最富有创造力，最少保守思想，最勇于开风气之先。"

女："作为青年集聚的组织，他们敢于牺牲，敢于奋斗，敢于创造，写下了无愧于时代、无愧于青春的辉煌诗篇。"

男："下面请欣赏由星盛大金行员工表演的现代舞《创造者之路》。"

（8）相声《说星盛》

女："目前，我公司上下正在开展'争做文明星盛人'活动，文明公司人民创，公司人民呈文明，接下来就让我们一起来听一段反映社会公德的相声《说星盛》，表演者星盛电脑公司×××。"

（9）舞蹈《长空飞歌》

女："嫦娥奔月，敦煌飞天，是华夏儿女五千年的渴望。"

男："拥抱蓝天，自由翱翔，是我们全人类共同的梦想。"

女："当'神舟×号'顺利升空，随着那冲天而起的火光和共鸣，欢呼声和雷动声响彻每位中华儿女的心间。"

男："因为我们知道，那升起的是中国人的骄傲和自豪！"

女："下面请欣赏星盛豪翔大酒店员工表演的舞蹈《长空飞歌》。"

（10）歌舞《未来战士》

女："少年儿童是祖国的未来和希望，少年儿童健康成长也永远是我们全社会关注的目标。今天啊，有一群活泼可爱的'未来战士'也来到了我们的晚会现场，他们是来自星盛幼儿园的小朋友，让我们把最热烈的掌声送给他们吧。"

（11）诗朗诵《五月颂歌》

女："五月，鲜红的团旗迎风飘扬，

五月，赞美的歌声起伏成波涛的力量，

五月，祖国的五月，我们把幸福与祖国相连！

五月，青春的五月！我们把青春和热血奉献！"

"下面请欣赏由总公司主持培训班表演的诗朗诵《五月颂歌》。"

（12）歌舞《今夜无眠》

男："今夜歌如潮，今夜花似海。"女："今夜是歌舞的海洋，今夜是星盛的盛会。"

男："朋友们，最后请大家欣赏由星盛总公司员工表演的歌舞《今夜无眠》。"

结束语：

女："今夜无眠，当欢乐穿越时空，激荡豪情无限。"

男："今夜有约，当梦想挽起明天，拥抱生活的灿烂。"

女："让我们珍惜青春年华，在奋斗中领悟青春的瑰丽和人生的真谛吧，用满腔的激情和热血共同创造我们的美好未来！"

男："让我们担负起振兴星盛的责任，用坚定的信心支撑起中华民族的精神脊梁！"

女："各位领导，各位来宾。"

男："亲爱的观众朋友们。"

女："星盛商业集团'五四'文艺晚会到此结束，感谢所有观众朋友们的光临。"

男："朋友们，再见！"

【情景2】星盛大酒店成立十周年庆典仪式。

主持人："金秋十月，清风送爽。今天，四面八方的朋友汇聚在这里，都是为了一个共同的盛事——星盛大酒店成立十周年庆典仪式！"

"这是青春的律动，这是个性的张扬，这是心灵的呼唤，这是生命的礼赞！"

"现在出场的是星盛大酒店的员工服装展示队。看，他们正迈着坚定的步伐向我们走来，他们精神抖擞，气宇轩昂，自信的笑容洋溢在他们的脸上，举手投足间无不展示出酒店人非凡的气质。这是一个朝气蓬勃的团队，这是一道美丽的风景。"

"尊敬的各位来宾，请允许我宣布：星盛大酒店十周年庆典仪式现在正式开始！让我们用热烈的掌声，欢迎各位领导和嘉宾就座。"

"女士们，先生们，今天出席我们星盛大酒店十周年庆典仪式的领导和嘉宾有……（介绍到场的领导和嘉宾）。我们用热烈的掌声欢迎各位领导和嘉宾的到来！"

"全体起立，奏国歌，唱本酒店《×××之歌》。"

"有请×××领导讲话。"

"有请特邀嘉宾×××同志讲话。"

"女士们，先生们，这里是星盛大酒店十周年庆典仪式现场。洪亮震天的锣鼓，欢腾活跃的舞狮，绚丽缤纷的礼花，烘托出了一个喜气洋洋的热闹场面，点缀出了一个姹紫嫣红的金秋盛景，这是酒店人的盛事！"

"让我们共同庆祝这一盛事，让我们共享这一美好时刻！"

"今天，给我们庆典现场带来祝贺的单位和个人有……"

"发来贺信和贺电，送来花篮祝贺的单位和个人有……"

"下面我们用热烈的掌声欢迎星盛大酒店总经理×××同志致答谢词。"

"各位来宾，各位朋友，让我们共同祝愿星盛大酒店生意兴旺发达！非常感谢各位能够光临今天的庆典仪式现场！我们星盛大酒店为了款待和答谢各位领导和来宾，精心准备了庆典午宴，请各位随我们一起步入四楼宴会厅入席。"

实训要求：

（1）分组训练，每10人一组，综合运用商务活动主持的知识，策划、安排并主持本次庆典中的茶话会及联谊舞会。

（2）在演练过程中，认真对待，注意语言与身份、服饰、举止、仪容的协调。

资料来源　王芬. 秘书礼仪实务［M］. 2版. 北京：电子工业出版社，2014.

2.阅读材料讨论

（1）某大学经济贸易学院学生会会议主持稿。

尊敬的各位领导、各位来宾、亲爱的同学们：

大家下午好！欢迎大家参加经济贸易学院学生会年度总结大会。

我是主持人××。

转眼间，两年已经过去，第十三届学生会的委员们在任职期间认真工作，开展各项活动，为同学们服务，为校园增添了许多亮丽的色彩。在此，我代表学生会全体干事向主席团成员一年多的辛勤工作以及尽心尽力培养我们的老师表示由衷的感谢，并且预祝这次大会圆满成功！

首先，介绍今天到场的嘉宾，他们分别是……

现在，我宣布经济贸易学院学生会年度总结大会正式开幕！

在这个垂柳依依的夏天，在这个栀子花开的季节，我们又迎来了一个离别的日子，经济贸易学院学生会第十三届的常委们，你们即将迈出你们人生的下一步，迎接人生更绚烂的季节。

一年的努力，一年的汗水，我们又迎来了学生会的春天。下面让我们通过VCR和电子相册共同回顾一下，这一年来我们一起走过的日子。

下面有请经济贸易学院学生会主席团常委讲话。

……（讲话内容）

谢谢×××主席的讲话。

下面进行大会的第二项议程：请大家掌声欢迎××（校领导）讲话。

……（讲话内容）

谢谢！

这里是终点，也是起点。未来的路是美好的，也是崎岖的，但无论如何，我们都不会放弃。接下来的路，我们将坚定地走下去，带着你们的期望、理想和眷恋，希望我们的学生会在将来的日子里，越来越好，越来越强。现在，我宣布，本次大会到此结束！谢谢！

思考题：

①请分析上述会议主持词的成功之处。

②模仿上述主持词，为你参加的某会议设计主持词。

（2）一位主持人的唐突。

一次，一位节目主持人在海南主持海南某京剧团的成立庆典时，见到来宾名单上的"南新燕"时，便不假思索称呼其"女士"。未料，话音刚落，嚯地站起了一位两鬓花白的男士，顿时台下一阵骚动。

主持人真诚地致歉："对不起，我望文生义了。不过……"她稍一转折，便施展了自己的口才："您的名字实在是太有诗意了。我一见这三个字，立即想起了两句古诗'旧时王谢堂前燕，飞入寻常百姓家'。这是一幅多少美的图画。今天，这里出现了类似的情景，京剧一度是流行在北方的戏曲，而现在，京剧从北到南，跨过琼州海峡，飞到了海南，而且在这里安家落户，这又是一幅多么美妙的图画呀！"

话音刚落，会场响起一阵掌声，意外的转折化解了尴尬，形成柳暗花明又一村的新局面。

思考题：请谈谈上述材料对你有哪些启示。

3.综合训练

（1）文艺节目主持设计训练。

学习目标：你所在的系拟举行迎新文艺晚会，请为之设计主持框架。

训练方法：确定演出主题、演出情境（时间、地点、场合、受众），确定节目单，确定主持方式，设计出场语、连缀语和结束语。

训练要求：

①15人一组，分组拿出主持设计方案；

②学生互评，教师进行点评；

③选出一组较好的方案，大家共同完善，并付诸实施。

（2）主题班会主持设计训练。

学习目标：你所在的班级拟举行一次主题班会，请为之设计主持框架。

训练方法：设定班会的主题、目的、情境，再为其设计开场白和结束语。

训练要求：

①15人一组，分组拿出主持设计方案；

②学生互评，教师进行点评；

③选出一组较好的方案，大家共同完善，并付诸实施。

课后练习

1.观看或评点高水平主持的演出、谈话、综艺类电视节目或录像。

2.某市民健身中心举行剪彩典礼，主持人在宣布嘉宾剪彩的时候，发现嘉宾的胸花脱落了。你如果是这位主持人，你怎样处理？

3.争取机会，多主持学校、系、班级的各项活动和会议，锻炼自己的主持能力。

4.请登录"中国播音主持网"（http：//www.byzc.com）浏览各类主持文稿，分析各主持词的特点及成功之处，体会各类主持词的语言特点。

任务 9

导游口才

侍于君子有三愆：言未及之而言谓之躁，言及之而不言谓之隐，未见颜色而言谓之瞽。

—— ［春秋］孔子

导出精彩人生，游出炫丽舞台。

——佚名

▌ 课程思政要求

进行社会主义核心价值观教育；开展道德意识教育和法律意识教育；塑造良好的职业形象，不断提高职业素养；热爱祖国的语言，加强中华文化认同，增强民族自豪感；培养积极乐观的生活态度和审美情趣；促进大学生的全面发展。

▌ 学习目标

把握导游语言的特征；熟练运用导游讲解的语言艺术；掌握沟通协调的语言艺术。

9.1 导游语言的特征

小案例9-1　　　　　　　　　　　导游员高超的口才

你是否能从中领悟到导游员高超的口才？

（1）导游带着一批旅游者参观古堡，在很深的地道里，看见几具骷髅。"这些骷髅是怎么回事呢？他们原来都是些什么人？"游客问。"我认为，他们一定是些舍不得花钱请导游而迷路的人。"

（2）纽约街头，一个乞丐中暑晕倒，路人围拢过来，议论纷纷。"这个人真可怜，给他杯威士忌吧，我遇上游客晕倒就常这么干。"一位路过的导游说。"还是把他抬到阴凉的地方，让他歇歇吧。"好几个人说。"让他喝点威士忌保管就没事了。"导游坚持己见。

"应该送他到医院去才对。"另外有人提出异议。"给他点威士忌，没错！"导游还是这句话。

中暑的人突然翻身坐起，大喊道："你们别多嘴了！怎么不听这位好心人的话呢？"

导游语言从某种层度上来说，是一门艺术，因为它能够渲染气氛、增强效果，充分调动游客的积极性，激发其兴趣。导游语言的特征归纳起来主要有以下几点：

1）准确性

导游语言的准确性是指导游人员的语言必须以客观实际为依据，即在导游过程中使用规范化的语言，准确地反映客观实际。

（1）内容准确无误，有据可查。对所介绍景点的背景资料，如历史沿革、数据、地质构造等必须表述准确，要有根据、有出处，不能编造。即使是故事传说、民间传奇也要有据可查，不能道听途说、信口开河。对某一历史人物的介绍更要注意准确性，特别是时间、数字的精准能勾起人们对历史的回忆。例如，某导游运用下面的语句对杨靖宇将军进行了准确的介绍：

杨靖宇将军原姓马，名尚德，1905年2月26日（农历正月初十）出生在确山县李湾村一个农民家庭里，幼时在村私塾就读，1918年以优异成绩考入确山县立第一高等小学堂。1919年"五四"青年爱国运动席卷全国，年仅14岁的杨靖宇投身火热的斗争中。1923年秋，他考入河南省开封织染学校，1926年在该校加入中国共产主义青年团，同年冬奉党团组织的指示，回确山县领导农民运动。1927年春，杨靖宇被选为确山县农民协会会长，4月领导了震惊中外的豫南农民起义，6月1日在确山县城关镇老虎笼（地名），杨靖宇由共青团员转为共产党员。同年7月15日，国民党武汉政府叛变革命，新生的革命政权遭到确山县地方顽固势力的反扑，杨靖宇和张家铎、张耀昶、李鸣歧等同志率部转移到县东刘店一带继续坚持斗争，开辟新的根据地。1940年2月23日，在吉林省濛江县（现在的靖宇县）保安村三道崴子，杨靖宇率领的部队不幸被日军包围，在饥寒、疲劳和伤病交作之际，杨靖宇仍坚持战斗，最后壮烈殉国，年仅35岁。

（2）遣词造句准确，词语搭配恰当。这是语言运用的关键。一个句子或一个意思要表达确切、清楚，关键在于用词与词语的组合及搭配上，要在选择恰当词汇的基础上，按照语法规律和语言习惯进行有机组合与搭配。如武汉市导游人员在归元寺向游客介绍《杨柳观音图》时说："这幅相传为唐代阎立本的壁画，它所体现的艺术手法值得我们珍惜"。这里，"珍惜"属于用词不当，而应该用"珍视"一词。"珍惜"是爱惜的意思，而"珍视"则为看重的意思，即古画所体现的艺术手法值得很好地欣赏。

小训练9-1　　　　　　　　错在哪里？

在导游实际解说中常常会出现很多错误，请分析以下导游的话错在哪里：

（1）相山公园的人工湖是全省最大的。
（2）作为导游的我非常愿望游客高兴就好。
（3）俺们今天不去将军亭爬了。
（4）没有照顾好大家，我很伤感。

（5）喂！老头儿，注意安全。

2）生动性

生动形象的导游语言能够引起游客的观赏兴致和想象，这也在无形中提高了景点的欣赏价值和欣赏意义。俗话说"风景美不美，全靠导游一张嘴"，虽然略有夸张，但也说明了导游生动讲解的重要性。下面的导游词就充分体现了导游语言生动性的特点：

"这座大佛高17米，他的头发就有14米长，10米宽，头顶中心的螺髻可以放一个大圆桌，大佛的脚背有8米多宽，就算站上100人，也一点不觉得挤。"

这样一来游客就有了比较直观的概念，可谓真实生动。

又如，导游马小姐在初次与游客见面时自我介绍说：

"我姓马，老马识途的马。今天大家跟着我旅游，请放心好了，有我这个小马一马当先，什么都能马到成功……"

游客们都乐了，初次见面的拘谨感一扫而光，气氛很快融洽起来。

为使导游语言形象生动，导游最好多记一些笑话，随时随地在讲解的过程中插入一些相关的笑话，那样就会使讲解生动有趣得多，比如讲当地的山路比较险，就可以插入这样一个笑话：

小案例9-2
对比

有一次，司机向当地一位居民打听："请问，此地哪里可以找到汽车配件？"村民答道："往前走，过了那个急转弯处有个峡谷，那下边什么型号的零件都有。"

3）趣味性

趣味性，是指导游语言具有使游客感到轻松愉快、妙趣横生、引人入胜的特征。导游可以通过一些特定的修辞手法和表达技巧的运用，使讲解更加吸引游客，给游客留下深刻的印象，营造出轻松、活泼、愉快的旅游氛围，使游客感受到旅游的乐趣。增加导游讲解趣味性的技巧主要包括两个方面：

（1）巧妙运用修辞艺术。能够增加导游词趣味性的修辞技巧，除了比喻、比拟、排比、对比、对偶、夸张等常见的修辞手法之外，还包括双关、移时、别解、顶真、回文、换算等修辞方式。如：

这里的洞穴五花八门：洞套着洞、洞叠着洞、洞连着洞、洞穿着洞，洞洞相连，可谓"洞穴博物馆，丹霞大观园"。（《泰宁世界地质公园·寨下大峡谷》）

这里运用了顶真手法，妙趣横生，连续使用了12个"洞"，一气呵成，其中10个"洞"头尾相连、环环相扣，对游客产生极大的吸引力，同时还运用了比喻手法，把天穹岩比喻成"洞穴博物馆，丹霞大观园"，形象生动，富有情趣。

（2）灵活把握表达技巧。导游语言的表达技巧主要有叙述法、描述法、设疑法、缩距法、升华法、幽默法等，在导游词中，根据表达内容和感情等的不同，恰当地运用不同的表达技巧，不仅可以使导游口语讲解的表达灵活多样、丰富多彩，而且可以使游客感到轻松愉快、乐在其中，提高旅游的兴趣和情趣。如：

前方这块大岩石，像一条大鲨鱼，龇牙咧嘴，好不吓人！仔细一看，它的下巴不见了。相传，这条鲨鱼已修炼成精，它从东海尾随八仙来到此地，想搭乘这艘帆船早日成仙。没想到上清仙境，风光如画，稍一走神，撞上仙帆。八仙一怒之下，敲掉它的下巴，同时把仙帆点化成石，在此镇守鲨鱼精。这正应验了那句古话：心急吃不了热豆腐。凡事都应顺其自然，脚踏实地，切莫急功近利，弄巧成拙。（《泰宁世界地质公园·上清溪》）

在讲解"鲨鱼咧嘴"的景点时，先用叙述法讲述了民间传说，再用升华法，借那句古话："心急吃不了热豆腐"，加以发挥引申，既增加了景点的趣味性，又给人以启迪，给游客留下了深刻的印象。又如：

大家请往右边岩壁上看，在岩穴洞口有块风化崩落的石头，很像一只癞蛤蟆正蹲在那里，咧嘴鼓腮，瞪着圆眼，垂涎三尺地朝对岸窥视着。原来对岸的岩穴中有块崩塌风化的巨石，极像一位睡美人，头枕着手，侧卧着在那里"春睡"，一点都没有发觉一只癞蛤蟆正偷偷地盯着自己，正应了"癞蛤蟆想吃天鹅肉"这句古话，我们把这景叫作"仙女脱衣床上睡，对面蛤蟆流口水"。（《泰宁世界地质公园·上清溪》）

这里用描绘法描述"癞蛤蟆"的形态："咧嘴鼓腮，瞪着圆眼，垂涎三尺地朝对岸窥视着"，惟妙惟肖；结合幽默法，多处用到幽默语，如"春睡"等。语体风格幽默风趣、轻松诙谐，增加了导游讲解和游客游览的趣味性。

4）幽默性

幽默风趣的语言如果使用得当，可以活跃气氛，提高游兴，增强导游人员和游客之间的感情交流，使游客回味无穷，有时还可以摆脱尴尬。幽默既是一种技巧，又是一种艺术，更是一种智慧，它在很大程度上是对修辞方法的综合运用，但又不同于一般意义上的修辞，而是以打造幽默意境为目的。一位导游在向游客讲解上海元芳弄时说道：

"各位游客大家好，在广东路和福州路之间有一条不起眼的小路叫元芳弄，它曾是上海外滩美食集聚地，最为有名的是：香气扑鼻的猪油大米饭、麻辣鲜香的四川火锅、油豆腐细粉汤、小常州排骨汤面等。所以这条街上中外游客不断。提起猪油大米饭还有一段有趣的传说呢。一次，有位外国游客慕名而来，他坐下以后要了一碗猪油大米饭、两只百叶包。一碗下肚以后觉得很好吃，但没吃饱，他接着又要了一碗，吃完后服务员过来一结账，要付八两米饭的钱。这位外国游客惊呆了，心想上海人有句俗话叫'斩冲头'（斩客之意），你们不要斩我这只'洋冲头'，我这一辈子还没吃过八两米饭呢。经服务员耐心解释，他终于信服了，边掏口袋付钱边回味着这米饭的美味，还打起嗝儿，发出'咯得咯得'的声音。他称赞地说：'饭灵饭灵''咯得咯得'，你知道英文中的好字'very good'从哪里来的吗？它的出典就在元芳弄这碗猪油大米饭上。"

导游刚讲完，游客们都笑了。导游就是充分利用"饭灵"和打嗝儿发出的"咯得"声，巧妙地与英文very good构成谐音，以达到幽默的效果。

导游适当运用幽默的语言技巧，可以拉近与游客的心理距离，当游客行为出现问题时，幽默的语言又不会伤害游客的自尊。

小案例9-3　　　　　　　　　　　　　　　　　　　**"唐城"**

曾有一个旅行团，在前往敦煌"唐城"旅游参观的途中，有一位游客随手将垃圾扔到车窗外，这一幕恰巧被随团的导游看到。为了不伤害游客的自尊以致影响游客的兴致，同时也为了能让游客意识到自己刚才的行为是不文明的，导游站起身来，这样对大家说："今天我们要去参观的目的地是'唐城'，'唐城'从何而来？想必大家都很好奇。前几年，一个外国电影制片厂要在敦煌拍一部影片，于是出资在这戈壁滩上修了一座仿古城堡，但是影片拍完后，对如何处置这座城堡产生了分歧。资方准备把它拆了，就地销毁。但是敦煌人说，仿古城堡是拆是烧，你们花钱建，你们说了算，不过处理后所有的垃圾都得拉走，放我们这儿可不行。外方经过反复权衡，最终决定将城堡无偿送给当地人民。从此就有了这个'唐城'。当然，你们可能会觉得这座城堡是敦煌人'讹'来的，可大家说说，这'讹'的道理总没错吧？在座的每位游客都有自己的家乡，我们都希望自己的家乡越来越好，这戈壁滩再贫瘠，也毕竟是我的家乡啊！"说完，导游呵呵地笑起来。那位乱扔垃圾的游客却脸红坐不住了，连忙叫了起来："师傅，您等一下，我得把那个垃圾捡回来。"车厢里顿时响起了一片掌声。

幽默的语言能够使团队的气氛其乐融融，也提高了导游为大家讲解的趣味性。当然，幽默的时候也需要注意，这里我们所提倡的幽默是正常的幽默，应该是文明、健康的，而不是那些以低级趣味挖苦他人的"黑色幽默"。

5) 美感性

旅游活动是一种综合的审美实践活动。在旅游活动中，导游是游客与景观的中介，导游语言是景观与游客的信息传递的纽带，优美的导游语言能够使旅游者全面准确地收获旅游景观所蕴含的美学信息，感受旅游景观的审美价值。这也解释了为什么人们常说："没有导游的旅游，是没有灵魂的旅游。"有这样一个例子：

有两个导游分别带领旅游团到日本伊豆半岛旅行，当时的路况条件很差，马路上到处都是坑坑洼洼。其中一位导游连声向游客道歉，说由于路面不平整，因而我们不得不忍受颠簸。而另一位导游恰恰相反，他充满诗意地向游客介绍："在座的女士们、先生们，我们现在走的这条道路，正是赫赫有名的伊豆迷人酒窝大道。"如此一来，游客的关注点便不再是颠簸的汽车，而是眼前的特殊景致，本来因颠簸而难以忍受的游客，在听了导游颇有意境的介绍后，恐怕再也不会抱怨。

可见，艺术性的导游语言能够提升整个旅游过程的质量。

小贴士9-1　　　　　　　　　　　　　　　　　**导游欢迎词一览**

①风趣式欢迎词——"各位上午好！我叫×××，是××旅行社的导游，十分荣幸能为各位服务！各位都是大医生吧？医生是人间最美好的职业，我一出生就对医生有特别的情感，因为我是难产儿，多亏了医生我才得以'死里逃生'（游客笑）。长大以后，虽然没有考上医学院，但医院我每年都要去好几次。我这人特别容易感冒，医生当不了，当

病人却十分合格，真是没有办法（游客笑）……我们这次在岳阳的旅游行程非常充实，如果有时间，我还想请大家参观一个特别的节目，那就是看看我为什么总容易患感冒（游客大笑）。谢谢！"

②闲谈式欢迎词——"各位早上好！昨天晚上大家坐了七八个小时的夜车，一定很累吧？如果乘坐贵国的新干线列车，也许只要三四个小时就能够抵达本地了。但众所周知，我国地域辽阔，面积是贵国的26倍，实现这一愿望需要一定的时间。同时，也需要技术上的大力支持。在此，我真诚地希望各位能够为中日友好，也为大家今后在我国旅游的方便做出贡献。说到贡献，其实大家已经付诸行动了。诸位这次来我国旅游不正是对我国旅游业的支持与贡献吗？对此，我代表××市120万人民和××旅行社全体员工，对各位的到来表示衷心的感谢！我叫×××，中国有句古话：'有朋自远方来，不亦乐乎。'此次能为大家导游，我感到由衷的高兴……（游客鼓掌）"

③感慨式欢迎词——"各位朋友们，晚上好！我是××旅行社的导游×××，非常高兴能够作为各位此次旅游的导游。中国有句成语'好事多磨'，各位昼思夜想地盼了50年，临到家门口却还要等好几个钟头才能够通过海关。中国人在中国的土地上却不能自由行动，真是很奇怪的现象！历史的原因我们不用过多地回首，只希望将来能够尽快实现两岸'三通'，改变这种局面。宋代诗人陈师道说：'去远即相忘，归近不可忍。'前半句我不同意，大家离别大陆50年，难道忘得了自己的故乡吗？忘得了家乡的亲人吗？台湾有一首民歌，叫《我的家乡在大陆上》，各位唱了50年，今天终于唱回家了。在自己家里，想唱就唱，想笑就笑吧！我谨以家乡亲人的名义，祝贺大家终于回——家——了……（游客集体哼唱《我的家乡在大陆上》）"

【点评】以上这三篇欢迎词，都属于欢迎词中的上乘之选。它们内容并非十分复杂，紧紧围绕着一个鲜明的主题，却以通俗易懂的语言，亲切自然地表达了对游客的欢迎之情，让游客获得了情感上的满足。

9.2　导游讲解的语言艺术

1）声音优美，把握节奏

导游讲解要控制好声音和语速，选择好讲解的地点。在导游过程中，导游要熟悉业务，知识面广。讲解内容健康、规范；介绍、答复游客的提问或咨询时，耐心细致；对游客的提问，尽量做到有问必答、有问能答；对回答不了的问题，致以歉意，表示下次再来时给予满意回答；与游客进行沟通时，说话态度诚恳谦逊，表达得体。例如："请您随我参观""请您抓紧时间，闭馆时间快到了""欢迎您下次再来"等。同时，导游讲解时音量要适中。过大会令人讨厌，过小游客又听不清楚。"讲话的艺术在于适中"，导游在讲解时的音量，要以游客能听清为准。因此，导游讲解的时间、位置都要注意选择。一般来说，导游要站在游客围成的扇面中心，这样有利于声音传播，使游客都能听到导游的讲解，导游也能听清客人的议论和问题。此外，导游讲解时的语速也要适当，如果讲得过快，游客听不清楚，精神高度紧张，容易引起疲劳；如果讲得过慢，又会耽误时间，影响游客观赏景物，让人感到不舒服。一般说来，需要特别强调的事情，容易招致疑惑误解的事情，重要的地名、人名、数字等应放慢语速；众所周知的事情，不大重要的事情要加快语速。当然，导游语言也要讲究变化。"所应遵循的原则，就是随时注意变化"，要根据讲解内容，做到宜徐则徐、宜疾则疾、徐疾有致、快慢相宜。

2）语言表达，准确顺畅

准确流畅是导游语言艺术的核心。导游是民间外交大使，是祖国山水的代言人，导游的一言一行都应符合实事求是的精神，讲解时应注意用词的准确性。首先应注意语法、语音、语调的准确性。导游语言表达主要在口头，一般要求在使用某种语言时避免出现明显的语法错误，符合规范，达到基本正确。语言是语音和语义的结合体，是通过声音来表义的，试想导游如果把 warriors（［wɔriəz］兵马俑）说成 worries（［wʌriz］烦恼），那会使外国游客产生一种什么样的感觉呢？起伏多变的声调和语调可以表达不同的意思和情感，使用得当会收到很好的效果。一般情况下，导游应使用柔性语言，即声音强弱适度，不高不低。为了打动游客，随着环境的不同，语调既要正确，又要富于变化。为了强调集合的时间，提醒游客注意，可以对关键词加大音量，放慢速度，"我们于11点在公园大门口集合"。准确的另一层含义是要言之有物，用词准确。做到就事论事，言之有理，不能把死的说成活的，把丑的说成美的，把假的说成真的，达到哗众取宠的目的。比如有的导游在没有根据的前提下信口开河，用一串最高级的形容词"世界上最""全国最""天下无双"来描述事物，结果使游客期望值过高，与实际形成反差。

根据语言学的研究，导游语言是一种线性语言，讲解一定要流畅。一旦中断，就会影响意思表达，使游客无法领会你想要表达的意思和感情，进而产生诸如你准备不充分等想法，伴随而来的是对导游的怀疑、不信任等。因此，语言表达准确流畅，对导游人员来说至关重要。同一导游材料，不同导游去讲解，收到的效果会有所差别，甚至有天壤之别。导游在讲解之前，一定要把有关景点材料背诵得滚瓜烂熟，并反复加以操练。同时，还要避免使用不良的习惯语，也就是我们平常所说的口头禅，诸如"这个……这个……这个……""嗯……嗯……嗯……"之类，最影响讲解内容的连贯性。只有做到上述几点，才能达到"黄河之水天上来，奔流到海不复回"的境界，取得庐山瀑布"飞流直下三千尺"的效果。

3）通俗易懂，大众口味

讲解语言要做到大众化，浅显易懂，适合一般人的水平和需要是不容忽视的一个问题。在导游讲解中，特别要注意将书面化的导游词转化成口语表达出来，而不是"背书"。要做到通俗，主要应注意以下几个方面：

（1）口语化、短句化。导游词是用来听而不是用来看的，所以不应当书面化和过多使用长句，应当使用口语和短句。请看下面一个句子："目前我国保存最完整、建筑规模最大的颐和园中的德和园大戏楼是比故宫的畅音阁、承德避暑山庄的清音阁两座清宫戏楼还要高大的古戏楼。"这个句子长近60字，作为书面语似无不可，但用作口头讲解，听起来就十分费劲。如果改用下面几个短句表达，效果就好多了："颐和园中的德和园大戏楼是清宫三大戏楼之一。它比故宫的畅音阁、承德避暑山庄的清音阁这两座戏楼还要高大。它是目前我国保存最完整、建筑规模最大的古戏楼。"

（2）避免使用冷僻、晦涩的词语。导游词虽然要讲究一定的文采，但是必须以通俗易懂为前提，故应避免使用冷僻、晦涩的词语和过于专业的术语。

（3）充分考虑文化差异。导游人员在为外宾提供导游服务时，应考虑将中国的历史年代、度量衡等方面的词语进行换算或类比以使其更容易听懂。讲解中涉及中国名人、名言、诗词、成语等时，要给予必要的解释。

4）生动自然，回味无穷

导游员在讲解内容准确的前提下，应以生动、有趣且具感染力的语言活跃气氛，增添游客的游兴，以趣逗人。讲解中过度使用书面语言，照本宣科、死板老套不可取，"黄色幽默"和低级趣味的笑话更应杜绝。例如，在介绍千佛山公园概况时有位导游是这样讲的："千佛山山脉来自岱麓，它翠峰连绵，树木葱郁，松柏满谷，楼台高耸，殿宇错落，为济南天然屏障。"这段讲解由于堆砌辞藻，过多使用书面语言而让人感到不自然，不能给游客以生动易懂、赏心悦目的感觉，无法实现导游讲解的目的。正确的办法是将其修改为通俗、生动的口头语言。我们可以尝试着将上面一段文字修改如下："千佛山属于泰山的余脉，海拔258米。你看它东西横列，翠峰连绵，盘亘于济南市区的南面，被人形象地称为泉城的南部屏风。清朝著名文学家刘鹗在他的小说《老残游记》中，就有一段描述千佛山的话，他说从大明湖向南望千佛山，'仿佛宋人赵千里的一幅大画，做了一架数十里长的屏风'，形容得非常贴切。"这样的讲解会让游客如身临其境、回味无穷。

要做到讲解生动，导游仅具备丰富的景观知识和语言词汇是远远不够的，还必须善用精彩描写，使语言生动形象，耐人寻味。如迪庆香格里拉导游词：

在雪山环绕之间，分布着许多大大小小的草甸和坝子，这是迪庆各族人民生息繁衍的地方。这里土地肥沃，水草丰美，牛羊骏马成群，特别是香格里拉，真有"天苍苍，野茫茫，风吹草低见牛羊"的感觉。五月的中甸草原，碧绿的草地和山坡上的杜鹃花、格桑花和数不尽的各种小花争相怒放，姹紫嫣红，争奇斗艳，宛如一块块色彩斑斓的大地毯，骏马奔驰，牛羊成群，雄鹰翱翔，牧人在白云蓝天下唱起牧歌，挥动长鞭，这就是恍若人间仙境的一幅美丽图画。

这段讲解把游客带入诗画般的意境中，使其获得了一种远离尘世的超脱之感。

5）条理清楚，灵活多变

这是对导游语言艺术的基本要求。条理清楚，是导游与游客沟通的根本。特别是对于内容丰富、复杂的景点，讲解必须有条理。先讲什么，后讲什么，中间穿插什么，都要事先组织好，否则会让人不知所云。导游要克服一些不良的口语习惯。有的导游用语暧昧、含糊不清，有的解说反复啰唆、拖泥带水，这些不良习惯都会影响导游的表达能力，是应当想方设法克服的。导游言语运用要妥当、有分寸，以真正体现对游客的尊重为前提。导游讲解的灵活多变是指在讲解景点基本内容的基础上，用多种不同表达方式因人、因地、因时制宜，力求讲解生动、风趣、幽默。导游在讲解时必须充分考虑游客的文化背景、认知水平、兴趣爱好及职业特点等，并据此有针对性地决定内容的取舍和表达方式的选择，以提高游客的接受和理解能力。如在讲解中穿插一些"边角料"——历史典故、神话传说、逸事野史，这是灵活多变语言艺术手法的集中反映。如某导游带领游客来到故宫九龙壁前，游客们自然会被这面瑰丽的工艺品上九龙腾云的图案吸引。导游员可以这样介绍：

大家的鉴赏力都值得钦佩，但视力不一定都好。请你们仔细找出破绽：这里龙身上的某一块瓦不是玻璃，而是用木头仿制的。乾隆年间，一次皇帝巡视园内看到壁上脱落了一块瓦，便命工匠补上。而炼制这种瓦需要数天时间，工匠急不择料，用木头雕制成一块瓦的样子，漆上逼真的色彩后镶嵌上去。结果以假乱真，骗过了皇帝的眼睛。今天谁能最先找到，谁的眼力一定第一！

游客听说，兴趣高涨。当他们找到这块传奇的木瓦雀跃之余，也相信了这个传说真实可信。

6）幽默风趣，轻松愉快

导游在讲解的过程中，适当运用幽默，会令游客感到趣味盎然，轻松愉快。值得注意的是幽默要适度，内容要健康，安排要有间隔。如果只是幽默而不注意知识性、科学性，也就收不到良好的效果；如果弄成了贫嘴笑料，搬出来哗众取宠，就必然适得其反。在运用幽默方法的时候，要注意超出人们的正常思维范围，这样使人觉得笑既在意料外，又在情理中，做到语言艺术上的"柳暗花明又一村"，让游客在欢乐中得到精神享受。例如，苏州西园的五百罗汉堂里，导游指着那尊"疯僧"塑像逗趣地说："朋友们，这个疯和尚有个雅号叫'九不全'，就是说，有九样毛病：歪嘴、驼背、斗鸡眼、跷脚、鸡胸、癫痫头、斜肩胛、招风耳，外加一个歪鼻头。大家别看他相貌不完美，但残而不丑，从正面、左面、右面看，你会找到喜、怒、哀、乐等多种感觉。另外，那边还有五百罗汉，大家不妨去找找看，也许能发现酷似自己的'光辉形象'"。又例，游览故宫时导游为了让游客注意集合时间，避免游客走散，没有简单地反复提醒，而是"幽他一默"地说：

"故宫南北长一公里，面积为京都皇宫的七倍，参观的人很多，诸位来自五湖四海，千万不可走散，以免淹没在人流里，到了晚上被关在这里。这里有西太后夜游紫禁城的传说，一旦撞上西太后，大家都着急。所以请在某时某分于某地集合。拜托了！"

这样以新颖刺激的表达使时间和地点的概念得到强化，又显得导游说话风趣，游客也轻松愉快，不感到压力，自然收到了较为理想的效果。

在导游实践中可以运用如下修辞手法，达到幽默的讲解效果：

（1）比喻。它就是用相似的事物来打比方。导游用旅游者熟悉的事物，来比喻介绍参观的事物，能够很快使旅游者对陌生的事物产生理解和亲切感。如《中国茶叶博物馆导游词》中对绿茶的介绍："一般说来，绿茶芽叶越嫩越佳，一芽为莲蕊，如含蕊未放；二芽为旗枪，如矛端又增一缨；三芽称雀舌，如鸟儿初启嘴巴。冲泡后，茶汤呈青翠欲滴的绿色。"通过贴切的比喻，使绿茶芽叶优美的姿态具体可感，给人以视觉的美感。

（2）排比。它是将几个内容相关、结构相同或相似、语气连贯的词语或句子组合在一起，以增加语势的一种辞格。导游讲解中运用得当，可产生朗朗上口、一气呵成的效果，增添感人力量。如上海南浦大桥的一段导游词："建成的大桥已成为上海又一重要的标志，她仿佛一把钥匙，打开上海与世界的大门。她仿佛一面镜子，反映着表现中国最先进生产力水平的大都市的现代文明。她仿佛一部史册，叙述着中国的未来。她仿佛一部资质证书，充分证明中国完全可以参与和完成世界上的任何工程项目。她仿佛一曲优美的交响乐，奏出时代的最强音。"

（3）拟人。它是导游语言艺术中常用的把物当成人的一种手法，本体与拟体的交融有助于渲染气氛，将感情与形象融为一体，使讲解变得更为生动和幽默。例如，雁荡三绝中的灵峰，月色下，那些变幻多姿的石头，人们通过拟人化的想象赋予其生命："牛眠灵峰静，情侣月下恋，牧童偷偷看，婆婆羞转脸。"这是一幅多么神奇浪漫的爱情景象啊！

（4）夸张。它就是"言过其实"，指在客观真实的基础上，对事物进行夸大或缩小的描述。在导游语言艺术中，夸张可以强调事物的特征，表达情感，引起共鸣。一位青岛导游在旅程将要结束时说："你们即将离开青岛，青岛留给你们一样难忘的东西，它不在你的拎包里和口袋中，而在你们身上。它就是你们被青岛的阳光晒黑了的皮肤，你们留下了友情，而把青岛的夏天带走了！"导游故意强调"被阳光晒黑了的皮肤"，并把这一事物特征夸张为"把夏天带走了"，生动而幽默。

（5）类比。它是指导游人员用旅游者熟悉的事物与眼前景物比较，以达到触类旁通的目的。这能使不同社会、历史、文化背景下的游客较好地领悟景观内容。关于王府井，导游对日本游客讲可把它与东京银座比，对美国游客讲可把它与纽约第五大街比，对法国游客讲可把它与巴黎的香榭丽舍大街比。同样，可以称苏州为"东方威尼斯"，称上海为"中国的悉尼"；而向外国游客介绍康熙，可说康熙与法国的路易十四、俄国的彼得大帝同时代。恰当的类比，不仅使旅游者易于理解，还能使其产生一种虽在异国他乡却又犹如置身故里的感受，满足其自豪感。

（6）移时。讲解时可故意把现代的事物用于古代，把古代的事物加以现代化，有意造成事物的时空错位，以获得幽默风趣的修辞效果。如王连义主编的《幽默导游词》中有这样一个例子：

"各位团友，现在，让我们到三顾祠看一看。你道刘备何等人？人家是皇室之后，有贵族血统，大小也是个县级干部，出入最少有马车坐，有随从跟，更厉害的是有个侄子还在中央工作。而你诸葛亮呢？能和人家比吗？布衣出身，草头百姓一个，结庐居住，荷锄躬耕，满脑袋高粱花子，说到天边大不了你读过几天书，是个有知识的青年农民。再说，公元207年，刘备当年45岁，你诸葛亮才27岁，刘备比你大18岁，论资历也比你老得多嘛！人家刘皇叔天寒地冻的，顶风冒雪，大老远地从新野带着两个兄弟赶过来，你前两次硬是躲着不见人家，到第三次，连关羽这个大好人都看不过眼了，说兄长连着两次亲往拜见，礼节太过了，可能诸葛亮这个人，就是有虚名而无实学，所以才躲着不敢见我们。那张飞要不是看大哥面子，才不会低三下四地求着你呢！早找个卡拉OK喝酒唱歌去了，这第三次虽然见着了，偏偏诸葛亮又拿架子，不识抬举，大白天的在草堂上高睡不起，怎不叫张飞大怒……"

这里作者直接以现代的事物来叙述古人的故事，就叫移时方法，利用这种修辞手段有意造成事物的时空落差，给人以新颖有趣的感觉，从而产生幽默诙谐的修辞效果。

（7）仿拟。导游语言中运用"仿拟"的修辞策略，是指导游词的创作者或导游根据旅游交际的需要，在表达时模仿前人的名句名言甚至全篇的结构形式，使得原作与仿作在内容上形成强烈的反差，从而获得一种幽默诙谐、妙趣横生的交际效果。一般说来，导游语言中"仿拟"修辞格从形式上也可以分为"仿词""仿句"等类。

①仿词。所谓仿词，是指在特定语境下有意模仿特定既存的词语而临时造出一个新词的现象。王连义主编的《幽默导游词》中还有一例：

"传说清军机大臣李鸿章出访法国，大热天法国人给他一支冰棒消暑，李鸿章见冰棒直冒气，以为很烫，吹了半天才小心吃了一口，结果冷得他直倒牙，法国人哈哈大笑。李鸿章出了洋相，寻机报复。不久该法国人来到中国，李鸿章请他吃一种独特的食物——蒙自过桥米线。先上来一碗汤，看上去平平无奇，热气全无，法国人以为是一种冷饮，端起碗来就猛喝一口，立即被烫得七窍出烟。李鸿章则哈哈大笑，终于雪了'吃耻'。"

汉语中有"国耻"的说法，而没有"吃耻"这个词语。在特定的语言环境中作者有意模仿现有的词语"国耻"，临时造出一个新词"吃耻"与现存词对应，把李鸿章的精心设局与"复仇"后的快感淋漓尽致地勾勒出来，这样在表达上显得新颖生动，自然产生幽默的效果。

②仿句。它就是指在特定语境下有意模仿特定既存的名句结构形式而临时造出一个新句子的修辞现象。王连义主编的《幽默导游词》中有一例：

"大家都知道荔枝的最大的特点就是不耐存放，白居易说它是'一日而色变，二日而香变，三日而味变，四五日外色香味尽去矣'，所以才有杨贵妃'一骑红尘妃子笑'的故事。而现在有了现代化交通工具，就变成'一架飞机大家笑'了。各位是不是也曾在家乡笑过一回了？不过运出去的再怎么新鲜，还是不如来到咱东莞的荔枝树下，亲手从荔枝树上摘下那最大最红的一颗，'啪'的一声掐开皮，一口咬下去那么鲜香噢！那才是真的笑开怀啊！"

导游员由东莞盛产荔枝，由荔枝不耐存放的特点联想到杨贵妃"一骑红尘妃子笑"的故事，再联系到今日交通发达，而仿其句创造出"一架飞机大家笑"的语句来，当游客把"一架飞机大家笑"与"一骑红尘妃子笑"联系起来时，就不禁会哑然失笑，其幽默诙谐的效果也就凸显出来了。

（8）造境。它是导游在讲解时勾勒和渲染艺术境界，让游客畅游于现实与历史、画里和画外的方法。如导游员在苏州城外导游时说：

"苏州城内园林美，城外青山更有趣。那一座座山头活脱脱像一头头猛兽，灵岩山像伏地的大象；天平山像金钱豹；金山像卧龙；虎丘山犹如蹲伏在地的猛虎；狮子山的模样活似回头望着虎丘的狮子，这就是苏州一景，名叫狮子回首看虎丘。"

这里运用生动形象的比喻把苏州城外的青山讲得活灵活现，产生了一种美感，引发了一种情趣，以强烈的艺术魅力吸引游客去体验他所营造的优美意境。境界的推出，要靠体味。好的导游不会边走边讲、喋喋不休，把游客的耳朵灌得满满的，而是审时度势，留有空白，此所谓：于无声处听惊雷。九寨沟到黄龙，汽车在海拔三四千米的崇山峻岭中穿行。导游来一个惊叹号："瞧那雪山！"留给游客一个省略号。在常人眼里，雪山无非是遥远的天际那淡淡的一抹，而此刻的雪山却千姿百态，令人拍案叫绝：有的是用青松和白雪织成一屏素雅的锦织；有的土色的近岭与银白的远山参差错落。有时远山被落日的余晖嵌上边框，璀璨而瑰丽；有时雪山退隐群峰之后，只见远方低洼处光闪闪一片，该不是阿里巴巴的金库吧？

（9）变换。它是指把难懂的或需要特别强调的数字加以形象化的描述和将外国游客难以理解的词或句子意译成或变换成他们所熟悉易懂的词或句子的方法。比如：为了使游客形象地感知当时封建帝王为修故宫搜刮民脂民膏所耗费的财力，导游员讲解道："明万历三十七年（1609年）重修二大殿，仅采木一项，就花费白银930余万两，约合当时800多万'半年糠菜半年粮'的贫苦农民一年的口粮。"又如："故宫规模宏大。假如安排一个刚出生的孩子在每个宫室里各住一夜，当他（她）把所有宫室都住一遍后，他（她）就成了一位27岁的青年。"这里变化的修辞手法既形象又生动，使人感到故宫规模之宏大。

7）精心安排，制造悬念

俗话说："让人惊不如让人喜，让人喜不如让人思。"游客一旦置身于景物之中，就会有一种追究景观特征、故事结局、文物来历和风俗习惯的迫切心理，有经验的导游会借机制造悬念，巧妙安排讲解内容，提出话题，引出审美注意点。这种"吊胃口""卖关子"的手法，能吸引游客注意，活跃气氛，使游客从"旁观型"转化为"参与型"。一位导游在介绍虎丘塔的建造年代时说："虎丘塔究竟有多少年呢，几百年还是几千年？说法一直不一致。这事直到20世纪50年代初才弄清楚。"他停了下来，"大家再想，是怎样搞清楚的呢？有一次，建筑工人在加固塔基的时候，他们在塔内的一个窟窿里，发现了一个石头箱子。"他随即又停下，然后说："工人们把它搬出来打开一看，里面还有一个木头小箱子，大概有这么大……"导游员比画着，"再把小木箱打开，里面有包东西，是用刺绣的丝织品包着的，解开一看，是一包佛经，取出这包东西，只见箱底写着年代。呵呵，你们猜是什么年代？"游客纷纷猜测，过了一会儿，导游员说："这年代是中国北宋建隆二年，也就是公元961年。由此可见，虎丘塔距今已有1 000多年的历史，而苏州的丝绸刺绣工艺至少也有上千年的历史了。"

好的导游总是通过设置悬疑，循循善诱，使游客有所疑、有所思，进而达到审美情趣的满足。南京导游可作范例。导游一开始，在介绍南京古、大、重、绿四大特点时便发第一问：所谓六朝古都是哪六朝？在介绍孙中山先生经历后发第二问：孙中山生于广东，逝世于北京，毕生为革命事业奔波，何以选南京为长眠之地？在引导大家观览规模恢宏、气势磅礴的陵墓建筑时，提出第三问：这样的建筑是谁承建的？此时提出吕彦直的名字，并介绍他全身心投入工程，以致积劳成疾，身患肝癌，为这不朽的工程贡献了自己36岁的年轻生命。过陵门，出碑亭，面对气势威严层层拔高的汉白玉石阶，导游发出第四问：要抵达最高处灵堂，共有多少级台阶？让游客边走边数。返回时再问：为什么不多不少只有392级？原来当时中国人口正是39 200万。行至顶端平台，见一对奉天大典时上海市赠送的铜鼎。导游引导大家观察大鼎下部的两个孔洞，随即发问：为什么会有孔洞？随即解释说："这是1937年日军占领南京时，发炮射击所致。它提醒国民勿忘国耻。"拾级而上，全梯共分10段，每段有一平台。抵达顶台，导游忽然发问："我们自下而上时，但见眼前石阶步步升高，接连不断；此刻由上向下看，却只见平台不见石阶，这是为什么？"进入以黑、黄、白三种颜色为基调的祭堂、墓室，导游引大家瞻仰波兰雕刻家所雕的孙中山坐像和捷克人高琪所雕的卧像，并提出第七问：为什么祭堂里孙中山坐像着长袍马褂，而墓室中孙中山卧像却穿中山装呢？引导大家体会当时新旧两派分歧的政治背景。瞻仰孙中山陵墓，导游最后发问：此刻，大家一定心存疑惑，这陵墓下面是否真有孙中山的遗体呢？边游边问，边答边想，一路观赏，一路沉思，于形游之中达到神游。

小贴士9-2　　　　　　　　　　　**导游欢送词一览**

（1）一般型欢送词——"尊敬的朋友们，我们就要分手了！这些天来，我们一起愉快地游览了……正是由于各位的积极配合和大力支持，我们的此次旅途才能在欢声笑语中结束。在此，请允许我代表××旅行社、司机和我本人，向各位表示我们最诚挚的感谢！在这难忘的时刻，我衷心祝愿你们一路平安，同时我也希望你们与我经常通信，愿我们的友谊像兄弟，愿我们的感情像亲人！'海内存知己，天涯若比邻。'相信我们一定能再次相聚的。再见了，我亲爱的朋友们！"

（2）自责型欢送词——"要和在座的各位说再见了！此刻，我的心情既激动又难过！这次陪同大家一起前往……在这次旅游过程中，我有许多应该做好而没有做好的工作。那我现在能向大家说些什么呢？只有一句话，那就是——谢谢各位对我们工作的配合！是你们的支持使我增强了信心；是你们的帮助使我增加了力量；是你们的理解使我战胜了困难，请允许我再一次向你们表示感谢！我要努力工作，或许来年我们有缘再次相会，我将提供更好的服务！愿我们的友谊天长地久！最后，祝愿大家一路顺风，万事如意！"

（3）歌唱型欢送词——"朋友们，只有在离别的时候，才深深地感到我们相处的时间太短……在此期间，大家亲如兄弟、胜似亲人！正是因为得到了大家的关照，我们才能顺利完成工作任务。说实话，我真有点舍不得离开你们，我会想念大家的！接下来我就以大家非常熟悉的歌手邓丽君小姐的一曲《路边的野花不要采》来向大家告别吧——

'送朋友送到飞机场，有句话儿要交代：虽然旅游已结束，但我们的友谊永存在！记住我的情，记住我的爱，记住我们有缘还会来相会，我呀衷心期待着这一天，千万不要把我来忘怀。'欢迎大家再来玩儿！再见！"

小训练 9-2

请根据所学内容，就某一旅游景点写一篇完整的导游解说词，字数 800 字左右。

9.3　导游沟通协调的语言艺术

导游工作的性质与任务，不仅仅是景点介绍、讲解，还包括许多其他的工作，涵盖了旅游六大要素中吃、住、行、游、购、娱的方方面面。游客的兴趣、要求各不相同，素质参差不齐，要使每个游客满意确实相当不易。对于导游来说，要讲究以下沟通协调的语言艺术：

1）善于回答疑难问题

（1）是非分明。游客提出的某些问题涉及一定的原则立场，一定要给予明确的回答。这些问题有些涉及民族尊严，有些涉及中国的国际形象，如香港的"一国两制""台湾问题"等，要是非分明、毫不隐讳，并力求用正确的回答澄清对方的误解和模糊认识。例如，西方游客在游览河北承德时，有人问："承德以前是蒙古人住的地方，因为它在长城以外，对吗？"导游答："是的，现在有些村落还是蒙文名字。"又问："那么，是不是可以说，当时汉人侵略了蒙古人的地盘呢？"导游答："不应该这么说，应该叫民族融合。中国的北方有汉族人，同样南方也有蒙古族人。就像法国的阿拉伯人一样，是由于历史的原因形成的，并不是侵略。现在的中国不是哪一个民族的国家，而是一个统一的多民族国家。"客人听了都连连点头。

（2）诱导否定。游客的性格各异，要求五花八门，有些合理要求作为导游应当尽量予以满足，而有些要求不尽合理，按照礼貌服务的要求，导游不要轻易对客人说"不"。对方提出问题以后，不要马上回答，而是先讲一点理由，提出一些条件或反问一个问题，诱使对方自我否定，自我放弃原来提出的问题。例如有一位法国游客向导游提了一个这样的问题："西藏有许多独特的风俗，我认为它应该是一个独立的地区，你怎么看？"导游就问他："你知道西藏班禅、达赖的名字是怎么来的吗？"那位游客摇头。导游接着说："我告诉你吧，是清朝皇帝册封的。由此可见，西藏早就是中国的一部分。比如说，布列塔尼是法国的一部分，却有许多当地特殊的风俗，但你认为它应该是一个独立的地区吗？"那位游客摇摇头，笑了。

（3）曲语回避。有些游客提出的问题很刁钻，使导游在回答问题时肯定和否定都有漏洞，左右为难，还不如以静制动，或以曲折含蓄的语言予以回避。有一位美国游客问一位导游："你认为是毛泽东好，还是邓小平好？"导游巧妙地避开其话锋，反问道："您能先告诉我是华盛顿好，还是林肯好吗？"客人哑然。

（4）微笑不语。遭人拒绝是最令人尴尬难堪的事，为了避免遭遇这种难堪，一般人通常选择不轻易求人。所以不论是何种情况，导游人员都不应直截了当地拒绝游客的要求。但有时游客提出的一些要求，我们又不得不拒绝，此时，微笑不语可谓最佳选择。满怀歉意地微笑不语，本身就向游客表达了"我真的想帮你，但是我无能为力"。微笑不语有时含有不置可否的意味。

（5）先是后非。在必须就某个问题向游客表示拒绝时，可采取先肯定对方的动机，或表明自己与对方主观一致的愿望，然后再以无可奈何的客观理由为借口予以回绝。例如，在故宫博物院，一批外国游客看到雄伟壮观的中国皇宫，纷纷要求摄影拍照，而故宫的有些景点是不允许拍照的，此时导游应诚恳地对客人说："从感情上讲，我真想帮助大家，但这里有规定不许拍照，所以我无能为力。"这种先"是"后"非"的拒绝法，可以缓解对方的紧张情绪，使对方感到你并没有从情感上拒绝他们的要求，而是出于无奈，这样在心理上他们比较容易接受。

（6）旁敲侧击。导游对某件事不作正面陈述，而是采用侧面迂回的形式来暗示游客，即通常所说的"兜圈子"。这种语言表达方式，既可维护游客的自尊，又容易使游客接受导游的劝说。例如，某旅游团中有几个喜欢喝酒的游客，晚上常聚在房内喝酒唱歌，影响了其他游客的休息。第二天导游微笑着对大家说："大概是为了庆祝本次旅行即将圆满结束，有几位客人在连夜赶排节目，他们的热情使别人感动得睡不好觉。"话音刚落，全场大笑，那些喝酒唱歌的客人不好意思地低下了头。

（7）婉言谢绝。它是指以诚恳的态度、委婉的方式，回避他人所提要求或问题的技巧。运用模糊语言暗示游客，或从侧面提示客人，其要求虽然可以理解，但却由于某些客观原因不便答复。为此只能表示遗憾和歉意，感谢大家的理解和支持。拒绝游客的方法还有不少，如顺水推舟法，即拒绝对方时，以对方言语中的某一点作为拒绝的理由，顺其逻辑得出拒绝的结果。顺水推舟式的拒绝，显得极为有涵养，既能达到拒绝的目的，又不至于有损对方的面子。

2）善于激发游客兴趣

游客游兴如何是导游工作成败的关键。游客的游兴可以激发导游的灵感，使导游在整个游程中和游客心灵相融，一路欢声笑语；相反，如果游客兴味索然，表情冷漠，即使导游竭尽所能，也会毫无成效。激发游客游兴的礼仪包括两个方面：一是利用景观本身的吸引力；二是导游借助语言功能进行调动和引导。

导游的景点介绍，一定要注意讲解的针对性、科学性和语言表达主动性的完美结合，应根据不同的景点（人文景观如故宫、颐和园，自然景观如桂林山水）进行详略不同的介绍，有的具体详尽，有的活泼流畅，有的构思严谨，有的通俗易懂。总之，景点介绍的风格特点和内容取舍，始终应以游客的兴趣为前提。

另外，在导游过程中，要善于选择游客感兴趣的话题，可根据不同游客的心理特点，选择满足其求知欲的话题、刺激其好奇心理的话题、决定其行动的话

小案例9-4

激发游客听的欲望

题、满足其优越感的话题、娱乐性话题。

3）善于调节游客情绪

情绪是人对于客观事物是否符合本身需要而产生的一种态度和体验。旅游活动中，相当多的不确定因素和不可控制因素，随时会导致计划的改变。例如有时由于客观原因游览景点要减少，游客感兴趣的景点停留时间要缩短；预订好的中餐因为某些不可控制的因素，临时改为西餐；订好的航班因大风、大雾停飞，只得临时改乘火车等，这类事件在接团和陪团时会经常发生。这些都会直接或间接影响到游客的情绪。例如，一个旅游团因订不到火车卧铺票而改乘轮船，游客十分不满，在情绪上与导游形成了强烈的对立。导游面带微笑，一方面向游客道歉，请大家谅解，说明由于旅游旺季火车票的紧张状况导致了计划的临时改变；另一方面，耐心开导游客，乘轮船虽然速度慢一些，但提前一天上船，并未影响整个的游程，并且在船上能够欣赏到两岸的风光，相当于增加了一个旅游项目。导游成功地运用不同的分析方法，以诚恳、冷静的态度，幽默、风趣的语言，很快化解了游客的不满情绪。调节游客情绪要注意以下几点：

（1）避免以自我为话题中心。调节游客情绪时，最忌讳一方自以为是、夸夸其谈、炫耀自己，完全忽视他人。如果听者始终找不到机会参与谈话，心理上就会产生抵触情绪。为了促进双方的沟通，在谈话中应尽量使对方多开口，借以了解对方，挖掘双方的共同点，找出双方共同的话题，不能一个人垄断话题，也不要放弃调节情绪的机会。

（2）谈论游客感兴趣的内容。在交谈中，应随时注意游客的反应，观察游客的表情、神态，判断其对谈话的关注程度，并经常征询游客的意见，给予对方谈话的机会。一旦发现游客对话题不感兴趣，应立即停止并转移话题，调整谈话的内容和方式。交谈中不要涉及个人隐私、敏感问题，否则谈话会陷入难堪的局面。

（3）谈话内容应以友好为原则。在调节游客的情绪时，双方可能会因对问题的不同看法而发生争论。有时争论是有益的，但争论也容易导致友谊破裂、关系中断。因此，应防止或避免无意义的争论，尤其是不冷静的争论。一旦争执起来，如果对方无礼，不要以牙还牙、出言不逊、恶语伤人，也不要旁敲侧击、冷嘲热讽；应宽容克制，尽可能地好言相劝，再寻找新的话题。

小案例9-5　　　　　　　　　　　　　　　　**会说话的导游**

正值旅游旺季，一天，导游带领一批游客到一家定点餐厅吃饭。当时游客很多，饭店服务员忙个不停。由于游客们都饿极了，于是催着导游让服务员赶紧上菜。这位导游却不耐烦地说："急什么？没见人家正忙着吗？"这样的话随意出口，没有考虑到既饿又渴的游客会有何种感受，他们对导游又会产生何种印象。游客内心的不悦是可想而知的。

然而，在同样的时间里，在同样的餐厅中，游客也催着另一位导游让服务员赶紧上菜，那位有素质的导游却是这么说的："请稍候，先喝点茶解解渴，我会去厨房催他们快些上菜的。"游客听了此话觉得心里暖融融的，你看导游还要亲自去厨房催哩。这时游客内心的感受也是可想而知的。同一环境，同样是说话，却得到两种截然不同的结果。可以这么定论，前者愚蠢，后者高明。后者的高明之处就在于会说话，会说有效的话。

小训练9-3

团队入住某酒店，在办理入住手续时，导游才被告知由于时值旅游旺季，原定的标准双人房有部分被三人房取代，被分到三人房的客人均不愿意入住。如果你是该团的导游，怎样做才能让客人满意？

实践训练

1.阅读材料讨论

（1）幽默欢迎词

各位尊敬的游客朋友们（停顿）——吃了吗？

啊？没吃啊，没吃就让刘导我带您吃去吧！我就知道您几位刚下火车（飞机），一路上奔波劳碌的，肯定没吃，其实早给您安排好了，我们马上就要去我们沈阳最有名的特色餐馆——老边饺子大快朵颐，让您先从味觉上感受一下我们沈阳人的热情！

光顾着说吃了，还没自我介绍一下呢，我呢，叫刘峰，沈阳××旅行社的导游，正宗的东北爷们儿（亮相），也许有的人觉得我们东北男人比较粗犷，不太适合做导游这种细致的工作。其实不然，经过联合国教科文组织36名专家经过147天的科学论证，得出结论——俺们东北这嘎达出导游！

您看您别着急鼓掌啊，您得让我给您说出个一二三来不是吗？为什么说我们东北汉子最适合当导游呢？原因如下：第一，我们东北人实在，热情，没有坏心眼，这个是全国公认的。所以说我们东北导游的服务肯定是一流的，因为我们热心肠啊！第二，导游是个重体力活儿，起早贪黑不说，每天这东跑西颠的，没个好身体可不行，不说别的，您几位游客光玩还累呢，何况我们导游呢，对吧，所以说这就是我们东北人适合做导游的第二个原因，我们牙好，嘿，胃口就好，身体倍儿棒，吃嘛嘛香，您瞅准了——东北男导游！（众人笑）

您可能会说了，小刘你这说得都对，你们东北男导游是有这些优点，不过别的地方的导游就不热情了吗？他们身体也不错啊。而且南方的一些漂亮的导游妹妹不用说话光看着，就能让人那么舒服——你行吗？要说这个我真不行，不过我们东北导游还有她们比不了的一点好处呢！什么啊——我们东北导游个个都是兼职保镖！您看您又不信了，哦，说我长得这么瘦弱，还当保镖呢。这您就有所不知了！有句话叫人不可貌相，海水不可"瓢"量！不瞒您说，我还真是个练家子！

这外练筋骨皮，内练一口气，您就没发现，我这印堂放光，双目如电？真不是和各位吹，什么刀枪剑戟，斧钺钩叉，鞭铜锤爪，镋棍槊棒，拐子流星；带钩儿的，带尖儿的，带刃儿的，带刺儿的，带峨眉针儿的，带锁链儿的，十八般兵器我是样样——稀松！您看您别乐啊，我这是谦虚，我说我十八般兵器样样精通——那是不知道天高地厚，这人外有人，天外有天，自大一点叫个臭字，人嘛，得谦虚，练得好得让别人说，你自己说那就没意思了。您看这么多兵器我全会，我和谁说了，是不是？您看您又乐了，您是不信还是怎么着？您若不信，您和我比划比划！我不是说您，我是说您怀里抱着的那个小朋友，敢与我大战三百回合否？

把式把式，全凭架势！没有架势，不算把式！光说不练，那叫假把式；光练不说，那叫傻把式！连说带练，才叫真把式！连盒带药，连工带料，你吃了我的大力丸，甭管你是让刀砍着、斧剁着、车轧着、马蹚着、牛顶着、狗咬着、鹰抓着、鸭子踢着……行了，您也甭吃我这大力丸了，我们的饭店到了，您跟我下车去吃饭吧！

思考题：

①总结本导游词的特点。

②在全班同学面前演练一下这篇导游欢迎词。

（2）长江三峡导游词

"你从雪山走来，春潮是你的风采；你向东海奔去，惊涛是你的气概。"各位旅客朋友们，大家好，欢迎大家来重庆游览观光，我是你们的导游小王，今天很荣幸能带领大家游览长江三峡。长江发源于我国青藏高原的唐古拉山脉，流经青海、西藏、云南、四川、重庆、湖北、湖南、江西、安徽、江苏、上海，跨11个省、自治区、直辖市，最后汇入东海，全长6 300多公里，流域面积占我国国土面积的1/5，是我国最长的河流，也是仅次于尼罗河和亚马孙河的世界第三长河。

今天我们所说的三峡其实就是长江上三段峡谷：瞿塘峡、巫峡和西陵峡的总称，它西起重庆奉节的白帝城，东到湖北宜昌市南津关，全长193公里。

朋友们，我们的航船现在来到的便是瞿塘峡，它以雄奇险峻著称。瞿塘峡西起重庆奉节白帝城，东止巫山县大溪镇，全长8公里，是三峡中最短的一段峡谷。在我国1980年版的5元人民币和1999年版的10元人民币上都使用了夔门的造型，大家可以将你们钱包中的10元钞票拿出来看看，它背面画的正是我们的夔门。因此，夔门可谓是"财富之门"，滚滚而来的江水也正是财源广进的象征，建议大家在此拍照留念，将夔门源源不断的"财富"带回家。

"朝辞白帝彩云间，千里江陵一日还，两岸猿声啼不住，轻舟已过万重山"，朋友们，我们即将到达的是三峡中的第二段峡谷——巫峡，它以幽深秀丽著称。巫峡西起重庆大宁河口，东止巴东县关渡口，全长45公里，是长江三峡中既长又整齐的一段峡谷。巫峡中最为著名的要数神女峰了，各位朋友，现在我们就在神女峰的脚下，请大家抬头向上看，她像不像亭亭玉立、美丽动人的少女呢？显然是非常神似的。巫峡除了有美丽的神女庇护外，还有那似云非云、似烟非烟、变化多端的巫山云雨，唐代大诗人元稹曾写诗赞道"曾经沧海难为水，除却巫山不是云"，它既赞美了巫山的云雨，同时也表达了对爱情的坚贞，在此也祝福大家爱情甜蜜、家庭美满。

好了，各位朋友，现在我们来到的是三峡中的最后一峡——西陵峡，它以滩多险急著称。西陵峡西起秭归的香溪口，东至宜昌市南津关，全长66公里，是三峡中最长的一个峡，曾经的西陵峡以滩多水急著称，而现在的西陵峡大部分已成为葛洲坝平湖库区，船行驶在西陵峡中会感到非常平稳和舒适。最后我们将要前往的景点就是举世瞩目的三峡大坝了，它位于湖北宜昌市境内的三斗坪，大坝长1983米，坝高185米，蓄水位175米，它的年发电量相当于十座广东大亚湾核电站的发电量，是世界上最大的水利工程，它集发电、航运、灌溉、防洪和发展库区经济等功能于一体，对加强我国的社会主义现代化建设和综合国力起着重要的作用。

好了，朋友们，百闻不如一见，一会儿大家可以自行拍照游览，同时注意安全，30分钟后我们在这里集合前往下一处景点。

谢谢大家。（余杰）

思考题：

①这篇长江三峡导游词有何特色？

②请分析这篇导游词的层次。

2.综合训练

（1）模拟导游讲解活动训练。

实训目标：通过定点导游讲解的训练，在接老年团和学生团后，能灵活地有针对性地提供礼仪服务。

讲解景点：大连星海广场（或结合当地著名景点）。

情境模拟：一是模拟一个老年旅游团队，让学生练习讲解针对老年团的星海广场的导游词。注意提醒学生训练时：第一，在语速、语调上注意适合老年人的特点；第二，在内容的选取上，要以历史沿革为主要线索，能够引起老年人的回忆、共鸣。

二是模拟一个学生团队，让学生结合自身的特点，讲解星海广场的导游词。注意提醒学生，讲解时注意时尚、超前和各种刺激性的游乐项目内容，要引起学生的广泛兴趣。

实训学时：2学时。

实训地点：多媒体教室。

实训方法：播放星海广场的影像资料，让学生对照影像进行训练讲解。

内容与时间：包括星海广场景点内容、特色、周边的交通环境。每位学生讲解3~5分钟并用数码摄像机记录整个过程，然后用大屏幕回放。学生自我评价，授课教师总结点评学生存在的个性和共性问题，最后评选出"最佳讲解员"。

（2）编写个性导游词

实训目的：把握导游语言的特点，能够编写精彩的导游词。

实训学时：2学时。

实训地点：多媒体教室。

实训方法：

①展示经典导游词。学生分成若干小组，4~5人一组。首先，每组出一名代表就本组选取的当地主要景点和沿途风光的经典导游词，在课堂上利用多媒体进行展示，让大家有直观的感觉并能够把握导游语言的特点。

②制作导游小视频。每组同学收集某旅游景点的图像资料以及背景材料（风土人情、历史典故、民间传说、趣闻轶事）等，在此基础上编写出导游词，并制作成视频，在全班播放。

在实训过程中，发动学生相互品评，教师最后总结。

课后练习

1.请你以家乡的某一自然风景或名胜古迹为介绍对象，运用有关导游讲解技巧，编写一则1 000字左右的导游词。

2.一个旅行团在某名胜古迹参观的途中，一位游客随手将一个空易拉罐扔出窗外，请设计一段话对游客进行善意批评。

3.在网上收集泰山的资料，向即将登泰山的游客做一番游前讲解，以激发游客的游览热情。

4.动员学生利用课后时间通过实地查看、网络查找资料等方式，编写所在高职院校的校园导游词。

参考文献

[1] 毕雨亭. 演讲与口才 [M]. 北京：清华大学出版社，2019.

[2] 卢继元. 演讲中，如何讲出独特的见解 [J]. 演讲与口才，2019（10）.

[3] 王颖彬. 命题演讲成功的"三个诀窍"[J]. 演讲与口才，2019（11）.

[4] 云长万丈. 成功演讲，巧妙控场 [J]. 演讲与口才，2019（18）.

[5] 秋声. 形象化的语言听众才爱听 [J]. 演讲与口才，2019（18）.

[6] 刘金来. TED演讲的技巧：18分钟高效表达的秘诀 [M]. 北京：中国纺织出版社，2018.

[7] 石世强. 如何结尾能让演讲更圆满 [J]. 演讲与口才，2018（1）.

[8] 傅春丹，方燕妹，黄君乐. 演讲与口才案例教程 [M]. 2版. 北京：中国水利水电出版社，2017.

[9] 汪念明. 实用口才教程 [M]. 2版. 北京：电子工业出版社，2016.

[10] 蒋红梅，杨毓敏. 演讲与口才实训教程 [M]. 北京：清华大学出版社，2016.

[11] 刘淑娥. 演讲与口才 [M]. 北京：首都经济贸易大学出版社，2016.

[12] 龙璇. 人际关系与沟通技巧 [M]. 北京：人民邮电出版社，2016.

[13] 聂元昆. 商务谈判学 [M]. 北京：高等教育出版社，2016.

[14] 徐桂成，林超. 写好会议主持词应做到"四个清"[J]. 应用写作，2016（10）.

[15] 张良. 例谈会议主持词开场白的写作方法 [J]. 办公室业务，2016（4）.

[16] 李超. 论旅游服务中导游的语言艺术 [J]. 旅游管理研究，2016（3）.

[17] 艾燕莊. 剖析，让演讲主题更鲜明 [J]. 演讲与口才，2016（3）.

[18] 赵爱平. 让赞美一波三折 [J]. 演讲与口才，2016（3）.

[19] 姚远. 东拉西扯，幽默开场 [J]. 演讲与口才，2016（10）.

[20] 冯恒仁. 如何引出演讲主题 [J]. 演讲与口才，2016（21）.

[21] 张波. 口才训练教程 [M]. 3版. 北京：机械工业出版社，2015.

[22] 周璇璇. 人际沟通 [M]. 厦门：厦门大学出版社，2015.

[23] 蒋红梅，张晶，罗纯. 演讲与口才实用教程 [M]. 北京：人民邮电出版社，2015.

[24] 龙小语. 从零开始学演讲 [M]. 上海：立信会计出版社，2015.

[25] 史钟锋，张传洲. 演讲与口才实训 [M]. 南京：东南大学出版社，2015.

[26] 陶莉. 职场口才技能实训 [M]. 北京：中国人民大学出版社，2015.

[27] 张月霞，唐邈芳. 秘书沟通实务 [M]. 北京：高等教育出版社，2015.

[28] 王明琴. 浅谈导游讲解常用的艺术与技巧 [J]. 经营管理者，2015（6）.

[29] 林平. 让段子为演讲主题增彩 [J]. 演讲与口才，2015（16）.

[30] 程霞. 成大事必备的演讲之道 [M]. 北京：中国宇航出版社，2014.

［31］王宏．每天一堂销售口才课［M］．北京：机械工业出版社，2014．

［32］崔晓文．人际沟通与社交礼仪［M］．北京：清华大学出版社，2014．

［33］李元授．人际沟通训练［M］．武汉：华中科技大学出版社，2014．

［34］李元授．演讲与口才［M］．武汉：华中科技大学出版社，2014．

［35］刘凤芹．沟通能力训练［M］．北京：科学出版社，2014．

［36］刘恋．沟通技巧［M］．西安：西安电子科技大学出版社，2014．

［37］王晶．口才训练实用教程［M］．北京：清华大学出版社，2014．

［38］吴湘频．商务谈判［M］．北京：北京大学出版社，2014．

［39］徐静，陶莉．有效沟通技能实训［M］．北京：中国人民大学出版社，2014．

［40］袁红兰．演讲与口才［M］．北京：航空工业出版社，2014．

［41］张喜春，刘康声，盛暑寒．人际交流艺术［M］．北京：北京交通大学出版社，2014．

［42］赵京立．演讲与沟通实训［M］．北京：高等教育出版社，2014．

［43］卢海燕．演讲与口才实训［M］．大连：大连理工大学出版社，2013．

［44］杨利平，艾艳红．实用口才训练教程［M］．长沙：湖南人民出版社，2013．

［45］秦凤岗．成功的演讲都有一个好的开场白［J］．秘书，2013（5）．

［46］周刚，袁媛．实用型演讲开场白解析［J］．长春理工大学学报，2013（3）．

［47］韩旭．归纳不同材料，深化一个主题［J］．演讲与口才，2013（22）．

［48］张静．什么样的材料做开头，才能达到磁石般的效果［J］．演讲与口才，2013（11）．

［49］徐徐清风．巧妙用插叙，演讲效果佳［J］．演讲与口才，2013（16）．

［50］吴礼权．言语交际与人际沟通［M］．广州：暨南大学出版社，2013．

［51］胡伟，胡军，张琳杰．沟通交流与口才［M］．北京：清华大学出版社，2013．

［52］姜燕．即兴口语表达［M］．济南：山东人民出版社，2013．

［53］赵立涛．微演讲［M］．北京：人民邮电出版社，2013．

［54］张珺．实用口才［M］．南京：南京大学出版社，2013．

［55］金常德．学生社交口才实践教程［M］．北京：北京大学出版社，2013．

［56］刘伯奎．大学生情商口才［M］．北京：电子工业出版社，2013．

［57］卢海燕．全方位解读材料，发掘新主题［J］．演讲与口才，2013（20）．

［58］韩虎山．演讲辞结尾的写作艺术［J］．写作，2012（3）．

［59］谭一平．职场生存——除了沟通还是沟通［J］．秘书，2012（4）．

［60］陈卫州．总裁实战演说——演讲行销使用手册［M］．北京：北京工业大学出版社，2012．

［61］姚小玲，张凤，陈萌．演讲与口才［M］．北京：电子工业出版社，2012．

［62］王旭．看电影学礼仪［M］．广州：南方日报出版社，2012．

［63］红霞．逆转"惯常思维"的材料更有吸引力［J］．演讲与口才，2012（21）．

［64］采桑人．演讲要想感召听众，应该选这样的材料［J］．演讲与口才，2012（9）．

［65］日东升. 用典型材料，凸显演讲主题［J］. 演讲与口才，2012（6）.

［66］采桑人. 如何巧妙引出演讲主题［J］. 演讲与口才，2012（14）.

［67］徐徐清风. 如何让你的演讲主题得到有效升华［J］. 演讲与口才，2012（8）.

［68］徐徐清风. 演讲的主体如何渐进深化［J］. 演讲与口才，2012（5）.

［69］巾帼英雄. 材料"落差"大，主题更有力［J］. 演讲与口才，2012（20）.

［70］晴空一鹤. 马尔克斯害怕演讲［J］. 演讲与口才，2012（8）.

［71］谢红霞. 沟通技巧［M］. 北京：中国人民大学出版社，2011.

［72］汪彤彤，王平. 商务口才实用教程［M］. 北京：中国人民大学出版社，2011.

［73］刘凤芹. 演讲，不妨多用短句［J］. 演讲与口才，2011（1）.

［74］巾帼英雄. 用震撼人心的材料刺激听众的神经［J］. 演讲与口才，2011（3）.

［75］巾帼英雄. 善用典型材料，演讲更"给力"［J］. 演讲与口才，2011（4）.

［76］赵湘军. 导游语言技巧与实践［M］. 长沙：湖南师范大学出版社，2011.

［77］彭义文. 口才训练教程［M］. 北京：北京师范大学出版社，2011.

［78］屈海英. 新编演讲与口才［M］. 杭州：浙江大学出版社，2011.

［79］谭满益. 沟通与演讲［M］. 上海：上海大学出版社，2010.

［80］陈丛耘. 口语交际与人际沟通［M］. 重庆：重庆出版社，2010.

［81］朱彩虹. 大学生实用口才训练教程［M］. 北京：清华大学出版社，2010.